21世纪高等院校市场营销专业精品教材

企业形象策划

CIS设计的理论与实务

第四版

李怀斌　主　编
崔华林　副主编

PLANNING OF CORPORATE IDENTITY

东北财经大学出版社
Dongbei University of Finance & Economics Press
大连

图书在版编目（CIP）数据

企业形象策划——CIS设计的理论与实务 / 李怀斌主编．—4版．—大连：东北财经大学出版社，2024.2
（21世纪高等院校市场营销专业精品教材）
ISBN 978-7-5654-5130-0

Ⅰ.企…　Ⅱ.李…　Ⅲ.企业形象-设计-高等学校-教材　Ⅳ.F272.05

中国国家版本馆CIP数据核字（2024）第028063号

东北财经大学出版社出版
（大连市黑石礁尖山街217号　邮政编码　116025）
网　　址：http://www.dufep.cn
读者信箱：dufep@dufe.edu.cn
大连东泰彩印技术开发有限公司印刷　东北财经大学出版社发行

幅面尺寸：170mm×240mm　字数：431千字　印张：20
2024年2月第4版　2024年2月第1次印刷

责任编辑：田玉海　周　晗　责任校对：何　群
封面设计：原　皓　版式设计：原　皓

定价：49.00元

教学支持　售后服务　联系电话：（0411）84710309

如有印装质量问题，请联系营销部：（0411）84710711

第四版前言

党的二十大报告指出："提升企业核心竞争力。"本书是一本关于现代企业形象策划（CIS设计）理论与实务的新版教材，可供高等院校相关专业的师生使用，也可作为企业培训和经营管理人员自修的参考书。

本书共分十章，其中：首尾两章分别介绍企业形象策划概述及企业形象策划的执行和效果；中间八章分别介绍企业形象策划的三部分内容，即企业理念识别系统策划、企业视觉识别系统策划和企业行为识别系统策划。为了便于读者把握各章的重点内容，理论结合实际地学习和开展企业形象策划，本书还在各章前设置了内容提要、案例，在各章后设置本章小结、练习题以及参考和阅读文献。

本书经多次修订，质量不断提升，具体体现在：第一，在读者定位上不仅面向高校师生，还考虑了企业管理者和企业形象策划工作者等实务工作者。第二，补充和更新了有关理论的拓展，对企业形象策划经典理论的拓展作了介绍。第三，在案例选择上既贴近中国国情，又注重国际比较。第四，列举了多幅企业形象理念识别图片，以帮助读者更好地理解有关内容。

课程教材不仅是知识的载体，更蕴含着社会规范和价值导向。我们在介绍专业知识的同时，还要全面提高人才质量，培育德才兼备的人才。因此，本书第四版修订特别进行了思政建设，最突出的就是各章开辟了"思政课堂"栏目，以增强教材的育人属性，同时帮助授课教师进行思政教学。

本书由东北财经大学教授、博士生导师李怀斌任主编，博士研究生崔华林任副主编。各章的编写者分别是：李怀斌、武斌、王仕军（第一章）；燕霜玉、李怀斌、李响（第二章）；梁怡平、李怀斌、崔华林（第三章）；王佩剑、宋作德、李怀斌（第四章）；高振杰、李怀斌、崔华林（第五章）；王建平、李怀斌（第六章）；杨萍、姜国阳、王仕军（第七章）；程丹丹、李怀斌、张妍（第八章）；姜国阳、梁玉彦、李怀斌（第九章）；王双、李怀斌、张妍（第十章）；王仕军还编写了大CI战略观念的介绍，如家酒店CIS分析、安踏标志的VI设计、360安全卫士VI更新等案例，并作了IBM、奔驰汽车、大众汽车、可口可乐、百事可乐、星巴克、海尔等企业标志的图片采选和编辑。另外，田玉海副编审为本书提供了部分思政栏目的思路和素材。为方便教学，本书配有电子课件，请登录东北财经大学出版社网站（www.dufep.cn）免费下载。

作为一本实务性突出的教材，本书中举例涉及大量的国内外企业，需要特别指出的是，有关举例叙述只用作企业形象策划的知识介绍和专业研究，本书对所涉企业不持立场。

本书在再版过程中，得到了东北财经大学出版社、高校教师和研究生的大力支持，还参考了国内外前辈和同仁的相关成果，在此，一并表示最诚挚的谢意。同时，也希望广大读者能够对本书的瑕疵之处不吝赐教。

编 者

2024年元月

目 录

第二部分 企业视觉识别系统策划

第一章

企业形象策划概述

本章提要

通过本章的学习，学生将明确企业形象策划的学科性质和研究对象、企业形象策划导入的目的和意义、企业形象策划的构成、企业形象策划与企业形象、企业文化等之间的关系以及企业形象策划导入的条件和方式。

本章案例

如家酒店CIS案例分析

如家酒店是首都旅游集团联手携程集团于2002年创建的。经过多年的发展，如家已成为中国酒店行业在海外上市的第一家经济型连锁酒店。这些成就很大程度上得益于如家酒店鲜明的企业形象——始终以人的感觉为着力点，提供标准化、干净、温馨、舒适、贴心的住宿产品，为海内外的客人提供安心便捷的住宿服务，传达着适度生活的简约生活理念。

体现如家酒店企业形象识别系统的三个子系统具体如下：

1.理念识别

如家的理念识别（MI）包括企业的理念精神、座右铭、文化性格、宗旨等，它是企业各种活动的主导和CI体系的基石，属于企业的最高决策层次，是企业之“心”。如家从建立开始就着力塑造良好的形象、鲜明的特点，强调与同行业竞争者的差异，突出独特的精神，打造适合自己的理念——“把我们快乐的微笑、亲切的问候、热情的服务、真心的关爱，献给每一位宾客和同事”。

区别于通常严肃刻板的企业理念，如家的理念显得异常温暖。如家所制定的使命也与此契合：为宾客营造干净温馨的“家”、为员工提供和谐向上的环境、为伙伴搭建互惠共赢的平台、为股东创造持续稳定的回报、为社会承担企业公民的责任。从企业核心理念到宣传语——“不同的城市，一样的家”，处处都有着宾至如归的“家”文化的影响（见图1-1）。

图1-1　如家酒店的标志及口号

如家的理念识别系统，不仅体现在顾客导向方面，还兼顾到了员工、伙伴、股东以及对社会的责任。如家制定这样的企业理念，事先经过了长期的市场调查研究。国内不乏星级酒店，但入住率都不高。究其原因，如家认为很大程度上是因为，对于经常出差辗转于各大星级酒店的商务型顾客，或是旅途劳顿的旅游者而言，需要的是家一样的温暖，并且追求一种便捷的体验，而星级酒店往往无法给他们这种感觉。调查显示，大多数客人在住店期间并没有使用酒店康乐中心等设施，于是如家取消了这一系列使用率不高的设施，力图达到便捷、温馨的效果。正是这些调查促成了如家现今的企业理念。如家获得成功后，不少人想要模仿，对此，如家的管理团队称，不可复制的是理念，如家最难被模仿的就是其对商业模式的理解，而这凝聚在如家的管理团队的心中。纯粹的模仿是Know What，然后是Know How，再高一个层次是Know Why。Know Why正是如家的核心优势。

2.行为识别

行为识别（BI）是企业形象策划的动态识别形式，有别于企业名称、标志等静态识别形式，是企业之“手”。

如家内部建立了一套完整而详细的管理制度，约束并规范组织和员工的行为。对于服务性行业而言，产品的提供本身是一项比较难以约束的事。对此，其管理团队提出了“像制造业一样生产服务”，主要就是强调服务质量的标准化。“我们对待服务的质量，要像制造业企业一样。在制造业，次品率往往低于千分之一或者万分之一才是合格品；而在服务性行业，能够达到90%以上的客户满意度就非常不错了。90%的客户满意度即意味着有10%的次品率；即使达到99%的满意度还有1%的不合格产品，这是不可以的。我们现在提倡零缺陷，虽然与客户接触的整个服务流程环节非常多，我们仍然要求全过程的次品率要在1%以下。要做到这一点是非常不容易的，因为服务是不容易做到标准化的。这需要对每个过程、每道工序，完全能够进行控制和测量。在服务的过程中，要评价服务人员每次与客户接触时，说的每一句话、对客户所提要求的满足程度与解决办法，是一件很困难的事情。但困难并不是不可能克服。换个角度，可以把服务像制造产品一样分解成一个个环节，能够保证按照恒定的质量标准永远重复下去，才是最为成功之处。”

扩展到企业外部，如家也致力于各种社会公益活动、公共关系、营销等。比如：迎接世博会，推出多项绿色环保活动；赞助东方卫视全程参与《加油！好男儿！》节目；举办员工运动会、技能比拼大赛等活动；参与制定反舞弊政策；参与制定商业行为和道德规范等。如家一直以来都在通过各种行为准则的制定及实践、持续的媒体活动策划，打造充满活力、管理高效、热心公益、注重人文关怀的形象，使品牌在大众中的知名度、美誉度和特色度不断得到提升，树立了良好的企业形象。

3.视觉识别

视觉识别（VI）指企业精神与行为的外在化视觉形象设计，如标志形象、标准字体、标准色彩和中心广告词等，广泛应用于销售系统、办公室系统和环境系统。人们能直观感受到，VI是企业之“脸”。

如家的logo由红黄蓝三色构成，颜色鲜艳、对比强烈，可识别性高。小房子样式的设计，HOME INN的标志，“I”做成弯月的样子，“如家”两字嵌在房门中，巧妙而简洁，给人温馨的家的感觉。

店面的设计也主要是黄蓝两色，这样鲜艳的色调在城市中很少看到，故而识别性很高，仅这一点就为其加了不少分。有很多新闻报道直接用“黄房子”来代替如家，其高识别度由此可见一斑。

酒店内部的设施亦高度标准化，棕黄色的地板、粉红色的床单、白色的窗纱、蓝色的窗帘，都意在区别于其他酒店难以接近的一片白色，营造家庭般的感觉。

总体而言，如家的VI设计与其理念完好地契合，充分体现了“不同的城市，一样的家”。在如家的CIS设计中，自始至终贯穿着宾至如归的“家”文化，MI、BI、VI三者相互融合，打造出全方位立体的企业形象。这些都是基于前期详尽的市场调研，分析出了企业真正想要树立的形象。由此可见，对于市场的充分了解及准确把握是打造企业形象识别系统的前提。另外，在实践CIS的过程中，要统一在MI理念的前提引导下，建立统一整体的企业形象。

资料来源：郭亿馨.如家酒店CIS案例分析［J］.中国市场，2011（15）：48；50.

第一节　企业形象策划的性质与意义

从20世纪50年代初到现在，企业形象识别系统（Corporate Identity System，CIS）已有数十年的历史，经历了从商标品牌到产品视觉统一设计、从视觉形象识别到整体形象识别的发展过程。CIS已经从单纯的视觉传达设计，演变为一种企业形象的建构与传播工程，成为企业管理和经营战略中不可或缺的一部分。党的二十大报告指出：“加快建设世界一流企业。”企业形象策划工作具有重要意义。

一、企业形象策划的提出与发展

（一）企业形象策划在发达国家的发展

1.企业形象策划在欧美的发展

CIS的出现最早可追溯到第一次世界大战之前。德国的设计师贝塔·佩廉斯为AEG电机工厂设计制作了厂牌，并用在便笺、信封等上作为工厂的标志，这成为统一视觉形象的雏形。这一做法随后逐渐普及开来。20世纪40年代，从意大利奥利维蒂公司全面整理和修正原来设计专用的公司标志和标准字起，CI在世界正式诞生。

第二次世界大战后，国际经济开始复苏，工商业发展迅速。随着企业经营范围的扩大以及竞争程度的加剧，产品同质化日趋严重，欧美企业开始强调自己与竞争对手之间的差异，企业形象和品牌形象受到企业的重视。1951年，美国哥伦比亚广播公司（CBS）将威廉·哥顿设计的标志广泛运用于各种媒介，在社会上产生了很大的影响。1955年，IBM总裁小托马斯·沃特森说：“人有人格，还有各自的世界观，并且因为教育和嗜好而形成独自的行为模式，体现着每个人的个性，如果以同样的思维来衡量公司，那么公司是否应该有统一的‘人格’呢？”随后他把公司的全称“International Business Machines”浓缩成“IBM”，沿用至今。清晰易读、造型优美的IBM字体设计被作为标志使用在其所有的项目上。通过形象设计，IBM不仅有效地传达了统一的IBM形象，而且实现了由简单的生产经营方式向具有现代意识的科学管理方式的过渡，对美国企业界产生了极大的推动作用（见图1-2）。另外，1961年，明尼苏达矿业及机器制造公司将其商标和企业标志改为“3M公司”（1978年又改为“3M”）；克莱斯勒汽车公司导入CI战略，帮助其市场占有率提高了18%；濒临破产的东方航空公司也因CI战略的导入奇迹般地起死回生；1970年，著名的可口可乐公司聘请著名设计师R·罗维重新设计公司商标和标志，形成了使用至今的、具有强烈视觉冲击、备受消费者青睐的“红飘带”商标。20世纪70年代是美国CIS的全盛时期。许多欧美企业不再仅仅是将统一的商标系统地用于公司的全部产品，而且还进行各种展示企业形象的活动；它们不仅做推销商品和服务的广告，还进一步做“推销企业”的广告。

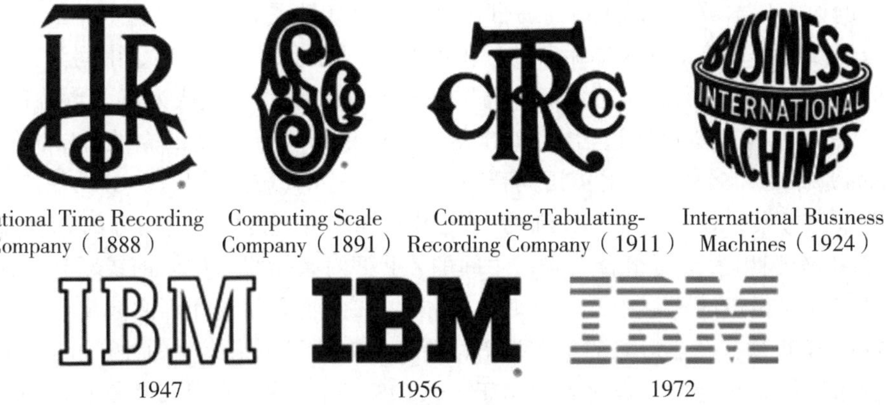

图1-2 IBM的logo发展史

注：IBM公司从1911年创立至今，已经更换过数版标志。各个时期的标志也随着公司的壮大出现在各类产品中。IBM的标志也随着这些产品传播到全世界。

CIS在美国的发展具有鲜明、突出的“视觉设计”特征，即主要是以企业形象的视觉要素作为沟通企业理念和企业文化的工具。在具体操作上，CIS是根据企业已有的经营理念、经营方针、经营战略等展开创意，对企业形象的一切可视要素，如企业标志、标准字、标准色、包装、广告、服装、车辆、建筑物等进行高度严谨、标准化的系统设计，以达到强化企业形象的目的。这种“美式CIS”运作思维与美国的汽车文化、移民文化、地域辽阔等人文、自然背景密切相关。

2.企业形象策划在日本的发展

20世纪60至70年代，CIS传入日本。20世纪60年代日本的“国民收入倍增计划”空前成功，使日本迅速进入经济高速增长时期。进入20世纪70年代后，日本经济一片繁荣，CIS在日本得以迅速传播和普及。1971年，日本第一劝业银行借合并之机率先导入CIS，紧接着马自达汽车公司、积水化学工业公司、菱备公司以及后来的伊势丹百货、小岩井乳业公司、白鹤酒业公司、美能达公司、美津浓公司、华歌尔公司等相继导入CIS。20世纪70年代日本的CI战略受到“美式CIS”的影响，实施的重点均放在企业形象视觉要素的设计上。

进入20世纪80年代以后，日本CIS进入了深入发展和创新阶段。一方面，CIS迅速普及，仅1985年导入CIS的企业就多达129家，许多企业都把导入CIS作为提升企业形象、增强竞争力的重要手段。另一方面，日本企业界、设计界、公关界在借鉴学习“美式CIS”的基础上逐渐走出了单纯模仿、照搬的模式，它们在“美式CIS”的基础上加进了企业文化和企业理念的内容，并且形成了以企业理念和企业文化为核心的CIS模式。在具体操作上，日式CIS不仅承袭了“美式CIS”严谨的视觉设计思维，同时还把企业导入CIS作为一场重新认识、整理企业理念和企业文化的活动，并在CI中加入了行为识别和理念识别的内容，大大丰富了CIS的内涵，使CIS发展到新的高度。后来，日本的文化型CIS反传到美国，又成为美国设计界和企业界欣赏和推崇的CIS模式。

例如，日本较早导入CIS的马自达汽车公司（见图1-3），原为东洋工业公司，长期沿用以创始人松田重次郎命名的松田牌商标，商标是一个圆环，中间为松田英语译名的首字母M，M的两个边线延伸与圆环相接，常常使人误认为hn，影响产品销售。于是马自达汽车公司邀请著名的CI设计公司重新设计了新的企业标志——Mazda，Mazda是原商标名称松田的英语同音译名，马自达的原意为智慧。CI设计公司通过细致深入的考察，设计了非常详细的CI应用手册，用于指导企业内部的CI实施，将这5个字母分别用大小写组合起来，中间的Z上下两条横线与中间的线断开，体现了企业是市场与客户的联系中介。当时，日本的CI企业形象设计刚刚起步，马自达大力推行CI战略革新企业形象的重大举措，给日本企业界带来巨大的冲击。Mazda标志则被誉为日本CI史上的经典之作。由于导入CIS，马自达汽车公司销售总额和利润于不久之后的1991年分别达到193.2亿美元和1.9亿美元，在世界企业中，排名第57位。随后本田汽车公司、富士公司、三菱集团、三洋公司等众多的大型企业纷纷导入CIS战略。据统计，到20世纪90年代初期，近70%的日本企业不同程度地导入了CIS战略，其余30%的企业多半更新了企业识别标志，并设计了视觉识别系统的基本项目。

图1-3 马自达的logo发展史

（二）企业形象策划在我国的发展

1.概况

总的来讲，我国的CIS设计发展主要经过了：萌芽期（1978—1993年）、导入期（1993—1996年）和成熟期（1996年至今）三个阶段。

20世纪80年代末，CIS被引入我国，1980年中国银行香港分行与12家中资银行推行电脑化联营，开始了设计行标的工作。同时接受CIS理论的是美术院校，1984

年，浙江美术学院从日本引进一套CIS资料，作为教材在校内进行教学使用。进而，各美术大专院校纷纷在原来的平面设计、立体设计等教学中增加了CIS的视觉设计的教学内容，着重介绍CIS这门新学科的设计概念和技法。

随着市场经济的发展和企业参与国际竞争意识的强化，企业开始重视标志设计，促成CIS走出艺术院校的殿堂与企业经营管理相结合，为塑造中国企业新形象服务，创造了不少成功的范例。在中国最早引入CIS的是中国台湾的台塑集团（见图1-4），台塑集团由王氏兄弟创建于1954年，1957年更名为台湾塑胶工业股份有限公司（简称为“台塑”）。其旗下事业横跨塑胶、纺织、石化、电子、能源、运输、工务、生物科技、医疗、教育等领域。台塑集团以连锁的造型作为共同标志，表达各公司之间纵横联系、互助合作及和谐圆融的意义，象征台塑企业体的一贯性和生生不息的发展力。标志中各公司的代表符号，均取自中国文字的意象，其用意为弘扬中华民族优良传统文化。其独特的企业标志充分表现了企业的产业特色和企业理念，在国际市场上独树一帜，以简洁有力的形态树立起了良好的企业整体形象。

图1-4 台塑集团标志

1985年，四通公司（见图1-5）设计出了自己的企业标志。“四通”两字用隶书字体，标徽为正方形图案中的八角形与“S”形的结合，象征着坚石与物体撞击发出夺目的光彩，体现四通作为一个高技术企业，不断向高新技术的尖端冲击、不断创新的宗旨。1992年，四通公司又发布了《企业标志手册总则》，将整个标志系统规范化。

图1-5 四通公司

1988年，广东太阳神公司用“太阳神”命名新成立的集团公司（见图1-6），广州市首家以CIS战略为经营理念的设计机构广东新境界设计公司接受广东太阳神集团公司的委托，负责总体策划、设计并导入CIS。太阳神集团公司一开始就实施企业名称、商标、产品名称三位一体的策略。其商标的图案由简练的圆形与三角形构成。与三角形形成对比，力求和谐的圆形是太阳的象征，代表健康、向上的商品功能与企业经营宗旨。三角形的放置呈向上趋势，是APOLLO的首字母，象征“人”字的造型，体现企业不甘现状、奋发向上的整体形象。CIS的导入使太阳神集团公司发生了质的飞跃，从一个规模很小的股份制乡镇企业脱胎换骨成声名卓著的大型企业集团，产值从1988年的520万元神话般地增至1993年的10亿元。太阳神集团公司导入CIS成功的探索，被理论界称赞为“中国特色的CIS经典”，创我国企业导入CIS之先河。

图1-6　太阳神的logo

20世纪90年代后，CI战略得以进一步推广和发展，一大批企业相继导入CI战略，如“娃哈哈”“春兰”“海尔”“上海石化”“仪征化纤”“北京蓝岛大厦”等。抢先导入CI战略的企业的示范效应，使越来越多的企业加入到投巨资导入CI战略的行列中。

CIS作为一种科学的管理方法，正在为越来越多的企业所采纳，这种趋势在东南沿海地区表现得尤为明显。它不仅能够提高企业的品牌含金量和综合竞争力，而且有利于我国企业提高企业管理水平，积极参与日益激烈的国际市场一体化的竞争。

2.国内企业形象策划存在的问题

（1）基础管理薄弱。我国企业普遍存在着规模小、实力不足、内部管理不科学等问题。许多在市场竞争中产生的中小企业由于处于初期积累阶段，多用广告推销产品，以求获得更多的利润，因此对CIS的需求并不那么迫切。而有些旧体制下的企业由于陷于种种困境中难以解脱，也没心思和财力来考虑企业形象问题。如果企业产品开发、研制、创新能力得不到提高，企业发展规模不够，盲目导入CIS并不能从根本上促进企业经营管理水平和竞争能力的提高。

（2）缺乏专业的CIS设计或咨询公司。CIS战略是一项综合的系统工程，除了主要依靠企业内部的力量外，其策划和实施必须借助于专业的力量来配合。然而，目前的CIS专业人员满足不了需求，从事CIS的人员大多没有经过专业理论的系统教育，设计的方案往往是简单的翻版，可操作性差。因此，必须努力加强对CIS的理论研究和专业人才的培养，以适应我国企业形象塑造和传播的要求。

（3）观念落后。CIS的设计与应用首先是一场观念上的革命。然而，在现实中，有的企业经营者还抱着旧观念不放，完全没有市场竞争意识和危机感；有的经营者对CIS的理解过于简单和表面，以为CIS就是一个标志或一本手册、一句广告语等，没有把CIS看成是企业寻求生存与发展的现代经营战略；有些企业对CIS存在着不切实际的期望，或者过分夸大形象的作用，将CIS单纯地归为大量的广告宣传、促销及公关活动，或者认为企业只要导入CIS，企业的一切问题就能迎刃而解。

（4）缺乏系统策划。目前，企业形象设计普遍缺乏系统性。企业在设计企业形象时往往重视企业象征、标志等视觉的设计和传播，而对企业理念以及体现企业精神的行为识别重视不够。据统计，我国真正系统化运用CIS战略的企业尚不足我国企业总数的1%，尽管少数企业获得了成功，但从整体上看我国企业的CIS仍然缺乏强烈的民族个性，因此在市场竞争中所起的作用还不大。

总的来讲，从中国CIS的发展轨迹看，基本属于“拿来型”CIS。尽管国内有专门从事CIS设计甚至研究的专业机构，尽管它们也尝试探索“中国型”CIS，但终因市场经济体制尚未完全成熟和自身人力、财力的局限，不得不浅尝辄止，难成正果。中国“拿来型”CIS的典型特征主要表现在两个方面：一是企业界认识肤浅，拿VI当CIS，典型的“买椟还珠”，设计界也投其所好，舍本求末，只学VI不谙CIS，有的甚至把CIS策划称为VI设计，导致中国真正的CIS专家寥若晨星，CIS人才青黄不接；二是中国市场经济也处在“拿来”阶段，对西方的管理理论常常消化不良，不能洋为中用，有些设计师为了赚钱没有时间深究CIS理论，更不能将祖国的传统文化融入CIS方案中。

3.企业形象策划的发展——大CI战略

大CI战略，或称“中国型”CI的诞生，并非指中国已成为CI大国，只是说明我国在通往CI大国的征途中，前途光明，任重道远。

“中国型”CI到底是什么类型的CI？首先要看中国需要什么样的CI。20世纪80年代，中国实施经济体制改革，成就了一大批民营企业。这些企业在中国人口红利高峰期通过苦干实干度过了创业期，并整体进入了成长期，迎来了从创业型向管理型跨越式转型的机遇，并将进入成熟期，普遍需要从战略到管理、营销、文化的整体升级。中国期待全方位、系统性、一站式满足企业从战略到营销、品牌、文化、人力资源、财务、资本运作等需求的管理工具及掌握这套理论工具的专业机构出现；也期待既与国际接轨又符合中国国情、具有中国特色的CI战略。所谓大CI战略，是在美国视觉型CI和日本文化型CI基础上，结合中国国情提炼、创新、发展而成，本质上是为企业治理、提升管理水平和竞争力服务的CI战略，故又称为“中国管理型CI战略”（见图1-7）。

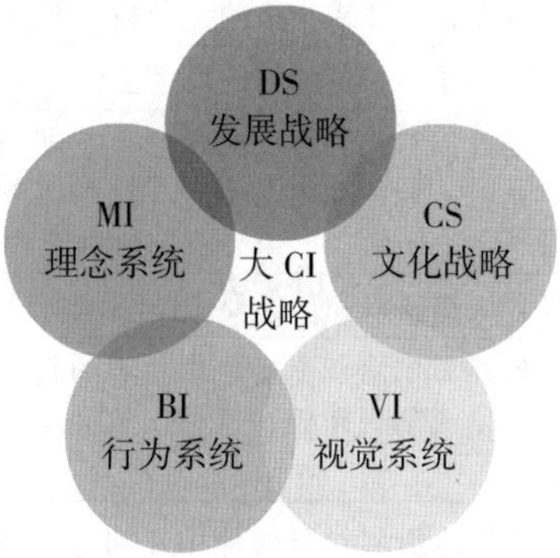

图1-7　大CI战略构成

二、企业形象策划的对象和特点

（一）企业形象策划的含义与学科性质

1.形象与企业形象

（1）形象的含义。

要理解什么是企业形象，首先要知道什么是形象。形象一词具有“镜像”“影像”“图像”“比喻”“引喻”等一些抽象的含义。关于形象的内涵和外延也有多样化表述。国外学者博尔丁（K. E. Boulding）认为，形象是对行为体（Behavioral Units）总体的认知、情感和评估结构。之后，斯科特（W. A. Scott）对“形象”一词进行了更为详细的解释：形象包含了人们对某对象进行思考时，认知（或想象）的总体属性，包括了认知、情感和行为三方面。其中，认知的属性是首要的和基本的。情感部分体现为喜欢与否，通常与支持与否相关。行为部分是根据知觉到的属性所进行的一系列的回应。科特勒（Philip Kotler）认为，形象是人们所持有的关于某一对象的信念、观念和印象。

我国《现代汉语词典》对“形象”的解释是：“能引起人的思想或感情活动的具体形状或姿态。”也就是说，形象本身既是主观的，又是客观的。其主观性是人们对事物的具体形状或姿态的印象、认识、反映及评价；其客观性是事物本身具有的具体形状或姿态，是事物的客观存在，是不以人的主观评价为转移的。刘继南等认为：形象是个体通过处理不同来源的信息所形成的有关对象的一个总体感知；形象并不一定与事物的客观属性一致，它反映人们的价值观、对事物的认同和支持的程度。丁磊提出“自我形象”与“他我形象”，二者一致时称为“形象认同”。方雅贤（2015）选列了有代表性的形象概念，见表1-1。

表1-1 形象概念选列

形象概念作者	形象概念表述
Reynolds（1965）	形象是消费者在大量整体印象中的少数印象基础上发展而来的一种心理结构，通过对被选择客体的安排、修饰、组织而被创造出来
Markin（1974）	形象是指人们主观地、个性化地、概念化地理解所感知的事物
Crompton（1979）	形象是人们对某一物体、事件和行为所持有的信念、印象、思想和感知的总和
Fidgen（1987）	形象是对人、地方、事件或物体的一种精神表现，是非物质的
Assael（1987）	形象是对特定对象经过一段时间的信息整合后形成的整体知觉
Barich & Kotler（1995）	形象代表个体或群体对某一客体的信念、态度和印象的总和。这一客体可以是企业、商品、品牌、地区或者是个人。这种印象可以是正确的或错误的、真实的或想象的，但无论如何，形象会引导行为的产生
栗志中（1999）	形象是一种包含认知要素和情感要素的心理图像
邱博贤（2003）	形象是个体受到外界信息刺激后，以主观的判断对相关属性产生的知觉、认知及评价的整体印象或刻板印象，这种印象会随价值判断、感觉经验和社会文化等因素而改变

资料来源：方雅贤．国家—目的地形象对目的地信任和行为意向的影响研究［D］．大连：东北财经大学，2015.

由于现实事物本身的千差万别，人们对事物的印象和评价会不同，形象的内涵表现也生动具体和复杂多变。就人类社会来讲，小到一个人、一个家庭，中到一个组织、一个团体，大到一个地区、一个民族、一个国家，都有其自身独有的形象。例如，西装革履、彬彬有礼，会联想到一个人的基本形象；团结向上、雷厉风行，会联想到一个组织的基本形象；勤劳勇敢、丰衣足食、安居乐业，会联想到一个民族的基本形象。企业作为一种以营利为目的的社会生产经营组织，也有其应有的形象。企业形象是否良好，影响其经营管理绩效，关乎其生存与发展。

（2）企业形象。

企业形象是指社会公众和企业职工对企业的整体印象和评价，也是企业的表现和特征在公众心目中的反映。这种印象和评价是公众综合认识的结果。树立良好企业形象的前提和决定市场竞争胜负的实质是企业的内在质量。

企业形象要素体现于产品形象、环境形象、职工形象、企业家形象、公共关系形象、社会形象、总体形象之中，也就是说企业形象是由上述形象要素组成的。

企业形象并不是一成不变的，随着环境的变迁、社会价值观的改变，有些企业因其形象不适应日趋激烈的竞争的需要，必须通过企业形象策划来塑造新的企业形象。

2.企业形象策划

企业形象策划又称CI设计或企业形象设计，指企业从文化、形象、传播的角度进行筛选，找出本企业具有的潜力、存在价值及美的价值，加以整合，从而转换为有效的整体形象的经营管理过程，也是指运用整体传达系统将企业经营理念与精神文化传达给企业周围的人或者团体，并令其对企业产生一致的认同感和价值观。

（1）CI的含义演化。

CI是英文“Corporate Identity ”的缩写，其中“Identity”一词在《牛津现代高级英汉双解词典》中有两个解释：一是同一、绝对相同、完全相同。二是身份、本身、本体。在国内，CI一般可以直译为“企业识别”或“公司识别”，指企业的经营理念、文化素质、经营方针、产品开发、商品流通等有关企业经营的所有因素。CI的另外一种解释是“企业形象策划”或企业形象设计，简称CI设计。

CI的含义是不断丰富和发展的。早期，西欧企业最初的企业形象策划活动主要是将企业的招牌、旗帜、商标、字体等统一表现出来，使社会公众从视觉上识别出企业的品牌，这符合CI的“企业个性”和“企业认同”原始含义。后来，又出现了Corporate Design（企业设计）、Corporate Look（企业形貌）、Specific Design（特殊设计）、Design Policy（设计政策）等不同的名词。再后来，有人把CI视为“一种明确地认知企业理念与企业文化的活动”，为了反映这一发展，在“CI”后面加上了表达“系统性”的“S”，即CIS。

（2）CIS的定义。

CIS，英文全称为“Corporate Identity System”，直译为企业识别系统。中外CIS设计师和研究者对其有许多表述。

日本的中西元男对CIS的定义是："有意图地、有计划地、有战略性地展现企业所希望的形象；对其本身来说，就是努力营造出最佳的经营环境。这种观念和手法就叫作CIS。"中村秀一郎认为："在企业经营活动的一环中，应把眼光放在视觉设计的功能上，整合企业内外的所有设计活动时，其中心概念和作业就叫作CIS。"八卷俊雄提出："所谓CIS，是一个企业或企业团体，由内到外将企业或企业团体同一化，并进行传达的统一。"中国台湾设计家林磐耸认为："所谓CIS，是将企业经营理念与精神文化，运用整体传达系统（特别是视觉传达系统），传达给企业体周围的关系者或团体（包括企业内部与社会大众），并使其对企业产生一致的认同感与价值观。"

如果考虑到识别的两层含义，那么企业识别是指为树立统一、独特的企业形象而进行的设计、策划、实施行动的过程。其实，让公众认识企业的过程，就是企业树立自身形象的过程，而要使公众面对成千上万的企业，能辨别出这是A企业还是B企业，就必须使企业拥有个性，并且在企业的各个方面统一化或同一化。这一过程就是企业识别的设计、策划和实施的过程。所以，从含义上来理解，企业识别就是企业形象识别或企业形象塑造与建立。就企业形象和企业识别的关系来看，企业形象是结果，企业识别是途径或手段。

综合以上对CIS的内涵表述和理解，本书提出的定义为：CIS是指企业识别系统，它是通过行为规范、活动体系以及具有冲击力的视觉识别体系，将企业理念、使命和产品特质传达给企业内部与社会公众，以获得一致的认同感和价值观，达到促销产品、提升经营业绩的目标。CIS是企业管理的一部分，而不是企业管理的全部，更不是企业经营本身，其本质是一种以塑造企业（或其他组织）形象为目标的组织行为。

CIS作为企业识别系统，由企业理念识别（Mind Identity，MI）、行为识别（Behavior Identity，BI）以及视觉识别（Visual Identity，VI）三个有机的子系统构成。其中心问题是如何把企业理念识别通过企业行为识别和视觉识别让大众识别，进而使大众信赖企业并对企业产生好感。进行企业识别，塑造企业形象，是一个系统工程，需要企业全方位地开展工作。

（3）企业形象策划的界定。

根据以上关于CIS的表述，可以从以下三个方面来理解和把握企业形象策划的含义：

第一，认识意义上的企业形象策划，表明企业自身的身份与性质。例如，当看到"可口可乐"的标志时，会想到这是饮料。

第二，传播意义上的企业形象策划，对内表明一个组织内部的某种同一性；对外表明该组织的个性存在以及区别于其他组织的差异性。例如，无论在哪个国家，麦当劳都提供同样的产品和服务。

第三，社会意义上的企业形象策划，表明个体意识到自己归属于某一群体，思想意识、行为等都要服从制度，从而使这一群体中的个体互相沟通和认同、相互协作与支持，例如，企业的分公司、子公司与总公司的关系。

企业形象策划将现代设计理念与企业管理理论结合起来，通过形象设计以显现企业的个性和精神，使消费者产生认同感，从而达到促销的目的。

企业导入CIS，进行企业形象策划的目的是塑造良好的企业形象。企业形象策划的起点是将构成企业形象的要素转化成统一的识别系统，然后借助于信息传达，将其准确、清晰地展示在公众面前，在信息传送者和接收者之间反复相互作用的过程中形成符合策划设计的企业形象。

企业形象策划和CIS是传达、塑造企业形象的工具与手段。它采用易识记的标志、反差大的色彩、流畅的线条，根据人的记忆规律和视觉识别规律，采用统一化、标准化、个性化的系统识别体系，强化了企业的整体形象，简单明快地扩大了企业的知名度和影响力。这是通过不同的传播方式或方法在公众心目中对企业产生认同感或共有价值观的结果。

3.企业形象策划的学科性质

企业形象策划是一项全方位、标准化、高智能的系统工程，涉及经济学、社会学、管理学、大众传播学、社会心理学、消费心理学、公共关系学、广告学、设计美学、市场营销学、新闻学、运筹学、军事谋略学、组织行为学、计算机学等方面的知识、经验和技能。CIS具有较强的科学性和应用性，它结合现代设计观念与企业管理理论的整体性运作，以刻画企业个性，突出企业精神，使消费者产生深刻的认同感，从而取得竞争优势。

日本的CIS专家加藤邦宏提出，在实践的意义上CIS是问题解决学。他认为：CIS正如其他的经营技法，以解决经营上的问题为目的。事实上，如果经营上的问题得以解决，那么既可以改善企业形象，进而在市场上产生更好的、更新的形象，又有利于企业经营活动的开展。同时，CIS也促使企业内部推行符合本企业形象的活动与想法，这有助于企业理念的统一及道德观的加强。

加藤邦宏认为，CIS所能解决的具体问题大致上可归纳为以下几点：①公司名称迂腐陈旧，易被人们误认或产生误解，需要更换或者更新名称。②随着经营多样化的开展，传统企业形象的一贯性和统一性逐渐丧失，需要在新的形象下达到统一。③在与其他公司发生合并后，需要重新确立企业的新形象。④公司的名称与商品的形象不符，需要重新调整。⑤与同行的其他企业相比，本企业的活力不足，企业形象的知名度和竞争力处于下风，急需赶上和超过。⑥企业形象不佳，员工士气低落，亟待改善和振奋。⑦旧形象有碍于企业进入市场，需要更换顺应时代潮流的新形象。⑧缺少能代表全公司形象的统一标志。⑨公司所属的每一个单位皆没有在广大公众中形成具有影响力的企业形象。⑩企业内部某一商品的形象冲击了公司其他部门和商品的形象，使公众发生误认。⑪渴求人才和录用的反应及效果皆比其他公司逊色。⑫公司上市的股票表明了公司处于劣势地位或遇到了障碍。⑬商品和商标之间出现明显不相宜的现象。⑭整个企业形象处于低潮，跟不上国际化形象的时代潮流。⑮正在或将要启动的企业发展战略同企业的现有形象难以协调和配合。

虽然CIS能解决的具体问题有很多，但不能解决的问题至少有一个，就是产品的质量问题。这里有两点补充：一是企业形象与产品质量的关系。企业要通过品牌策划和战略规划来提升品牌形象，提高消费者对产品的认知度、忠诚度，树立企业良好的品牌形象。首先，质量战略是实施品牌战略的关键、核心，质量是产品的生命，严格的质量管理是开拓、保持、发展品牌的首要条件。其次，市场战略是实施品牌战略的根本，实施市场战略一定要树立市场导向观念。从产品的开发到营销，必须牢牢扣住市场变化这一主题，最大限度地满足客户需求。二是为什么CIS不能解决产品质量、服务和管理等问题。CIS塑造的是企业形象，是企业软实力的重要组成部分，而企业产品质量、服务和管理是企业的硬实力。以CIS来解决产品质量与服务问题，就如在沙滩上建高楼大厦，建得再好，一个海浪打来也要垮掉。产品质量、服务和管理是企业经营的核心，是保证一个企业傲立于市场的基石。只有企业的硬实力够扎实，企业形象策划和导入CIS设计才会成功，企业在消费者的心中才会有地位。

（二）企业形象策划的构成与特征

1.企业形象的无形要素

由于企业活动及其表现的复杂性，企业形象的构成要素也十分复杂。企业形象构成要素按可见性可分为无形要素和有形要素两大部分。相应地，企业形象也可以分为无形形象和有形形象。

企业形象的无形要素包括企业理念、企业制度、企业信誉以及员工素质等方面，是企业文化的重要组成部分，更多地表现为企业内部的、深层的形象。它构成企业形象的灵魂和支柱，对企业的影响是长期的、深刻的。

（1）企业理念。企业理念是指企业的指导思想或经营哲学，是企业倡导并形成的特有的经营宗旨、经营方针、企业价值观和企业精神的总称，是企业形象的核心内容。它规范制约着企业及其员工的日常行为，对企业的生产经营发展起着导向和指导作用。良好的企业理念可以在潜移默化中引导员工的观念和行为，激发员工士气，凝聚员工精神，推动企业发展。企业理念作为企业的灵魂和核心影响着企业的一切存在，支配着企业的一切行为。它虽然是无形的，但却无处不在。

（2）企业制度。企业制度是建立在企业理念基础上的、企业的管理者和员工都应遵守的各项规定、准则及行为规范，是企业理念得以贯彻的必要手段，是所有员工行为规范化、制度化和系统化的保证，也是企业得以顺利而有效运营的基础。像一个国家没有法律是不可想象的一样，若一个企业没有制度做保障，更是难以想象的，管理者和一般员工将无章可循，企业将成为一盘散沙，因而也无竞争力可言。

（3）企业信誉。企业信誉是企业的“金字招牌”，是企业无形形象的主要内容，是企业的宝贵财富。企业信誉是企业在日常经营活动过程中，善于实现对消费者、所有与之打交道的客户以及社会公众所作的承诺，由此在他们心目中所树立起的相应形象。首先，企业信誉建立在企业的优质产品和服务的基础上，是企业理念长期贯彻的结果。企业一旦在用户心目中树立了良好的信誉，不仅可以影响到现有用户的行为，而且会影响未来用户的行为。其次，企业信誉的建立依赖于企业在与供应商、销售商、金融机构等打交道的过程中，严格履行合同，取信于人。最后，企业信誉的建立还依赖于企业善于履行其社会责任及义务。信誉本身虽然是看不见、摸不着的，但是它却构成了企业无形形象的主体。

（4）员工素质。企业理念要靠企业员工贯彻实施，企业员工的素质如何对于企业理念的实施程度具有直接的影响。企业员工具有的文化素质、敬业精神、技术水准、价值观以及企业管理者（企业家）的管理能力、战略眼光及个人魅力等，虽然也是无形的，但却直接影响着企业的行为和表现，影响着社会公众对企业的印象和评价。

2.企业形象的有形要素

企业形象的有形要素包括产品形象、环境形象、业绩形象、社会形象、员工形象等。

（1）产品形象。产品形象是企业形象的代表，是企业形象的物质基础，是企业最主要的有形形象。企业形象主要是通过产品形象表现出来的。产品形象包括产品质量、性能、造型、价格、品种、规格、款式、花色、档次、包装设计以及服务水平、产品创新能力等。产品形象主要表现为企业的品牌形象。产品形象的好坏直接影响着企业形象的好坏。一个好的产品可以使广大消费者纷纷选购，一个差的产品只能使消费者望而生厌。企业只有通过向社会提供质量上乘、性能优良、造型美观的产品和优质的服务来塑造良好的产品形象，才能得到社会的认可，在竞争中立于不败之地。

（2）环境形象。环境形象主要是指企业的生产环境、销售环境、办公环境和企业的各种附属设施。企业厂区环境的整洁和绿化程度、生产和经营场所的规模和装饰、生产经营设备的技术水准等，无不反映出企业的经济实力、管理水平和精神风貌，是企业向社会公众展示自己的重要窗口。特别是销售环境的设计、造型、布局、色彩及各种装饰等，更能展示企业文化和企业形象的个性，对于强化企业的知名度和信赖度、提高营销效率有更直接的影响。

（3）业绩形象。业绩形象是指企业的经营规模和盈利水平，主要由产品销售额（业务额）、资金利润率及资产收益率等组成。它反映了企业经营能力的强弱和盈利水平的高低，是企业生产经营状况的直接表现，也是企业追求良好企业形象的根本所在。一般而言，良好的企业形象特别是良好的产品形象，总会为企业带来良好的业绩形象，而良好的业绩形象总会增强投资者和消费者对企业及其产品的信心。

（4）社会形象。社会形象是指企业通过非营利的以及带有公共关系性质的社会行为塑造良好的企业形象，以博取社会公众的认同和好感。这包括：奉公守法，诚实经营，维护消费者合法权益；保护环境，维护生态平衡；关心所在社区的繁荣与发展，作出自己的贡献；关注社会公益事业，促进社会精神文明建设等。

（5）员工形象。企业员工是企业生产经营管理活动的主体，是企业形象的直接塑造者。员工形象是指企业员工的整体形象，它包括管理者形象和员工形象。管理者形象是指企业管理者集体尤其是企业家的知识、能力、魄力、品质、风格及经营业绩给本企业员工、企业同行和社会公众留下的印象。企业家是企业的代表，其形象的好坏直接影响到企业的形象，为此，当今企业都非常重视企业家形象的塑造。员工形象是指企业全体员工的服务态度、职业道德、行为规范、精神风貌、文化水准、作业技能、内在素养和装束仪表等给外界的整体形象。企业是员工的集合体，因此，员工的言行必将影响到企业的形象。管理者形象好，可以增强企业的向心力和社会公众对企业的信任度；员工形象好，可以增强企业的凝聚力和竞争力，为企业的长期稳定发展打下牢固的基础。因此，很多企业在塑造良好形象的过程中都十分重视员工形象。

企业形象是企业有形形象和企业无形形象的综合，它们从不同侧面来塑造一个具体、生动、综合的形象。其中，企业无形形象是企业形象内在的、深层次的表现，是企业形象的灵魂和支柱；企业有形形象是企业形象外在的、表层的表现，是企业形象的重要组成部分。

3.企业形象的特征

（1）客观性和主观性。

一方面，企业形象是企业实态的表现，是企业一切活动在社会中的展示，是客观真实的，具有客观性的特征。良好的企业形象不能由企业经营者主观设定，自我感觉良好并不能表明企业形象果真良好。良好的企业形象是有客观标准的，它由企业良好的经营管理实态、企业精神、员工素质、企业领导作风、企业制度、企业产品以及整洁的生产经营环境等客观要素所构成。这些构成要素都是客观存在的，反映了企业的实态，是人们能够直接感知的，不以人们的主观意志为转移。企业形象既是客观的，又是真实的。企业形象的真实性体现在企业的现象真实和本质真实两个方面。所谓企业的现象真实，主要是指企业的名称、地点、资产及经营的产品、产品的商标、产品的质量、服务信誉等，都是看得见、摸得着的，是真实可信的。如果一个企业在现象上都做不到真实可靠，那它是毫无企业形象可言的。那种既无固定经营地点、经营产品，又无经营资本，到处招摇撞骗的皮包公司，绝不可能生存和发展下去。所谓企业的本质真实，就是说，企业形象应该反映出企业的本质特征，体现出企业的精神风貌和发展方向，符合企业的经营目标和时代潮流。如果企业的客观实态是卓越的，是真善美的，尽管由于某些客观因素可能造成对企业形象的一时损害，但只要企业切实改进，消除误解，其卓越的企业形象仍会重新树立起来；反之，如果认为通过“包装”“形象塑造”等手段就可以掩盖企业自身的诸多缺点甚至假丑恶现象，意图塑造出卓越的企业形象，那就大错特错了。这种做法只会得逞于一时，终有露出破绽的时候。因为这种虚假的企业形象缺乏客观、真实的基础。

另一方面，企业形象是社会公众对企业的印象和评价，它又具有主观性特征。作为社会公众对企业的印象和评价，企业形象并不是不以人的意志为转移的企业客观存在的实态本身，而是与人们的主观意志、情感、价值观等主观因素密切相关的，具有强烈的主观性色彩。首先，企业形象的主观性表现在企业外在形象并不等同于企业的内部实态。企业实态是一种客观存在，这种客观存在只有通过各种媒体介绍、展示给公众，为社会公众认识、感知，才能形成公众接近一致的印象和评价，形成具体的企业形象。如果企业不能把其客观实态有效、全面地传达给消费者，或是企业有意隐瞒缺陷，自我美化，就会使企业形象失真，甚至是虚假的。其次，企业形象的主观性还表现在企业形象形成过程的主观色彩上。企业形象是社会公众以其特有的思维方式、价值取向、消费观念、需求模式以及情感等主观意识，对企业的各种信息进行接收、选择和分析，进而形成的特定的印象和评价，其结果是主观的。企业形象的主观性特征要求企业在进行形象塑造时，其一切活动都要适应社会公众的价值观、需求层次、思维方式以及情感要求，以取得公众的信任，树立良好的形象。

（2）整体性和层次性。

一方面，企业形象是由企业内部诸多因素构成的统一体和集中表现，是一个完整的有机整体，具有整体性的特征。各要素形象，如企业员工的形象、产品或服务的形象之间具有内在的必然联系。构成企业形象的每个要素的表现都会影响到整体的企业形象。因此，在企业形象形成过程中，应把企业形象贯彻和体现在经营管理思想、决策以及经营管理活动之中，从企业的外部形象和内在精神的方方面面体现出来，依靠全体员工的共同努力，使企业形象的塑造成为大家的自觉行为。企业只有在所有方面都有上乘的表现，才能塑造出一个完整的、全面的良好形象。

另一方面，由于整体的企业形象是由不同层次的企业形象综合而成的，企业形象也就具有了十分鲜明的层次性特征。企业形象的层次性表现在：

① 内容的多层次性。企业形象的内容可分为物质的、社会的和精神的三个方面。物质方面的企业形象主要包括企业的办公大楼、生产车间、设备设施、产品质量、绿化园林、点缀装饰、团体徽记、地理位置、资金实力等。在物质方面的企业形象中，具有实质性要素的是产品质量。如果产品质量低劣，即便企业有着豪华的生产经营设施，也会使企业形象毁坏殆尽，直接威胁企业的生存。社会方面的企业形象包括企业的人才阵容、技术力量、经济效益、工作效率、福利待遇、公众关系、管理水平、方针政策等。在社会方面的企业形象中，企业与公众的关系是最为重要的因素。协调好企业和公众之间的关系是塑造良好形象的有效途径。精神方面的企业形象包括企业的信念、精神、经营理念及企业文化等。富有生气和活力的企业，必然通过企业的精神形象将此表现出来。此外，良好的人员素质和和谐的工作气氛也是企业形象精神方面的内容。

② 心理感受的多面性。企业形象是企业在人们心目中的一种心理反应。由于每个人的观察角度不同及和企业的关系不同，构成了企业形象各异的状况。首先，不同的人对同一企业有不同的看法；其次，同一人所处的位置不同也会对同一企业产生不同看法；最后，即使是同一个人在同一位置上，在不同时期也会有不同看法。总之，每个人都是从自己特殊的位置来观察企业的，所以这就决定了人们对企业形象的心理感受呈现出多面性。例如，企业在其成员心目中的形象和企业在外部公众心目中的形象是不完全一致的。外部公众一般都是从评价企业产品的角度来认识企业形象的；而企业的员工则往往是从企业的工作环境、管理水平、福利待遇等方面来认识企业形象的。

③ 要素构成的复杂性。企业形象是一个构成要素十分复杂的综合体。例如：企业形象可分为有形部分和无形部分，有形部分指企业的建筑物、产品、设备等，无形部分指企业的价值观、经营方针等；企业形象又可分为动态部分和静态部分，动态部分指企业的公关活动、广告宣传、生产经营等，静态部分指企业的标志、名称、标准

色等；企业形象还可分为对内部分和对外部分，对内部分指企业形象与管理人员、职工的关系，对外部分指企业形象与顾客、社区、股东的关系等。因此，在塑造企业形象时，既要考虑企业的物质基础，又要考虑企业的社会影响；既要分析企业内部的各种因素，又要研究企业外部消费者对企业的心理感受，使企业能够塑造出社会认同并能经受时间检验的成功形象。

（3）稳定性与动态性。

一方面，企业形象一旦形成，一般不会轻易改变，具有相对稳定性。这是因为社会公众经过反复获取企业信息和过滤分析后，由表象的感性认识上升为理性认识，对企业必然产生比较固定的看法，从而使企业形象具有相对的稳定性。首先，这种稳定性产生于企业形象所具有的客观物质基础。客观存在的物质基础，如企业的建筑物、机器设备、职工队伍等，这些要素在短期内不会有很大的改变，而企业形象的树立在很大程度上依赖于企业的物质基础。其次，这种稳定性还反映为人们有相同的心理机制。这种相同的心理机制表现在人们具有大体相同的审美观和好恶感上。最后，人们往往都具有共同的思维定式。思维定式是指由一定心理活动所形成的准备状态，它可以决定后继心理活动的趋势。企业形象是企业行为的结果，而企业行为又可能发生这样或者那样的变化，但是这种变化不会马上改变人们心目中已存在的形象。因为公众所具有的相同的思维定式，使他们总是倾向于原有的企业形象，而不会因为企业行为的改变而马上改变对企业的看法。

企业形象的稳定性可能导致两种不同结果：一是相对稳定的良好企业形象。在市场竞争中，良好的企业形象是企业极为宝贵的竞争优势，企业信誉一旦形成就可以转化为巨大的物质财富，产生名厂、名店、名牌效应。二是相对稳定的低劣的企业形象。企业将会在较长时间内难以摆脱社会公众对企业的不良印象，这需要企业在一定时期内通过艰苦努力来挽回影响，重塑其形象。

最后，应该指出的是，企业形象设计的相对稳定性只能是企业持之以恒地维护其企业形象的结果。假若认为企业已经具有了良好的形象就可以放松要求，那么只能自毁形象，惨遭失败。正因为如此，每个企业都应该努力维护企业的良好形象。

另一方面，企业形象又具有动态性或可变性的特征。企业形象树立起来以后，有其宏观的时空上的稳定性特征，但是，企业形象并不是固定不变的，除了具有相对稳定的一面，还具有波动可变的一面。随着时间的推移、空间的变化、企业行为的改变以及政治、经济环境的变迁，企业形象不可能一成不变，而是始终处在动态的变化过程之中。这种动态的可变性，使得企业有可能通过自身的努力，改变公众对企业过去的旧印象和评价，一步一步地塑造出良好的企业形象。也正是因为这种动态的可变性，迫使企业丝毫不敢松懈，必须努力维护企业的良好形象。因为良好企业形象的确立绝非一日之功，而是企业员工长期奋斗、精心塑造的结果。但是企业形象的损坏，往往却是由于一念之差、一步之错。企业形象构成要素的任何环节、层次出现问题，都可能使长期树立起来的良好形象受到损害，甚至毁于一旦。

企业形象可变性的特征告诉我们，在市场竞争空前激烈的态势下，不进则退，小进亦即退。任何企业，其经营业绩再好，都必须破除故步自封、小富即安、知足常乐等心态，要有强烈的危机意识和永不满足的精神。在企业形象塑造上没有终点，只有起点。只有不断开拓进取，创造佳绩，才能使企业形象越来越好。

（4）对象性和传播性。

企业形象的形成过程，实质上是企业实态借助一定的传播手段，为社会公众认识、感知并得出印象和评价的过程。企业形象的形成过程使其具有明确的对象性和传播性。

企业形象的对象性是指，企业作为形象的主体，其形象塑造要针对明确的对象。企业作为社会的营利组织，其形象塑造是为了实现企业经营目标，是为其营销服务的。不同的企业提供不同的产品和服务，面对不同的消费者和用户，其社会公众的构成也不同。这就决定了企业必须根据公众特有的需求模式、思维方式、价值观、习惯爱好以及情感特点等因素，适应公众的意愿，确定自己特有的企业形象。

企业的社会公众包括企业员工、供应商、营销中介机构、竞争者、顾客、金融机构及投资者、媒介机构及媒介公众、相关政府机构、相关社会团体、地方居民等。他们对企业的认识途径、认识方式、关注程度以及关注角度各有不同，形成的印象和评价也就带有不同特点。例如，消费者通过接触和使用某企业的产品来认识了解一个企业，主要从产品质量、性能、服务等方面对企业产生好或不好的印象；而金融机构则主要是从企业的信誉、偿还能力、实力等方面来认识企业；社会团体则从环境保护、社区贡献、就业等方面对企业形成印象。在其他社会公众中，政府机构关注企业是否合法经营；供应商及营销中间商关注企业的信誉及实力；股民关注企业经营状态及发展潜力；竞争者关注企业是否遵守游戏规则。企业只有全面了解其面对的社会公众，全方位地、系统地、有针对性地营造自身形象，才能最终得到社会公众的广泛认可和接受，树立良好的形象。

企业形象的建立必须经过一定的传播手段和传播渠道。没有传播手段和传播渠道，企业实态就不可能为外界所感知、认识，企业形象也就无从谈起。企业形象的形成过程实质上就是企业信息的传播过程。传播作为传递、分享及沟通信息的手段，是人们感知、认识企业的唯一途径。企业通过传播将有关信息传递给公众，同时又把公众的反映反馈到企业中来，使企业和公众之间能沟通和理解，从而实现塑造企业形象的目的。

企业信息的传播可以分为直接传播和间接传播两种形式。直接传播是指企业在其经营活动中，其有关信息可直接为外界所感知。例如，企业建筑、办公营业场所、产品展览陈列、企业标志、员工行为等，无不作为信息渠道向周围公众传递着客观、真实的信息。企业产品的消费者和用户更是企业产品信息的直接传播者，他们对产品的印象和评价，最终形成了企业的产品形象。间接传播是指企业有意通过各种专门媒介物所进行的传播。专门媒介物包括：印刷媒介，如报纸、杂志及企业为树立形象所印制的各种可视品；电子媒介，如电视、广播、电影等；户外媒介，如竖立在繁华地段、交通要道旁的各种形象广告牌等。这些媒介的特点是信息传递速度快、受众面广。企业借助大众传媒，运用广告和宣传报告的形式，可以及时有效地发送企业信息，介绍企业实态，扩大企业知名度，消除公众误解，增进公众对企业的了解。

(5) 独特性与创新性。

独特性又称企业形象的差异性。社会竞争的加剧、竞争对手的增多，以及商品世界的繁华，使每个企业必须做到其形象的鲜明性和独特性，以显示其与众不同之处，给公众与众不同的新鲜刺激感，便于公众认知、识别，吸引其注意力，从而在公众头脑里留下难以忘怀的美好印象。

独特性要求企业具有与众不同的企业理念及在此基础之上所建立起来的经营作风和企业文化；要求企业生产具有独特性的产品和提供与众不同的服务项目及服务质量；要求企业以简洁生动和富有感情的语言表达本企业产品的功能与质量；要求企业精心设计自己的外在形象，包括企业的名称、商标，企业厂区的建筑式样和门面装潢，社区环境的绿化和美化等，使公众在一瞥之下就留下难忘的印象，增强认知效果。

企业形象的独特性是内容和形式的有机统一。一方面，要求企业的外在形象具有鲜明的独特性；另一方面，要求企业的内在精神，即内部深层形象具有鲜明的独特性。任何割裂两者统一的做法，都不能使企业具有良好的形象。

企业形象仅具有独特性还不够，必须在保持鲜明的独特性的同时，不断调整、创新、提升自身形象，才能适应市场需求、公众价值观、竞争状况、社会舆论、政府政策及各种环境因素的变化。

创新是企业形象的源泉和企业永葆青春的魅力所在。随着社会经济的发展和科技的不断进步，社会公众特别是企业产品的消费者的价值观及需求模式也在不断更新变化，企业必须以不断进取的态度，适时地更新企业形象，使其适应形势发展和公众观念的要求。

创新企业形象非一日之功，而是企业长期努力的结果。创新只有在坚持企业优秀文化和传统，在继承企业原有的良好形象的基础上，紧跟时代潮流，适应环境变化，把创新与继承有机结合起来，才能塑造出值得信赖的良好的企业形象。

三、企业形象策划导入的动因与意义

（一）导入企业形象策划的动因

1.竞争的挑战

如今，企业间的竞争从注重短期行为发展到注重长期的策划与战略研究，从一般的营销运作发展到整体营销，从注重公共关系对商品销售促进的作用发展到注重社会影响和良好企业形象的塑造。这一切变化都促使企业间竞争的加剧。企业面对这种趋势，唯有靠强有力的非价格竞争（如信誉、信用等），才能树立独特的经营理念。而CIS正好能把企业全体员工的信仰、伦理、精神、文化和价值等，贯穿于企业的一切经营、管理等活动的运作之中。

2.传播的挑战

在信息社会里，顾客的消费倾向会受到各种传播信息媒体的直接或间接的影响。

然而，过多的信息、泛滥的广告、杂乱的表现形式，最容易产生传播上的干扰和人们心理上的抵触情绪，甚至使信息相互抵消，使其效果大打折扣，有些信息很难在人们的头脑中留下深刻而准确的印象。因此，只有创造有秩序的、独特的、统一的CIS战略，才能塑造良好的企业形象，形成良好而正确的信息传递。

3.消费者的挑战

随着生活水平的提高，消费者对商品的质量、服务态度的要求越来越高。消费者在购买商品时，更看重以服务为特征的销售工作、售后跟踪服务、企业形象和商品特征等方面。同时，由于消费者开始从强调“生理”消费转向强调“心理”消费，由“理性”消费的满足转到“感性”消费的满足，由重视视觉传播转到重视非视觉要素的服务、人员素质方面的要求，所以只有那些具有良好形象的企业所生产的产品，能够提供良好服务的商家，才会赢得消费者的信赖。因此，企业形象的塑造必须接受消费者的这种挑战。

4.改变陈旧、落后的企业形象，树立崭新的企业形象

由于企业的快速发展，产品种类与日俱增，无论是风格式样还是包装设计的规格尺寸都产生了极大的变化，原有标准已形同虚设。同时，广告宣传、市场信息的多样化也造成企业信息无法以统一的形式来表现企业精神与经营理念，致使消费者或社会大众对其产生负面印象。为了改变企业形象，通过企业形象设计和创新，可以消除企业原有的不良影响，大大增强企业的凝聚力和竞争力。

5.强化产品差异与品牌差异

随着科学技术的发展与市场竞争的加剧，企业在产品生产上日趋同质化，相互竞争的企业之间的差异性不明显，导致消费者在产品选购上存在众多疑问。为了创造品牌差异与产品差异，以加深消费者对企业、品牌的认同，需要导入CIS，塑造企业独特的形象，以强化市场竞争力。

总之，企业为了能在市场竞争中独树一帜，建立起差异化的特征，以便能在众多的企业中让消费者与社会大众易于识别，就一定要树立起独特的企业形象。因为企业本身的形象决定了消费者购买的欲望，成为一种企业认知的竞争力。

（二）导入企业形象策划的意义

导入CIS以强化企业的品牌形象，增强产品的竞争力，对现代企业的发展具有十分重要的意义：

1.使企业信誉、知名度等无形资产迅速增值

导入CIS能使企业信誉、知名度等无形资产迅速增值。良好的企业形象容易使公众产生组织健全、制度完善的认同感和信任感。这不仅有利于企业与顾客的沟通，而且能够制造产品与企业的差别优势。无形资产虽不如有形资产那样易于确定，但的确是一种具体可感知的客观存在，与有形资产一样，也是企业赖以生存和发展的基础，具有重要的经济价值。

2.提高企业的信息传播效率

导入CIS可大大提高企业的信息传播效率，使广告具有更好的扩散效果。在所有

的设计项目上统一形象设计，不仅能够节省各分公司、各部门各自为政的设计制作费用，减少无效的播放，同时还能避免因产品包装不一、广告宣传促销不一，而造成的无法一致表现企业精神与理念，视觉传播纷乱、繁杂和互相干扰的现象。

3.提高企业素质与管理水平

导入CIS能够理顺企业内部关系，规范企业行为，实现企业素质与管理水平的提高。根据市场和企业的发展有目的地制定经营理念，制定一套能够切实贯彻的管理原则和管理规范，使企业的生产过程和市场流通流程化，以降低成本和损耗，有效地提高产品质量。

4.提高企业员工的工作热情与积极性

导入CIS能使企业文化得到优化，有效提高企业员工的工作热情与积极性。企业能否吸引优秀人才，能否避免人才频繁流出所造成的工作上的损失，有赖于良好企业形象的建立。良好的企业形象不仅可以使全体职工有一种归属感、优越感和自豪感，在工作中能产生与企业同呼吸、共命运的价值观，建立统一意识，提高员工的士气，最大限度地调动员工的积极性，进而激发员工的潜能，提高劳动生产率和经营效益，加强企业自身的竞争意识和能力，还能迅速地吸引优秀人才，从而保证企业具有旺盛的生命力。例如，海尔“真诚到永远”的服务理念和独特新颖的外观标志都深深吸引着消费者，也鼓舞着每一个员工，让海尔员工有一种与众不同的自豪感、优越感，进而产生强大的凝聚力。

5.提高企业的融资能力

一体化的形象设计，不仅会增加与其他企业合作的机会，减少投资风险，而且还容易吸收社会上投资机构和金融机构的长、短期投资，从而大大提高企业的融资能力。良好的企业形象还可以建立畅通无阻的原料供应和产品销售渠道，使企业在危机中减少或避免损失，从而使企业获得良好的经济效益和社会效益。

6.与国际市场接轨，适应国际竞争需要

导入CIS，能与国际市场接轨，适应国际竞争需要。随着科学技术的进步和生产规模的不断扩大，产品价格方面的差距日益缩小，产品在质量、技术含量方面的差距也相差不大。这种同质化的竞争形势迫切需要企业导入CIS，以帮助企业树立国际形象，扩大国际知名度。

第二节 企业形象策划的构成

一、企业形象策划的结构与功能

（一）企业形象策划的结构

企业识别系统指统一而独特的企业理念和以企业理念为指导的行为活动及视觉设计所构成的展现企业形象的系统。企业通过这一系统的运用，即通过对企业经营理念的界定，并将这一理念贯彻于各种行为活动、视觉设计之中，有助于社会公众对企业的认知、认同，以便树立良好的企业形象。因而，一个完整的企业识别系统是由企业理念识别系统（MIS）、企业行为识别系统（BIS）和企业视觉识别系统（VIS）三个要素所组成的。在CIS中，MI、BI、VI三者并不是完全等同的。其中，VI是最外在、最直观的部分，企业通过一系列独特的视觉识别手段向外界传达信息。但CIS系统的核心是MI，它是整个CIS的最高决策层，给整个系统奠定了理论基础和行为准则，并通过BI、VI表达出来。只有在正确的经营理念指导下，才能将MI、BI渗透于企业生产经营的每个环节，成为整合企业整体形象、推动企业发展的动力。这样，导入CIS才能使企业形象更加丰满、鲜明和完整，进而实现深层次的管理。

1.理念识别系统

理念识别系统（MIS）是企业形象策划或CIS的灵魂，是企业内涵的集中表现，也是建立整个企业识别系统的原动力和实施基础。它涵盖了企业的经营宗旨、经营策略、企业性格、精神标语、座右铭、价值观等内容，属于企业文化的意识形态范畴。理念识别的任务在于找出企业核心的资源优势、明确企业发展战略、提炼企业价值观、确立企业使命和企业精神、规划竞争策略、凝聚企业文化、塑造个性化的理念形象，比如“自己所经营的究竟是一家什么样的企业”“它对社会应有怎样的贡献”等。企业要在激烈的市场竞争中发展，必须具有自己的企业理念。获得成功的企业无不具有反映深刻内涵的企业理念，如麦当劳，它的经营理念体现在四点：坚持一定的品质；强调完善的服务；清净明朗的环境；提供消费的高价值。

企业理念有其丰富的内容和构成要素，这些内容和要素构成了理念识别系统。它主要包括以下几方面内容：

（1）企业使命。企业使命是企业行动的原动力，它含有两层意思：功利性和社会性。任何企业都将追求最大限度的利润作为其最基本的使命之一；同时它作为社会构成中的细胞，必然要对社会承担相应的责任，为社会的繁荣和发展履行应尽的义务。在实际中，功利和社会责任，企业都要兼顾，舍去任何一个，企业都将无法生存。因而，明确了企业使命，就明确了企业自身存在的意义，找到了企业存在的位置。企业使命是构成企业理念识别系统的最基本的要素。

（2）经营宗旨。企业的经营宗旨就是企业的最高目标。应该说以一定的方式满足顾客的需求从而借此实现自己的利润目标，是每一个企业的经营宗旨。任何企业都以营利为目的，但若不以满足顾客需求为经营宗旨，并借此实现这一目的，企业将失去竞争力，不能长久存在。

（3）经营哲学。企业的经营哲学就是企业的指导思想，是指导企业决策及活动的工具。“顾客至上”“质量第一”“开拓创新”等，都是企业的经营哲学。企业的经营哲学一旦确定，它将成为所有决策与活动的中心，即一切决策及活动将按其要求进行。经营哲学是理念识别系统的中心构成要素。

（4）经营战略。为履行企业使命，实现企业宗旨，在经营哲学的指导下，企业必然要进行战略规划。经营战略是指企业在对周围环境分析的基础上，所制定的长远目标以及为实现这一目标的方案和措施。经营战略是目标和手段的统一，是具有全局性、长远性、重大性的决策和规划。它为企业经营指明了方向。

（5）经营方针。经营方针是指为执行和实现企业经营战略而做的指导性规定，是企业经营哲学的细化。企业的经营宗旨和战略目标甚至是战略措施可能相同，但经营方针却不同，它必须保证企业以一种什么样的方式或特色来实现其目标。

（6）行为准则。行为准则是指企业所有员工在其各自的工作岗位上应遵守的有关具体规定和制度，如服务公约、劳动纪律、工作守则、操作规程、考勤制度等。

（7）企业价值观。企业价值观是指企业及所有员工对其活动意义、作用的认识、判断及由此而决定的行为趋势。它是从每一个人的认识、看法、判断方面对企业的经营哲学和行为准则所进行的补充。

专栏—理念识别策划

论共主体营销话语的建构与践行

2012年，李怀斌针对当前营销理论和实践存在的具有主体中心论特征与弊端的现代营销近视症，重构了具有“消解对立、善待他者、与他者网络化互嵌共生”意蕴的共主体营销新理念。

所谓“共主体”（Co-Subject），是与以主体中心论为特征的营销近视症相对应的一个术语，它既是指主体的共在状态和交互关系，也是兼容自我和他者“和而不同”的“流变的整体”，其中每个主体都是超越主体任何一方又包容了各方的“互联主体”。在营销上，共主体应该包含有形和无形两层含义。无形的共主体是观念上的，如科特勒提出的“整体营销理念”，因为它倡导的是从只对顾客开展营销，到对供货商、分销商、最终用户、员工、金融机构、政府、媒体、联盟者、竞争者等多利益主体开展的营销；基于共同规则和普世价值观的超国家跨区域的政治经济社会共同体也当属此类。有形的共主体是实体性的，如外部客户通过“客户内部化”，参与企业经营管理决策，产品研究开发、加工和销售，而形成的“产消者”以及由这种“产消者”与企业构成的互联组织、无边界企业和网络组织等。

消解两元对立，就是从理念上解决中心主体和非中心主体的矛盾。具体到企业和顾客的关系协调上，就是处于中心的，不论是顾客抑或企业，都不唯我独尊和滥施权威；处于非中心的，同样不论顾客抑或企业，均不妄自菲薄，敢于维权。

善待他者，就是在行动上正确认识和处理与他者的关系。所谓“他者”，其实就是在以企业和产品为中心的传统营销中位于被动和边缘位置的顾客和消费者、在以顾客为中心的现代营销中被忽略的其他利益相关者或社会主体。尤其是当这个被中心主体冷落忽视的他者代表新生力量时，处于营销中心或强势位置的营销主体正确认识和处理与他者的关系，就更有必要性和现实意义。

与他者网络化互嵌共生，就是网络主体在交互作用下达成的共在共赢局面。从营销视角看，营销的各个主体一定是嵌入在网络之中的，即他们的存在和关系一定表现为网络互嵌共生形式。描述这种网络化互嵌共生的相关营销理论目前有合作营销（Co-Marketing）、营销联盟（Marketing Alliance），以及关系营销和全面营销等。

资料来源：李怀斌，李响，毕贺轩．论“共主体”营销话语的建构与践行——关于现代营销近视症的矫治研究［J］．中国工业经济，2012（2）：98-107.

2.行为识别系统

企业行为识别系统（BIS）是企业理念识别系统的外化和表现。企业行为识别是一种动态的识别形式，它通过各种行为或活动对企业理念进行观测、执行、实施。

企业理念要得到有效的贯彻实施，必须首先科学地构建企业这一主体，这包括确定企业组织形式、建立健全企业组织机构、合理划分部门、有效确定管理幅度、科学授权等。企业主体架构完善，企业的运行机制才能完善，企业的行为才能有基础保证，企业的理念才能真正贯彻执行。所以，在企业行为识别系统中，企业主体特征是最基本的因素。

企业的行为包括的范围很广，它们是企业理念得到贯彻执行的重要体现领域，包括企业内部行为和企业市场行为两个方面。企业内部行为有：员工选聘行为、员工考评行为、员工培训行为、员工激励行为、员工岗位行为、领导行为、决策行为、沟通行为等。企业市场行为有：企业创新行为、交易行为、谈判行为、履约行为、竞争行为、服务行为、广告行为、推销行为、公关行为等。上述各种行为只有在企业理念的指导下规范、统一，而又有特色，才能被公众识别认知、接受认可。

3.视觉识别系统

视觉识别系统（VIS）将企业、企业的价值观，通过静态具体化的、视觉化的传播系统，有组织、有计划并正确、准确、快捷地传达出去，贯穿在企业的经营行为之中，使企业的精神、思想、方针、策略等主体内容，通过视觉表达的方式得以外显化，以至于人们能够一目了然地掌握企业的信息，产生认同感进而达到与其他同类产品、企业区别开来的目的。在CIS中，最具有传播力和感染力的部分是VIS。它对内获得员工的认同感、归属感，加强企业的凝聚力；对外树立企业的整体形象，整合资源，有目的地将企业的信息传达给受众，通过视觉符号，不断地强化受众的意识，从而获得社会公众的认同。根据心理学理论，人们日常接受外界刺激所获得的信息量中，通过视觉获得的信息高达83%左右。VIS如果仅仅考虑视觉传播是很有限的，当今的传播手段都主要以视觉和听觉为基础，图像和声音的结合可以产生2+2 > 5的效果，如果CIS能将人的感官全部调动起来，那么其效果将不可估量。因此，通过统一的视觉识别以及各种传媒的作用，可以在社会公众中造成一种持久的、深刻的视觉效果，从而达到传达企业经营信息的作用。例如，广东太阳神集团有限公司的企业标志就颇有特色，鲜明的图案设计以及独特的“太阳神”字体造型，具有强烈的视觉冲击力，投射出企业的勃勃生机和以人为中心的企业理念。再比如，当年苹果公司别出心裁地设计出被咬一口的苹果形象，让人感到了计算机与人的亲近。这些品牌产品的外在包装设计，对企业及产品的发展起着不可估量的作用。

VIS所涉及的项目最多、层面最广、效果最直接，与社会公众的联系最为广泛、密切。归纳起来，可分为基本要素和应用要素两部分，见表1-2。

表1-2　视觉识别系统（VIS）构成要素

VIS的基本要素	VIS的应用要素
企业名称 企业品牌标志 企业品牌标准字体 企业标准印刷字体 企业标准色 企业造型、象征图案 企业标志和企业标准字组合系统及其使用规范 企业精神标语及口号 企业精神标志、标准字与企业形象图案的组合系统及使用规范	产品设计 包装设计（包括封套、包装盒、包装箱、胶带、包装纸、手提袋等） 办公事务用品（包括名片、各种文具用品、信封、信纸、请柬、贺卡、明信片、证书、奖牌、赠品等） 业务用品（包括各种表格、发票、单据等） 室内环境与设备（包括室内造型设计、办公室布置、橱窗布置、标示牌、部门牌、公告栏等） 招牌、旗帜、标志牌 陈列展示（包括展会设计、展板等） 建筑外观（包括建筑物外装修、装饰、环境设计等）

如前所示，CIS中包括理念识别系统、行为识别系统和视觉识别系统三部分。三者相互联系、相互促进、不可分割，共同塑造企业的形象，推动企业的发展。CIS中的三部分分别处于不同层次。如果以一棵树来比喻CIS的话，那么VIS就像是树冠包括绿叶、花和果实，BIS是树干，而MIS则是树根。树干和树冠须从根部吸取水分和养分，而树根只有通过树干和树冠才能证明自己存在的价值。如果将CIS比作一个人的话，那么MIS是心，BIS是手，而VIS则是脸，三者中偏废任意一方，都不能形成完整的形象。“心”之想，需要通过“手”之做才能实现，还需要通过“脸”之情才能展现。

（二）企业形象策划的内部功能

就企业内部来看，CIS及其实施将会提高企业内部凝聚力，规范企业全体员工行为，整合企业各组成部分。

1.凝聚功能

企业内部的凝聚力是企业从事一切生产经营活动的保证。许多企业经营走下坡路往往是因为企业缺乏凝聚力，员工人心涣散，缺乏共同的思想、理念与价值观，缺乏责任感和对企业的归属感，个人打着自己的小算盘，随时准备跳槽。部门之间缺乏配合，互相扯皮，相互拆台。这样的企业即使投入再多的人、财、物，也无法发展。而通过导入CIS，树立起一个好的企业品牌或企业形象，会使公司内部产生一种凝聚力。

（1）吸引人才，提高生产力。

人才是企业发展与进步的基本因素。企业发展最重要的是寻求人才，培育人才。企业能否吸引优秀人才，确保企业管理水平和生产能力的提高，能否避免人才频繁流动所造成的工作上的损失，这一切都依赖于CIS所建立的良好的企业形象。

一方面，对新的员工，企业形象有着特别的魅力。刚毕业的学生，绝大多数都是根据企业知名度去应聘的。此时，企业形象的优劣起到了决定性的作用。每一家企业都应保持良好的企业形象，才能吸引更多的优秀人才。

另一方面，企业提供的良好学习、培训条件及所拥有的良好的文化氛围，为员工提供了发展机会，这是企业带给员工的隐形收入。将来企业的竞争将会是企业文化的竞争。日本企业界提出，企业文化是战略、人员结构、技巧、作风、制度的核心。企业文化的建设应重在关心人、爱护人、培养人、提高人，要从产品导向向服务导向过渡，要从个人享受向共同快乐转变。有形的待遇，比如工资、福利、奖金、股份只是待遇的一方面，而无形的企业文化待遇是对员工自身的增值，是面向未来的资本。也就是说，一个人决定是否继续留在某一企业任职的价值判断将至少包括通过对企业的贡献得到的相对合理的工资福利、自我实现的成就感、企业及社会给予的尊重和荣誉、企业所体现的个人身份和地位等，并不是所有的人都追求最多的工资、福利的回报。有的企业虽然给某些高层管理人员极其丰厚的工资待遇，但是他们并不满意，反而愿意到别的工资、福利相对低的企业去，这多是因为后者有良好的文化氛围、和谐的人际关系和良好的企业形象。

（2）激励士气，提高工作效率。

通过实施CIS，可以在企业内部统一思想，促进企业员工树立作为企业一分子的主人翁精神。企业形象好、知名度高，员工会觉得在这样的企业工作有优越感和自豪感，从而产生自信心。当员工为自己的企业感到自豪时，他们不仅会创造性地做好自身的工作，而且会在各种场合中自觉地把这种精神和感受传播给社会公众，为企业形象增光添彩。完整统一的视觉识别系统（如工作服、办公用品、企业标志等）能给人耳目一新、朝气蓬勃的感觉，能够振奋员工的精神，激励员工的士气，提高工作效率。

（3）目标一致，树立团队精神。

企业缺乏凝聚力的原因，深究下去还是理念上存在问题，而不是缺乏基本理念。这要么是理念不当，要么就是没有实施理念的目标。整个企业的员工如果都围绕CIS所规定的理念进行工作，将是企业成功的重要保证。通过导入CIS，明确企业理念，企业中的每个部门和个人都能了解企业的理念、目标和计划，了解企业的活动、业绩和问题，在企业上下达成共识。CIS对所有职工都提出了相应的责任与义务，在共同的价值观面前，人人平等，从基层的生产人员、辅助人员到高层管理人员，无一例外地在统一的价值观指导下履行各自的责任与义务，这有利于企业形成平等、协调的人际关系、行为规范，积极向上的敬业精神和实事求是的办事作风。企业上下有共同的目标，内部就容易形成一种相互信任、开诚布公的工作氛围及工作环境。员工工作在这种相对宽松的环境中，对其身心健康能产生积极的作用，自然会对工作尽心尽力，而且员工会产生与企业同舟共济、同存共荣的归属感和相互协作的团队精神。通过CIS，企业内部思想认识达到统一，也有利于各部门统一步调、统一行动、积极配合，使整个企业同心同德、和谐融洽。

2.规范功能

一个企业，特别是从事多元化、集团化、国际化经营的大型企业，需要一套良好的、操作方便的管理系统。CIS开发设计完毕后，形成的所有规范内容最终会被制成CIS规范手册，这个手册起到内部“宪法”的作用。可将这个手册发放给企业各个执行部门的相关工作人员，以及社会各协作部门，使全体员工共同遵守和执行，以保证企业识别系统的统一性和权威性。CIS规范手册的主要功能就是完善企业内部管理系统。在企业的各项活动中贯彻执行CIS规范手册的内容，可使企业从产品的生产、销售到服务，从员工的生活、工作到教育培训都井然有序。

企业工作标准统一化，简化了管理系统的作业流程，提高了工作效率。可以说，CIS的策划和推行是加强企业内部规范化管理的一个有力工具。

3.整合功能

对于一个集团化、多元化、国际化经营的大企业来说，各子公司之间的向心力和归属感尤为重要。走集团化道路是如今全球企业的发展方向。因为这种经营战略的核心是如何共同利用经营资源，如何追求协同整合效应，在新、旧经营项目之间，寻找多处资源共享的环节，使得一种资源产生多种效用，从而把各项经营项目联合起来，相互扶持、共同增长。如果一个集团中的多个企业在多种经营中具有不同的价值观、经营理念、行为规范、视觉系统，那么单靠某个企业家的个人能力去发号施令，很难把整个企业统一起来，不能发挥应有的规模效应。借助CIS，可以建立客观的约束机制，使各个子公司相互沟通和认同、相互协作与支持。这就是CIS的整合功能。

“整合”一词在《牛津现代高级英汉双解词典》中的解释是“连接（各部分）使之成为一个整体；使之完全；使之成完整之物；结合成一体”。系统的整合性是指系统整体具有而其各组成部分在独立状态下所没有的特性。CIS的整合性十分突出。导入CIS可以明确企业的主体性，使员工形成统一的理念和价值观，使企业的经营理念与企业行为以及企业的视觉传达相一致，使各部门之间协调配合。企业的一切活动都围绕着系统的核心展开，企业各方面的资源都能得以充分利用，并能取得“1+1>2”的效果。

（三）企业形象策划的外部功能

在企业外部，CIS的实施能够使企业形象得以传播和识别，并对社会公众有感召、吸引的作用。

1.传播功能

企业形象作为社会公众对企业活动的印象和整体评价，离不开企业信息的传播。如何使信息准确、有效、经济、便捷地传达给信息接收者，一直是企业家们竭力追求的。CIS可以使社会公众通过鲜明的视觉识别系统和系统化的企业行为从整体上认知企业信息。其传播功能体现在：

（1）有效地传播。

在现代信息社会，人们依赖信息，但由于信息繁多，也使人们产生精神疲劳。各类人为视听传播的不断刺激，造成了视觉与听觉的污染，产生了大量的信息垃圾。这些都让人向往信息量少的环境。CIS的传播增加了信息的传播量，但CIS通过统一的视觉设计，又利用系统化、一体化、集中化的处理方法来传达企业信息，相对减少了信息传播的种类和复杂性。视觉识别设计得整齐划一，可以强化传递信息的频率和强度，造成差别化和强烈的冲击力，容易在公众心目中形成深刻的印象。

CIS包含的理念富有内涵，它将企业的产品、历史、规模、质量、技术、价值、服务等信息凝聚成一句话，甚至是一个标志，化繁为简、集中统一地传播出去，而且不断重复，高密度、全方位地传播，引起人们注意，便于人们记忆。如果企业传递的信息出现的频率和强度都高，则传播效果会提升。企业标志和口号在企业公关、营销和广告等各种活动中反复出现，以少而精的符号、语句传播多而广的内容，可以使信息具有倍增的扩散效果，对公众产生规模性影响。

CIS传播的信息富有情感。公众能否认可企业形象，进而将企业形象的核心理念纳入其价值体系内，最终取决于企业在信息传递中的情感诉求。在构成态度的三要素中情感起决定性作用，认知和意向只起辅助作用。CIS的信息传播过程，不仅仅是凭独特的、具有强烈感染力的视觉符号去刺激公众的感官，而且强调将具体可见的外观形象与内在的抽象理念汇成一体，将附加的文化价值、浓郁的情感传递给公众。视觉识别系统越是接近人类的感性，传达的企业价值、文化、风格就越能得到社会公众的信赖和赞赏。

（2）经济、便捷地传播。

CIS的导入和实施，还能够使传播具有经济性，这源于CIS的统一性。CIS的视觉识别系统可以应用到企业各相关部门所有的设计项目上。一方面，可以节省制作设计的时间和成本，避免重复操作和浪费；另一方面，可以使设计规范化、程序化、简单化，并可以保证设计的高水平。另外，由于CIS的视觉识别系统的同一性加强了信息传播的频率和强度，也可以节省广告经费，在一定时期投资相同而实现了更佳的传播效果，提高了企业的传播效率。

2.识别功能

CIS有效的识别功能是其基本特征。因为CIS的导入和实施，能够促使企业产品与其他同类产品区别开来。在信息社会，人们的消费倾向会受到各种传播信息的直接、间接的影响。过多的信息、泛滥的广告、杂乱的活动很容易产生传播上的干扰。因此，只有创造有秩序的、独特的、统一的企业识别系统，才能产生一目了然的识别效果，并得到消费者的认同，建立起消费者对企业的信心、对品牌的偏好。

CIS将企业理念、文化、行为、产品等形成统一的形象概念，借助视觉符号表现出来，全面地传播于社会。人们可以多视角、全方位地对企业加以鉴别，决定取舍。因为CIS具有统一性，所以人们不管从哪个角度看，所得到的企业形象总是一致的。

从语言方面来说，企业使用体现自己特点的语言，包括企业精神口号、企业产品广告语、企业制度宣传语等，来达到让公众识别企业的目的。其中，最富有魅力、最具有鼓舞性的是企业精神口号，国外称为关键语（Keyword）。例如，飞利浦公司在中国市场使用了“让我们做得更好”口号，这一口号在公司举办的各种公关活动、营销活动和广告活动中广泛使用，它简短明了，概括了公司个性，体现出公司自强不息、奋发向上的企业精神，起到了很好的识别效果。

从图像方面来说，企业使用象征自己特征的图形，如企业标志图形、产品商标图形、标准字等，可以达到很好的识别目的。图像识别比语言识别更具形象性，因而也更吸引人、更容易记忆，这就是在CIS设计中，企业标志设计受到重视的原因所在。随着世界经济的发展，国际交流日渐频繁，在各国之间语言交流存在障碍的情况下，企业标志可以被视为世界通用语言，它能消除障碍，利于沟通。优秀的企业标志大都造型简单、寓意清晰、色彩鲜明、易看易记。例如，麦当劳公司的“m”标志，可观性很强，极易识别。

从色彩方面来说，企业使用象征自己特色的色彩（又叫“标准色”）达到识别目的。心理学家的研究表明，同样大小的画面，彩色比黑白的具有更强烈的吸引力。人们对图形的识别和记忆，首先是颜色，其次才是形状和线条。这是因为色彩能引发联想、渲染环境。因此，企业使用色彩鲜明的标准色可以增强识别度，有人甚至称色彩是企业的第二商标。例如，可口可乐公司的红色，洋溢着青春、健康、欢乐的气氛，人们看到红色的色块加上白色飘带和字母就会联想到可口可乐。柯达公司的黄色充分表现了色彩饱满、璀璨辉煌的产品特质。

3.感召功能

CIS的实施及企业形象的树立会对社会公众形成一种强烈的感召力，也就是说，企业会拥有一种和谐的社会关系环境，使企业能获得社会各方面的支持，企业各方面的活动容易展开。

（1）容易筹集资金。一个企业要扩大再生产，获取更大的规模效益，一个不可缺少的条件就是有良好的资金渠道和资金来源。当今，企业走向市场，股份制企业日增，企业与金融机构、股东的关系日益密切。金融机构对企业资金的流动与使用有着监控作用。企业的经营状况、社会信誉，对金融机构的监控又有反作用。企业形象好、信用高，就会获得投资者的信任。一旦企业需要长、短期的资金时，许多社会上的投资机构和金融机构都会愿意进行投资。而当企业发展成为国际性的大企业时，则更容易吸引国际性的投资机构。由于企业有着良好的形象，股票在证券市场上的价格也会上扬，资金的筹集会更为容易。反之，若企业形象一般，信誉较差，就很难获得投资者的青睐，企业所需资金将难以解决，企业业务及规模将难以扩大。

（2）能增强投资者的好感和信心，缓解危机。一个企业的成长，不会总是一帆风顺的。企业一旦遭受到突发性危机，如果企业早已获得社会公众的信任，此时政府、银行、同行企业、员工等都会伸出援助之手。这能大大减轻企业的压力，使企业渡过难关。可以说，良好的企业形象是一种组织完善、制度健全的表现，它不仅可以增强社会大众的好感，同时也会增强投资者的信心。

（3）能扩展企业的供销渠道。CIS所塑造的优良的企业形象，可以赢得供应商和经销商、代理商的信任，使企业建立起长期稳定的供销网络和供销关系。借助CIS，企业可以建立一个良好的形象，容易得到供货商的信任。供货商也愿意与形象好、讲信誉的大企业建立长期密切的关系，并愿意以低价批量供应高质量的产品。这样企业既降低了生产成本，又保证了货源。

同样，良好的企业形象也有利于吸引更多的代理商和经销商，可以从根本上改变上门推销的状况，使客户找上门来，抢着订货，从而不断扩大产品销售。

（4）能吸引更多的优秀人才。企业的发展离不开高素质的员工。企业总是处于不断发展的过程中，而且新业务的开办、新项目的上马，都需要增加员工。如果企业导入CIS，拥有了良好的企业形象，那么企业就能雇用到高素质的员工，使企业更好地发展。

（5）会得到社会各阶层人士的支持。企业不可能脱离社会而生存，作为社会系统中的一分子，企业必须获得社会各阶层人士的支持与合作。树立良好的企业形象，企业将拥有一种良好的社会关系环境，社会各阶层人士将会给予企业积极主动的支持。例如，来自大众媒体的支持，来自社会名流人士的支持等，对企业来说都是非常重要的，会使企业的运作处于良性循环中。

二、企业形象策划与企业文化和品牌战略

（一）企业形象策划与企业文化

企业形象策划与企业文化是不同的。

首先，不能简单地将CIS理解为企业文化，即使是优秀的CIS也只能浓缩地、部分地传达出企业文化的内涵。因为企业文化是无形的，是一种价值观和道德观；它内在地产生于企业自身并得到企业全体管理者和员工的认同和维护，是许多优秀传统长期积淀的结果。CIS只不过对企业文化的渗透和传播起到辅助引导作用，如果片面地认为CIS就是企业文化是错误的。

其次，企业文化的操作层面与CIS中的行为识别系统BIS也有很大的区别。BIS是指根据企业理念设计的一整套全面具体的针对集体行为活动的准则和规范。它包括完整的管理体制、组织机构、规章制度等，更多地体现为以制度和规章等为核心的具有约束性的条文层面的东西。而企业文化则通过在企业内部创设一种氛围，使新员工受到感染、熏陶而自觉地接受这种同化。

企业形象策划与企业文化存在着内在的联系。

1.企业文化是企业形象策划和导入CIS设计的基础

企业文化包括企业经营哲学、企业宗旨、企业伦理观、企业道德观、企业精神和企业价值观六部分。这些企业文化的核心部分，正是CIS理念识别（MI）设计的主体部分。企业形象策划离不开企业文化的指导，它是依据企业本身的文化积累和风格特色进行设计的。要想让全体员工认同企业理念，必须通过各种企业文化手段培育企业员工的共同价值观。当企业的价值观被员工接受，并视为自己的价值观之后，他们就不仅会热爱自己的岗位、热爱自己的企业、自信自强、积极努力，而且会自觉地把企业的目标当作自己的奋斗目标去追求。所以，企业文化建设能够为CIS中的企业理念的确立打下坚实的思想基础。

2.CIS对文化建设的促进作用表现在它能够培育特有的企业精神

企业精神一般具有鲜明的个性、激励性、传承性，对企业精神的塑造和培育，是

企业的理性行为。通过企业形象策划，有利于形成企业精神。

3.CIS的导入应具有本民族、本企业的文化特色

CIS在不同的国家或地区由于文化背景的差异，其导入的方式和侧重点是不一样的。西方国家注重色彩的运用和视觉上的冲击，而东方的日本和中国则侧重于理念和精神等文化内涵。因此，企业形象的塑造与传播应该依据不同的民族文化和经济环境，进行创新和改进。以“孔府家酒”为例，其巨大的品牌价值就在于它浓缩了强烈的具有民族个性的商标和能引起民族自豪感的视觉识别设计。中国企业所面对的情况与欧美和日本企业不尽相同，我国企业在实施CIS过程中，应结合本企业的文化现状，抓住自己的文化主流和优势，凝练和创造出独特的CIS战略。

当我们明白CIS与企业文化的关系之后，就能认识和理解CIS在企业长远发展战略中的地位和作用，应做到：

第一，将CIS与企业文化建设有机融合，制定企业中长期发展战略，寻求可持续发展战略，从整体上提高企业素质，从形象和文化的角度提升企业竞争力；

第二，在导入CIS设计过程中，将企业理念MI系统作为主体，走出“表象化”CIS的误区，放弃浅层次的CIS运作模式；

第三，在导入CIS设计过程中，充分注意到企业文化的承接与发展，注意到民族优秀文化传统的背景和作用。

从企业文化的角度来看，导入CIS、进行企业形象策划是一种文化投资，是对企业文化的建设和企业精神的弘扬，它对员工向心力的凝聚和整体素质的提高，特别是对企业本身全方位、系统化的形象重塑具有现实意义和深远的战略意义。

（二）企业形象策划与品牌战略

企业形象策划指运用视觉设计手段，通过商标的造型和特定的色彩等表现手法，使企业的经营理念、行为观念、管理特色、产品包装风格、营销准则与策略形成一种整体形象，由内至外进行企业与社会之间的信息交流和传播，从而塑造出企业的最佳形象，获得社会的认同，达到营销目标。品牌战略就是以树立企业产品的品牌为核心的一种企业经营策略。品牌作为一种无形资产在现代市场竞争中发挥着愈来愈重要的作用。品牌不仅代表了企业的营销形象和市场信誉，而且代表了企业追求经济效益和社会效益的统一。品牌贯穿和渗透了企业以知识产权形式所包含的价值。这正是可口可乐的品牌价值竟有几百亿美元的原因。

CIS是企业经营的总体战略，而品牌战略则是其中的核心部分。CIS是通过MI、BI和VI的确立、完善，以达到企业形象个性化塑造和标准化、规范化管理实施，以进一步扩大和提升企业形象的，是以创建品牌为目的的形象系统工程。所以，导入实施CIS更有利于创建品牌，是品牌战略中最重要的基础环节。但是两者不能完全等同。“名牌产品”的塑造、形象的提升必然离不开企业自身的条件和信誉。对于已确立并享有广泛知名度的品牌，如果不是因品质问题而造成的企业破产、倒闭，其品牌价值依然存在，品牌可以高价转让，其他企业仍然可以继续经营该品牌。

一个成功品牌形象的塑造需要经过五个阶段：①设计品牌的名称和标志；②扩大

品牌知名度；③提升品牌美誉度；④形成品牌的个性化、人性化；⑤实现产品品牌化。在品牌发展的各个阶段都必须坚持不懈地贯穿CIS战略。现代市场竞争已不再是过去的单一的产品竞争，早已进入到形象竞争时代。形象竞争是以品牌形象为核心、以整体企业形象为基础的全方位竞争。CIS战略和品牌战略正是应时代之需而产生的富于挑战性的、崭新的企业营销策略。企业要想获得较快的发展，就必须策划导入CIS，塑造良好的企业形象，创立自己的品牌。

CIS与品牌战略存在着密不可分的关系，企业在塑造企业形象和品牌价值的过程中，需要注意以下几个方面：

第一，在导入CIS战略和塑造品牌的时候，应注意塑造企业的健康形象，使企业的形象符合公众认知的标准。现代企业竞争实际上是名牌产品和企业形象的竞争，因此需要把品牌战略纳入CIS的实施过程之中。

第二，系统地宣传品牌是实施品牌战略的关键性环节。有的企业只是热衷于宣传自己的产品，却忽略了宣传自己的商标、品牌，从而无法真正发挥品牌效应。因此，企业不能只把眼光停留在优良的产品品质之上，而必须塑造出良好的产品品牌形象，这样才能在激烈的市场竞争中脱颖而出。

第三，CIS战略所具有的差别化功能以及统一的标志系统，能在市场定位、质量控制、市场推广上发挥独特的作用。市场定位后，企业通过实施CIS战略树立企业形象，以促进企业实现市场定位所期望的目标。在CIS战略正确的理念识别指导下，企业通过严格的质量控制生产优质产品。质量控制属于行为识别的重要内容之一，把好质量控制这一关，创立名牌才有基础。在市场推广中，CIS能向社会推出企业全新的视觉形象，全面提升企业形象，保障企业重大方针的顺利实施，还能改变落后的企业形象，帮助经营不景气的企业获得发展。

第三节 企业形象策划的导入

一、导入企业形象策划的原则与应注意的问题

（一）导入企业形象策划的原则

CIS的导入是企业参与激烈的市场竞争成败的关键。可是，塑造一致、统一、独特的企业形象绝非易事，它不是对企业空洞无物的宣传，也不是对企业表面的简单装饰，而是一项全体职工参与的复杂而艰巨的长期任务。为了追求CIS的最佳绩效，力求低投入高产出，必须认真探讨导入CIS应坚持的基本原则。

1.系统性原则

CIS是一个系统工程，需要有计划、有步骤地进行周密的策划，建立一个统一而规范的识别体系。企业在导入CIS时要从整体出发，不仅要在视觉形象上下功夫，追求外在美，更要重视理念识别的核心作用，在社会上真正树立起内外一致的完美形象。有些企业认为CIS仅仅是一个标志或一本VI手册，所以常常用VI来代替CIS；有

的企业在设计自己的标志时缺乏规范和比例，企业标志的文字、色彩组合缺乏根据，不仅不会有视觉冲击效果，而且会造成视觉混乱；有的企业搞一些抽象的政治口号或虚无的哲学标语，经营理念同质化严重。在这种情况下导入的CIS根本就不可能获得消费者的认可。

2.一致性原则

企业形象策划是由MI、BI、VI组成的，MI是BI和VI的基础和核心，BI是MI的动态反映，VI是MI的静态反映。如果没有良好的企业行为，企业理念就只能停留在漂亮的口号上，更有甚者，个人的不良言行可能对企业的整体形象产生破坏性影响，企业整体的不良行为也可能会使企业毁于一旦。如果企业的视觉形象不能表现企业理念的内涵，三者的各种表现不统一、不一致，则会给公众带来错觉与混淆，以致出现许多不良后果。所以，企业应该追求外部形象与内部形象、表面形象与深层形象、自我评价形象与公众评价形象、个别形象与整体形象的一致，显现给公众完美的整体形象。

3.独特性原则

企业必须保持独特的个性，以便识别。世界上的万事万物之所以千差万别，就是因为每种事物都有区别于其他事物的内在素质和外在形象。企业要在市场经济的浪潮中求生存并发展，需要企业领导者洞察先机并具有卓识远见，建立一套与众不同而富有内涵的理念。企业理念越是具有个性特征，就越容易被识别。CIS以差异化、个性化为准则，突出企业优势、特色，给社会公众留下深刻印象，让公众联想记忆，并以此把企业生动的个性形象传递给公众。CIS的差异性和独特性不仅要体现在企业的视觉识别方面，而且在经营宗旨、经营目标以及企业风格上也要更加鲜明地表现出来。

4.诚信原则

企业导入CIS的主要目的就是让顾客能够认识企业、了解企业、信任企业，最后愿意购买企业的产品和服务，但是这一切都离不开企业良好的内在素质、外在形象、产品质量、服务质量与产品宣传。有些企业在广告制作中，打出“产销量全国领先”“誉满全球”“国际金奖”等广告词，老生常谈，缺乏新意，给广大公众一种厂家自我标榜的感觉。这样的广告无法传达企业的经营宗旨、企业理念和企业精神，更不可能得到公众的有效识别。所以，企业导入CIS必须坚持诚信原则，既不能假大空、隐瞒欺骗，也不要贪大求洋，哗众取宠，要实事求是。

5.长远性原则

导入CIS，树立良好的企业形象，不是一朝一夕就能塑造出来的，它需要长时间的积累与培育、周密的调查以及有计划的分步实施。公众对企业的印象有一个从局部形象到整体形象、从初始模糊形象到长期稳定形象的建立过程，这个过程需要时间，需要企业不断地、反复地刺激公众，强化公众对企业的正面印象，淡化公众对企业的不良印象。在设计开发阶段，需要安排充分的时间，以便员工能提出优秀的构想，设计出好的造型。不可订立机械的、不合理的计划，强迫工作人员仓促赶工。若涉及公司名称、品牌的变更时，必须办理相应的法律手续，留出充足的作业时间。

（二）导入企业形象策划应注意的问题

企业形象策划或导入CIS设计是一个复杂的过程，需要循序渐进，按计划进行，在实施时应特别注意以下几方面的问题：

1.导入CIS前应进行充分的调研

企业在导入CIS的前期，要高度重视调研工作，不能仅仅依靠对市场的主观估计，凭空构造，这样的企业形象是经不起时间的考验的。提高市场占有率的首要工作就是市场调查，谁能够把握市场信息和机遇，谁就能在市场竞争中占有先机。调研阶段必须完成两次调查：市场调查和企业内部调查，这是实施CIS的依据。市场调查包括宏观经济趋势、竞争者的状况、社会心理状态等；企业内部调查，一般包括企业的历史沿革、企业的各级领导状况、管理机制、员工的情绪状态、人才结构、生产与销售的现状等。只有了解了这些情况，才能针对企业进行策划。

2.企业要正确认识CIS对其发展的作用

当今企业之间的竞争已不再局限于产品、资源、资金等单一层面的竞争，而是扩展到企业整体实力——企业形象与品牌形象的竞争。如果企业不注重企业形象的树立，不注重品牌的创立，终将在市场竞争中被淘汰出局。因此，有条件的企业必须站在战略的高度，用发展的眼光，抓住有利时机，适时导入CIS。在企业形象策划和导入CIS过程中既不能持CIS无用的观点，认为CIS仅仅是一种时尚的包装，也不能将其视为解决企业一切问题的法宝，应在导入CIS的同时系统考虑企业的综合管理问题。

3.准确把握全面导入CIS的时机

时机的选择，对于CIS战略的导入和发展至关重要。海内外卓越企业塑造企业形象的成功实践表明，能否选择最佳时机，恰到好处地导入CIS是成功运用CIS战略的关键，也是同行业间CIS竞争的焦点。目前，我国企业面临的最大难题不是技术、资金、人才、竞争，而是如何进行科学化的经营管理，如何建立快速灵活的运行机制。如果此时企业能够抓住机会适时导入CIS，就能收到事半功倍的效果。

4.正确选择导入的方式

企业形象策划或CIS规划设计涉及美学、哲学、管理学、行为科学等多种学科，企业不一定具备所需的知识和专业人才，因此为了能够利用有效的社会资源，从战略高度上重新审视企业，使策划方案更具有前瞻性、全局性和专业性，需要委托有关的形象策划咨询机构或专家小组协助进行，并在整个过程中委派专人予以配合。企业应在MI、BI的策划过程中起主导作用。

5.领导层要高度重视CIS的导入工作

CIS是一个整体运作的活动，其中有大量的高层决策工作、组织工作和宣传工作，如经营目标、经营方针、精神口号的制定；管理机构、管理制度、管理作风的确立；企业标志的确定和统一等。其中，领导重视是关键，起着决定性的作用，特别是企业一把手的重视、支持和直接参与尤为重要。领导者对企业形象的塑造切不可急功近利，只考虑眼前利益和效果，一定要从建设良好的企业环境、营造浓厚的创新文化氛围、激励和培养创新思维、造就创新人才等长远目标出发，真正把塑造企业形象作为一项长期的任务来抓。

6.要动员全体员工参与CIS活动

企业导入CIS是对企业进行总体策划、意识改革的大举措，光有领导的积极性是不够的，必须动员全体员工积极参与。只有当企业精神、经营理念及行为规范等得到员工的认可，并将其作为自己人生信念与守则的一部分时，员工才会自觉努力地把这一理念融入自己的思想意识和工作中。另外，要把CIS的总体计划分解到各个部门，落实到每一个人，从而提高他们工作的积极性和创造性，增强员工内部的凝聚力。例如，青岛澳柯玛公司努力将“无论何时何地，澳柯玛就是服务”的经营理念融入员工的思想意识和工作中，使得他们能在工作中去实践这一理念，努力为顾客提供优质的服务。

二、企业形象策划导入的条件、时机与阶段

（一）企业形象策划导入的条件

CIS的导入并非在每个企业都可行，它有明确的条件限制和前提。首先，应该是现代化的企业，适应社会化大生产要求，并按照市场规律组织生产和经营，以提高劳动生产率和经济效益为目的；拥有适销对路、质量稳定的拳头产品；在企业内部建立了科学的企业管理机制和组织制度，实行科学领导，调解所有者、经营者和职工之间的关系，并已形成激励和约束相结合的机制。而一些管理落后、机制较差、生产规模上不去、创建不了品牌产品的企业，就不适合导入CIS。其次，CIS是一项系统性的工程，其中要涉及企业内部各个环节以及企业与外部环境的种种关系，如企业在自身的运作过程中，需要做好生产工作并不断开发与研制出能满足市场需求的新产品，需要建立系统的管理思路并完善企业的管理工作，需要有广告对市场发展的支撑和促销工作跟进等。如果其中某一项工作跟不上其他工作的发展速度，企业的各项工作势必要被这项落后的工作拖下来。企业导入CIS的效果受最薄弱的基础环节制约的情况可以用“木桶原理”来描述。木桶原理，是指在一个企业的发展中，其各项工作的配合就像木桶中的各个木板块，木桶最大的盛水量取决于最短的木板，其他木板再长也不能发挥其应有的作用。也就是说，这只木桶只有在所有的木板整齐划一时，其盛水量才会达到最多。这就意味着，企业在所有的工作中都达到了稳定发展的状态时，企业的效益才会最佳。

根据对市场环境和企业发展情况的综合分析，以下两种类型的企业导入CIS应谨慎：

第一种是正处于创业初期的中小型企业。企业在导入CIS之前首先要重视产品质量、销售和服务这些基本的方面，不断强化企业内部管理，这样才能整合企业本身的性质与特色，并将其传达给企业内部和社会公众，形成企业独特的形象。一个管理不规范的企业导入CIS必然会失败。此外，初创期企业由于刚刚起步，资金、人力都相对不足，这时如果急于导入CIS，不仅成功概率小，而且可能会影响企业正常的发

展，所以没有一定经济实力的企业不要盲目导入CIS。

第二种是旧体制下的企业不宜盲目导入CIS。因为这些企业市场意识、品牌意识、风险意识等都较差，没有长远的发展目标和明确的经营理念，而且由于多年的经营问题，导致资金量不足，人才流失严重，这必然会给CIS的实施带来很多障碍。所以，这类企业应该首先完成内部体制的转变，待时机成熟后，再导入CIS。

（二）企业形象策划导入的时机

由于CIS是配合企业长期经营战略的一个系统工程，任何企业开发、导入CIS都必须选择合适的时机，时机选择得好，往往能起到事半功倍的作用。实践证明，企业适宜在以下六个时机导入CIS：

1.公司成立或合并成企业集团时

新公司成立时没有陈规陋习的包袱，故可以设定理想的经营理念和设计完善的传播系统，因此是实施CIS的最佳时机。例如，东大集团在企业成立的同时宣布导入CIS，作为一项无形资产投资，使其产品“华帝牌”燃具一上市就脱销，创造了一个市场奇迹。同时，企业发生合并、兼并和收购等重组行为时也是实施CIS的好时机。此时导入CIS，能够让社会大众认识到企业重组后的企业形象和企业定位。同时，企业重组后，可能会给社会大众带来一些与固有印象不一致的偏差，通过对重组后的企业导入CIS，有利于消除企业间在文化上的差异，并推动重组企业向着共同目标前进。

2.企业扩大经营范围时

随着时代的发展，企业本身也在不断地成长、变化，经营范围也随之扩大、改变，朝着多元化的经营目标迈进。同时，企业原有主打产品的比重也发生了改变，抑或增加了新的品种。这种生产性质、经营范围的改变都会使原公司的名称、标志和经营理念等发生质的变化，而出现与现有企业状况不相符合的现象。因此，必须开发新的CIS，统一新的事业范围与企业本体的关系。例如，中国石油化工集团公司是遍及全国的石化产品企业集团，由中国石油化工总公司组建的企业集团成立后立即导入CIS，其所属的加油站、经营网点采用统一的标志、标准字和标准色，这种统一鲜明的企业形象赢得了消费者的认可，从而很快占领了石化产品销售市场。

3.企业进军海外市场时

随着对外开放步伐加大、国际交流增强，企业的产业结构也发生了相应的改变，致使企业向海外进军的情形日益增多。原有的视觉识别系统已不足以应对国际市场的经营需要。因此，修正原有的标志、标准字等识别符号与企业理念，以利于海外市场的经营已成为当务之急，这是一个企业能否在国际市场上树立品牌形象的关键举措，也是企业导入CIS的良机。

4.新产品上市时

企业致力于新产品的研发，以满足消费者的需求是企业不断成长的推动力。因为新产品代表着企业经营不断创新的具体成果，此时实施新CIS最容易令消费者接受新形象、新观念。例如，杭州的娃哈哈集团在娃哈哈儿童营养口服液上市成功后，为了开发系列产品导入CIS，使娃哈哈纯净水、娃哈哈营养八宝粥顺利登场并很快成为市场畅销产品，构成了娃哈哈系列产品中的拳头产品。

5.实施品牌战略时

实施品牌战略是企业参与市场竞争的需要，品牌创立不仅要有优质产品，而且要得到消费者的认可。导入CIS有助于消费者对企业产品产生信赖、支持和偏爱。

6.转变企业经营机制时

改革开放以来，我国许多国有企业转变了经营机制而成为市场经济的法人实体和竞争主体。在转变经营机制之际导入CIS有利于企业彻底改变面貌，实施新的经营机制。例如，我国国有商业银行中的工商、农业、建设银行在1996年转为商业银行之际全面导入CIS都取得了显著成效。

就我国目前的实际情况来看，综合实力雄厚的企业集团和效益好的大中型企业适合全面导入CIS，但只是适合。值得注意的是，那些还没有完成战略转型及调整的国有大中型企业暂不适合导入CIS，应待转型、调整结束，产品、市场及经营方面都有了准确定位后再实施CIS战略。对于那些有发展前途但实力有限的中小企业来讲，虽不适合全面导入CIS，但可以先导入VIS，随着VIS的成功、企业实力的增强、优秀企业文化的形成，再将VIS扩展至BIS和MIS。

此外，在企业经营的某些关键时刻：如内部调整领导班子，改变经营方式，企业即将获批成为上市公司，企业内部缺乏活力需要激发生机，面对同行业竞争处于劣势需要扭转被动局面，更换企业主要大股东或领导人、董事长、总经理，开拓与原先完全不同的新的市场等时都是企业导入CIS的有利时机。

（三）企业形象策划导入的阶段

CIS的导入需要按照理论和预定时间，循序渐进地进行作业，以便获得所期待的效果。所以，如欲获得良好的CIS效果，可按以下阶段进行：

1.提案阶段

这一阶段要统一思想、明确导入目的、制订导入计划、规划经费、成立CIS委员会和执行小组。向已经实施CIS的企业学习，并选定由哪些专业公司来协助。

2.调研阶段

调研的目的是要客观地评价企业现在的状况和形象，通过总结经验，发现问题，使CIS的设计开发建立在实事求是的基础上。调研包括内部调研和外部调研两部分。许多公司在导入CIS时，事前调研工作做得不够充分，因此无法掌握现状，常制定出缺乏依据的企划；这种企划内容不合理，根本无法获得良好效果。

3.策划设计阶段

这一阶段的策划必须以调查结果为基础，分析内部、外部对企业的认知，市场环境与各种设计系统的问题，来拟定公司的定位与应有形象的基本概念。以企业的经营理念和社会、市场背景为基础，预测未来10年、20年的情况，以确定公司的事业范围，构筑出企业活动的方向。

4.实施阶段

在CIS实施过程中，要由企业领导和员工上下一致贯彻执行，并且配合市场和传播渠道，向消费者持续不断地传递信息，以树立良好的企业形象。具体工作包括：进行内部传播与员工教育、编制CIS手册、推行理念与设计系统、组织CIS对外发布、落实企业各部门的管理。

5.监督评估阶段

这一阶段需要企业对CIS的实施进度、质量、经费使用进行检查、指导和控制，对CIS实施效果进行评估，以确保符合原设定的企业形象概念。推行CIS，对企业来说是一个永无止境的过程，要通过多次循环，不断调整与创造良好的企业形象，从而持续增强企业的生命力，获得更大的效益。

思政课堂

中国企业走出去需打好形象牌　可持续发展大有可为

【思政元素】文化自信；国际化。

中国企业走向海外，既是对外经济合作、实现开放共赢的市场主体，也是中华文化的生动载体。

2021年12月，由中宣部、国务院国资委、全国工商联指导，中国外文局主办的2021·中国企业全球形象高峰论坛在北京举行。本届论坛以“推进可持续发展　共建美好世界”为主题，发布了《中国企业形象全球调查报告2021》，展现了全球民众对中国企业海外形象的整体评价。

中宣部副部长张建春指出，广大企业要更好服务发展大局、展示经济活力，促进民生福祉、彰显责任担当，坚持价值引领、塑造企业文化，注重有效传播、讲好中国故事，进一步树立中国企业全球形象，展示可信、可爱、可敬的中国形象，扩大中华文化影响力和感召力，以实际行动为构建人类命运共同体作出更大贡献。

※企业形象备受认可

由中国外文局国际传播发展中心联合当代中国与世界研究院、凯度集团共同完成的《中国企业形象全球调查报告2021》，覆盖了包括中国、哈萨克斯坦、沙特阿拉伯、泰国、印度、印度尼西亚、肯尼亚、南非、俄罗斯、意大利、美国、巴西在内的12个国家，关注不同年龄群体对中国经济发展和中国企业的看法。从企业形象综合评价来看，12国受访者对中国企业在责任、公平、可信、成功4个维度表现的整体认可度都超过75%。

※走出去获显著成效

调查显示，各国各地区民众对中国企业的认可度呈现逐年上升趋势。这从一个侧面反映了中国企业走出去成效显著。

作为中国最大也是最早从事国际工程的承包商之一，中建集团坚持发展优先理念，推进设施联通和城市品质提升，在世界各地建设了7 000多个项目。肯尼亚莫伊国际体育中心、泰国拉玛八世皇大桥、科威特中央银行新总部大楼等地标建筑被印上当地流通货币，成为中国建造走向世界的一张张名片。

※可持续发展大有可为

当前，企业国际化发展机遇与挑战并存。走出去、走进去、走上去，助推“一带一路”建设高质量发展，都需要中国企业高站位、勇担当、善作为。

在论坛揭晓的中国企业国际形象建设十大优秀案例中，有众多企业助力当地经济社会发展的典型案例。

与会专家认为，企业打造国际化品牌形象，除了要合规经营，着力提供高质量的产品和服务之外，还要主动融入当地社会，履行好社会责任，推动可持续发展。加强文化交流、文明互鉴，不断增进各国人民的相互理解和友谊，有利于企业在海外行稳致远。

资料来源：周雷．中国企业走出去需打好形象牌［N］．经济日报，2021-12-24（9）.此处有删减．

本章小结

企业形象策划是一项系统性的工程，经过多年的发展，已经形成一种操作性很强的工具。企业形象策划作为一种企业形象战略既可以为西方国家所用，也可以在我国全面建设社会主义现代化国家的过程中发扬光大，因此如何结合中国传统文化发展出具有民族个性的企业形象策划，是今后我国企业必须面对的课题之一。虽然企业形象策划具有很多的优点，但并不是对任何企业都适用，因此企业在导入CIS之前，必须仔细论证，确保企业形象策划真正起到理顺企业内部关系、传播企业理念和树立企业形象的目的。

本章练习题

1.企业形象策划或CI设计在我国的发展现状如何？

2.企业识别系统（CIS）的结构和功能是什么？各个子系统之间有什么关系？

3.什么样的企业适合导入CIS，为什么？

4.企业导入CIS应遵循什么原则，经过哪些阶段？

本章参考和阅读文献

[1] 叶敏，朱苗，叶万春，等.企业形象策划——CIS导入［M］. 6版.大连：东北财经大学，2022.

[2] 于佳佳，陈荣华，齐兴龙，等.CIS企业形象设计［M］. 2版.北京：清华大学出版社，2022.

[3] 惠勒.企业形象CI设计全书［M］. 张玉花，王树良，译.上海：上海人民美术出版社，2021.

[4] 刘丽.企业形象CI设计手册［M］. 北京：清华大学出版社，2020.

[5] 刘泽梅.创造现代企业形象的新战略——CI策划与设计［M］. 北京：新华出版社，2019.

[6] 庞少杰.CI设计基础［M］. 北京：中国纺织出版社，2012.

[7] 贾晶磊. 谈“CI的渊源和发展”［J］. 吉林工程技术师范学院学报（社会科学版），2005（9）.

[8] 任留柱. 企业文化导向下的企业形象设计［J］. 河南社会科学，2003（6）.

第二章 企业理念识别系统的内容

本章提要

在CIS中，企业理念识别系统（MIS）处于最核心的位置，它统领着VIS和BIS，是CIS的灵魂，VIS和BIS则是MIS在视觉和行为领域的表现和实施，三者相互依存、相互促进。所谓理念，简单地说就是观念、信念，是指纯粹理性的概念。黑格尔认为理念是“自在而自为的真理——概念和客观性的统一”。企业的理念识别系统包括企业使命、企业价值观、企业经营方针等几项基本内容。其具体表现形式为：信念、口号、标语、守则、歌曲、警句、座右铭以及企业高层管理人员的精神、讲话等，具有鲜明的识别性、明确的目的性、直接的实践性和确定的主体性等特点。

本章案例

3M公司的知识创新

美国明尼苏达矿业及机器制造公司，因英文名称头三个单词以M开头，所以简称为3M公司。3M公司以其为员工提供创新的环境而著称，视革新为其成长的方式，视新产品为生命。公司的目标是：每年销售量的30%从前4年研制的产品中取得。每年，3M公司都要开发200多种新产品。它那传奇般的注重创新的精神已使3M公司连续多年成为美国最令人羡慕的企业之一。面对知识经济的挑战，3M公司的知识创新实践，为企业提供了不可多得的范例。

※创新的文化

新产品不是自然诞生的。3M公司的知识创新秘诀之一就是努力创造一个有助于创新的内部环境，它不但包括硬性的研发投入，如公司通常要投资约7%的年销售额用于产品研究和开发，这相当于一般公司的两倍，更重要的是，它建立了有利于创新的企业文化。

企业文化突出表现为鼓励创新的企业精神。3M公司的核心价值观为：坚持不懈，从失败中学习，好奇心，耐心，事必躬亲的管理风格，个人主观能动性，合作小组，发挥好主意的威力。①英雄：公司的创新英雄向员工们证明，在3M公司宣传新思想、开创新产业是完全可能取得成功的，如果你成功了，你就会得到承认和奖励。②自由：员工不仅可以自由表达自己的观点，而且能得到公司的鼓励和支持。③坚韧：当管理人员对一个主意或计划说“不”时，员工会明白他们的真正意思，那就是，公司现在还不能接受这个主意，回去想想能不能找到一个可以让人接受的方法。

对于一个以知识创新为生存依托的公司而言，3M公司知道，有强烈的创新意识和创新精神的员工是实现公司价值的最大资源，是3M公司赖以达到目标的主要工具。因此，3M公司的管理人员相信，建立有利于创新的文化氛围是非常重要的。

3M公司尊重个人的尊严和价值，鼓励员工各施所长，为大家提供了一个公平的、有挑战性的、没有偏见的、大家分工协作式的工作环境。

※创新的机制

（1）通过正确的人员安置、定位和发展，提高员工的个人能力。公司发展既是员工的责任，也是各级主管的责任。3M公司提供公平的个人发展机会，对表现优秀的员工给予公平合理的奖励。个人表现按照客观标准进行衡量，并给予适当的奖励。3M公司鼓励每个员工都开发新产品，公司有名的“15%规则”允许每个技术人员至多可用15%的时间来“干私活”，即搞个人感兴趣的工作方案，不管这些方案是否直接有利于公司。每年，3M公司都会把“进步奖”授予那些新产品开发后3年内在美国销售额达200万美元或者在全世界销售额达400万美元的风险小组。

（2）组织结构上采取不断分化出新分部的分散经营形式，而不沿用一般的矩阵型组织结构。新事业开拓组或项目工作组的人员来自各个专业，且全是自愿。3M公司为新分部提供经营保证和按酬创新，只要谁有新主意，他就可以在公司任何一个分部求助资金。新产品研制出来了，员工得到的不仅是薪金，还包括晋升。比如，一位基础工程师，当他创造的产品进入市场时，他就变成了一位产品工程师；当产品销售额达到100万美元时，他的职位、薪金都变了；当销售额达到2 000万美元时，他已成了“产品系列工程经理”；在达到5 000万美元时，3M公司就会成立一个独立产品部门，他也成了该部门的开发经理。

（3）提倡员工勇于革新。只要是发明新产品，就不会受到上级的任何干预。同时，3M公司允许失败，鼓励员工坚持到底。3M公司宗旨中明确提出：绝不可扼杀任何有关新产品的设想，在公司上下努力养成以自主、革新、个人主动性和创造性为核心的价值观。3M公司的老职员很爱讲一个化学家的故事——她偶尔把一种新化学混合物溅到网球鞋上，几天之后，她注意到溅有化学混合物的鞋面部分不会变脏，该化学混合物后来成为斯科奇加德牌（Scotchgard）织物保护剂。

※创新的管理

在3M公司，人们时刻都可以听到谈论创新问题时，3M公司的正式宣言，就是要成为“世界上最具有创新力的公司”。3M公司对创新的基本解释既醒目又简单。创新就是：新思想+能够带来改进或利润的行动。在他们看来，创新不仅仅是一种新的思想，更是一种得到实施并产生实际效果的思想。创新不是刻意得来的，3M公司证明了一件事，那就是当公司越是刻意要创新时，反而越是不如其他公司。便利贴是在一连串意外中诞生的，并不是依循精密的计划而来，每次意外的发生都是因为某个人可以完全独立从事非公司指定的工作，但同时也履行了对公司的正式义务。发明者往往比管理者有更多的空间，可以表达自我。

3M公司极有威望的研究带头人科因称，公司的管理哲学是一种“逆向战略计划法”。3M公司并没有先将重点放在一个特定的工业部门、市场或产品应用上，然后开发已经成熟的相关技术，而是先从一个核心技术的分支开始，然后为这种技术寻找可以应用的市场，从而开创出一种新的产业。这是一种“先有解决问题的办法后有问题”的创新模式。研究人员通常都是先解决技术问题，然后考虑这种技术可以用在什么地方。3M公司的首席执行官德西蒙说过，“创新给我们指示方向，而不是我们给创新指示方向”。3M公司试图通过一种类似温室一样的、允许分支技术自己发展的公司文化来支持研究活动。3M公司在自然创新方面非常有耐心。

3M公司把创新分为三个主要阶段：涂鸦式创新、设计式创新和指导下的创新。这些阶段从大到小呈漏斗状。首先是创新的大胆初步设想得到一致的认可和赞许，然后逐渐演变为更加深入和集中的努力。在整个过程中，要实现众人支持与专人负责之间的平衡，并按照不同阶段逐步增加人力和资金的投入。约束随着阶段的进展而逐渐增强，到了最终阶段，方法和落实要根据经营策略和市场状况而定。

资料来源：王力．3M公司的知识创新［J］．企业改革与管理，2002（12）：20-22.此处有删减．

第一节　企业经营使命

一、企业使命的内涵

（一）企业使命的概念

企业使命是企业生产经营的哲学定位，也就是经营观念。企业确定的使命为企业确立了经营的基本指导思想、原则、方向、经营哲学等，它不是企业具体的战略目标，而是抽象地存在着，它不一定表述为文字，但却影响着经营者的决策和思维。这中间包含了企业经营的哲学定位、价值观凸显以及企业的形象定位：经营的指导思想是什么？如何认识事业？如何看待和评价市场、顾客、员工、伙伴和对手？彼得·德鲁克（Peter Drucker）在《管理：任务、责任和实践》一书中提到“我们的企业是什么以及它应该是什么”，这是企业使命的最初含义。党的二十大报告指出：“加快建设制造强国。”可以说，我国的各类企业肩负着时代使命。

有关使命（Mission）的研究起源于哲学和社会学的一个命题，这两个学科关于使命分析的成果为管理学界和企业界所采用并加以发展，最终形成了企业使命这一概念。既然哲学需要探究“人为何要存在？”作为企业哲学就需回答“企业为什么而存在？”国外的管理学者开始认识到“每个企业都有自己的使命，它涉及的是企业目标，企业为何存在和企业创造什么价值”（Janel M.Radtke，1998）。使命陈述（Mission Statement）有时又称为任务陈述、纲领陈述、目的陈述、宗旨陈述等，尽管提法不同，但都是在回答“企业的使命是什么”这一关键性问题，并表明企业存在的根本目的和理由。企业使命描述了企业的主导产品、市场和核心技术领域，反映了企业的宗旨和价值观。使命是企业一种根本的、最有价值的、崇高的责任和任务，即回答我们干什么和为什么这么干。例如，微软中国的企业使命：我们的使命是予力全球每一人、每一组织，成就不凡（见图2-1）。

图2-1　微软中国的企业使命

一般认为，企业使命包括经济使命、社会使命、文化使命三个层次。三个使命在境界层次上是递增的，但各个企业必须根据“实事求是”的原则，根据企业的具体情况来选择自己的使命。单纯选择经济使命作为企业的经营使命，就是将企业的全部活动都归结为追求利益，盈利是企业运转的轴心。将经济使命和社会使命一起作为企业的经营使命，就是既重视企业盈利，又重视企业的社会义务，企业利润一部分用来发展壮大规模，一部分要用来回报社会。将经济使命、社会使命和文化使命三者一起作为企业经营使命，就是在兼顾企业经济效益和社会效益的同时，更加重视文化建设，力求创造独特的企业文化和管理文化，以此向社会奉献更为宝贵的精神财富。三种选择，在境界上有高低之分，第一种选择境界较低，第三种选择境界最高，目光远大、思考深邃。

专栏

一些著名公司的企业使命

迪士尼公司——使人们过得快活。

荷兰银行——通过长期的往来关系，为选定的客户提供投资理财方面的金融服务，进而使荷兰银行成为股东最乐意投资的地方及员工最佳的职业生涯发展场所。

微软公司——致力于提供使工作、学习、生活更加方便、丰富的个人电脑软件。

索尼公司——体验发展技术造福大众的快乐。

惠普公司——为人类的幸福和发展作出技术贡献。

耐克公司——体验竞争、获胜和击败对手的感觉。

沃尔玛公司——帮助人们节省金钱，让他们过上更好的生活。

IBM公司——无论是一小步，还是一大步，都要带动人类的进步。

麦肯锡公司——帮助杰出的公司和政府更为成功。

波士顿咨询公司——协助客户创造并保持竞争优势，以提高客户的业绩。

华为公司——聚焦客户关注的挑战和压力，提供有竞争力的通信解决方案和服务，持续为客户创造最大价值。

万科——建筑无限生活。

中国移动通信——创无限通信世界，做信息社会栋梁。

上海家化公司——奉献优质产品，帮助人们实现清洁、美丽、优雅的生活。

（二）企业使命的意义

企业使命是对企业是什么企业、为什么存在的界定和定位，它规定了企业应当做什么、不做什么。企业使命反映了企业的目的、特征和性质，是企业存在的意义和价值，也是企业所肩负的最大责任。例如，通用电气公司的使命是“以科技及创新改善生活品质”；联想的使命则是“为客户利益而努力创新”。明确企业使命，也就是对本企业是干什么的、为哪一类顾客服务、我们对顾客的价值是什么、我们的业务是什么等问题进行思考和作出回答。企业使命的意义可归纳如下：

1.明确企业发展方向与核心业务

企业使命可以帮助员工明确组织发展方向与核心业务，弄清企业目前是怎样的一个组织，将来希望成为怎样的一个组织，以及如何才能体现出不同于其他组织的显著特征，从而为企业确立一个贯穿各项业务活动始终的共同主线，建立一个相对稳定的经营主题，为进行企业资源配置、目标开发以及其他活动的管理提供依据，以保证整个企业在重大战略决策上做到思想统一、步调一致，充分发挥各方面力量的协同作用，提高企业整体的运行效率。

2.协调内外部各种矛盾冲突

通常情况下，公众比较关心企业的社会责任，股东较为关心自己的投资回报，政府主要关心税收与公平竞争，地方社团则更为关心安全生产与稳定就业，因此，利益相关者有可能在企业使命与目标的认识上产生意见分歧与矛盾冲突。为此，一个良好的使命表述应能说明企业致力于满足这些不同利益相关者需要的努力程度，协调好这些相互矛盾的目标之间的关系，对各利益相关者之间的矛盾起到调和作用。一切组织都需要得到用户、员工与社会的支持，企业使命表述应能够起到帮助企业实现与内外部利益相关者有效沟通并赢得支持的作用。企业使命表述通过对企业长期发展目标的说明，可以为各级管理人员超越局部利益提供努力方向，促进企业员工各层级之间形成共享的价值观，并随着时间推移不断得到加强，最终被企业外部环境中的个人与组织所认同、所接纳，从而使企业树立起良好的社会形象。

3.树立用户导向思想

一个好的企业使命体现了对用户的正确预期。企业的经营宗旨应当是确认用户的需求，并提供产品或服务以满足这一需求，而不是首先生产产品，然后为它寻找市场。理想的企业使命应认定本企业产品对用户的功效。美国电话电报公司的企业使命不是电话而是通信，埃克森公司的企业使命突出能源而不是石油和天然气，太平洋联合公司的企业使命强调运输而不是铁路，环球电影制片公司的企业使命强调娱乐而不是电影，其道理都在于此。

4.表明企业的社会责任

社会问题迫使战略制定者不仅要考虑企业对各类股东的责任，而且要考虑企业对用户、环境、社区等所负有的责任。企业在定义使命时必然要涉及社会责任问题。社会与企业间的相互影响越来越引人注目。社会责任会直接影响企业的用户、产品、服务、市场、技术、盈利、自我认识及公众形象。企业的社会责任应当贯彻在所有的战略管理活动之中，这当然也包括企业使命的定义。

德鲁克认为，使企业遭受挫折的唯一重要的原因恐怕就是人们很少充分地思考企业的使命是什么。企业在制定战略之前，必须先确定企业的使命。这是因为企业使命的确定，常常会从总体上引起企业发展方向、发展道路的改变，使企业发生战略性的转变；此外，确定企业使命也是制定企业战略目标的前提，是战略方案制订和选择的依据，是企业分配资源的基础。因此，只有先明确企业的使命，才能制定正确的发展战略，引导企业走向成功的发展道路。企业使命的这种战略意义或作用，可从百龙矿泉壶案例略见一斑。

百龙矿泉壶曾在20世纪90年代初期喧嚣一时，由于企业发展势头强劲，更多的企业开始生产矿泉壶，矿泉壶市场竞争加剧。让人意想不到的是，消费者的兴趣发生了变化——想得到比矿泉壶更好的净化水的产品。然而，百龙公司的管理者们并没有察觉到这个变化，等发现这个变化时，百龙公司已经陨落了。百龙公司总裁孙寅贵在《总裁的检讨》一书中回忆道："我那时给企业定位是'生产矿泉壶'的企业，现在来看，其实我的企业本质上是在'生产矿泉水'。如果我能早些认识到我们是生产'水'的行业，而不是生产'壶'的行业，我们就可能成为中国最早的矿泉水公司了。"

在21世纪管理国际研讨会上，美国德鲁基金会主席弗朗西斯·赫塞尔本发表了题为"新世纪的使命管理"的演讲，提出了"使命管理"。她强调："一切工作都源于使命，并与使命密切相关"，"你不需要为了管理而成为管理者，你应该为了使命而成为管理者。你所做的一切工作，无非是与大家进行沟通，让大家接受这个使命，然后团结带领大家，朝着这个方向前进。"所谓企业使命管理，是指企业通过使命的定义和强化来指引和影响企业成员，为实现企业愿景而作出努力的过程。企业使命管理的关键任务就是，通过使命分解、量化、实施等与竞争对手，也可能是合作伙伴，共同创造良好的生存空间，共享价值链的利益。

（三）企业使命的表述

当企业家对本企业在社会中扮演的角色、从事的业务、追求的目标和承担的责任都有比较清晰而准确的定位时，就形成了适合自身的、具有特色的企业使命。对自身企业使命的理解、对企业使命的表述虽然各式各样，但归纳起来通常分为角色、业务、目标和责任4个维度。

1. 角色定义式

角色定义式即对企业在社会中所扮演的角色进行自我定义。例如，雪佛龙公司——成为最受员工尊敬、合作伙伴信任和顾客爱戴的全球性能源公司；花旗集团——对客户负责、对同事负责、对公司负责，使花旗集团成为全球最受推崇的环球金融服务公司；武汉钢铁集团——争新型工业先锋，铸钢铁强国脊梁，当现代文明创造者，做和谐社会实践者。

2. 业务解说式

业务解说式即在企业使命陈述中阐明企业的业务。例如，苏黎世金融服务集团——帮助客户理财，为现在提供保障，筹划未来，给股东提供持续的、优良的回报；中国五矿集团——以服务为先导，努力向客户提供包括融资、报关、仓储、运输、加工和资讯在内的价值链服务，满足客户的要求和期望；国家开发银行——打通融资渠道，通过融资促进治理结构、法人、现金流和信用建设，促进经济社会全面、协调和可持续发展。

3. 目标描绘式

目标描绘式即在企业使命陈述中表露企业对中长期发展目标的追求。例如，沃尔玛——降低全世界每个地方每个人的生活费用；宝马集团——作为最成功的高档汽车和摩托车生产商立足于国际市场；中国移动通信——创无限通信世界，做信息社会栋梁；中国人寿——造福社会大众，振兴民族寿险。

4.责任表述式

责任表述式即在企业使命陈述中阐述企业的责任。例如，宝洁公司——我们生产和提供世界一流的产品，以美化消费者的生活，作为回报，我们将获得领先的市场销售地位和不断增长的利润，从而令我们的员工、股东以及我们生活和工作所处的社会共同繁荣；法国巴黎银行——成为顾客值得信赖的伙伴，为员工的职业发展提供一个有竞争力的空间，进行风险管理，持续地为股东创造价值；中国铝业公司——振兴中铝，报效国家，回报股东，造福员工。

二、企业的社会使命

（一）企业与社会的相互作用

德鲁克指出，社会维度是关系企业生死存亡的一个维度。这是因为企业存在于社会和经济之中。在某个组织机构之中，人们常常会认为该机构是独立存在于真空之中的，而管理者也不可避免地从内部来看他们经营的企业。但是，企业是社会和经济的产物，只有在社会和经济容许的条件下，企业才能存在并发展，而且只有当社会和经济认为企业是在从事必要的、有价值的、有较高生产率的工作时，该企业才能存在。我们需要将目标纳入企业的战略之中，而不仅仅是把它们视为一种对良好愿望的陈述。这些目标之所以需要，并不是因为管理者对社会负有责任，而是因为管理者需要对所经营的企业负有责任。

在现代社会中，企业对于整个社会生活的影响和作用越来越大。任何一个企业，它都不仅仅是一个经营单位，还是一个社会文化单位。它所有的生产经营活动都与整个社会相联系。它不仅承担着为公众制造产品和提供服务的责任，而且其活动还被赋予了更加广泛的社会、道德意义。因此，对于一个企业来说，其使命不仅包含了获得经济效益来维持自身生存和发展这一目的，同时还担负着全社会赋予它的使命，即为了社会的繁荣、发展和人类进步履行义务。

随着经济的发展进步，社会也逐渐对企业的经营提出越来越高的要求，要求企业的经营能够更好地满足整个社会发展的需要。从长远的角度来看，如果一个企业不能正确地认识和承担其社会责任，那么就很难保证它能够在激烈的市场竞争中立于不败之地。尽管从短期来看，承担社会责任对于企业盈利没有好处，但就长期而言，由于企业为保持和改进社会福利作出了贡献，树立了良好的企业形象，提高了企业的知名度，因此就赢得了公众和政府的好感，为企业的发展创造了一个良好的外部环境。

企业与社会的相互作用，基本上表现在政治、经济、技术、环境、社会、文化这六个方面。举例而言，企业在制定自己的用人制度时，要考虑对社会就业的整体影响；企业在采用新工艺、新技术时，要考虑是否会污染或破坏周边环境；企业在投资生产新的产品或提供新的服务时，要考虑可能带来的社会成本等。这些都要求企业具有高度的社会责任感，用长远的眼光来看待和处理企业与社会的关系。

（二）企业的社会责任

企业社会责任的范围和内容可划分为五个方面：

1.对企业员工的责任

员工是企业内部最为重要的劳动者之一，企业的发展与员工的努力程度密切相关，员工的利益和命运也与企业的运营休戚相关。因此保障员工权益是企业履行社会责任的首要任务。企业对员工的责任包括为员工提供良好的工作条件、劳动报酬、安全保障、教育培训；为员工提供安全卫生的生活环境，包括卫生的食品、干净的浴室、洁净安全的集体宿舍等；为员工减少工作中的危险因素，尽量防止意外伤害、有损健康的事件的发生，保证生产安全；为员工缴纳社会保险费，并创造条件为员工建立补充保险；建立健全员工与管理层的沟通渠道，尊重员工的话语权，充分发挥人力资源的潜力与效用，实现员工应有的权益（见图2-2）。总之，企业只有担当起基本的法律责任和道德责任，才能建立和谐的企业内部关系。

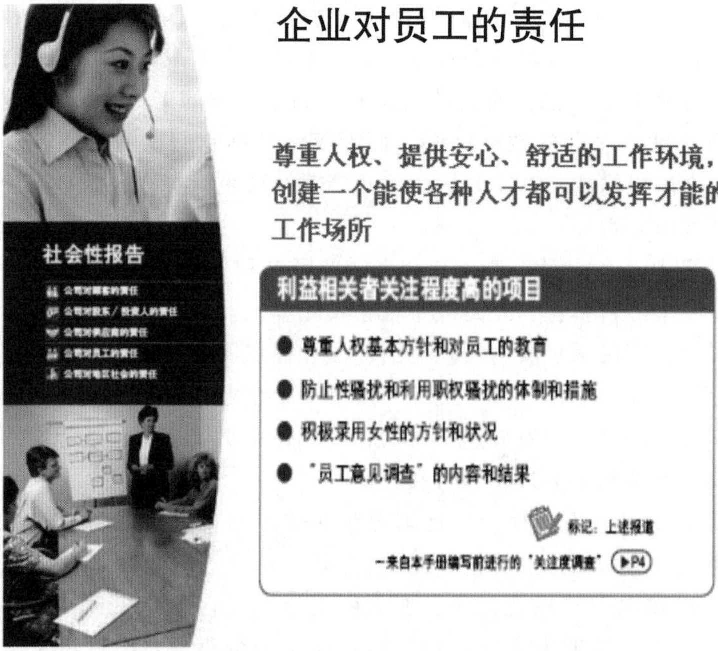

图2-2　东芝中国网站上的企业对员工责任的表述

2.对消费者的责任

消费者是企业赖以生存的保障，没有消费者，企业的产品或商品就无法出售，企业将无法获取盈利，进而难以存续下去。因此，国外企业早在几十年前就已经提出“顾客就是上帝”的观点。所以，要将企业对消费者的责任列为企业社会责任的一项重要内容。企业对消费者的责任包括向消费者提供安全的产品和服务；让消费者获得有关产品的充分信息，即要求生产者及经营者对其所生产和出售的产品或服务所产生的后果负责任，并向消费者提供真实的与产品相关的信息，以避免对消费者产生误导。

3.对生态环境的责任

对生态环境的保护与合理利用是整个社会可持续发展的前提，这不仅关系到当代人的切身利益，而且关系到子孙后代的生存和发展。企业在其生产经营过程中往往会对生态环境造成一定的伤害，所以对生态环境的保护也是企业社会责任的重要组成部分。其主要包括：将环境污染和资源浪费减降低到最低限度；治理企业自身造成的污染；美化生产经营环境；结合自身生产经营特点就环保问题开发新产品，比如资源节约型产品、稀有资源替代型产品、污染治理型产品等；结合自身经营活动去参与社会环保公益事业。生态环境恶化威胁着人类的生存与发展，保护生态环境，处理好人与自然的关系，是人类面临的难题，更是企业义不容辞的责任。

例如，绿色食品是遵循可持续发展原则，按照特定生产方式生产，经专门机构认证，许可使用绿色食品标志（见图2-3）的无污染的安全、优质、营养类食品。由于与环境保护有关的事物国际上通常都冠之以“绿色”，为了更加突出这类食品出自良好的生态环境，因此给它们定名为绿色食品。绿色食品标志由三个部分构成，即上方的太阳、下方的叶片和中心的蓓蕾，象征自然生态；颜色为绿色，象征着生命、农业、环保；图形为正圆形，意为保护。绿色食品标志图形描绘了一幅明媚阳光照耀下的和谐生机，告诉人们绿色食品正是出自优良生态环境的安全、优质食品，能给人们带来蓬勃的生命力，同时还提醒着人们要保护环境，通过改善人与自然的关系，创造自然新的和谐。

图2-3　绿色食品标志

4.对商业伙伴的责任

企业在其生产经营过程中，离不开与竞争对手、供应商和经销商等商业伙伴的合作与竞争，保护商业伙伴的正当权益，是形成良好的市场竞争秩序的前提，因而企业对商业伙伴的责任也是企业社会责任的组成部分。企业对商业伙伴的社会责任主要包括：与竞争者公平竞争、互帮互助、合作共存，形成良好的竞争机制；创建维护企业与供应商、经销商伙伴关系所需要的企业文化。商业伙伴是企业经营过程中重要的资源，处理好与商业伙伴的关系，是企业长期生存和发展的保证，也是企业社会责任的一部分。

5.对公益事业的责任

对公益事业的责任是企业道德、伦理责任的重要体现，这一责任是以高于法律的标准对企业所作的要求，其履行尽管受到国家和社会的肯定与褒扬，但又必须以企业的自愿为前提，且还受企业自身经济能力的制约。这一责任体现在企业参加力所能及的公益活动方面，包括关心和扶持教育、卫生事业；参与公益活动；帮助社会上的弱势群体，如孤寡老人、孤儿，为特殊人群提供就业机会；通过建设优秀的企业文化带动社区形成良好的社会风气，倡导良好的社会公德等。企业履行对公益事业的责任，使企业既可为社会作出贡献，也有助于企业将自身置于一个长期稳定、健康发展的社会经济环境中。例如，2004年，欧瑞莲推出的Solliden香氛，全球每销售一瓶就会有1.6欧元捐助给世界儿童基金会（见图2-4）。

图2-4 欧瑞莲推出的Solliden香氛

（三）企业在构建和谐社会中的作用

构建社会主义和谐社会是21世纪党中央提出的重大战略决策，是我国今后相当长一段时期的历史任务，是一项需要全社会各行各业共同参与的系统工程。和谐社会就是社会系统中的各个部分、各种要素处于一种相互协调的状态。和谐社会就是全体人民各尽其能、各得其所而又和谐相处的社会，是良性运行和协调发展的社会。企业是我国经济建设的支柱和社会经济发展的动力，它承担着创造社会财富、满足社会需求、促进社会就业、维护社会稳定等重要责任。企业在社会的法律框架内进行经营活动，遵守包括《中华人民共和国环境保护法》《中华人民共和国消费者权益保护法》《中华人民共和国劳动法》在内的所有法律、法规，并带动企业的雇员、企业所在的社区共同遵纪守法，这将有利于民主公平的社会秩序的形成；企业通过自愿的方式完成包括道德和慈善责任在内的更深一层的社会责任，将有利于诚信友爱社会氛围的形成，并促进中国整个社会的进步与安定。企业履行社会责任，是构建社会主义和谐社会的基础。构建和谐社会，主要赋予了企业家以下三个方面的使命：

1.持续创新

持续创新，最大限度地解放和发展生产力，充分调动各方面积极性，为企业发展注入源源不断的动力。中国目前正处于转轨时期，创新意识尤其重要。企业家应该努力推进制度、管理和技术三个层次的创新，冲破束缚企业发展的各种体制性、机制性障碍，积极学习和借鉴国际先进企业的经验，引进尖端生产技术，主动适应新的经营环境，造就充满生机活力、具有强大财富创造功能的企业。

2.转变增长方式，节约资源，保护生态环境

客观来讲，企业是资源消耗最大、最容易破坏环境和污染环境的部门。保护生态环境，是中国企业家不可推卸的责任和义务。要做到这点，当务之急是尽快转变传统的“高投入、高消耗、低产出”的外延粗放型增长方式，树立科学的发展观，强化资源节约意识，遵循自然生态系统的物质循环和能量流动规律，走新型工业化发展道路，积极创建资源节约型企业。

3.以人为本，营造良好氛围，建设和谐企业

把企业建设成人际关系融洽、友爱团结、积极向上的和谐企业，是构建和谐社会的重要一环。建设和谐企业，主要包括建设和谐的企业文化、保障员工福利和调解内部矛盾三个层面，在企业内部营造尊重人、理解人、关心人、爱护人的良好氛围，善于化解矛盾，实现长期盈利。企业要在追求经济效益的同时履行更多的社会责任，这是新时代企业家精神的重要内容，党的二十大报告指出，要“弘扬企业家精神”，这是新时代对企业家的殷切期盼。

三、企业的文化使命

（一）企业文化的内涵

企业文化是指导企业行动的战略性思维和形成企业凝聚力的黏合剂，是共同建设和发展的基础，是决定企业兴衰的关键因素。它具体指的是企业拥有什么样的发展概念、对员工的影响程度、企业发展过程中的变革以及超越自我的能力，企业文化不仅具有动员、鼓舞、组织、指导和推动的作用，在一定条件下，甚至具有“决定一切”的作用。

1.企业文化是一种心理契约

企业文化是一种心理契约，是在面临职责与权利、个人利益与集体利益、短期利益与长期利益等冲突时，对于如何处理这些冲突，企业成员之间达成的无须言表的默契。比如，联邦快递租用飞机冒着风雪在24小时之内把客户的邮件送到山上，收取的邮费可能只有10美元，但租用飞机的费用可能需要5 000美元，这笔看似亏本的买卖，就是企业文化在现实中的自然释放。这样的事情往往是冲突的，但越是冲突，就越能体现企业的文化。

2.企业文化的形成是一个过程

企业文化是企业的创业者，或者是最具有影响力的领导人个人作风在企业中的辐射，辐射的过程就是企业文化形成的过程。尽管真正优秀的企业文化一定是企业特征而不是个人特质，但是企业领导者作为企业的龙头，其模范行为是一种无声的号召，对员工起着重要的示范作用。因此，要塑造和维护企业文化，领导者首先要注重对企业文化的宣传和倡导，其次要作出表率和示范，在每一项具体工作中都体现企业文化。

3.企业文化是一种识别和认同

这不是通俗意义上的标志系统，而是通过产品和行为等载体来传递企业特有的信息。从竞争的角度讲，这种识别可以建立竞争优势，将本企业与其他企业区别开来，使顾客在高度同质化的市场中能够很容易地进行辨识。西南航空公司的企业文化就以其强烈的幽默感和个人责任心著称，其独特的竞争优势使得对手难以模仿，有效地保持了其在低成本航空公司中的领先地位。

（二）构建企业文化的重要性

企业是随着人类社会的发展、生产力水平的不断提高和合理分工的出现而产生的独立核算的经济单位，从它诞生的那天起，企业文化就伴随它产生了。有企业就有企业文化，这是存在决定意识的必然，是一种客观存在。为什么对这种客观存在的东西要予以加倍重视呢？这既有时代前进的客观发展因素，也有认识提高的主观发展因素。如果上升到理论层面，归纳起来，构建企业文化有以下三个方面的重要性：

1.构建企业文化，是企业遵循“可持续发展”重要思想的必然要求

企业是生产力的载体。目前我国在走一条新型的工业化道路，企业要按先进生产力的要求去运营，按市场和行业规划的要求合理调整生产力布局和产业结构、组织结构和产品结构，整合包括先进的机器设备和先进管理方法在内的各种生产要素，以保证和促进生产力健康、有序、持续地发展。

2.构建企业文化，是企业使命的要求

现代社会的大生产和智能化、信息化的实现，极大地提高了劳动生产率，社会主义市场经济体制的建立与完善又极大地提高了企业的竞争意识，导致卖方市场转变为买方市场。对企业来说，现在要做的不仅仅是为社会提供产品和服务，更要发展历史上流传下来的文化——科学、艺术、生活方式等，这是责任，也是使命。工人，尤其是产业工人的一项光荣任务，就是创造和发展历史、财富，还有文化。

3.构建企业文化，是企业文化内在的发展要求

一个企业一旦形成自己的文化，就具有了无法割舍的继承性和连续性。人们的习惯思维和企业生产力发展水平导致了这种继承性和连续性，而时代的发展和潮流的变更也对其有深刻影响。企业文化的发展永远是一个过程，永远具有阶段性，永远需要不断进步和提升。就像一句著名广告词说的，“没有最好，只有更好”。企业文化同人们的认识和事物的发展一样，处在由低级到高级的无穷发展进程中。

（三）企业文化的基本构建

构建企业文化是一个全方位、全角度的系统工程，企业的一切活动都是企业文化的体现。构建企业文化基本上分为以下几个步骤：

1.对本企业文化进行再定位

优秀企业文化产生的共同价值观和认同感，加强了员工之间、部门之间的沟通和协调，破除了他们之间的阻碍，对营造整个企业的核心能力十分关键。企业文化一旦形成，在一定时期内会保持稳定，而企业处于动态的发展环境中，因此以往的企业文化往往限制了企业的有效运作。这要求企业的领导团队勇于变革，能够根据环境的变

化来更新和再定位企业文化，使企业文化在企业的发展过程中始终发挥积极作用。

2.提炼出本企业的核心价值观

任何企业都需要有一套健全的核心价值观，作为所有经营战略的前提和导向。遵循这些核心价值观，是企业获得成功的重要保证。在进行企业文化定位时，关键就在于如何把握住真正重要的内容，拟定企业的核心价值观。核心价值观可以通过多种方法来陈述，但都应该简单、清楚、直接而有力，通过企业内部各层级员工的反复沟通，最后确定在3~6条。

3.将本企业文化建设策略化、制度化

企业文化的形成在很大程度上要与企业的人力资源管理相结合，抽象的价值观要通过具体的管理行为来体现，得到员工的认同，真正树立企业的外部形象。海尔集团企业文化建设的第一步是提炼理念和价值观，第二步是推出典型人物和事件，第三步就是在核心价值观指导下建立保证这些人物和事件能够不断涌现的制度与机制。这一做法是非常值得其他企业借鉴的。

第二节　企业价值观

一、企业价值观的内涵和发展

（一）企业价值观的内涵

对于企业价值观是什么，《企业管理学大辞典》中是这样定义的：“企业价值观是企业经营的目的、宗旨，即企业为什么存在，以及企业对其价值的评判标准。”我们认为，企业价值观是指企业在追求经营成功的过程中所推崇的基本信念和奉行的原则。从哲学上讲，价值观是关于对象对主体有用性的一种观念，而企业价值观就是企业全体或多数员工一致认同的关于企业意义的终极评判，决定着企业全体员工的行为取向。

企业价值观具有五个显著的基本特征：一是主观性，企业价值观是企业内部的价值衡量标准，是对企业发展战略的理想描述，是抽象的精神层面的东西；二是稳定性，企业价值观一旦形成就会非常稳定，并且影响企业行为的整体倾向；三是发展性，企业价值观经过长期的积累而形成，也会随着企业的继续发展和外部环境的变化而改进；四是导向性，企业价值观被内化以后，会对企业员工的行为起指导、约束、激励的作用；五是系统性，企业价值观是按照一定的层次和逻辑形成的整体，单一的价值观在整个价值体系中才能体现出自己的作用和意义。

大部分成功的企业都有自己的核心价值观，它引导着一代又一代的企业领导者和员工坚持不懈地努力奋斗。例如，微软公司的“诚实守信、公开交流、尊重他人、共同进步”；谷歌公司的“坚决不做邪恶的事情，永远提升自己，寻找更好的解决方案”。它们如同企业的灵魂，为企业的经营管理指出方向。企业通过宣扬和倡导自己的价值观来培养员工的归属感，建立起企业和员工之间的依赖关系，将个人与组织有力地统一起来，加强了企业的凝聚力和竞争力。

（二）企业价值观的发展历程

在西方企业的发展过程中，企业价值观经历了多种形态的演变，其中比较典型的是最大利润价值观、经营管理价值观和企业社会互利价值观，分别代表了三个不同历史时期西方企业的基本信念和价值取向（见图2-5）。

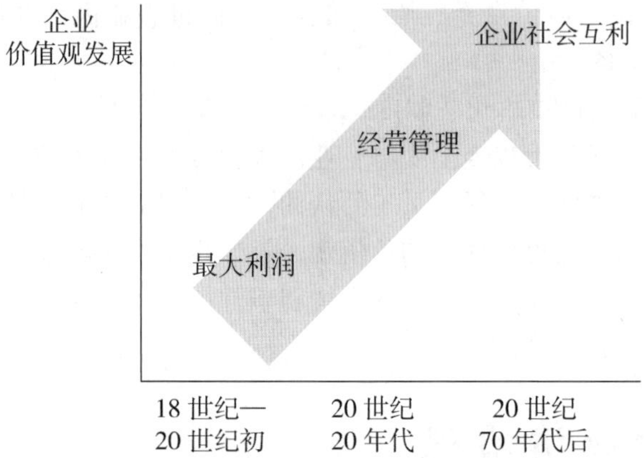

图2-5 企业价值观发展示意图

最大利润价值观，盛行于18世纪至20世纪初的西方工业化发达国家，是指企业的全部经营决策和行动都围绕着如何获取最大利润来展开，并将它作为评价企业经营好坏的标准。这种价值观，表现了典型的卖方立场，使得企业难以走出狭隘的销售领域去担负新的使命或创造更大的价值。在市场竞争激烈的今天，消费者日趋理性化，社会对企业的要求越来越高，这种观念无疑是落伍的。

经营管理价值观，始于20世纪20年代，是指企业在组织规模扩大、能够得到巨额投资而投资者分散的情况下，管理者受投资者的委托来从事经营管理，因而形成的价值观。一般来讲，所有权和经营权的分离要求企业管理者除了尽可能为投资者赚取利润以外，还必须非常重视企业员工自我价值的实现。经营管理价值观强调在员工的福利要求和投资人的回报要求这两者之间取得平衡和统一，适应了那个历史时期对企业的要求。相较于最大利润价值观，它们的相同之处都是以获取利润为目的，但不同的是，经营管理价值观要求兼顾投资者和企业员工的利益，这样企业才能更好地生存和发展。在影响企业发展的各种价值观中，经营管理价值观的作用是最为关键的。

企业社会互利价值观，在20世纪70年代后兴起并成为主流，它倾向于在确定企业利润水平时，不仅要考虑企业所有者和企业员工的利益，而且要考虑将企业利益与社会利益统一起来，不可有失偏颇。它甚至认为，股东的利益并不比其他相关方面的利益更为重要，因此就与经营管理价值观有了区别，其中最大的区别就是企业开始意识到承担社会责任的重要性。从实践情况来看，由于单个企业的利益与整个社会利益系统息息相关，因而现代成功的企业都是那些具备企业社会互利价值观的企业。

（三）当代企业价值观

当代企业价值观，是企业在如今的市场经济条件下，为了求得生存和发展，经过长期的生产经营实践，在企业领导者的倡导下为所有员工所认同的新型价值观。优秀的当代企业价值观在内容和形式上应该具有以下三个基本特征：

1.时代性特征

时代性特征即企业价值观的内容应满足时代发展的需要。目前，我国正在建立社会主义市场经济体制，现代企业制度正在逐步形成，在这种形势下建立的企业价值观，必须具备作为现代市场经济主体的特征。例如，现代企业在新形势下，必须注重竞争意识、主体意识、创新意识、民主意识、服务意识和质量意识等。

2.个性特征

个性特征即当代企业价值观应根据企业自身的性质、规模大小、员工素质和发展目标等来确定，应具有反映企业自身特色的个性。譬如，对于大多数中小企业来说，一般应该强调以企业及产品特色来取胜的观念意识而并非盲目追求扩大企业规模的目标，并且在相应的企业理念和企业精神之中明确地体现出来。

3.系统性特征

系统性特征即当代企业价值观是诸多价值观的总和或体现，它具体包括企业的理想价值观、卓越价值观、职责价值观、服务价值观、审美价值观等。所有这些价值观相互关联、相互影响，构成一套系统的、完整的企业价值观体系，这种价值观体系象征着企业的理想、追求、选择和取舍，它是企业文化深层内容的统一。因此，它要求企业把责、权、利三者高度地统一起来，在具体实践中克服那种片面的、单一的价值观，从而进一步激发企业员工的整体意识和超越意识，增强企业的凝聚力和创造力。

经过多年的发展，当代企业价值观最突出的特征是以人本主义为导向，关心人、爱护人，将人才培养作为企业发展战略中的一项重要内容。过去的企业只将人才培养作为提高经济效益的手段，当代的企业则将人才培养视为目的，使员工综合素质得到了提升。这是当代企业价值观与以往的根本性区别。企业能否给员工提供一个良好的发展环境，能否为员工的发展创造尽可能多的有利条件，已经成为衡量一个当代企业是否优秀的根本标准。正如德国思想家康德曾经指出的，在经历种种冲突、牺牲、辛勤斗争和曲折复杂的漫长路程之后，历史将指向一个充分发挥人的全部才智的美好社会。

延伸阅读

企业国际形象中的共享价值观

企业形象理念识别系统是一种文化形式，而文化的基本要素是传统（通过历史衍生和选择得到的）思想观念和价值，也就是说，文化诸要素中，价值观体系是文化的核心之一。在跨国企业的全球营销中，企业形象理念识别系统既要体现和保持本国本企业的文化内核，又要考虑目标国家和市场的文化，且能够为目标市场受众接受和互融。这个问题可以通过寻求一种“共同的”跨文化的价值观来解决。

跨文化的价值观是“两种/多种文化或两国/多国民众都接受的”共享价值观。这种价值观是客观存在的。在我国古代，有“东海有圣人出焉，此心同也，此理同也；西海有圣人出焉，此心同也，此理同也；南海北海有圣人出焉，此心同也，此理同也；千百世之上有圣人出焉，此心同也，此理同也；千百世之下有圣人出焉，此心同也，此理同也”的说法。在《联合国千年宣言》中，也有189个国家签署认同的“对21世纪国际关系必不可少的‘基本价值’”。

跨文化的共享价值观是人性和心灵相通的纽带，它使各国民众互相理解成为可能。因此，它也是企业形象的基本内涵及其在全球范围内跨文化传播的营销基础。也就是说，一个跨国企业的形象中是否具有跨文化的价值观，直接影响甚至决定着该企业形象的传播效应。共主体形象的实质是具有共享价值观的“理念识别系统”，其“消解两元对立、善待包容他者、和他者网络互嵌共生”的具体意蕴也符合跨文化共享价值观所主张的“非西方文化中心主义”的特征。因此，它的传播就是特色文化经由普适性共享价值观的桥梁，嵌入到目标国家文化之中，被其认同和接受，实现两国文化的融合并形成共主体文化，从而收到良好的国际营销效果。

例如，2008年北京奥运会主题“同一个世界，同一个梦想”和配套的主题歌《我和你》、北京2022年北京冬奥会主题口号“一起向未来”，都具有鲜明的主体形象意蕴，它既吻合历届奥运会主题，也表达了中国人民与世界各国人民共有美好家园，共享文明成果、携手共创未来的崇高理想，更体现了对和谐美好关系的向往，因此，得到了国际奥委会及其成员的普遍认同和赞许，取得了国家形象营销的积极效果。

二、企业价值观的塑造

（一）提炼企业价值观的标准

1.企业价值观必须来自高层管理者内心并全力倡导

企业价值观必须是高层管理者真正期望在企业内部推行的信念和原则，并且通过自己的行为作出表率，而不仅仅是写成口号或标语做表面宣传。例如，在日本有着四大“经营之圣”之称的稻盛和夫（另外三人是松下的松下幸之助、索尼的盛田昭夫、本田的本田宗一郎）认为，简单是人生与企业经营的原则。他在《活法》一书中说：“真理的布是用一根线所编织出来的，把各种事物的现象单纯化，会越来越接近其原始的面貌，也就是接近真理。因此，要努力去保护这种想法与思维，越是看起来复杂的事物，越应该从更单纯的角度重新检查。”他说：“不说谎、不贪心、不给人添麻烦，要诚实、待人亲切……这些从小到大父母和老师一再对我们耳提面命的做人基本守则，人生在世自然而然了解的‘理所当然’的规范，也同样可以应用于企业的经营。”很多企业在自己的价值观中大肆宣扬要“尊重人、以人为本”，实际上在企业的管理制度和管理行为中根本没有得到任何体现，那么“尊重人、以人为本”就只是一句空话，并不是企业的价值观，也不可能被企业员工真正接受或认同。企业价值观只有体现在企业日常的管理和经营活动中，渗透到企业内部各个层次，才能真正被称为企业价值观，才真正具备了价值观的特征并且影响企业活动。

2.企业价值观必须能够被全体员工接受和认同

企业价值观就是企业全体或多数员工一致认同的关于企业意义的终极评判，决定着企业全体员工的行为取向。如果企业价值观不能得到员工的接受或认同，那么它就失去了存在的意义，无法在企业发展中发挥积极的作用。同时，尽管企业价值观具有稳定性，不会轻易改变，但企业还是要根据内部和外部环境的变化不断调整和改进自己的价值观，使之适应企业发展战略的需要。

3.企业价值观要基于企业实情并与企业经营宗旨相一致

提炼企业价值观不是简单地跟风或模仿，也不是追求时尚，而是为了更好地促进企业的发展。每个企业都应该根据自己的实际情况确立自己的价值观，一家企业的成功案例未必适合另一家企业。企业价值观一方面要来自于企业的发展历程和经验，适合企业的实际情况和发展战略；另一方面要与企业经营宗旨相一致，能够为企业的经营起到积极的促进作用，符合企业的使命。如若不然，企业价值观与企业实际需要背道而驰，就会阻碍企业的发展和进步，同时也就违背了提炼和塑造企业价值观的初衷。

（二）市场经济下企业价值观的塑造

在大力发展社会主义市场经济的进程中，企业必须高度重视企业价值观的塑造。价值观是企业管理中最模糊的领域，也是最具有挑战性的一个环节，关系到如何指导组织行为，如何最大限度地调动员工的积极性和创造性，如何不断提高企业的经济效益，对企业发展具有重要意义。

1.要确立以人为本的企业价值观

在生产力的三要素中，人是主体，起着主导作用，只有依靠人的主观能动性，生产力的其他要素才能形成有机整体。在企业价值观的塑造过程中，人的因素渗透并主导着企业经营的各个方面，企业管理就是要重视人、尊重人、发挥人的作用，确立以人为本的价值观。日本企业家认为，企业教育培训投入产出系数最大，如松下的“经营即教育”，丰田的“既要造车，又要造人”，都有力地说明了以人为本的重要性和意义。

2.要确立适应社会主义市场经济需要的企业价值观

在传统的计划经济体制中，企业处于政府管制下，并不是一个独立自主、自负盈亏的经营实体，企业管理者和员工不关心企业的经济效益或长远发展。现在，企业被推向了市场，面临激烈的市场竞争，必须善于运用价值规律，树立效率意识，提高劳动生产率，获得更多的利润，从而在竞争中胜出。企业必须抛弃过去的陈旧观念，改变对劳动效率和市场竞争的淡漠态度，而应该以盈利为荣，追求创新和卓越，切实激发企业员工的劳动热情，适应发展市场经济的需要。

3.要确立适应社会主义市场经济需要的效益和质量价值观

市场经济要求企业由传统的“粗放型”增长方式向“效益型”增长方式转变，提高经济效益是企业经营的主要目的和动力，因此也必须作为企业价值观的重要内容之一。要加强企业员工的效益意识，将自身利益与企业利益挂钩，增强企业的凝聚力，推动企业的改革、发展和稳定。质量是企业的生命，过去在计划经济条件下，企业不重视产品和服务的质量，不考虑企业信誉和形象的重要性，这种做法是不符合市场经济要求的。企业要明确质量价值观的重要性和必要性，树立良好的品牌和形象，这样才能在优胜劣汰的市场竞争中立于不败之地。

（三）内化企业价值观

提炼企业价值观并非难事，难的是如何把企业倡导的价值观变成企业员工的共同信念，也就是得到企业员工的认同。从提炼企业价值观到使全体员工自觉接受并实施它的过程，就是价值观的内化。在这个过程中有几点内容需要加以重视：

1.企业领导者要以身作则，恪守自己提出的价值观

如果领导者只是将价值观挂在嘴边而不付诸实践，那就等于是在暗示企业员工这种价值观只是形式，不需要转化为实际行动。企业价值观的作用和意义只有通过实际行动才能体现出来，因此领导者必须言行一致作出表率，这是价值观内化的第一步。

2.重视员工整体素质的培养和提高

如果企业员工缺乏高尚的职业道德或良好的综合素质，那么企业价值观的内化就只能是纸上谈兵，失去了实际操作的可能。通过各种培训来加强对员工综合素质的培养，是内化企业价值观的基本保证。

3.企业领导者要不断向员工灌输价值观

很多公司在招聘新员工后都会进行系统的培训，其中就包括向新员工宣扬企业价值观。例如，松下公司通过严格筛选来录用人才，然后进行“入社教育”，要求新员工背诵松下宗旨、学习松下语录、参观松下创业史展览，借助这些手段将企业价值观灌输给员工。

4.制定完善的管理制度来强化企业价值观

在培育企业员工整体价值观的同时，必须建立完善健全的管理制度，尤其是与之相适应的激励和约束机制，保证员工的行为既有价值观的引导，也有制度的规范。

5.充分发挥先进榜样的感召力和示范作用

利用先进榜样的影响来内化企业价值观是一条重要而有效的途径。将那些最能体现企业价值观的个人和事件树为典型，面向所有员工进行宣传和表彰，并适当调整激励方式，这非常有利于企业价值观的形成和发展。

三、企业价值观与企业形象塑造的关系

（一）企业价值观是企业精神形象的核心

企业精神形象是指作为观念形态的企业精神、经营宗旨和道德规范等在社会大众和消费者心目中的主观投射和综合评价。企业精神形象会直接影响到企业对外的经营和服务姿态，会给人留下不同的印象。企业精神形象是所有企业经营活动的指南，是企业整体形象的核心，如果没有这个核心，企业就会人心涣散，行为不统一，从而破坏企业的整体形象。因此，企业精神形象的塑造应该本着独特性、时代性和科学性的原则，包括以人为本、服务社会、开拓创新、与时俱进、信誉至上等顺应时代潮流的企业价值观。

企业价值观作为全体员工共同持有的判断标准和发展信念，直接决定着企业精神

形象的内容，是企业精神形象的核心，有什么样的企业价值观，就会塑造什么样的企业精神形象。同时，企业价值观还为企业精神形象的定位提供了坐标，企业要想被社会公众和消费者识别，在其心目中占据独特的地位，就必须找准自己的坐标，塑造与众不同的企业精神形象。因此，企业要在价值观的指引下，找到最佳定位，从而塑造充满吸引力和感召力的企业精神形象，为企业发展开辟道路。

北京同仁堂是中药行业著名的老字号，创建于清康熙八年（1669年），自雍正元年（1723年）正式供奉清皇宫御药房用药，历经八代皇帝，长达188年。历代同仁堂人恪守“炮制虽繁必不敢省人工，品味虽贵必不敢减物力”的古训，树立“修合无人见，存心有天知”的自律意识，确保了同仁堂金字招牌的长盛不衰。其产品以“配方独特、选料上乘、工艺精湛、疗效显著”而享誉海内外。同仁堂有三条价值观——“品味虽贵必不敢减物力”的质量价值观；“炮制虽繁必不敢省人工”的工艺价值观；“童叟无欺一视同仁”的营销价值观。同仁堂之所以经过350多年风雨洗礼依然在中药行业闻名遐迩、长盛不衰，优秀的企业价值观和高大的企业精神形象就是它成功的秘诀所在。日本松下公司以“产业报国”作为企业精神的第一项内容，以“感谢报恩”等思想为辅助，认为企业和员工的职责在于“为社会创造像自来水那样优质廉价且又源源不断的物质产品”，因而塑造了崇高的企业精神形象，大大推动了企业的发展。

（二）企业价值观主导着企业制度行为形象的塑造

企业的制度行为形象是指企业的组织制度、管理行为、技术水平和服务质量等在社会大众和消费者心目中的主观投射和综合评价。企业的制度行为形象是企业精神形象在制度行为方面的具体表现和影响，是企业整体形象塑造成功与否的关键所在。企业制度行为形象的重要性不仅在于能够完善和健全企业的管理制度和行为规范，更在于它能有效促进企业员工素质的提高，使企业员工自觉成为企业形象的塑造者、传播者和代表者。因此，为适应现代管理发展的要求，企业制度行为形象的塑造，一方面要体现企业管理制度的科学性和组织文化，另一方面要将“顾客至上”的观念贯彻到企业活动中去。

优秀的企业价值观能够培育和造就优秀的企业员工，正是这些优秀的企业员工成为企业制度行为形象的主体和塑造者。如果企业价值观缺乏感召力，不能激发员工的高尚情操和积极性，那么企业的制度行为形象塑造就会成为一纸空文。因此，企业价值观是企业制度行为形象塑造的灵魂和动力，为企业制度行为指出了明确的发展方向和奋斗目标。

一方面，企业的管理制度要依据企业价值观来制定和推行，两者的有机统一才能充分提高企业管理的运作效率；另一方面，企业价值观深入人心，对企业制度行为形象的影响是巨大的，主导着它的性质和方向。积极高尚的企业价值观，能够为企业员工提供正确的衡量标准和精神导向，激发员工的创造力和进取精神，产生持久的精神动力和激励作用，为企业制度行为形象的塑造提供根本的保证。

（三）企业价值观决定着企业物质形象的塑造

企业的物质形象是指企业的建筑物、设备配置、产品包装、企业标志及各种代表企业形象的物质形态等在社会大众和消费者心中的主观投射和综合评价。企业的物质形象是企业技术实力、组织文化、经营风格和品牌信誉等的实体表现，表达了企业价值观的取向，是企业形象高度综合性和概括性的表现，是社会大众和消费者评价企业形象优劣最直观和最重要的标尺。在一定程度上，企业物质形象代表了一个企业市场竞争能力的强弱。

企业经历长期的发展形成自己的物质形象，并通过企业综合实力集中体现出来，是塑造企业整体形象最重要的物质手段。在企业物质形象的塑造过程中，企业价值观起着决定性作用。无论是企业建筑物的风格，还是产品的包装设计，乃至企业标志的构思，都凝结着企业价值观的成分，是企业价值观的物质外观。

在优秀的企业价值观的指引下，围绕高水平的产品质量和服务水平，一方面，要运用各种先进的宣传手段和现代化的策划创意方法，通过企业标志等代表企业形象的物质形态在社会上加以传播，让社会公众和消费者充分了解企业及其特色，从中体现出企业的精神、价值观、风格和整体优势，使企业形象在企业物质形象的带动下，在社会中形成一定的冲击力；另一方面，要在充分体现企业价值观的基础上，利用自己的技术优势和文化特色，在建筑物、设备和产品等企业的硬件方面充分挖掘企业自身的潜能，创造优美的工作环境，提供现代化的设备装置，设计风格迥异而又极富文化个性的产品包装，以及生产集高技术含量和多功能效用于一身的产品等，为企业物质形象的塑造奠定坚实的物质基础。

企业物质形象的塑造确实离不开代表企业形象的企业标志等物质形态在社会上进行的全方位冲击和宣传，但更离不开有着扎实技术功底和雄厚财力基础，并充分体现企业价值观的设备、产品、厂房和环境等硬件设施。所以，塑造企业物质形象应全面考虑企业自身的物质实力和企业价值观状况，然后运用适当的现代化传播手段将集中体现企业形象的企业标志等物质形态在社会上加以宣传，做到实事求是和表里如一，这样企业才能在社会公众和消费者心目中树立起良好的企业物质形象。

（四）企业价值观与企业形象塑造的成功实践案例

1.IBM

IBM于1955年率先进行企业形象策划和导入CIS设计，是美国最早导入企业形象识别战略的企业之一。该公司的总策划，在公司总经理的全力支持下，为IBM制定出一整套的CI管理识别系统，不仅对IBM三个字母进行了美术设计，还形成了统一的、易于识别的标志，并传达出它的业务内容。至今，IBM给人的印象始终是“组织制度健全、充满自信，永远走在电脑科技尖端的国际公司”，IBM在现代社会中几乎成了“前卫、科技、智慧”的代名词，它已成为CIS开发成功的典范。IBM公司在生产和经营的过程中都极为注重企业价值观的传播，把职工对公司的忠诚作为公司的信念，同时又指出“思考”重于忠诚，把两者完美和谐的结合作为IBM的标志。IBM公司的行为准则是“IBM就是服务”，它是其价值观的具体体现。为了保持公司的优质服务，公司规定销售人员上班时，必须身着深蓝色上装、白衬衫，系条纹领带，中午不准喝酒；一旦违规，将不允许参加下午、晚上的任何谈判，以使销售人员在客户面前始终热情周到、彬彬有礼，给客户留下良好印象。

2.麦当劳

麦当劳通过高质量的产品塑造了成功的企业形象。麦当劳的企业理念是“Q、S、C+V”，即向顾客提供高质量的产品（Quality），快速、准确、友善的优良服务（Service），清洁优雅的环境（Cleanliness）和做到物有所值（Value），麦当劳几十年恪守这个理念，并始终如一地落实于每项工作和员工的行动中，使其在激烈的竞争中始终立于不败之地，跻身于世界强手之林。麦当劳忠实地推行“Q、S、C+V”，而且将其渗透到整个组织内和具体的企业行为中，这就是麦当劳的CI特点。为了彻底贯彻麦当劳的企业理念，麦当劳在芝加哥的总部派出“地区巡回督察团”，每月不定期到各地经销店、公司直营店巡视几次，对全世界各家连锁店一视同仁。督察团巡视完毕后，再把审查结果向总公司或该地区的总部报告。如果审查结果不良，则该店的店长绩效考评就会受到影响。

3.海尔（见图2-6）

Haier

Haier 海尔滚筒洗衣机

海尔形象提升前旧标志

Haier

Haier 海尔

海尔形象提升后新标志

图2-6 海尔新旧logo对比

海尔是靠优质的服务树立企业形象的典型。海尔视信誉为生命，把用户视为上帝和企业的衣食父母，建立起“用户永远是对的”“企业卖的不是产品，而是信誉”“用户的难题就是我们的课题”等企业理念，推出“海尔国际星级服务”，在国内市场首先导入全新的服务竞争，以服务质量推动CI战略的实施。海尔人确立了售前、售后为顾客提供详尽的咨询，任何时候均为顾客送货上门，根据用户指定的时间、空间，给予最方便的安装，上门调试、示范指导使用，售后跟踪、终身上门服务，出现问题24小时之内答复，使用户绝无后顾之忧等服务原则，这些原则无一例外地体现了海尔坚定不移的原则：用户满意才是目的。为了遵循这一原则，海尔人付出了巨大的努力，给顾客留下了良好的印象。

2004年12月26日，海尔集团发布了新标志，汉字海尔的新标志，是中国传统的书法字体。它的设计核心是：动态与平衡；风格是：变中有稳。两个书法字体的海尔，每一笔都蕴含着勃勃生机，视觉上有强烈的动感、充满了活力，寓意着海尔人为了实现创世界名牌的目标，不拘一格，勇于创新。孙子说，“能因敌变化而取胜者，谓之神”，这个神当指在变化中的创新。信息时代全球市场变化非常迅速，谁能够以变制变，先变一步，谁就有可能取胜。

同时，海尔在不断打破平衡的创新中，又保持相对的稳定，所以，在“海尔”这两个字中，每个字都有一个笔画是在整个字体中起平衡作用的。“海”字中的一横，“尔”字中的一竖——“横平竖直”，使整个标志在动感中又有平衡感，寓意变中有稳，企业无论如何变化都是为了稳步发展。

英文标志比以前更简洁，“a”减少了一个弯，表示海尔人认准目标不回头；“r”减少了一个分支，表示海尔人向上、向前的决心不动摇。英文海尔新标志的设计核心是速度。因为在信息化时代，组织的速度、个人的速度都要求更快。英文标志的风格是简约、活力、向上。英文新标志整体结构简约，显示海尔组织结构更加扁平化；每个人更加充满活力，对全球市场有更快的反应速度。

第三节 企业经营方针

一、经营方针与企业活动

（一）经营方针是建立企业形象的基础

企业经营方针，是企业为实现其经营目标，组织自身生产经营活动的行动指南。企业通过制定经营方针，使其确立的经营理念具体体现和贯穿于经营活动全过程之中，是对企业经营发展战略的高度概括。企业经营方针要在充分研究了企业的行业特点、业务方向和消费者对企业的需求愿望等问题之后才能确定，是对企业自身条件、目标市场等特定因素的综合考虑。经营方针是企业根据市场态势综合决定的，所以也常被称为企业经营战略，直接决定企业的成败。

正确的方针能使企业兴旺，错误的方针能使企业破产倒闭。例如，全聚德的经营方针就充分考虑了行业特点和消费者两方面的要求：时刻不忘宾客至上，广交挚友，坚持以精美的食物和周到的服务欢迎各国各界宾朋的光临。再如，美国连锁酒店——假日酒店，就是以其独具特色的经营战略而闻名的。假日酒店设立了“随时都可来住宿”的经营战略，并用实际行动和服务实现了其对消费者的承诺。即使顾客没有预订房间，酒店又刚好客满，服务人员也会为顾客想办法，与距离最近的连锁店联络。因此，所有假日酒店的连锁店都必须随时注意空房的数量，以便相互协助。假日酒店的这种经营方针在旅客心目中留下了鲜明的印象。

在企业活动中，经营方针所处的地位极为重要。所以，在制订计划时，应该将经营者要建立的企业形象适当地融入经营方针中，在公司内明示，以使全体员工知晓，以推动整个企业的活动。否则，企业活动可能整天处于漫无目的、自由随意的状态。

（二）经营方针是企业活动的总括

经营分析可以说是实施计划和控制结果的实际业绩分析。经营方针明确地手册化后，这类分析的结果即出自对事实的评断，对想要经营成功的企业来说是非常重要的。经营方针、经营计划、实施活动、经营分析分别独立，但又巧妙地结合在一起。如此一来，企业的各项活动即可紧密地结合在一起，成就一个成功的企业。

企业经营方针是企业经营理念的一种表现形式。日本野村综合研究所在“公司方针的分析”报告中表明，各种不同的行业，经营方针的侧重点不同。在制造业厂商中，占第一位的经营方针是“个人向上的资质”；在一般服务业方面，占第一位的经营方针是“对顾客的服务”；在广播电台、电视台、报业、金融业、保险业等中，占第一位的经营方针是“对社会的服务”；在股票上市的企业中，占第一位的经营方针是“个人向上的资质”“员工和谐”“技术开发”等。在一般企业中，使用“和谐”“诚实”“努力”作为自己的经营方针的企业居多。一般企业是以其内部员工的信赖、和谐为基础，配以“诚实”“努力”“诚意”等原则为经营方针的核心。另外，与这些经营方针相提并论的是“信用”“服务”“奉献”。这些经营方针的选择，主要与企业的顾客、交易对象、地区的分支机构等有关。

二、经营方针的分类

（一）基本经营方针

图2-7简明地列示了基本经营方针的特点，基本经营方针涵盖了基本文化、行业政策、人事政策等内容。

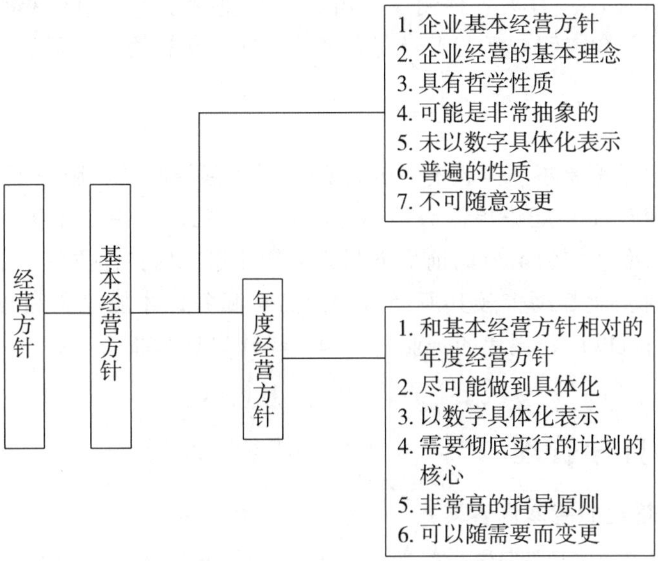

图2-7　基本经营方针与年度经营方针的特征

（二）年度经营方针

年度经营方针必须是非常具体而且容易了解的。

举例而言，下面的几个方针均是相当具体的：（1）下年度需达成的利益目标（利益方针）；（2）下年度需达成的损益目标（损益方针）；（3）下年度需达成的销售目标（销售方针）；（4）下年度需达成的生产目标（生产方针）；（5）下年度需达成的工作目标（工作方针）；（6）下年度需达成的资金运用目标（资金方针）；（7）下年度需达成的人事目标（人事方针）。

经营者所负的一项重大责任是确立经营方针并公布通知，然后明确目标，加以计划化、组织化，并付诸实行、检查、评价。

经营者明确公布的方针有：（1）经营的基本方针；（2）产品的利益方针；（3）价格政策；（4）推销方针；（5）信用政策；（6）流通政策；（7）财政政策；（8）生产方针；（9）资本政策；（10）人事方针；（11）劳务政策；（12）教育方针；（13）成本方针。

年度经营方针重点在于总括经营者管理经营的基本方针，以及利益方针与产品政策。从人、物质、资金等因素来看，年度经营方针则为：

1.关于人的方针

“我们要实施尊重人格的经营”“事业取决于人的因素，因此，我们公司要努力培养人才”这些话毫无用处。因此，企业必须具体而明确地确定本年度的员工薪资方针，如工资要提高××%（或是××元），或者全体员工数以××名计算，依照年度计划所达成的业绩，将在年度中从一般员工中提升×名到管理岗位等。有关人的方面的主要方针事项有：①干部的数目、报酬、任免的方针。②有关权限与责任的方针。③有关赏罚标准的方针。④明确表示对员工要求的方针。⑤有关员工的薪资、录用、提升、退休、人事等方针。⑥有关各种制度、组织、管理的方针。⑦有关福利、保健、教育、训练的方针。⑧表明对经营者经营态度的方针。⑨有关全公司的主要例行事项的方针。

2.关于物的方针

这类方针的最重要事项是，有关自己公司所经营的商品、服务等的政策。例如，简明地提出“甲产品年度销售额必须达至××亿元，乙产品决定于年度内废止，丙产品须于边际利润率平均为48%的前提下制订销售计划”的具体方针。

总之，任何企业都须依赖其所经营的商品与服务，才能收获利益，才有长远发展。因此，我们可以说，现代的企业只有倾力经营本身的商品与服务，才能继续生存下去。

三、企业的目标管理

（一）目标管理的基本内容

目标管理源于美国管理专家德鲁克，他在1954年出版的《管理的实践》一书中提出了“目标管理和自我控制的主张”，认为“企业的目的和任务必须转化为目标”。企业如果没有总目标及与总目标相一致的分目标，来指导职工的生产和管理活动，则企业规模越大，人员越多，发生内耗和浪费的可能性就越大。概括来说，目标管理即是让企业的管理人员和工人亲自参加工作目标的制定，在工作中实行“自我控制”，并努力完成工作目标的一种管理制度。

目标管理是现代管理的科学办法之一，企业为了实现本企业的经营目标和达到最佳效果，每年必须明确企业的经营决策、纲领和企业发展计划。方针目标实现的全过程要自上而下地建立目标，制定措施、确定制度，组织实施和严格考核，这有利于动员企业所有部门及全体职工同心协力，共同做好各种工作，有利于提高企业管理水平，提高经济效益。

企业单位根据情况制定的一定时期的奋斗目标，以及为实现目标所开展的一系列组织、激励、控制等活动就是目标管理。目标管理的中心是尽力避免组织目标与个人要求相矛盾而造成的强制性管理控制和人才资源的浪费，并尽可能地将管理建立在组织目标与个人要求相统一的基础上，调动全体职工的积极性，以提高整个企业的经济效益。

目标管理的基本内容是：①将整体目标分解为具体单位和个人的目标，形成目标体系。②建立分权组织体制，上级根据分解目标的内容在一定范围内给下级最大限度的权力，使下级充分运用权力谋求目标的完成。③制订实现目标的具体计划、方法和评价标准。④对目标实现的情况实行定期检查和考核，并据此实行奖惩。⑤在目标完成后，再制定新的目标体系，形成新的目标管理过程，开始新的循环。目标管理的本质是注重工作成果，创造充分发挥主动性和创造性的组织环境，激发员工奔向目标的强烈动机。目标管理根据企业类型可分为：①组织中心型，即以各级组织为中心，分解整个企业的目标任务。②个人中心型，即以每个职工个人为中心，分解企业的目标任务。

（二）目标管理的做法和应用

目标管理的应用非常广泛，很多人将它作为一种计划和控制的手段，还有人将它当成一种激励员工或评价绩效的工具。的确，目标管理是一种基本的管理技能，它通过划分组织目标与个人目标的方法，将许多关键的管理活动结合起来，实现全面、有效的管理。

目标管理在企业管理领域应用广泛。企业目标可分为战略性目标、策略性目标以及方案、任务等。一般来说，经营战略目标和高级策略目标由高级管理者制定；中级目标由中层管理者制定；初级目标由基层管理者制定；方案和任务由职工制定，并同每一个成员的应有成果相联系。自上而下的目标分解和自下而上的目标期望相结合，使经营计划的贯彻执行建立在职工的主动性、积极性的基础上，把企业职工吸引到企业经营活动中来。

目标管理的主要做法是：由组织中上级和下级管理人员一起制定共同的目标；目标同每个人的应有成果相联系，规定他的主要职责范围；以这些规定为指导，评价一个部门或每个成员的贡献情况 。由于这种做法特别适合于对各级管理人员的管理，故被称为“管理中的管理”。目标管理的特点在于它既纠正了古典管理学学派偏重以工作为中心、忽视人的一面，又纠正了行为科学学派偏重以人为中心，忽视同工作结合的一面，把工作和人的需要统一起来。它能使职工发现工作的兴趣和价值，在工作中实行自我控制，通过努力工作，满足其自我实现的需要，组织的共同目标也因之实现。

目标管理可分为以下3个阶段：①制定目标。共有5个步骤：准备；由组织的高层领导制定战略性目标；在各级管理层制定试探性的策略目标；各级管理人员提出各种建议，进行相互讨论并修改；就各项目标和评价标准达成协议。②实现目标。在一般情况下为实现目标前的过程管理。这主要是职工的自我管理和自我控制，上级只对例外发生的重大问题进行指导和控制。③对成果进行检查和评价，即把实现的成果同原来制定的目标相比较。经过3个阶段的循环往复，不断提高管理工作的质量。

要使目标管理方法成功，还必须注意下述一些条件：①要由高层管理人员制定高级策略目标；②下级人员积极参加目标的制定和实现过程；③各种资料要充分；④管理者对实现目标的手段要有相应的控制权力；⑤对实行目标管理而带来的风险应予以重视；⑥对职工要有信心。同时，在运用目标管理方法时，也要防止出现偏差，比如，不宜过分强调定量指标，忽视定性的内容，要根据多变的环境及时调整目标等。

思政课堂

国企：敢干显担当

【思政元素】使命担当。

2022年8月，中共中央政治局会议对下半年经济工作作出重要部署，提出“营造好的政策和制度环境，让国企敢干、民企敢闯、外企敢投”。

国有企业是中国特色社会主义的重要物质基础和政治基础。国企改革三年行动扎实推进，进一步激发国企内生活力和动力，国有经济竞争力、创新力、控制力、影响力、抗风险能力持续增强。

“对国资国企而言，中共中央政治局会议提出让国企敢干，这既是鼓励，又是鞭策。要再接再厉深化国企改革，迎难而上加快高质量发展，更好发挥国有经济的战略支撑作用。”中企联研究部研究员刘兴国表示。

2022年上半年，中央企业实现营业收入19.2万亿元，同比增长12%；实现利润总额1.4万亿元，同比增长7.1%；实现净利润1.1万亿元，同比增长6.1%；累计上缴税费1.5万亿元，同比增长14.4%；累计完成固定资产投资（不含房地产）1.2万亿元，同比增长6.7%。

时任国务院国资委秘书长彭华岗强调，我国经济韧性强，长期向好的基本面不会改变，中央企业高质量发展稳中向好的态势也不会改变。

企业强，则国家强。面对“两个大局”深刻演变，中央企业作为我国企业参与国际竞争的国家队，须心怀“国之大者”，强化使命担当，加快建设一批产品卓越、品牌卓著、创新领先、治理现代的世界一流企业，在全面建设社会主义现代化国家、实现第二个百年奋斗目标进程中实现更大发展、发挥更大作用。

资料来源：周雷．国企：敢干显担当［N］．经济日报，2022-08-17（8）．

本章小结

企业要想在激烈的市场竞争中生存下来并立于不败之地，最基本的前提就是树立良好的企业形象。塑造企业形象已是大势所趋，而企业理念识别恰好给企业塑造良好形象提供了一个重要工具。理念在企业管理中极其重要，但它往往被管理人员所忽视，事实证明，认识并解决好这个问题才能从根本上塑造企业的良好形象。企业应该首先确立明确的经营使命，提炼和塑造优秀的企业价值观，制定相应的经营方针，然后形成完整的企业理念体系。企业理念是一根线，将企业的价值观、最高追求连为一体，为企业的发展指明了方向。正确的理念就像企业行动的旗帜，它能够引导企业一步步走向成功。

本章练习题

1.收集资料和素材，了解世界著名企业的企业理念，并说明这些企业是如何将理念融入实践活动，并塑造自己的企业形象的。

2.你认为中国企业在设计企业理念、塑造企业形象方面有哪些需要改进的地方？

3.进行社会实践，选取一家企业作为研究对象，通过分析为其设计一套合理可行的企业理念。

本章参考和阅读文献

［1］庄春青，淑慧．现代CI策划与设计［M］．上海：东华大学出版社，2023.

［2］叶敏，朱苗，叶万春，等．企业形象策划——CIS导入［M］．6版．大连：东北财经大学，2022.

［3］惠勒．企业形象CI设计全书［M］．张玉花，王树良，译．上海：上海人民美术出版社，2021.

[4] 史历峰. CI策划与设计 [M]. 2版. 郑州: 郑州大学出版社, 2016.
[5] 杜海萍. 企业形象策划 [M]. 大连: 大连理工大学出版社, 2014.
[6] 蒋旭峰, 杜骏飞. 广告策划与创意 [M]. 北京: 中国人民大学出版社, 2006.
[7] 常青. 理念管理 [M]. 北京: 中国华侨出版社, 2005.

第三章

企业理念的设计

本章提要

企业理念是企业文化的精神，是企业文化的核心和灵魂。对企业形象进行策划，其主要工作就是对企业理念识别（MI）、行为识别（BI）和视觉识别（VI）进行策划与设计，企业理念的设计是重中之重，是行为识别与视觉识别设计的依据和原则性标准。当企业形象策划流传到日本，日本的一些公司在进行企业形象策划时，它们把MI、BI与VI做了一个生动的比喻，认为MI是"心"，BI是"手"，VI是"脸"，设计的重心也就自然而然地放在了企业理念识别上，只有把"心"设计好，其他的行为识别和视觉识别设计才有可能获得成功。由此可见，企业理念的策划与设计是整个企业形象策划的核心环节，如果忽视企业理念的策划与设计，必将严重影响整个企业形象策划的成功。

本章案例

宝洁企业家在实践中提炼企业理念

宝洁公司是一家声名赫赫的国际性大公司，该公司生产的一系列家庭卫生用品一直在国际市场上保持着旺盛的销售势头。宝洁公司是由威廉·宝特和詹姆斯·洁保于1837年创建的。宝洁公司企业理念的核心是："应该怎么做就怎么做。"宝洁公司的创办人之一威廉·宝特把企业的经营管理权交给第一个非宝洁家族的总经理杜甫瑞时，告诫他："应该怎么做就怎么做，别取巧，这样就没人会来找茬儿。"他的告诫包含着企业重视产品质量、照章办事的理念。威廉·宝特的训示现在仍然是每一个宝洁人遵守的金科玉律。宝洁公司的企业理念强调人的作用，提出"员工的福利就是公司的福利"的口号，向员工显示了公司对员工的关怀和责任，使员工努力生产并对公司忠心耿耿。

威廉·宝特进入宝洁公司是从最基层干起的，他每天和工人一起搅拌原料，做最艰苦的工作，一起吃饭、一起休息，因此，他十分了解员工的疾苦和愿望。1884年，几经努力，他终于说服了父亲和叔父，让他们同意工人在星期六下午带薪休假。这在劳资矛盾十分尖锐的当时是十分难得的。后来，他又想出与员工"分享利润"的计划。1918年，他推动"员工交流会"，促进员工与管理阶层的双向沟通，并于1919年让员工选派代表参加公司的董事会。此后，他把每天的工作时间从10小时减少到8小时，并向员工宣布工作保障法，解除工人对失业的恐惧。宝洁公司甚至在大恐慌时期都留用了全部工人。这些措施使企业赢得了员工的忠诚服务，增加了产量。

宝洁正是树立了正确的企业理念，才渡过了一个又一个的难关，走上了成功之路。宝洁公司重视顾客的意见，并根据顾客的意见发展其全部产品。在经过一番详尽的反映顾客需求的市场调查之后，宝洁公司把这种"顾客至上"的企业理念描述为"消费者主义"。1912年，宝洁公司在全美范围内让顾客试用克里斯可植物油肥皂；1922年，它们雇用家庭妇女试用液化洗洁精；20世纪20年代，它们为推销佳美香皂实施了大规模的挨家挨户赠送试用样品的活动。据悉，宝洁公司每年都要通过电话询问150万名以上顾客的意见，相当于每年做1 000次盖洛普民意测验。

"事在人为"是宝洁公司理念识别的又一特色，这种特色充分体现在它们的战略中。宝洁公司重视广告作用的传统源于威廉·宝特的儿子哈利·宝特推销象牙肥皂的经历。哈利为利用在销售中作用日渐强大的广告，花了几年时间锲而不舍地说服他的亲戚、同事，直到他们同意花1.1万美元来尝试。哈利把象牙肥皂的优势定位在不含杂质上，为此他专程跑到纽约雇来一位科学顾问，为"质纯"定义，又请人鉴定出象牙肥皂的纯度可达99.44%。哈利以此为根据，开始为象牙肥皂做广告。他不断对广告媒介进行新的探索，产生新的构思，力求发展变化。1923年，宝洁率先大量运用当时新兴的无线电广播，起初只在收音机上买广告时段，继而又进一步创作出叫作"空中肥皂剧场”的广播连续剧。20世纪30年代后，宝洁公司又把这种手法推广到电视上，创造了风靡一时并对后来电视发展产生重大影响的“电视肥皂剧”。宝洁公司这种在广告上不断进取的探索和努力，不仅使产品畅销，更开创了现代广告的新手法。

宝洁确立企业理念、实施企业理念的成功案例说明，企业理念应在时代共性中表现出企业的个性。企业既受到产业特点、内在条件——人、财、物、产、供、销的影响，又受到外部条件——政治、经济、地理、文化、历史传统的制约。在企业理念导入过程中，企业家的亲自参与领导十分重要。因为企业理念是企业家在企业实践中萌生、发展起来的，成功的企业理念是企业家长期奋斗的结晶。

资料来源：刘光明. 企业形象导入［M］. 北京：经济管理出版社，2002：128-130.

企业理念的设计过程主要分为设计前的准备工作、具体的设计过程和设计完成后对企业理念的传播与推进三部分。本章将三个阶段进行划分，对企业理念设计过程中所涉及的思想、方法、理论进行阐述，使整个企业理念的设计过程变得详细而完整。

第一节 企业理念设计前的准备

企业理念的设计与策划是一个系统工程，在设计之前，要做一系列的准备工作。首先，要找好进行企业理念设计的时机；其次，要在思想上有所准备；最后，要针对本企业的实际情况，对即将开始的企业理念设计工作做一些组织准备，以方便开展工作。

一、企业理念设计的时机准备

对一个企业的企业理念进行设计，并不是想设计就设计的，通常，它发生在企业所处的环境发生重大变化之时。若一个企业本来没有企业理念，但为了使本企业与其他企业相区别或使企业员工能在企业理念的引导下更好地工作，企业会选择对企业形象进行策划，其中也包括对企业理念进行设计。若一个企业原先就有企业理念，但发生如下情况时，它有必要对企业理念进行重新设计或修改。

（一）企业的经营环境发生变化

企业所处的市场环境每天都在经历着或大或小的变化，因此，企业每天所面对的经营环境也在发生着变化。当这种变化达到一定程度时，企业就需要对这种变化作出反应。比如，当一个企业成功地立足于国内市场后想打入国际市场时，全新的市场经营环境就出现了。这时，企业就需要重新审视原有的企业形象和企业理念，看它们是否符合现在的经营环境，并考虑是否要对企业理念进行重新设计，或是进行修改，还是原有的企业理念里已经包含了应对这种变化的因素，不需要更改。不过要注意的是，在新的企业理念中，一定要体现企业的国际化意识，它的管理思想需要和国际接轨。当跨国企业进入其他国家的市场时，也要对其企业理念进行重新设计，以赢得当地居民的认可。

（二）企业的经营业务发生变化

当企业现有的经营不是很景气或者更换领导者时，企业可以利用这个时机，改变企业的经营业务和经营方针，重新确立企业形象和企业理念，让企业的经营得到重生的机会。与此同时，新的企业领导者通常会“新官上任三把火”，对企业进行大的整改，无论是经营业务还是管理手段，为了突显自己的业绩，领导者作为发起者，对企业理念进行重新设计以提高员工的士气是必然的。

（三）企业的性质发生改变

两个企业兼并或一个企业的性质发生改变在市场经济条件下是很平常的。兼并的两个企业原先所拥有的企业理念肯定是不完全相同的，兼并重组后，在市场环境、经营业务或经营战略等方面都会有所改变。而一个企业的性质，比如从国有企业变为有限责任公司时，其所面对的市场环境和服务对象也会发生改变。因此，对企业形象和企业理念进行重新设计是恰当的，也是必要的。例如，日本的川崎制铁通过企业形象策划，制定出了“铁核”（以制铁为核心）、“扩张”（扩大制铁业）、“越铁”（超越制铁业）的企业改制方针，从而成功地使企业由原来的制铁业变成贸易、服务和文化性的企业，由“钢”变“柔”。

二、企业理念设计的思想准备

企业理念要和企业所处的市场环境、经营管理理论以及自身的发展条件相结合来进行策划与设计。在进行具体的企业理念策划与设计之前，需要有一系列的设计思想对要求策划的企业在总体方向上进行指导，犹如大海中的航标，对企业理念的设计先有一个明确的指导方针后，再根据具体的情况作出相应的策划。下面从三个方面对企业理念的策划与设计所需要的思想准备进行阐述。

（一）企业理念与企业战略

战略思想在现代企业的发展中占据着越来越重要的位置，可以说，企业管理已经发展到了战略管理的阶段。战略管理是指企业对未来有可能出现的各种模糊、不确定的因素所预先做的一种规划管理。如果一个企业缺乏战略思维，没有合适的定位，那么就难以在竞争激烈的市场环境中生存下去。企业形象战略是企业战略的一个重要组成部分，在进行企业形象策划时，应依据企业战略的需要进行企业理念的策划与设计。

1.企业战略的定义与特征

企业战略是指企业在面对变化的、竞争的市场环境时，积极努力地把握机会，合理有效地配置资源，以创造企业的竞争优势，来实现企业长期目标的计划和行动方案。所有的企业为了适应不断变化的外部环境，都必须根据它们所拥有的资源，对未来进行展望，通过制定长远的战略，使它们的长期经营目标得以实现。不同的企业根据自身条件不同，从环境与机会、资源与竞争优势、目标等几个基本要素出发，制定不同的企业战略。企业对环境作出科学分析和判断，从中发现机会与威胁，同时利用自己的竞争优势，把握瞬间的宝贵机会，避免可能的威胁。而每个企业所拥有的或可以利用的资源都是有限的，需要对有限的资源进行配置，从有限的资源中创造竞争优势，将资源集中到特定的目标上去。

关于企业战略的特征，有学者提出了“5P”观点，即计划（Plan）、计谋（Plot）、模式（Pattern）、定位（Position）和展望（Perspect）。企业战略是一种计划，强调战略的长远性；企业战略是一种计谋，强调战略制定的策略性；企业战略是一种模式，强调战略的特色性；企业战略是一种定位，强调战略需建立在对企业定位的准确理解的基础上；企业战略是一种展望，强调战略是对未来发展的一种憧憬。

2.企业理念与企业战略的关系

企业理念与企业战略的关系分两种情况：一种是若企业理念已形成，那么企业理念将影响企业战略的确立。例如，日本卡西欧公司的企业哲学是“开发就是经营”，那么企业战略的制定就必须符合这一理念，积极开发新产品。若随着市场环境的变化，当公司发现这一企业哲学不能适应新的环境时，它可以试着改变企业哲学，但不能忽视企业哲学的存在。另一种情况是若企业理念尚未形成，那么对一个企业进行理念设计时，企业战略就会影响企业理念的策划与设计。例如，海尔将售后服务作为差异化战略之一，它的服务理念为：“用户永远是对的”“把用户的烦恼降到零”。

根据迈克尔·波特的分析模型，企业的五个竞争关键因素分别为：供应商讨价还价的能力、购买者讨价还价的能力、替代品的替代能力、行业内竞争者现在的竞争能力、潜在竞争者进入的能力（见图3-1）。根据这五个竞争关键因素，有三种企业战略可以实施，分别为：成本领先战略、差别化战略和集中化战略。企业理念的设计要与企业战略相统一。企业理念是多种多样的，应该根据不同的企业、不同的企业战略，来制定相应的企业理念。

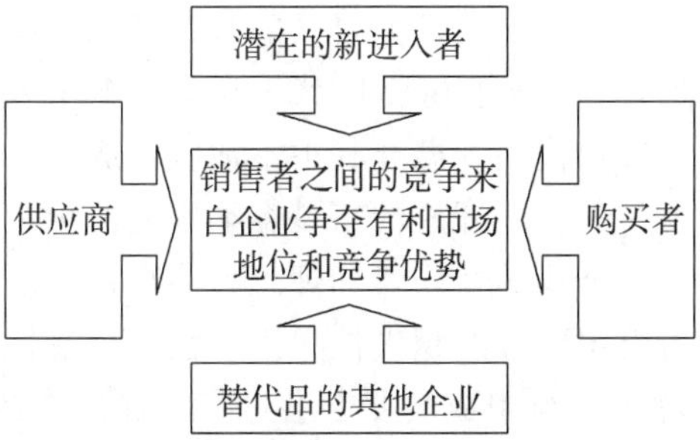

图3-1 迈克尔·波特的“五力模型”

3.企业理念支持下企业战略的实现

企业形象策划刚进入中国时，大多数人将企业形象策划仅仅理解为一系列的组织标志系统的设计，包括象征符号和组织标志色彩的设计等，用它来同竞争对手进行区分。但现在，我们必须认识到，这些标志只是一个符号而已，并非一个企业的本质。如今的产品进入了一个趋同时代。一个企业想要真正区别于另一个企业，就需要通过企业理念，牢固地树立起自己的组织个性，让这些个性体现在企业战略中。例如，美国沃尔玛公司的企业理念是“我们存在的目的是为顾客提供低价商品”，于是，它实行的就是成本领先战略，通过降低商品价格和扩大顾客的选择余地来吸引顾客。

如果将企业战略理解为通过战略性地设计企业的标志，用漂亮的颜色和优美的图案来与竞争对手对抗，以获得竞争优势，其结果将是危险的。因为它反映的不是企业深层次的差异，仅仅是外在而已，即使刚开始有效果，那也是暂时的。所以，企业应该从最根本的企业理念入手，持之以恒地根据企业理念来制定企业战略，或根据企业战略的需要，适当地更改企业理念，以适应环境变化的需要。

（二）企业理念与学习型组织

企业理念的设计需要与企业领导、员工一起反复地学习、商讨、验证，以使企业理念的提炼更准确。在企业理念设计完成后，还需要将它传达给企业员工和社会公众，使全体员工通过学习来深刻认识与充分接受企业理念，并转化为一种内在的动力；而社会公众通过学习了解企业理念，可以更好地认同和支持该企业。这两个过程需要通过建立学习型组织来实现。

1.学习型组织的定义与特征

学习型组织这一概念是由美国麻省理工学院斯隆管理学院的彼得·圣吉在其著作《第五项修炼》中提出的，是指通过培养整个组织的学习气氛、充分发挥员工的创造性思维而建立起来的一种有机的、高度柔性的、扁平的、符合人性的、能持续发展的组织，这种组织具有持续学习的能力和高于个人绩效总和的综合绩效。按照彼得·圣吉的观点，学习型组织必须具备五项修炼，分别是：自我超越、改善心智模式、建立共同愿景、团队学习和系统思考。

自我超越是指每个组织成员能够不断深入地厘清自己的真实愿望，为了实现这个愿望，每个成员都要集中精力，正视现实，终身学习，不断创造，实现自我超越。改善心智模式是指每个组织成员要学会发掘自己的心智模式，所谓心智模式就是看待旧事物形成的特定的思维定式。在知识经济时代，这会影响个人看待新事物的观点。组织成员要认真审视自己的心智模式，抛弃其中不适宜的成分，培养一种能有效表达自己想法的学习和思考能力，学会以开放的心灵容纳别人的想法。建立共同愿景就是将各种不同的个人愿景整合为企业的共同目标理想和共享价值观，将全体组织成员凝聚在一起，努力培养他们为组织服务的积极性、主动性和创造性。团队学习就是发展成员实现共同目标能力的过程，组织成员要学会进行“深度会谈”，谈出自己心中的想法，真正进入一起思考的状态，使学习的速度得到增进。系统思考要求人们用系统的观点对待组织的发展，养成系统地思考问题的习惯，运用完备的知识体系，认清整个变化形势，来开创新局面。

2.企业理念与学习型组织的关系

美国《财富》杂志1970年所列出的“500家大企业”排行榜中的公司，到了20世纪80年代，有1/3已经销声匿迹，人们在总结失败的原因时发现这些企业都缺乏强大的组织学习能力。当组织的学习障碍阻碍了组织的成长时，组织就会被一种看不见的强大力量日益侵蚀直至吞没。彼得·圣吉认为：“当世界更息息相关、复杂多变时，学习的能力也更要增强。”也就是说，未来成功企业唯一持久的优势便是具有比竞争对手学习得更快的能力，未来的成功企业也将会是学习型组织。

设计企业理念要与建立学习型组织相一致。企业理念是在一个特定的组织环境中提炼而成的，它包含了一个企业的使命和目标，从价值取向上为企业行为和员工行为提供导向。当企业意识到，必须建立学习型组织时，就该把这一目标体现在企业理念之中。例如，宝山钢铁股份有限公司对创建学习型组织来设计企业理念，从公司愿景、核心理念、公司宗旨、发展原则等多方面、多角度来进行系统设计，将公司愿景表述为“成为全球最具竞争力的钢铁企业，成为最具投资价值的上市公司”“做钢铁业高质量发展的示范者，做未来钢铁的引领者”，并把企业核心理念设计为“诚信、创新、绿色、共享”。

同时，建立学习型组织时也需要认真考虑企业理念。例如，一些国有企业通常会把企业理念设计为“稳定、坦诚、可靠”，那么这些企业一般就缺少风险精神和创新意识，面对动荡的市场环境，它们往往力求稳定，习惯于下级服从上级的学习模式，希望政府给予指点。在这个过程中，企业理念就成了建立学习型组织的障碍。

3.企业理念支持下学习型组织的建立

要建立一个学习型组织，关键是要有清晰的目标、良好的沟通，以及团队学习、终身学习，还有向他人、同行、顾客学习的能力。与学习型组织相适应的企业理念是“学习与超越”。在这种企业理念的引导下，企业员工通过团队学习，挑战自己的极限，追求自我成长和自我价值的实现，挖掘智慧，开发能力，提高整个企业的适应能力和创造能力，不断地超越自我。

一些自主创新型的企业把企业理念设计为“坦率、灵活、团队精神”，那么面对快速变化的市场环境，企业决策层就比较容易接受组织成员的新想法、新观念，通过团队学习，共同商讨应对措施。在这一企业理念的支持下，有利于建立学习型组织。

学习型组织的建立要融入企业理念。建立共同愿景是企业理念的一个基本要素，其他要素包括目的、使命及价值观。在实践中，企业理念需要回答三个关键性问题：“追求什么”、“为何追求”与“如何追求”。当这三个问题得到回答时，就会产生巨大的向心力，推动企业发展。例如，日本松下公司这三项基本的理念分别是：

（1）追求什么——愿景：“将我们的产品泉涌般源源不断地流向全世界的人们”(要求员工高唱的公司歌曲)。

（2）为何追求——目的和使命：“体现我们身为实业家的责任，促进社会的进步和富裕，致力于世界文化进一步发展”(要求员工背诵的公司信条)。

（3）如何追求——精神价值观：学习“公平”“和谐与合作”“为更美、更完善而奋斗”“礼貌与谦逊”“心存感激”等课程（公司内部的训练计划)。

由此，我们可以得出结论：学习型组织就如同一个有机体，根据企业理念所需回答的几个关键性问题，在组织内部建立起完善的学习机制，将企业员工与企业整个组织联系起来，形成“学习—持续改进—建立竞争优势”这一良性循环。

（三）企业理念与创造性思维

对于企业的竞争，如果说昨天是质量的竞争，今天是价格的竞争，明天将会是创新产品的竞争，创新产品来源于创造性思维。企业间的竞争归根到底都将是创造力的竞争。在设计企业理念时，如果缺乏创造性思维，企业理念就会显得呆板、单调、雷同，让人无法识别。要设计独特、出众的企业理念，关键在于调动和开发企业广大员工的创造性思维，鼓励员工发挥出潜力。

1.创造性思维的定义及特点

创造性思维来源于直觉和灵感，是人们在进行逻辑思维和形象思维过程中所产生的一种根本性变化的思维，其结果是产生新的思想和观念。创造性思维不仅具有突发性的特点，还具有与其他思维形式不同的特点，主要有以下几点：①求异性。标新立异是创造性思维的基本要求。任何与众不同的事物总是会给公众以新鲜刺激，便于公众识别，吸引其注意力，从而在公众的头脑里留下难以忘怀的印象。②想象力。想象是建立在一定的知识基础上，加工和组合信息创造出新的形象或观念的思维活动。想象力是创造性思维腾飞的翅膀。③开拓性。开拓性是带有探索性和创新性的思维过程和思维结果，它不仅是“求异”，而且是在前所未有的基础上所进行的一种首创。④开放性。一个成功企业理念的设计，不仅要对企业内外的环境信息进行广泛收集，而且要对原有的旧理念体系进行更新和升华，这就需要最大限度地用开放性的思维去创造新理念和新产品。⑤多变性。当企业所处的环境发生变化或其经营策略发生改变时，企业的思维方式也要随之改变，在动态的过程中把创新和现实有机结合起来。

2.企业理念与创造性思维的关系

在企业理念的设计中，企业经常会才思枯竭，从其他企业生搬硬套一些大众化的标语和口号，容易导致各企业的企业理念千篇一律，缺乏可识别性。比如，经常提及的“团结”“奋斗”“拼搏”“求是”等企业口号，根本看不出各企业所处的行业、产品和服务的差别，没有体现企业的特色。在设计企业理念时，如果能借助想象力的发挥，运用创造性思维，将企业的产品或服务特色进行各种形式的模拟，筛选出最优的、最独特的方案，便能使企业理念与其他企业区别开来，吸引更多顾客的关注。图3-2中联想在国外的广告就很有创意，用一语双关的方法，将一个企业理念给生动地呈现出来。

图3-2 联想电脑在国外的户外创意广告（广告语：Test our real tough）

3. 企业理念设计中创造性思维的运用

设计需要创意，没有创意，设计将会显得平庸而乏味，盲目模仿是设计工作的大忌。西方成功的企业无一不是秉承着它们自己的特色文化和理念来经营治理企业的，其中又以日本当代企业最为显著。20世纪60年代，日本人就认识到治理的重要性，发展了具有日本特色的治理科学，他们采用了两种新的治理思想和模式：一种是全面质量治理，这一治理思想最初由美国学者戴明提出，后被日本引进、创新和推广。全面质量治理经过与具有日本特色的文化理念融合后，使日本的工业产品成了优质产品的代名词。另一种是精益生产方式，也叫看板式治理或准时工艺，它力求将生产所需的资源、人力、材料、时间、空间减少到最低限度，追求不断降低成本、无废品、零库存和产品多样化，即以最少的投入获得最大的经济利润。这一治理模式是由日本丰田汽车公司首先开创的。全面质量治理和精益生产方式使日本汽车工业在世界竞争中后来居上，所向披靡。日本在治理和技术方面的引进和创新，奠定了其世界经济强国的地位，其经济在第二次世界大战的废墟上腾飞的奇迹靠的是两个轮子——一个是治理，一个是技术。

在设计企业理念时，可以采用以下方法和技巧：

（1）观念法。在企业理念的设计中，当观念更新时就会引发创造性思维。面对竞争日益激烈的市场环境，企业需要有“特色意识”，只有在经营过程中时刻体现自己的特色，才能创造出别具一格的产品；企业需要有“竞争意识”，只有在与竞争对手激烈的争夺中，才能迸发出创新机制；企业需要有“危机意识”，只有不断提醒自己处在危机中，才能让企业通过创新来摆脱危险的境地。

（2）技巧法。在企业理念的设计中，创意也是有技巧、有方法的。一般来说，问题归纳法，就是根据所提的问题，比如“企业为什么会存在？”“企业为谁服务？”“企业通过什么方式来获取利润？”等，用条理清晰的思维方式来考虑；迂回思考法，简单地说，就是另辟蹊径，进行换位思考，从不同的角度加以考虑；联想法，就是将自然界或身边的事物通过提炼、抽象和升华，达到一种理性的状态，再转化为企业理念。

综上所述，我们了解了创造性思维在企业理念设计中的重要性以及一些常见的使用方法。在具体的设计中，可以将多种方法加以糅合，从主观和客观两方面一起加以考虑。在企业理念设计中融合创造性思维，会得到意想不到的效果。

三、企业理念设计的组织准备

（一）启动企业理念设计

启动企业理念设计主要是成立项目组，抽调专门人员来负责企业理念设计，如有必要的话，需要外部的咨询机构介入。通常一个项目组需要包括企业最高领导者、企业部分员工代表、企业文化咨询专家、行业专家、分析师、文字工作者等。项目组需要准备访谈和调查问卷的资料，企业需要为项目组提供相关的信息。

（二）诊断评估

诊断评估主要是对企业所处的行业、顾客、股东、员工、企业历史、企业经营特点、创始人和企业领导者的管理风格进行分析。不同的行业会有具有不同特色的企业理念，例如，食品行业强调“安全性”，机电行业强调“技术优良”，金融行业强调“可信度”，经销商行业强调“服务品质”。

（三）企业现状调查

企业现状调查主要是了解企业内部员工和外部公众对原有的企业理念的评价。工作人员通过对重要人物的访谈、员工的问卷调查等多种形式了解原有企业理念的状况，看它是否适应市场变化的需要、是否为广大员工所认可、是否具有鲜明的识别效果并给社会公众留下美好的印象。

（四）企业形象定位

企业形象定位是设计企业理念的前提，是根据企业现状的调查结果和对原有企业理念的评价，对企业形象进行的全新定位。通过企业现状调查，可以了解到企业的内部员工需要什么样的企业理念，企业的外部公众需要企业为其做什么等。应该在全面考虑企业的期望目标、员工和公众的需要、原有理念优劣的基础上，寻找一个契合点，来设计企业的新形象。只有企业形象定位准确，有自己独特的个性，才能在市场中有竞争优势。

（五）企业理念定位

在企业新形象确定后，在企业理念设计之前，要尽可能多地听取各方面的意见，可以通过向企业全体员工征集新理念设计的方案，从中挑选或综合参考得出初步的新企业理念。这种广泛收集各种设计意向的方法既能集思广益，又能激发员工的参与热情，同时为以后新企业理念的传播打下良好的基础。

（六）确定企业理念设计方案

在采用上述方法后，在初步筛选的基础上，项目组人员需要仔细认真地研究从哪些角度、以哪些方式来设计企业理念，并确定最终的设计方案。

（七）具体设计

根据企业理念定位所最终确定的设计方案，提出设计初稿。具体如何设计以及在设计中需要注意的原则和相关事项将在第二节中做具体的介绍。

（八）评价、筛选与定稿

初稿完成后，需要对所设计的企业理念进行评价，看它是否体现了企业所处的行业特征，是否反映了企业的新形象，是否表达了企业想要表达的内容。在所设计的各种初稿中，根据评价结果，筛选出简明扼要、便于识记的一系列企业理念要素后定稿，再经过加工修改使其完善，形成完整的企业理念。

第二节 企业理念设计的程序

企业理念的设计经过了一系列的准备工作后，进入了正式的设计阶段。进行企业理念的设计时需要注意一些企业理念设计的原则和价值判断问题，企业理念的设计是一个系统工程，包括企业最高目标、企业哲学、企业精神、企业道德、企业作风、企业宗旨等，针对不同的理念要素有不同的设计程序，在进行设计时，企业理念的各要素既要力求完整，又不可单纯追求表达形式上的统一。同时，在设计时，要将企业理念的设计理论进行艺术化的处理，做到历史与现状相结合、传统文化与现代管理思想相结合，以设计和提炼出具有特色的企业理念。

一、企业理念的设计原则与价值判断

（一）企业理念的设计原则

1.个性化原则

所谓个性化原则是指企业理念的设计应充分展示出企业独特的风格和鲜明的个性，从而体现本企业与其他企业的理念差别的设计原则。企业因所处的行业不同，或同一行业内的不同企业因自身情况不同，在价值观、经营方针、企业哲学等方面都会有所不同，当这种差异被提炼成一系列的企业理念时，就会形成该企业的独特个性。例如，中国邮电在分营之后，各大通信运营商虽然经营着同类通信业务，但都各自提炼出自己极具个性的logo（见图3-4到图3-6）和企业理念，从集团公司到下属各省、市、县公司都统一用各自个性化的语言和人性化的表述，表明了自己为用户服务的愿景。

图3-3　中国移动logo

图3-4　中国电信logo

图3-5　中国联通logo

为顺应品牌架构的调整，加快战略转型，推动改革创新，中国移动企业品牌标志进行了更新。更新后的“中国移动”企业品牌，将继续秉承“责任、卓越”的核心价值，以“移动改变生活”为战略愿景，强化其作为企业公民对国家、对社会的价值承诺，逐渐弱化与消费者在功能利益和使用体验上的沟通。中国移动通信企业文化的核心内涵是“责任”和“卓越”，即要以“正身之德”而“厚民之生”，做兼济天下、善尽责任、不断进步的优秀企业公民。

中国电信的标志以中国的“中”字及中国传统图案“回纹”作为基础，经发展变化形成了三维立体空间图形，寓意为四通八达的通信网络，象征着“中国电信”时时畅通、无处不达，形象地表达了中国电信的特点：科技、现代、传递、速度、发展。此标志是中国电信企业的象征，是企业精神、企业文化和企业特点的集中表现，也是中国电信企业识别系统的核心。

中国联通的公司标识是由中国古代吉祥图形“盘长”纹样演变而来。回环贯通的线条，象征着中国联通作为现代电信企业的井然有序、迅达畅通以及联通事业的无以穷尽、日久天长。标志造型有两个明显的上下相连的“心”，它形象地展示了中国联通的通信、通心的服务宗旨，将永远为用户着想，与用户心连着心。

2.持久性原则

企业理念的设计要考虑在相当长的一段时期内的稳定性和持久性，它不可以轻易地改变。企业理念具有持久的生命力，才能随着时间的流逝散发出迷人的魅力，才能为企业员工所折服，才能使企业员工心悦诚服地接受和认同，成为企业生产经营的行动指南。因此，在设计企业理念时必须站在历史的高度，纵观企业的发展历史，站在时代的前沿，吸收国内外先进的管理思想。中国的很多百年老店，如北京的同仁堂，“药德”“诚信”是它几百年来一直坚持的理念，本着“炮制虽繁必不敢省人工，品味虽贵必不敢减物力”的诚信观（见图3-6），随着历史车轮的滚滚前进，其企业理念依然散发出耀眼的光芒，原因就在于它的企业理念经得起时间的考验。

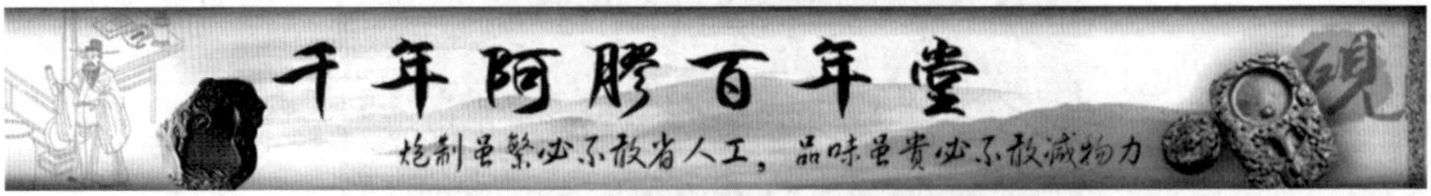

图3-6　同仁堂“炮制虽繁必不敢省人工，品味虽贵必不敢减物力”的诚信观

3.民族性原则

所谓民族性原则，是指在进行企业理念设计时，应充分考虑到民族文化和民族精

神，并体现民族形象。例如，美国的民族文化强调的是“人性的解放”与“对人的尊重”；而中国的民族文化崇尚中庸、谦让、忠诚、爱国等民族精神。例如，中药是中国的国粹，霸王集团就是打着中药概念，使得霸王这个不为人熟知的品牌，迅速发展成为中国较具知名度的日化企业。

4.系统性原则

所谓系统性原则是指企业理念的各构成要素要完整和谐，形成一个理念体系，各要素不能缺失。同时，由于各要素的表达方式是多种多样的，在表述时要避免含糊不清和自相矛盾。一个系统化的企业理念在内容上要具有全面性，在文字表达上要追求多样化，在内涵上要体现民族性，在企业的经营活动中应该发挥统帅作用。例如，天津达仁堂制药厂的企业理念就是通过对企业宗旨、企业精神和企业目标的表述，来实现系统性原则的。达仁堂精神——敢于拼搏争第一，勇于创新增效益，遵纪守法爱集体，振兴中药重信誉；达仁堂人的理想和追求——振兴中药，造福人民。

（二）企业理念设计的价值判断标准

企业理念的设计除了遵循上述四个基本原则外，还要注意统一企业的价值判断标准。企业对于价值的有无或大小必须有一定的衡量标准，主要有以下几个方面：

1.对企业经营目标的价值判断

在企业理念中明确地指出企业经营的目标，有利于企业员工通过掌握企业理念更好地理解和把握企业的经营目标，有利于企业经营目标的实现。例如，日本的丰田公司就提出以“生产大众喜爱的汽车”为目标。

2.对质量的价值判断

这里的质量主要包括产品质量和服务质量。现代企业已经进入了质量管理时代，如果一个公司的产品质量不过关或服务质量差，那么它就会让竞争对手有机可乘，它的市场份额也很快就会被竞争对手给夺走。因此，提高企业的产品质量和服务质量显得尤为重要，这就需要在企业理念中加以强化。例如，荣事达提出“零缺陷”的质量观、三星提出“千万不要让顾客等待”的服务观。

3.对企业人才的价值判断

21世纪企业的竞争将是人才的竞争，如何吸引人才、留住人才、利用人才，如何尊重员工的个人权益和人格尊严，如何为员工提供优厚的物质待遇和良好的工作环境都是企业必须考虑的问题。当把这些问题的思考答案写入企业理念后，企业员工便能直接领悟到企业的用心。例如，中南电力设计院就提出“以感情尊重人，以待遇激励人，以事业发展人”。

4.对企业服务措施的价值判断

在设计企业理念时可以把如何实现企业所希望达到的服务水平，或应采取的各种措施以及途径用简练的语言写入企业理念，让员工时刻明白自己需要注意哪些方面，以规范自己的行为。例如，麦当劳的“Q、S、C+V”，仅用四个字母，就很简练地提醒员工应该如何服务：Q表示品质（Quality），汉堡包出炉时限为10分钟，薯条出锅时限为7分钟，为了保证其酥脆，逾时不再出售；S表示服务（Service），环境如家庭般温馨，服务员脸上带有亲切的笑容，让顾客有宾至如归的感觉；C表示清洁(Cleanliness)，员工行为合乎规范，要勤打扫卫生、不留长发、戴工作帽等；V表示价值（Value)，要提供更有价值的高品质产品给顾客，要努力增加附加价值，时时给顾客惊喜。

5.对企业责任心和社会责任感的价值判断

任何一个企业都需要企业员工在工作时要有责任心，而社会也需要每个企业在生产经营过程中要有社会责任感。因此，在企业理念中有必要明确提出企业的责任心和社会责任感。例如，惠普公司对员工提出“你就是公司”的企业理念，要求员工必须有责任感；松下公司所提出的企业价值观为“认清我们身为企业人的责任，追求进步，促进社会大众的福利，致力于社会文化的长远发展”。

二、企业理念的设计类型与要素设计

（一）企业理念的设计类型

对企业理念进行设计，需要根据该企业所提供的资料，对其企业形象作出定位，对其原有的企业文化作出分类，在此基础上，才能有针对性地设计出符合企业状况的企业理念。

1.人本型

这一类型的企业理念的主要特色是提倡对员工的关怀和信任。其以马斯洛的理论假设为前提，认为每个员工都是有思想、有智慧的，都有自我实现的需要，企业应该给他们提供良好的工作环境来帮助他们实现自我价值。同时，员工在实现自我价值的过程中也在为企业创造巨大的价值，两者是双赢的关系。因此，企业要秉持“以人为本”的观念，在设计这一类型的企业理念时，注意把可以体现人本思想的具体措施，如企业将如何尊重人才、信任和选拔优秀人才，如何提高员工的福利待遇，如何为员工提供适宜他们实现自我价值的工作环境等都写入企业理念。例如，IBM提出“必须尊重每一个人”的经营宗旨和经营思想；四通公司将人才观设计为“知人、客人、用人、培养人，吸引第一流人才，凝聚第一流人才，让第一流人才有超水平的发挥”；方太的企业理念为“要让顾客满意，首先要让员工满意”。

2.顾客型

这一类型的企业理念的主要特色是以顾客为导向。其不仅从最基本的服务态度和待人接物方面做到尊重顾客，而且从根本上改变了以往顾客被动接受产品的状况，一切都从顾客的需求出发，替顾客着想。从设计满足顾客需求的功能性产品，到生产顾客希望得到的高质量产品，以及顾客得到产品后期望有良好的售后服务等一系列的过程中，真正体现把顾客作为整个企业生产经营的立足点，企业一切的生产经营活动都是为了满足顾客的需求。因此，企业要秉持“顾客至上”的观点，在设计这一类型的企业理念时要注意强调企业如何重视产品的质量问题，如何慎重地对待顾客的反馈意见，如何把对顾客美好的承诺变为具体的实际行动来避免企业理念的空洞，通过高质量的产品和良好的售后服务实现诺言，达到言行一致。例如，1995年，海尔提出

"星级服务"，其宗旨是：用户永远是对的，即用户就是衣食父母，只要能够不断给用户提供最满意的产品和服务，用户就会给企业带来最好的效益。

经典案例

王老太丢空调的故事

1995年3月，青岛一位姓王的老太太买了一台海尔空调后，打了一辆出租车回家，在上楼找人帮忙搬运的时候，黑心的出租车司机将空调拉跑了。这则消息被《青岛晚报》刊登后，在社会上产生了极大的反响，人们纷纷指责不道德的出租车司机。但张瑞敏从这则消息中看到用户买的是海尔空调，头脑中首先浮出的想法是要对海尔的用户负责。于是他马上让空调事业部负责人免费赠送给王老太一台空调，并上门安装。

对着墙上新安装的海尔空调，王老太说："是海尔救了我一条命！出租车司机拐走我的空调后，我怎么也想不开，一天没吃饭，到海边寻思着，偏让我遇上了这件事，真没法活了！后来女儿说，海尔又送来了空调，我当时不信，以为是女儿哄我宽心，没想到是真的，我做梦也没想到——不该拿的偏要拿，不该送的还偏送——这世界，人的素质相差太大了！"

事情似乎得到了圆满的解决，但张瑞敏想得更远、更多。他由此看到了服务的盲区，立即指示企业内部自查服务上的问题，并制定解除用户烦恼的措施，因为海尔人心中的服务宗旨是：用户永远是对的。空调事业部从王老太事件中发现，用户在购买空调的时候，存在着要自己拉货、找人搬运等不便因素。为此，空调事业部完善了服务内容，提出了"无搬动服务"，即用户购买海尔空调只要交款，以后的所有事情都由海尔公司来办，消费者只等着享用就可以了。很快，海尔公司又推出"24小时安装到位"的服务项目，使消费者购买空调后24小时之内便可安装享用。其他事业部也从此事中寻找服务薄弱环节，推出了一系列服务措施。"零距离""无搬动"的"海尔星级服务"，使海尔在用户心中的美誉度不断提高。

海尔坚信，服务的好处不仅仅在于眼前的收益，还在于赢得用户长期的信任感。而要赢得长期的信任感，就必须先树立"用户永远是对的"的观念，做到"零距离"服务。什么是"零距离"，张瑞敏说："所谓'零距离'，其本质是心与心的零距离。只有企业同员工的心之间是零距离，员工才能同用户的心之间产生零距离，那就真正做到了卖一台产品赢得一颗用户的心。这不仅针对国内的用户，也包括国外的用户。"

资料来源：李嗣丞，陈遊芳.张瑞敏如是说：中国顶级CEO的经营管理智慧［M］.北京：中国经济出版社，2010：235-237.

3.创新型

这一类型的企业理念的主要特色是提倡创新意识和鼓励冒险精神。它们给员工提供不断实验的工作环境，强化企业内部的公平竞争机制，鼓励员工不怕失败、勇于革新的意识。因此，企业要秉持"改革创新"的理念，在设计这一类型的企业理念时要注意与企业的实际情况相结合，对勇于创新的员工进行支持和保护，给这部分员工授权，让他们在一定的生产经营范围内有自我管理权和资源使用权，最大限度地发挥他们的创造性。例如，3M公司提出“你不应该扼杀一种新的产品设想”；通用电气公司提出“通过技术与革新改善生活质量”；索尼公司提出“尊重和鼓励每个人的才能和创造力”。

上述三种企业理念的类型主要是从理论上加以区分，在实际的设计工作中，企业理念并非都是单一化的，很有可能是各种类型的综合体。因为一个企业所处的市场环境是复杂多变的，所以在设计企业理念时要在充分考虑企业的社会环境以及内部管理现状的基础上提出企业理念的各要素，通过对各要素，包括企业的最高目标、企业宗旨、经营方针、企业哲学、价值观等的设计，来全方位地体现和表达一个企业所拥有的企业理念。例如，小天鹅的企业理念既提出了“人本主义”的思想，又表明了“顾客至上”的态度。“全员经营”作为该企业的经营观，表明了所有员工都是企业的一分子，大家共同来管理企业。而其服务观设计为“全心全意为用户服务”，同时为保证这个理念能落到实处，在1996年，该企业制定了相应的服务要求，简称“1，2，3，4，5”，解释为：一双鞋——上门服务自带专用鞋；两句话——我是小天鹅服务员×××，今后有问题我们随时听候您的召唤；三块布——一块垫机布、一块擦机布、一块擦手布；四不准——不准顶撞用户、不准吃喝用户、不准拿用户礼品、不准乱收费；五年保修——整机免费保修五年。美国的运通公司就用一句话——“英雄式的顾客服务，世界性的服务可靠性，鼓励个人主动精神”来说明自己的“顾客观”和“创新观”。因此，在设计企业理念时，要根据企业所处的行业类型、经营的实际情况和员工的素质，灵活把握和设计复合型的企业理念，设计时注意要有侧重点，设计的主要任务就是确定企业理念是何种类型。

（二）企业理念的要素设计

企业理念包括企业价值观、企业愿景、企业哲学、企业宗旨、企业精神、企业道德、企业作风等要素，下面重点介绍几项要素的设计过程和方法，来说明企业理念各要素是如何设计的，在对其他企业理念要素进行设计时，也可以举一反三。

1.企业价值观

设计企业价值观，首先要弄清楚影响企业价值观的因素，主要有企业员工个人的价值观、企业领导者的价值观和社会价值观。设计企业价值观分两种情况：一是对原先就没有企业价值观的企业进行价值观的设计；二是对原有的企业价值观进行修改和补充。

第一种情况，要在考虑企业经营的最高目标的基础上，与影响企业价值观的各种因素相结合，顺应社会价值观，体现企业领导者的价值观，尽可能多地融合企业员工个人的价值观，来设计企业核心价值观。具体步骤为：

（1）根据企业已形成的企业理念设计方案，通过对咨询机构、企业领导和员工代表的访谈或问卷调查，获得初步的企业价值观。

（2）在企业决策层进行讨论时，研究这些初定的价值观是否已经很好地体现和包含了企业的最高目标、社会价值观和企业领导者的价值观。

（3）咨询机构顾问和决策层人员以及员工代表一起探讨、推敲企业价值观体系中的每项内容，并将企业价值观体系的各项内容与企业理念其他各要素进行协调，在文字上进行斟酌。

（4）从中筛选出符合要求的价值观内容，通过员工问卷调查的形式，了解员工对这些价值观的认知程度和接受程度。

（5）通过员工的反复探讨和问卷调查，对价值观体系内的各项内容进行排序和审核，最终形成表述比较准确的企业价值观。

第二种情况，对原有的企业价值观进行修改和补充。企业的价值观虽然是持久稳定的，但并不是一成不变的。在长期内，当企业所处的环境发生重大变化或企业的最高目标发生改变时，企业的价值观也需要进行修改和补充。在此过程中，必须遵循两个基本原则：一是要尊重历史，要充分了解企业发展的历史和原有价值观的状况，将符合企业历史发展的、符合企业未来发展需要的部分保留下来；二是要超越现实，根据企业所面临的新环境和新情况，引入前沿的现代企业价值观体系。其步骤为：

（1）要分析企业内外部的环境和新的企业发展目标，删除原有价值观中与企业最新的发展目标不适合的内容。

（2）提取原有价值观体系中模糊不清的内容，重新加以提炼和修改，使之符合新的价值观体系的需要。

（3）保留原有价值观体系中适合新情况的内容，根据新的价值观体系的要求，按照上面所描述的设计新价值观的方法，对原有的价值观体系进行补充。

2.企业哲学

企业哲学是关于企业一切活动本质和基本规律的学说，是企业经营管理经验和理论的高度总结和概括，是企业家对企业经营管理的哲学思考。对重大事件的价值分析和最终选择是企业哲学的反映，是企业是否具备和坚持核心价值观的反映。企业哲学最根本的来源是企业领导者和企业员工的工作实践，因而，企业哲学的设计也要从企业领导者和企业员工的实际工作出发。企业哲学的来源主要有：

（1）企业领导者的哲学思维。企业领导者，特别是企业的创办者，都有自己的哲学思维模式，当这些思维模式自觉或不自觉地被引入到企业经营中，并取得成效后，就很容易在企业范围内被广大的员工所接受，并达成共识，然后被确定为企业哲学。

（2）企业模范人物的哲学思维。由于企业模范人物的先进思想和模范行为得到了企业全体员工的认可和赞许，在员工中反响强烈，对员工有强大的号召力和影响力，当把他们的价值观提炼成企业哲学后，很容易得到广大员工的支持和认可，并在工作中发挥作用。

（3）多数员工共同的哲学思维。由于员工的哲学思维、人生观和价值观都能体现在平时企业的生产、经营、管理中，所以，一旦绝大多数员工的共同哲学思维凝成一股主流的力量时，就很自然地形成了企业哲学。

（4）社会公众的哲学思维。社会公众的哲学思维影响着整个社会，必然也会影响到一个具体的企业。现代社会越来越重视环保、社会责任等问题，因而，企业哲学也有可能受其影响。

在设计企业哲学时，可以根据上述四条企业哲学的来源，再用“哲学化”的语言进行表达，形成最终的企业哲学。例如，深圳光明华侨电子公司的企业哲学设计为“开拓则生，守旧则死”，海尔的企业哲学则为“把人当作主体，把人当作目的，一切以人为中心”。

3.企业精神

企业精神是企业核心价值观的体现，是企业向心力的来源，是鼓舞全体员工为实现企业目标而奋斗的强大精神动力。在设计企业精神时要遵循企业的最高目标，体现时代精神，反映企业员工在实际工作中所表现出的积极状态。其方法有如下几种：

（1）员工调查法。首先可以通过访谈的形式，在企业领导者和员工中进行调查，罗列出几项比较集中的意见，然后，再通过问卷调查的方式，选取绝大多数员工赞同的企业精神。这样做的好处是企业精神来源于员工，让员工有参与感，在日后实施时比较容易接受所设计的企业精神；缺点是比较费时费力。

（2）典型分析法。一个企业需要的精神通常会在企业的先进工作者身上得到体现，将这些人的思想和行为进行分析和提炼，就能确定企业精神。此方法的好处是比较简单，容易被广大员工所接受；缺点是当企业缺乏特别典型的人物时，这个方法就很难实施。

（3）领导决定法。身为一个企业的领导，应该以企业的历史为鉴，认清企业的现状，洞察企业未来的需要，从普通员工无法到达的高度去挖掘和提炼企业精神。这种方法的好处是简单、参与面小；缺点是受领导者个人素质的影响较大，推行时需要对员工进行大量的宣讲。

（4）专家咨询法。一般咨询公司有着丰富的设计经验和先进的管理思想，它们可以根据企业所提供的企业发展史、企业员工精神面貌、企业典型人物事迹、下一步的经营策略等问题，设计出符合企业发展需要的企业精神。此方法的好处是所设计的企业精神比较专业，能站在一个制高点来为企业的发展服务；缺点是咨询专家毕竟只能从所提供的资料中了解一个企业，所设计的企业精神有可能不是很符合企业的现实状况，同时，在员工当中需要做积极的宣讲才能被接受。

综上所述，四种方法各有利弊，企业可以根据具体情况有选择地加以使用，或者将两三种方法结合起来使用，取各方法之长，以达到更佳的效果。例如，IBM公司提出“尊重、服务、卓越”的企业精神，这意味着每个员工都能受到尊重，每位顾客都能得到良好的服务，企业的员工共同追求卓越，这就是以人为本的企业精神。在我国，有很多传统的企业将企业精神表述为“艰苦奋斗”、“实事求是”和“牺牲奉献”等，在社会主义市场经济体制下，新生代的企业又表现出“勇于竞争”、“开拓创新”和“超越自我”等企业精神。

通过上述三个具有代表性的企业理念要素的设计，从中我们可以了解如何设计一个企业的企业理念。在设计企业理念各要素时，要注意所设计的项目不要太多，否则所表达的思想很难集中。再则，企业各理念要素之间要环环相扣，保持整个企业理念体系的系统性和完整性，切不可自相矛盾。

三、企业理念的设计理论与设计技巧

（一）企业理念的设计理论

1.企业理念的收敛理论

企业理念的收敛理论是指为了达到企业的最高目标，企业理念在全体员工深入领会和全面贯彻的基础上，各要素在塑造企业形象的过程中发挥作用，通过共同的价值观形成一种合力，由它推动着，使企业全体员工的努力最终收敛于企业的最高目标。“收敛”这一概念来源于数学，是指函数值变量的变化逐渐趋向于一个固定值，在这里是用来说明企业理念各要素的设计必须形成一种有利于实现企业最高目标的力量，用它来指导员工的一切行为向企业的目标方向收敛。

收敛理论对企业理念的设计提出如下要求：第一，企业要有明确的最高目标，企业理念引导企业员工为了实现企业的最高目标而不懈努力，犹如在山顶树一面鲜红的旗帜，给予攀登的人们以希望。第二，企业理念要以共同价值观为出发点，它能保证企业员工同心同德地努力工作，形成强大的向心力和凝聚力，来实现企业的最高目标。第三，企业理念在促进企业员工形成共同价值观的过程中，对持不同价值观的员工会产生两个作用，一是使员工为实现企业的最高目标而努力工作，二是使员工在实现企业目标的过程中，让自身的需要（包括物质的和精神的）得到实现。第四，企业理念各要素之间必须和谐统一。和谐统一是指企业理念各要素的设计在促进形成企业最高目标的同时，也能促进形成企业共同的价值观。当这两个作用同时具备时，企业理念的设计就是和谐统一的；反之，则是不和谐的。

2.企业理念的外张理论

企业理念的外张理论指企业理念在时间上和空间上向外扩张的现象。企业理念在时间上的向外扩张形成时间延展理论，在空间上的向外扩张形成文化力场理论。

时间延展理论是指企业理念随着时间的推移而发生变化，形成一条运动轨迹，每个瞬间的状态都和前一个瞬间的状态是密不可分的，不同瞬间的企业理念几乎是差不多的，就如同在时间轴上进行了延展。时间延展理论对企业理念的设计提出如下要求：第一，企业理念的设计是针对将来的情况而言的，但企业理念的变化却是客观的，无论是过去、现在还是将来，不能割裂其历史和现实，企业理念的设计应该符合企业发展的规律和趋势。第二，要全面深入地了解企业文化的历史和现实，设计出容易实现的企业理念，必须清晰掌握企业理念发展的轨迹和趋势。

文化力场理论是指企业理念发挥的作用构成了一种无形的文化力“场”，这种“场”时时刻刻对空间中的企业员工和外部公众产生文化力的作用。文化力场理论对企业理念的设计提出如下要求：第一，“场”的核心是企业员工，其作用是使企业员工产生强大的凝聚力和向心力。在设计企业理念时，首先要考虑的就是企业员工，文化力场作用力最强的地方就是企业员工，当企业理念积聚的能量越大时，对外界的影响也就越大。第二，员工、社会公众与企业理念之间是相互作用的。在设计企业理念时，要充分考虑社会文化的因素，符合时代精神，以增强“场”的作用力。第三，文化场要发挥作用，让企业理念得到社会公众的认同，就必须利用传播媒介，不断传递企业的各种信息，让企业形象日益丰满起来。

（二）企业理念的设计技巧

企业理念主要是靠书面来表达的，但要显得生动活泼，变为企业的灵魂和思想还必须辅以一系列的表达技巧。

1. 企业理念的口号化

口号是对企业理念内容的高度概括和浓缩，体现企业精神，反映时代要求，对树立企业形象有很大的帮助。口号具有以下特点：一是内容精练，中心突出；二是采用祈使句、感叹句等句式增强感染力和号召力；三是使用短句，方便阅读、记忆和传播；四是随着社会发展而变化，体现时代精神。企业理念口号化就是要把企业理念各要素设计成符合上述特点的语言形式，同时经过提炼处理，把对员工的要求反映出来，将其核心思想表述清楚。

2. 企业理念的人格化

企业理念要烙在企业员工的心中，必须通过企业领导者的示范作用和企业模范人物的事迹，让企业理念形象化，并被赋予一种人格化的力量。企业领导者作为企业的引路人，应严于律己，对普通员工起到示范的作用。企业模范人物最能体现企业精神，应通过讲述他们的故事、宣传他们的事迹、赞扬他们的思想和精神，给企业理念赋予人格力量。

3. 企业理念的艺术化

企业理念的艺术化是指企业理念的各要素可以通过音乐、美术等艺术手法来表达。厂歌、公司之歌是企业理念用音乐方式表达所常采用的形式，它们歌词丰富、旋律优美，能增强企业员工的自豪感和凝聚力，使企业理念便于在员工和社会公众之间传播，以塑造良好的企业形象。漫画、卡通形象是企业理念用美术方式表达所常采用的形式。漫画能将刻板单调的企业理念条文变成生动活泼的图画，很好地诠释企业理念。例如，海尔就将其一系列的企业理念设计成企业画册进行宣传。迪士尼公司则将“米老鼠”作为其卡通形象的代言人，来表现公司的活泼与生机（见图3-7）。

图3-7 迪士尼公司将“米老鼠”作为其卡通形象的代言人

第三节 企业理念的传播与推进

在企业理念设计完成后，企业员工一般不会将它放在心上，认为这不过是流于形式而已。因此，还需要对企业理念采用各种方式进行传播，同时需要在员工中进行大量的宣讲，以及做一系列的推进工作，才能让企业理念融入企业的生产与经营过程中，才能发挥其巨大的向心作用。

企业应该根据其所设计的企业理念，对它的传播方式做相应的考虑。企业理念的传播分为企业理念在VI、BI中的渗透传播与企业理念的自身传播两部分。在确定企业理念后，企业理念设计项目组人员要有意识地先在企业内部对员工进行宣传教育，然后将本来属于企业精神层面的企业理念转化为企业员工自觉的意识。这样，才能通过企业员工的言行将企业理念更好地传播给社会公众。

一、企业理念在VI、BI中的渗透传播

企业理念的传播需要载体。在企业理念传播的初始阶段，企业理念设计项目工作组需要在企业形象策划的下一步工作——行为识别策划与视觉识别策划——中考虑企业理念的传播。企业形象策划所涉及的企业理念识别、视觉识别、行为识别是一个不可分割的有机体。企业理念是先导，是整个企业形象策划的核心，支配着视觉识别和行为识别。视觉识别和行为识别都要体现企业理念。企业理念设计完成后，需要通过视觉识别和行为识别得以加强，进一步落实企业理念，从根本上将一个企业与另一个企业区分开来。

要使企业理念在VI与BI中很好地渗透传播，企业理念设计项目工作组可以动用企业内部所有的传播媒介，可以通过内部刊物宣传企业理念，可以通过制作企业宣传片从视觉上反映企业理念，也可以在公司组织的公关活动中普及企业理念，让员工有机会参与和学习，共同创造企业理念的价值。比如，在视觉方面可以利用视频和宣传画等方式来宣传新的企业理念；在企业形象方面可以对员工经常进入的办公大楼和会议室等场所重新装修，改变企业的旧面貌；在文字方面可以依据新的企业理念对原有的企业各项管理制度进行修改。

树立和导入企业理念是一个系统工程。第一，需要领导者的重视。一个企业能否成功有效地导入企业理念，关键就看领导者是否重视和支持这项工作。在整个企业理念的设计过程中，虽然企业员工也积极参与了，但最终做决策的还是领导者，特别是企业的最高目标、发展战略等重大问题，领导者能站在一个比员工看得更远的高度来认识问题，所以，他们的意见是很重要的。领导者不仅是企业理念的发起者，更是整个企业形象策划的指挥者。他们不仅对企业理念的传播工作起重要作用，更可以让自己的活动影响企业员工的认识和行为。第二，需要全体员工的支持。企业理念的设计不仅是为了与其他的企业进行区分，更重要的是企业理念能使员工形成一种无形的力量，指导员工更好地完成工作，让员工有更强的企业荣誉感和凝聚力。因此，企业理

念设计完成后，一定要统一全体员工的思想。要改变一个人原有的观念和思维是很困难的，只有当领导者的重视与企业员工的支持相结合时，企业上下才能齐心协力，使企业理念顺利传播。

企业理念在VI和BI中的渗透传播分几个阶段进行，下面通过案例对企业理念在VI和BI中的渗透传播做下简要的说明。麦当劳企业识别的优越性就在于企业理念实施得非常彻底，为了达到这个目的，麦当劳对员工进行教育、编制相当完备的行动手册，同时，还完成了非常优秀的视觉识别设计。从企业识别的角度来审视麦当劳的历史，可以发现，麦当劳是综合性企业识别的成功典范。

二、企业理念的自身传播

企业理念的自身传播是指单单就企业理念本身而言所进行的必要宣传。它可以结合员工平时的内部教育培训或企业的相关活动来进行。企业理念的自身传播分为外部传播与内部传播。外部传播主要通过外部的新闻媒体，诸如电视、网络等，所进行的企业理念的宣传。内部传播可以通过以下的方法来进行：

（一）反复唱和法

将企业理念由企业员工集体进行反复朗读、反复宣读，可以由企业主管带领员工一起进行朗读或将企业理念编成歌曲，在公司庆典等一些重要场合让员工齐唱，以加深印象、营造气氛。很多餐饮公司采用这种方法，每天早上开晨会时员工们齐声高喊企业口号，来强化对企业理念的理解与记忆，以便将企业理念更好地运用到一天的工作中去。例如，日本松下公司为了培养“亲和”的精神，规定每天早上8点，全公司员工集中在一起齐唱公司歌曲、背诵员工信条，通过这种方式使员工产生共鸣，增强员工的企业使命感和荣誉感。又如美国的沃尔玛公司，店员为了体会服务理念，通常会在店里热烈地喊口号：“谁是第一重要的，顾客！”

（二）理念解释法

这是一种员工自我学习和自我教育的方法，企业创建学习型组织，就是为了有利于该方法的实施。通过鼓励员工用自己的语言对企业理念作出解释，同时依据企业理念来指导自己的思想行为，可以让企业员工正确地理解和接受企业理念所表达的深刻内涵。通过班组学习或部门讨论的形式让员工发表自己对企业理念的理解，或者将典型员工的感想刊登于企业的内部报刊上，让全体员工进行共同学习。这种让企业理念与员工的思想行为相融合的过程，直接关系到企业理念在内部传播的质量和效果。

（三）环境感染法

用文字、图案或视频来表达企业理念，将企业理念视觉化，通过把它做成图案、壁画、牌匾、海报、短视频等宣传工具，放在员工经常能看到的位置，这样既可以成为企业环境的一种美化装饰，又在潜移默化中让员工熟悉和感受到企业理念。例如，四川铁骑力士集团的综合大楼上镌刻着一个8米宽、12米高的“人”字，传达了“以人为本”的企业理念，渲染了一种企业尊重人、关心人的气氛，突出了企业员工在企业发展中的作用。

（四）主题仪式法

根据企业理念，设计各种形式的主题活动或仪式活动，比如员工知识竞赛、创意竞赛、野外郊游等，在这种轻松的环境中融入企业理念，使员工快乐地接受企业理念并激发员工的工作积极性。例如，日本本田公司定期举行创意竞赛，为的就是推广重视技术改进的企业理念。竞赛的目的是激发员工的新思维，将自己对汽车的技术改进方案体现在作品中，并由他们自己驾驶参加竞赛。若作品新颖实用，则马上投入生产。这就在传达企业理念的同时又开发了新产品，为企业的发展注入了活力。

（五）人物示范法

在企业的展示大厅设立“名人厅”或“先进人物事迹展”等，对对企业有突出贡献、身上体现着企业理念的先进工作者进行宣传，以激励员工。在评选先进人物时要以宣传企业理念为核心，注意从理念方面对先进人物的事迹进行提炼，对符合企业理念的人物和事迹进行宣传报道，为企业员工树立榜样。另外，也可以让企业领导者带头，用他们的实际行动来传达和表现企业理念，这对员工有很好的示范作用，能让企业员工体会到企业理念是扎根于整个企业之中的，从上到下都需要靠它来指导。例如，新东方的课堂上，老师们总是会幽默风趣地讲述俞敏洪的故事，用案例和故事来强化学生的自信心和奋斗精神，宣传的是新东方特有的企业理念——“在绝望中寻找希望，人生终将辉煌！”

综上所述，企业理念在企业内部的传播方法各式各样，企业应该根据各自理念传播的需要，选择不同的方法或将几种方法结合起来使用，使企业员工产生共识，形成一种具有凝聚力的企业理念认同感。

三、企业理念的推进

（一）企业理念的推进方式

企业理念除了需要有效的传播外，还需要在组织的各个层级上进一步推进。仁达方略管理咨询公司经过多年的企业文化咨询工作的实践，总结了企业理念在组织中的推进方式——“四个贴近”与“四个进入”。

“四个贴近”：贴近生产、贴近经营、贴近管理、贴近改革。

“四个进入”：进入班子、进入班组、进入现场、进入市场。

“四个贴近”是指企业在推进企业理念时，需要做到企业理念贴近生产，让它们源于生产，又高于生产，在生产中能发挥作用，鼓舞员工的干劲，增加产品产量，提高产品质量；贴近经营指企业理念对经营活动有“旗帜”的作用，通过制定正确的经营方针可以更好地获取企业利润；贴近管理指在推进企业理念时，要与企业的管理情况相结合，当优秀的管理理念体现在企业理念中时，必能对企业的管理产生推动作用；贴近改革指在企业中推进企业理念时，要与企业改革相一致，当思想和行动相结合时，企业就能以巨大的活力在改革中乘风破浪，取得傲人的成绩。

“四个进入”是指推进企业理念不是高高在上，不是挂在墙上或放在办公桌上做表面文章的，而是要实实在在地与员工连接在一起，进入领导班子和员工班组，通过学习体会，使企业员工真正认识到企业理念确实是个有效的指南针，能在生产经营中引领着他们走正确的路；同时，推广企业理念要到生产现场，与现场工人沟通交流，了解他们对企业理念的认识和想法，如有理解不到位的地方，可以直接向他们解释；推广企业理念还要到市场与顾客和社会公众沟通交流，宣传企业理念，以便更好地树立企业形象。

（二）企业理念的推进过程

企业理念的推进过程大致可分为五个阶段。

1.信息传达阶段

企业理念设计完成后，首先需要企业领导者率先理解企业理念体系中的各项要素内容，让自己的行为遵循这一企业理念。同时，向员工传达企业理念时要保持前后一致，表达方式要简洁、清楚、明了。企业可以适时地通过拍摄企业纪录片、开展员工对企业理念理解的演讲赛、进行企业理念学习的讨论会等方式来传达企业理念。

2.企业理念认同阶段

企业领导者不仅要清楚地知道企业理念体系中所有的内容，而且要积极地将这一理念体系推荐给企业员工，让他们接受这一企业理念并在工作中发挥作用。在这一过程中，企业领导者需要加强与员工的交流和沟通，特别是非正式的交流与沟通，同时，企业领导者可以了解企业理念被员工认同、理解和接受的程度，并适时地对企业理念进行调整或者说服员工认同企业理念。

3.企业理念反馈阶段

员工对企业理念的认同或其他意见，需要进行反馈，以便更好地进行下一步的推广。这一过程可以交给企业外部专业的管理咨询机构或企业内部的企业理念设计项目组，由它们通过对员工的问卷调查、访谈以及实地观察，了解员工内心的真实想法，询问员工执行企业理念过程中所出现的各种问题，并对此进行研究讨论，如果有必要，还需对企业理念进行重新设计和修改。

4.共同商讨阶段

企业理念不是企业领导者的理念，不是个别员工的理念，而是体现整个企业的组织理念，是企业所有成员的价值理念的总和。在企业理念推进之前，需要企业员工提供一些创造性的意见。在推进企业理念时需要与员工多沟通，积极采纳员工所提出的建设性意见。

5.共同合作阶段

企业领导者需要与企业员工进行思想的交流与合作，共同学习和接受并理解企业理念的内涵。

企业理念的传播与推进需要形成系统化的学习制度，在生产、经营、管理和改革的各个环节中以及在班子、班组、现场、市场的各个层级中，通过与员工的交流沟通，让他们深刻地领悟企业理念，使他们自觉地把个人目标与企业目标相结合，来实现个体价值向企业价值的转化。

思政课堂

京都念慈菴logo

【思政元素】中华文化；孝道。

京都念慈菴logo的设计者和设计年份均不详，但这个logo清晰地传达了中华医药之真、慈孝之善和设计之美。

京都念慈菴的品牌标志叫作“孝亲图”，如图3-8所示。这幅图描绘了品牌创始人侍奉患病母亲的感人情景，“念慈菴”这个名称正是来自于这段孝母故事。在世界各地，“京都念慈菴”都享有卓越声誉，已经成为“优质中药”的组成内容之一。

图3-8 京都念慈菴logo

京都念慈菴的故事可追溯到清朝康熙年间，据说当时有一县令杨谨，事母至孝，而杨母陈氏为久咳多痰的沉疴所苦，遍求名医皆不能愈。杨谨在听闻了远方有名医叶天士之后，不辞辛苦，亲自拜访并延请回府看诊。叶天士以“蜜炼川贝枇杷膏”医治，果然根治了杨母的宿疾。后来杨母高龄过世，遗言：“汝宜制此膏施赠，俾世同病者得渡苦海，则恩同报我矣。”特别嘱咐杨谨要广制此药，造福世人，于是杨谨开设“菴”制膏布施，“菴川贝枇杷膏”的名声也逐渐名扬四方。杨谨后代徙至北京开铺后，民间冠之“京都”二字而成为“京都菴川贝枇杷膏”。

民国时，杨家后人杨仲篱、杨万如兄弟为避日军侵华，南迁广州、香港，并打算移民巴西。二人为免枇杷膏就此绝世，不得不有违祖训，将“念慈菴”铺号与药方托付给港人谢兆邦。1946年，谢兆邦在香港设立“京都菴总厂有限公司”，1961年到台湾设厂，陆续把枇杷膏销到各大洲数十个国家。

资料来源：科易网.中国十大经典LOGO你看过几个［EB/OL］.［2015-08-28］.https：//www.sohu.com/a/29691616_236334.

本章小结

企业理念设计是企业形象策划的重要组成部分。本章主要从策划的角度，对实际工作中该如何设计企业理念进行说明。企业理念设计的过程分三部分，包括设计前的准备、具体的设计过程，以及设计完成后的传播与推广。

企业理念设计前的准备工作主要是分析何时可以启动企业理念设计的工作，通常是在企业的经营环境、经营业务、企业性质发生变化时需要对企业理念进行设计或对原有的企业理念进行修改。同时需要与战略思想相统一，与建立学习型组织相结合，将创新性思维运用于企业理念的设计中。前期的准备工作是建立一个企业理念设计项目组，通过对企业进行诊断评估、现状调查、形象定位、理念定位后确认企业理念设计的方案，让整个企业理念的设计更专业、更有效。

在具体的企业理念设计过程中，要遵循个性化、持久性、民族性和系统性的设计原则，确定和统一企业理念的价值判断标准，要对企业的经营目标、质量、人才、服务措施以及责任心和社会责任感等进行判断。根据企业是“人本型”“顾客型”，还是“创新型”的设计类型对企业理念各要素进行设计，与此同时，要依据企业理念的设计理论，包括收敛理论和外张理论，注意利用企业理念口号化、企业理念人格化、企业理念艺术化等设计技巧来对企业理念各要素进行系统的设计。

在企业理念设计工作完成后，还需要对企业理念进行传播和推进。传播方式主要靠企业理念在VI与BI中的渗透传播和通过自身传播来进行。企业理念的自身传播方法主要有反复唱和法、理念解释法、环境感染法、主题仪式法、人物示范法等。

本章练习题

1.在设计企业理念时，应遵循哪些原则？请举例说明，你所知道的一些企业所设计的企业理念是否满足了这些原则。

2.企业理念的设计类型有哪些？你认为，一个企业在设计企业理念时，是选取一种类型进行专门设计好，还是所有的类型都涉及比较好？

3.任意选择一家企业，针对它所设计好的企业理念，做一个企业理念自身传播的方案策划书。

本章参考和阅读文献

［1］曾凡海.企业形象管理［M］.北京：清华大学出版社，2023.

［2］朱成全.企业文化概论［M］.6版.大连：东北财经大学出版社，2023.

［3］屈燕妮，周鸿.企业文化案例［M］.北京：经济管理出版社，2022.

［4］杨武生.企业形象设计［M］.武汉：华中科技大学出版社，2021.

［5］张德，吴剑平.企业文化与CI策划［M］.5版.北京：清华大学出版社，2020.

［6］杜海萍.企业形象策划［M］.大连：大连理工大学出版社，2014.

［7］王维平，何欣.现代企业形象识别系统［M］.北京：中国社会科学出版社，2010.

第四章

企业理念在其他识别系统中的渗透

本章提要

对企业形象设计来说，企业理念、企业行为和企业视觉设计三者相辅相成、相互支持。其中，理念识别是基础，行为识别是导向，视觉识别是桥梁，三者互为因果，共同作用，缺一不可。理念的重点在心、在精神，它是企业形象设计战略系统的原动力。企业行为识别的重点在人，是企业中人的因素综合，是人的主观能动性的反映。企业视觉设计的重点在物，是一种媒介或载体，承载着企业理念的全部内涵，并通过可视体得以静态表达。因此，视觉设计是企业理念的外在表现，而理念是视觉设计的精神内涵，行为识别是企业理念的动态表现，静态视觉识别和动态行为识别的结合，才会达到好的传播效果。现代企业无论内在凝聚还是外在形象都依靠企业理念，通过企业理念来提高公众对企业的认知和识别。理念识别系统作为企业识别的灵魂，统摄行为识别系统和视觉识别系统。企业形象策划要求企业从理念识别开始，以强调企业理念的整合为核心，透过行为识别建立企业文化，并以视觉识别统一企业的整体形象。

本章案例

百年张裕的理念渗透

张裕集团是基于1892年所成立的烟台张裕酿酒公司发展起来的，至今已有130余年的历史。它既是中国第一家工业化酿造葡萄酒的企业，也是中国葡萄酒行业的驰名商标拥有者，更是中国乃至亚洲最大的葡萄酒生产经营企业。历经一个多世纪的发展，张裕的主业仍然是葡萄酒的生产经营，张裕仍是中国葡萄酒业的领头羊。

※张裕的企业理念

理念是一个企业的原动力。1892年，爱国华侨张弼士先生，以张姓加上“丰裕兴隆”之“裕”字，在烟台创建了张裕集团的前身——烟台张裕酿酒公司。张裕从其成立之日起，就蕴涵了浓厚的历史和文化的色彩。其带有极强“实业兴邦”意味的企业理念，在当时就引导了张裕的经营之道。今日，张裕的企业精神已经演变成“爱国、敬业、优质、争雄”。这一企业理念是基于传承了百年的张裕理念，它既成就了张裕的企业之魂，也成就了张裕的酒魂。正是因为如此，西方的葡萄酒文化才被张裕擎在手中，当成了输出生活新主张、培育消费文化的利器。这既是张裕对整个中国葡萄酒行业的贡献，也是张裕爱国、敬业、奉献社会的企业理念的具体体现。这也使张裕从中得到了自己想要的东西。还是因为如此，张裕坚持传播自己独特的品牌文化，建立起了具有竞争力的品牌形象。张裕的理念在企业内部强化了干部、职工的向心力；在企业外部则因消费者的认同和消费稳固了顾客关系，改善了自己生存和发展的环境。

※张裕理念的静态表现

视觉识别是具有企业形象特征的企业理念的符号化再现，它使企业由内至外给人一个清晰的感知形象。张裕的视觉识别已融入了企业的百年文化和精神，一想到烟台、想到葡萄酒或看到一些有关葡萄酒的图文，抑或与人谈起葡萄酒，我们就忘不了张裕；当我们一见到张弼士先生的头像，大酒窖或者是具有历史文物价值的张裕公司老门头，就知道它们属于张裕。这些都是张裕这种强势文化企业所具备的渗透特征。这些最终成就了张裕的市场地位，也使张裕在新的世纪中参与国际化竞争、成为世界葡萄酒业中一个强势文化品牌的基石。

※张裕理念的动态表现

基于理念的行为，就是与消费者等企业利益关系人进行互动沟通，满足他们需要的文化。在这方面，张裕人认为，建立国人葡萄酒消费文化的重心，就在于倡导一种健康、时尚的新生活主张。张裕在理念文化的践行及行为文化的构建上，主要做了如下努力：其一，从1997年开始，在全国各大城市进行中国葡萄酒百年文化巡回展，回顾中国葡萄酒业的过去，认清现在和展望未来，普及葡萄酒知识。其间的举措包括展览，也包括在电视、报纸、杂志上开设葡萄酒知识专题讲座和专栏等形式。其二，建立葡萄酒博物馆，开放张裕百年大酒窖，以大量的名人手迹和相关图文资料、实物展现了别人无法企及的文化底蕴和历史厚度。其三，建设融葡萄种植、酿酒、休闲、旅游于一体的葡萄庄园，推出高档的庄园酒，为张裕葡萄酒文化增添了新的内容和品位。其四，修复张裕公司百年旧址，以文物向世人彰显张裕的光彩。其五，做好“国际葡萄酒城”文章；积极参与、组织有关葡萄酒的国内、国际会议，与国内外同业交流信息。这既为张裕葡萄酒穿上了个性化的外衣，又进一步奠定和显现了张裕这中国葡萄酒之王无法逾越的地位。其六，印制“葡萄酒文化与张裕产品”“张裕往事”等各种精美的文化宣传物，传播葡萄酒文化和张裕品牌文化。

第一节　企业理念在视觉识别系统中的渗透

企业形象识别系统以视觉识别为中心，将品牌个性、品牌形象以统一的方式浸透在各种品牌建设活动中。在美国，企业形象识别系统主要用于外部宣传，是一种以行为销售为导向、以最终消费者为诉求对象，对品牌形象加以包装的宣传策略。20世纪70年代，日本引入的企业形象识别系统则偏重于企业内部建设，力图通过整合全体员工的工作态度、精神意识，确立企业的经营理念。其目标是通过沟通交流，树立品牌形象。成功企业的视觉形象识别系统战略，往往并非仅仅追求表面的美化与粉饰，其真正动机在于企业内部经营理念的再认识、转变和定位，并借此来指导企业长期的经营、管理和品牌商标在市场及消费者心目中地位的巩固。因此，理念识别系统要向视觉识别系统渗透。

一、视觉识别的理念化

理念识别系统向静态的视觉识别系统渗透，就是以企业理念为核心，按企业理念系统的内涵去寻找视觉形象的构图、色彩和表达方式，即视觉识别系统是理念识别系统的静态表现，企业理念经由标准化、系统化的视觉识别系统表现，才能达到塑造企业形象的目的。企业理念是独特的经营哲学、宗旨、目标、精神和作用。在确定企业理念之后，必须借助视觉的新形象赋予公众整体的感觉意识。

在企业形象识别系统的构成中，企业理念识别是无形的、抽象的，难以具体表现其中的内涵，所以，它需要一个载体或一种表现形式将其转化为有形的内容，表达其中的精神特质。视觉识别处于最外层，是最直观的部分，在企业形象识别系统中最具有传播力和感染力，它将企业理念转化为一个视觉符号——商标、厂标、公司标志、一种色彩基调、一句口号，通过这些静态识别符号向公众传递企业经营理念。

由于人们感受外界刺激有83%来自于视觉，因而视觉传播成为企业理念传播的最佳手段。视觉识别在企业理念的支配下，以基本要素为基础，设计企业的各种外观标志，构成企业独特的、统一的、固有的视觉识别手段，将企业理念传达给社会公众，树立企业的形象。视觉识别设计从视觉上表现了企业的经营理念和精神文化，从而形成独特的企业形象，其本身又具有形象的价值。企业理念内在地决定视觉识别并通过视觉识别静态地表现出来，使人们在潜移默化中接受企业的价值观念。

视觉识别是企业理念的具体化、视觉化、符号化的过程，是将企业理念表象化的结果。视觉识别的关键在于，在确定的企业理念基础上，如何设计出最有效、最直接传达理念的标志。视觉识别系统的设计要素可分为基础和应用两大部分（见图4-1）。

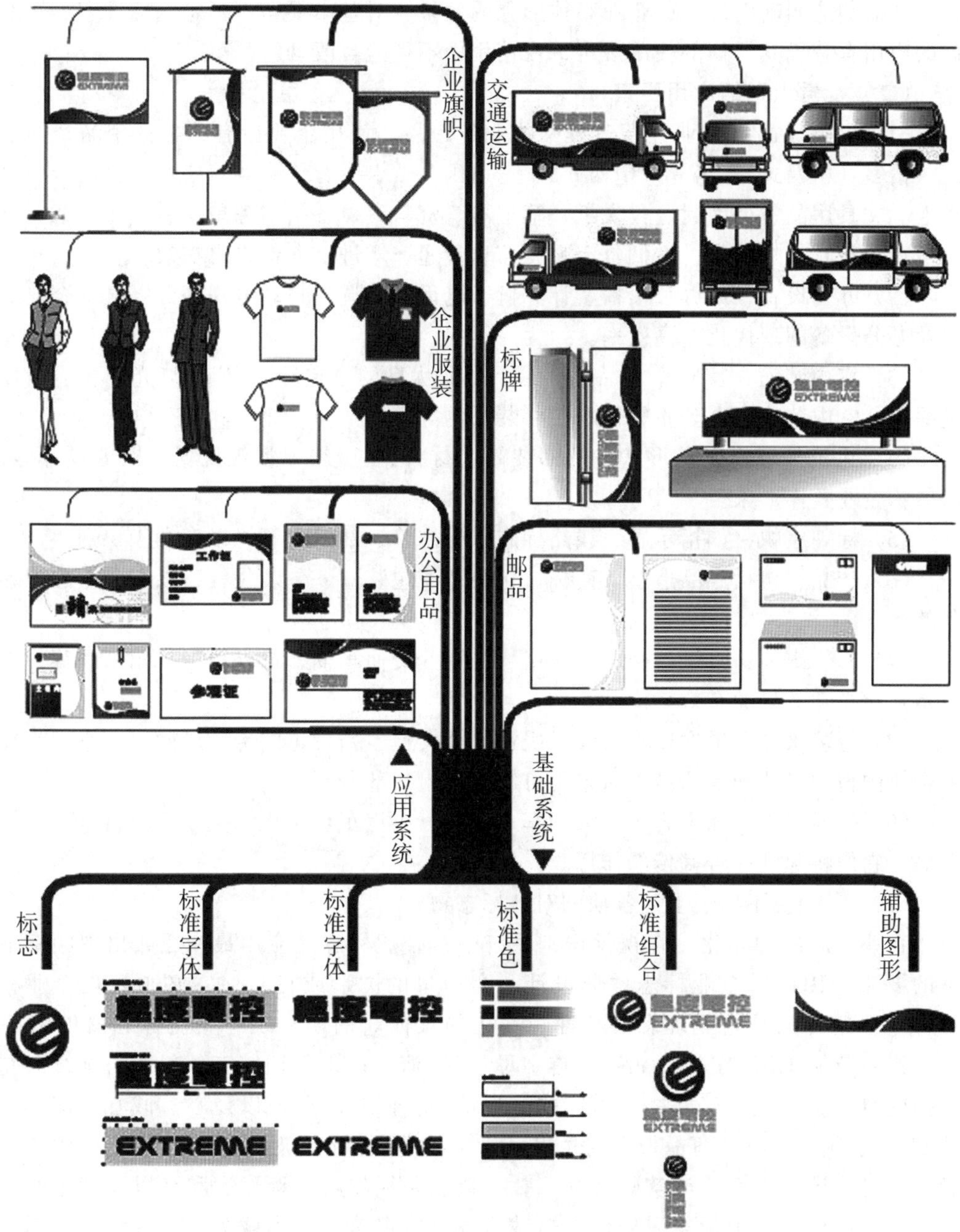

图4-1　四川极度电控系统制造有限责任公司视觉识别树

（一）视觉识别的基本要素

其内容包括企业名称，品牌标志（商标），企业标准字（中、外文），企业标准色，企业象征图案，企业专用印刷书本，企业宣传标语、口号等。

视觉识别的基本要素是表达企业经营理念的统一性基本设计要素，是应用要素设计的基础。为使在信息传播中达到对内（企业内部）、对外（社会公众）视觉上的一致，从而塑造明确而统一的企业整体形象的效果，对基本要素中标志、标准字、标准色的应用有着极其严格的使用规定，在使用中不得擅自改动。

（二）视觉识别的应用要素

（1）事务用品：企业经营过程中的业务用品，使用企业专有的事务用品，如信封、信笺（中西式）、名片（中西式）、邀请函、贺卡、有价赠券、票券、会员卡、贵宾卡、文具用品、公文封、公文纸、笔记本、资料夹、各类财务单据、企业公章、员工徽章、茶具、烟缸等。它们具有方便信息传递、增进企业信誉之功效。

（2）办公设备，如办公桌椅、计算机、电话、空调、自动电梯等，以显示企业实力及办公设备的现代化、高效率。

（3）室内装潢：反映企业品位，给予企业优良的“包装”，诸如灯光、音响、环境绿化、室内装修、办公室整体布置、装饰物等。

（4）建筑外观：建筑形状、外部装修（材料、色彩）、景观规划、橱窗设计等，以展示企业整体形象。

（5）标牌旗帜，如指示牌、线路标志、标志牌、部门牌等，以有利于识别。

（6）产品，包括产品造型、商标、包装纸、包装盒、包装袋等，以有利于品牌形象的树立。

（7）广告媒体：报纸、杂志、网络、电视、交通车辆、户外招牌、招贴画等，它们是强化视觉效果的有效手段。

（8）服装服饰。男女四季服装、服饰、公文包、领带、胸卡、厂徽等，它们是反映企业的精神风范和展示员工风采不可缺少的组成部分。

（9）交通工具，如大客车、大货车、巴士、小汽车、飞机、火车、自行车、手推车等，它们将起到广告宣传的作用。

（10）其他。不属于上述各项的对外标志物。

企业标志的理念化。在视觉识别系统中，企业标志是应用最广泛、出现频率最高的要素。因此，企业标志并非设计一个简单的图形或符号，它必须表现企业精神，企业精神又是企业理念、特性、文化的象征。例如，统一企业标志（见图4-2），系由英文单词“President”之首字母“P”演变而来。翅膀三条斜线与延续向左上扬的身躯，代表“三好一公道”的品牌精神，同时也象征以爱心、诚心、信心为基础，为消费者提供商品及服务，以及产品注重创新突破的寓意。底座平切的翅膀，则是稳定、正派、诚实的表征。整个造型象征超越、翱翔、和平以及健康快乐的未来。此外，整个标志采用代表热诚服务、坚定信心、赤诚关注的红色，表明勇于创新、长于突破；联想食品示人以满足感、丰盛感的橘色，富有温馨、明快、愉悦的感情；代表品牌期望的明黄，以整体明朗愉悦的暖色系，象征健康快乐的未来与新鲜活力的期许。统一企业的标志自推出之后，受到了消费者的热烈欢迎。其清新明快的风格，不仅让消费者更容易认识统一企业，还大大促进了统一方便面和统一茶饮料等产品的销售。

图4-2　统一公司的标志

再如“太阳神”的标志（见图4-3），鲜红的圆形是太阳的象征，代表健康、向上的产品功能和企业经营宗旨，表达了光明、希望、温暖的企业理念；三角形的放置呈向上趋势，是APOLLO的首字母形状，象征“人”字的造型；用圆与三角形构成对比中力求和谐的形态，体现出企业蒸蒸日上、充满生机的意境和以“人”为中心的理念。

图4-3　太阳神公司的标志

企业色彩的理念化。每种色彩都具有一定的含义和代表性，透过色彩进行的知觉刺激与心理反应，可表现出企业的经营理念及产品内容的特质。因此，企业色彩设计必须考虑到企业本身的理念、特征。例如，IBM的蓝色代表企业理智、高科技、严谨的产品和服务理念，在公众心目中树立了让人信任的“蓝色巨人”形象。日本劝业银行的红色，展现“心”的形象，象征热情周到的服务理念。

企业名称的理念化。企业名称与企业形象有着紧密的联系，是CI设计的前提条件，是采用文字来表现的识别要素。企业名称的确定，要反映出企业的经营思想，体现企业理念；上海汽车集团股份有限公司将企业的英文名称缩写“SAIC”，与企业理念紧密结合，赋予SAIC新的内涵，“S”代表Satisfaction from Customer，满足用户需求；“A”代表Advantage through Innovation，提高创新能力；“I”代表Internationalization in Operating，集成全球资源；“C”代表Concentration on People，崇尚人本管理。

二、视觉识别系统体现企业理念的同一性和一贯性

企业理念是企业生产经营实践的航标，要有持久的生命力，而不是瞬时的、短暂的。世界电脑业巨头IBM的创始人在谈及企业理念时说：“任何一个组织要想生存、成功，首先就必须拥有一套完整的企业理念，作为一切决策和行动的最高准则。处在千变万化的世界里，要迎接挑战，就必须准备自我转变，而唯一不能变的，就是企业理念。”

企业理念的同一性和一贯性就是指企业内外、上下都保持经营上的、行为上的、视觉上的一致和协调。企业的视觉识别系统与企业的经营理念要有内在一致性，应该运用统一设计和统一大众传播形式，用完美的视觉一体化设计，使企业理念与企业信息个性化、明晰化、有序化，应用于各种形式传播媒体上，创造能储存、传播的统一视觉形象，这样才能集中、强化企业形象，使信息传播更为迅速有效，给社会大众留下强烈的印象与影响力。例如，美国快餐企业麦当劳的全球统一标志，通过简洁的字母造型和红黄色彩的强烈对比，表达了企业热情、快捷、友善的服务理念。

同一性和一贯性表现原则的运用加强了视觉祈求力的作用，使社会大众对特定的企业形象有一个统一完整的认识，不会因为企业形象的识别要素的不统一而产生识别上的障碍，增强了形象的传播力，加深社会大众对企业形象的记忆和对企业产品的认购率，使企业产品更为畅销，为企业带来更好的社会效益和经济效益。

20世纪70年代，可口可乐公司开始革新世界各地可口可乐标志（见图4-4），采取了统一的视觉识别系统。可口可乐标志的设计采用红白相间的波纹，具有强化红色与白色视觉对比的冲击力，表现出韵律感和流动感，表现出新鲜、活力的产品文化价值，塑造了一个充满信心、积极向上的企业形象。

图4-4 可口可乐的英文和中文标志

三、视觉识别系统要表现企业理念的差异性和独特性

企业理念的独特性、差异性也就是企业的个性化。企业理念是企业统一化的识别标志，但同时企业理念也要表明自己独特的个性，即突出自身与其他企业的差异性。在企业形象识别中，这种差异性和独特性又通过视觉识别手段表现，加以强化，使其个性、独特性成为在传播过程中易于识别的内容。日本著名的电器公司——索尼、松下、日立——为在竞争激烈的世界家电市场上独树一帜，确立了个性化的企业理念，并通过视觉识别系统表现，有效地获得了消费大众的认同，见表4-1。

表4-1　　日本名牌电器公司的企业理念

公司	标志语	企业理念
索尼	Do you dream in Sony?	生活因为Sony而充满梦想
日立	Inspire the Next	引入全新生活品质　推动时代变革进步　引领新的时代纪元
松下	Panasonic ideas for life	通过遍布全球的员工进行研发、生产、销售及服务，为创建丰富多彩的生活和先进美好的社会，不断提供有价值的创意

个性化首先表现在不同行业。因为在社会性大众心目中，不同行业的企业与机构均有其行业的形象特征，如服务业企业与工业企业的企业形象特征应是截然不同的。构建独特的企业理念必须与行业特征相吻合，与行业特有的文化相契合。在视觉设计时必须突出行业特点，才能使其与其他行业有不同的形象特征，有利于识别和认同。

其次，必须突出与同行业其他企业的差别，也就是说，企业理念要能与竞争对手区别开来，体现企业自己的风格，只有独具风采，才能脱颖而出，迅速有效地帮助企业创造形象。当今国际市场多元化的竞争愈来愈激烈，坚持企业理念的核心地位，从内而外，通过视觉设计传播企业信息，体现企业形象的差异性和独特性。

宝马（BMW）标志（见图4-5）中间的蓝白相间图案，代表蓝天、白云和旋转不停的螺旋桨，喻示宝马公司悠久的历史，象征该公司过去在航空发动机技术方面的领先地位，又象征公司一贯的宗旨和目标：在广阔的时空中，以先进的精湛技术、最新的观念，满足顾客的最大愿望，反映了公司蓬勃向上的气势和日新月异的新面貌。

图4-5　宝马的标志

别克（BUICK）的商标图案（见图4-6）是三个盾，它的排列给人们一种起点高并不断攀登的感觉，象征着一种积极进取、不断攀登的精神。

图4-6 别克的标志

马自达（Mazda）的标志图案（见图4-7）意味着马自达要展翅高飞，不断进行技术突破，以无穷的创意和真诚的服务勇攀车界顶峰，迈向未来。

图4-7 马自达的标志

土星（Saturn）是通用汽车公司旗下的汽车品牌，其标志（见图4-8）为土星轨迹线，给人一种高科技、新观念、超时空的感觉，寓意土星汽车技术先进，设计超前且具有时代魅力。

图 4-8　土星的标志

第二节　企业理念在行为识别系统中的渗透

理念是一切行为的先导，行为是理念的最好诠释。企业理念是无形的，它不仅需要通过视觉识别系统静态地表现，还需要通过受企业理念支配的行为识别系统动态地体现出来。行为识别系统是企业实践经营理念与创造企业文化的准则，是对企业运作方式所作的统一规划而形成的动态识别系统。它是将企业理念的本质物化在企业的行为方式上，以经营理念为基本出发点，对内建立完善的组织制度、管理规范、员工教育、行为规范和福利制度，从而增强企业的凝聚力和向心力；对外开拓市场，进行产品开发，通过社会公益文化活动、公共关系、营销活动等方式传达企业理念，以获得社会公众和广大消费者对企业的认同。行为识别是企业视觉形象识别系统中的“做法”，是企业理念诉诸计划的行为方式，在组织制度、管理培训、行为规范、公共关系、营销活动、公益事业方面表现出来，企业对内对外的传播和组织无不以动态行为体现或贯彻理念。如果说企业的理念识别是企业形象策划的“心”，行为识别则是企业形象策划的“手”，点点滴滴渗透企业理念，表达企业的“心”。

一、企业内部行为的理念渗透

企业内部行为的理念渗透是指企业理念在企业内部员工中的贯彻执行。通过组织制度建立、员工教育等一系列活动，使企业内部员工逐渐认同企业理念，达成共识，从而改善企业机制，增强凝聚力。

企业的理念一定是全员的理念。企业理念的确立并非企业领导者的个人行为，它需要全体员工的共同认可，并且在具体的经营活动中，企业员工是企业理念实质性的载体，他们担负着传达理念、树立企业形象的艰巨任务。他们的工作行为无时无刻不在传播着企业信息，塑造着企业或好或差的形象和品牌。如果连本企业员工都无法准确地理解企业经营理念，那么就根本无从谈及将经营战略贯彻到具体工作中去，企业理念也将变成一纸空文。

（一）建立完善的企业制度

企业制度集中地体现了企业理念对员工的行为要求，企业理念又是制定企业制度的指导思想和最高原则。三菱集团总结出其企业理念——“我们的目标——为了人类、社会和地球”，为将此企业理念具体化，进而又制定了“我们的十条行为准则”，以此作为企业制度（见表4-2）。

表4-2　　三菱集团的行为准则

第一条	我们三菱集团以实现能包容不同个性和价值观的企业文化为目标，致力于自我钻研和自我改革
第二条	我们在企业经营当中注重效率，为企业的持续发展而努力
第三条	我们尊重每个人的基本人权，创造明亮、安全、舒适的工作环境
第四条	我们以合理的价格提供安全优质的产品、系统和服务，进行公正、公平的交易
第五条	我们努力取得社会的理解和信任，与此同时追求与社会的共同发展
第六条	我们遵守法律，遵照社会道德标准，进行公正的企业活动
第七条	我们遵从公司所制定的规则和制度，诚实地履行职责
第八条	我们为保护环境而努力，并致力于资源的有效利用和资源再生
第九条	我们在积极进行宣传活动的同时，尊重信息的价值和权利
第十条	我们作为国际社会的一员，愿为所在地区的发展作出贡献

（二）员工行为表现企业理念

企业员工行为规范必须与企业理念要素保持高度一致并充分反映企业理念，成为企业理念的有机载体。当理念的内涵未被员工心理认同时，理念只是管理者一厢情愿的“文化”，对员工只是外在的约束；当理念内涵已被员工接受并自发表达时，理念才真正被企业所拥有。美国著名管理大师吉姆·柯林斯在长期的研究后得出了这样一个结论：真正让企业长盛不衰的是深深根植于企业员工心中的核心价值观。

如今，优秀的企业提倡以人为本的理念，企业文化把“人”放到了核心的位置，强调企业目标和员工工作目标的一致性、群体成员价值观的共同性、企业对成员的吸引力以及成员对企业的向心力。

在企业员工行为规范方面，麦当劳公司有其独特的行为设计。麦当劳创始人在创业伊始，就确定了著名的“Q、S、C+V”经营理念，随后还特别制定了一套准则来规范员工的行为：OTM（Operation Training Manuals），即营运手册；SOC（Station Operation Checklist），即岗位工作检查表；QG（Quality Guide），即品质参考手册；MDT（Management Development Training）即管理发展培训，小到洗手消毒有程序，大到管理有手册，以保证“Q、S、C+V”的有效贯彻。如今，黄色的大“M”标志已经遍布全球，麦当劳的经营理念和欢乐、美味通过餐厅的服务人员传递给顾客。

（三）企业环境体现企业理念

企业环境的营造也应该突出企业理念这一中心。企业环境包括实物环境和人文环境。企业环境所营造的文化氛围，使全体员工身临其境，在潜移默化之中接受、认同企业的理念，并以此规范自己的语言、行为。优秀的企业营造和谐、向上的环境，体现卓越的企业理念，也在社会公众中树立了良好的企业形象。

二、企业外部行为的理念渗透

企业外部行为系统是企业动态行为识别形式之一。企业的各种行为都要体现出企业理念，才能塑造出良好的企业形象，才能使企业形象具有统一的内核。因此，企业外部行为系统必须在理念系统的指导和制约下进行。

日本丰田公司的“企业精神”是上下同心协力，以忠诚开拓事业，以产业的成果回报国家；将研究与创造的精神深植心中，不断研究与开发，站在时代潮流的前端，戒除奢侈华美，力求朴实与稳健；心存感激而生活。正是有了“心存感激”之情，丰田员工才具备了尽职尽责、全身心投入工作之中的热情，有了为社会、为公众服务的责任感，因此，社会也给予他们丰厚的回报，使丰田得以成为世界汽车业中的骄子。

一个企业之所以能够长期给人与众不同的行为识别，企业的成员能有与众不同的精神风貌，关键是有与众不同的企业理念。但是，这些理念能否被社会接受和认同，关键还在于企业外部行为。

市场营销行为是企业外部行为的主导方面。企业的市场营销行为包括新产品的开发策略、定价行为、分销渠道、促销决策等整合营销策略及产品、服务策略，这些策略都要全面体现企业经营理念、企业价值观、企业精神。

日立公司企业的理念：采用以知识和信息技术为中心的尖端技术，不断提供具有新价值和可能性的产品、系统和服务，提高人民的生活水平，迈向更完美的社会。日立公司敏锐地发现社会和顾客的需求，制定并达到自己的目标，不拘泥于过去的概念，开发和应用新技术，特别是在新技术和服务上多下功夫，勇敢向未知的领域进军。日立的理念完全渗透到企业的产品开发、服务、资本营运、战略行为中。

世界上知名的电子、通信和娱乐企业索尼公司，在为人们创造新的生活方式和提供高科技产品的同时，也始终为推动社会的发展和进步积极贡献着。秉承“以技术贡献社会，做优秀企业公民”的发展理念，索尼不仅致力于将社会责任纳入公司运营的每一环节，而且在教育、环保和文化艺术等领域积极开展社会公益活动。

第三节　企业理念的行为化

企业理念是企业的灵魂和精神的体现，是企业所有日常经营活动的行为指南。一个有长远发展目标的企业，必须通过树立企业形象和品牌形象强化其市场认知度，这就需要在整个企业中统一思想，使全体员工的行为举止符合企业整体形象。因此，企业理念不仅要反映企业领导者个人的思想，还要在企业所有成员中得到认同，被社会公众接受，达成共识，从而进一步强化企业形象，创造更加有利于企业深化发展的内外部环境。具体地说，企业理念行为化主要体现在两方面：一方面它以一整套的行为规范制约员工；另一方面它以高素质的服务满足公众。

一、企业理念行为化的特征表现

（一）行为识别的统一性

首先，企业的一切行为都要与企业的理念保持高度一致，不能与企业的经营理念相悖。其次，企业的一切行为都应当做到上下一致，即全体职工以及企业各部门所开展的一切活动都要围绕一个中心，即为塑造企业良好形象服务，任何与这一目的相违背的行为，都会有损或者破坏企业形象的统一性。

（二）行为识别的个性化

行为识别是以企业独特的经营理念为基本前提的，这就决定了行为识别具有个性化的特点，它始终围绕着企业经营理念这个核心展开。企业要在对手如林的商战中取胜，就应当在企业理念的指导下进行运营。企业的行为识别体现出与其他企业不同的个性，而这种独特的个性，正是社会公众识别企业的基础，否则就容易陷入无差别的境地，就会淹没在商品的海洋之中。所以，企业应当注意创立独特性、差异性，因为广大消费者正是通过这种独具个性的活动来认识企业的。

二、企业理念行为化的方法

（一）仪式化

企业在每天的有序化仪式活动中，经常性地传播经营理念，促进员工对企业理念的理解和接受。例如，在企业庆典或每个营业日举行升旗、播放企业歌曲、领导和员工代表讲话等仪式。

（二）环境化

环境熏陶人，甚至会改变人的思想和情感。将企业理念转化为标语、文字、图案、壁画、短视频等，并放置在企业适宜的地方，从而形成企业的文化氛围和人文环境，使员工耳濡目染，在潜移默化中接受、认同企业的理念，从而规范自己的言行。

（三）培训教育

企业理念的培训教育包括启发教育、自我教育和感染教育的方式。启发教育要联系企业的奋斗史，用历史、事实启发员工，使其加深对企业理念的认识；自我教育是在启发教育的基础上，结合自身的成长史、岗位职责和对未来美好生活的憧憬及自身的发展前途，自我激励、自我约束、加强自我认识；感染教育是企业利用对辉煌业绩的实际感受、对竞争对手巨大成就的了解，进行积极性和创造性激励，其他还包括满足需求的激励、危机激励、目标激励等。

（四）象征性游戏

象征性游戏是利用能缓和紧张气氛和鼓励新活动的游戏来开发企业理念的创造力

和贯彻理念精神。把企业理念融入游戏活动中，在轻松活泼的气氛中传达理念的内容，激发员工维护企业理念、自觉贯彻企业理念。游戏的形式有很多，如即兴表演、辩论、模拟操作、策略判断、拓展训练等。

（五）楷模示范

企业领导层以自己的言行严格贯彻经营理念，身体力行，以一致言行给员工做表率，上行下效。还可通过培养贯彻企业理念的典型模范来形成强大的影响力。企业模范既有外显行为的榜样功能，使人效仿，也有内在情绪的感染效应，对员工心理有潜移默化的渗透作用。

思政课堂

张瑞敏砸冰箱

【思政元素】企业家精神；质量强国。

1984年，张瑞敏任青岛电冰箱总厂厂长，青岛电冰箱总厂就是海尔集团的前身。1985年，张瑞敏的一个朋友来买冰箱，挑来挑去，发现很多冰箱都有毛病，左挑右选，才带走了一台“勉勉强强”的冰箱。原来，当时厂里摆着400多台冰箱，但是有五分之一的冰箱都是有问题的，足足有76台，这76台冰箱都有各种各样的小问题，虽然不影响冰箱的正常使用，但是都有不如意的地方。

张瑞敏知道此事之后，召集员工问大家这些问题应当如何解决。很多员工也清楚这些问题，在生产过程中可以尽量去减少，只是没有多花心思去做。

当时，很多人都提出：有些小毛病的冰箱不影响使用，可以以“员工价”低价处理给员工，或者找员工的亲戚朋友来购买。谁知，张瑞敏一听这个话就怒了。当时，一台冰箱可谓是“奢侈品”，大约800元一台，这个价格在如今看来并不多，但是在1985年，那可是相当于一个普通职工两年的工资，很多人家根本就舍不得买冰箱。若是以高价钱买了这样的冰箱回去，虽然不会影响使用，但是也会有人说不好，一传十，十传百，如此以往，海尔的冰箱还有活路吗？

张瑞敏当即拿起一把大锤，在所有员工的面前砸毁了一台有问题的冰箱。员工们顿时目瞪口呆，不明白为什么厂长发这么大的火，不就是几台不影响使用的“等外品”冰箱吗？

张瑞敏砸完又说：“你们是自己砸，还是我一个人砸？”大家纷纷走上前来，想要拦着张瑞敏，口中说着，这样损失太大，只是一点小问题而已，不碍事的。张瑞敏听了以后，严肃地说道：“从今往后，谁再生产这样的冰箱，谁就给我亲自砸了，只有这样，你们才会知道心疼，心疼了，你们才会长记性，才不会继续生产这样的东西出来。”张瑞敏这样说着，就亲自带人，砸掉了这76台有问题的冰箱。

众人一边砸，一边心疼。后来张瑞敏又规定，以后海尔的电器，绝对不规定什么品质等级，只要不合格，一律砸掉。

张瑞敏砸冰箱的事，很快就被周边的居民知道了，之后当地的电视台、报纸也争相报道此事，很快，这个名不见经传的小电器厂砸冰箱的事被全国人民都知道了。

之后的几年之中，“海尔”这个牌子开始被人们渐渐熟知，并且，张瑞敏一直没有忘记自己要做好质量的初心，“如何从我做起，提高品质质量”的口号也一直坚守在每一位员工的心里。

直到1988年，在张瑞敏的带领下，“海尔”冰箱获得了中国历史上第一块属于电冰箱的金质奖章，这是对“海尔”质量的肯定，也给我国的电器行业树立了一个榜样。因为当时我们的产品好像被打上了劣质品的标签。这不只是外国人对我们的刻板印象，我们自己的国人也是这样认为的。而这样一块金质奖章无疑给这样的鄙视一记响亮的耳光。我们制造业的腰杆也慢慢地直了起来。随后“海尔”也成为国内电器行业的领头羊。

1990年，张瑞敏的企业管理方式、前瞻性的眼光和战略都得到了国家的肯定，也斩获了国家颁发的“优秀企业奖”。同年，张瑞敏也获得了国家颁发的“国家质量管理奖”。这些奖项对于张瑞敏个人来说，是对他管理的肯定，对于“海尔”来说，则是对“质量”的肯定。

从这个广泛流传的故事里，我们可以看出，张瑞敏通过砸冰箱这一行为，把质量理念清晰、深刻地传达给了企业员工。

资料来源：作者根据网络资料整理.

本章小结

企业形象策划是企业形象的三个子系统相互促进、彼此渗透的过程。企业形象策划要求企业从理念识别开始，以强调企业理念的整合为核心，透过行为识别建立企业文化，并以视觉识别树立企业的整体形象。企业识别为了表现企业的优越性，必须把本身的独特性明确化。理念识别要与视觉识别系统、行为识别系统结合，才能形成完整的企业形象识别系统。企业理念对企业的行为和视觉传达具有统摄作用。没有理念的企业只会是一盘散沙；没有理念识别的CIS也不会成为一种体系。企业理念是无形的，但它体现在一切有形的事物中；同样，所有的行为活动和视觉识别都是围绕着理念这个中心展开的，视觉和行为只有渗透了理念才富有意义。理念识别系统是整个识别系统的主导内容，是建立企业识别系统的原动力。它既要引导整个企业的发展方向，又要渗透到企业形象的其他子系统中，以促进其具体化、行为化（见图4-9）。

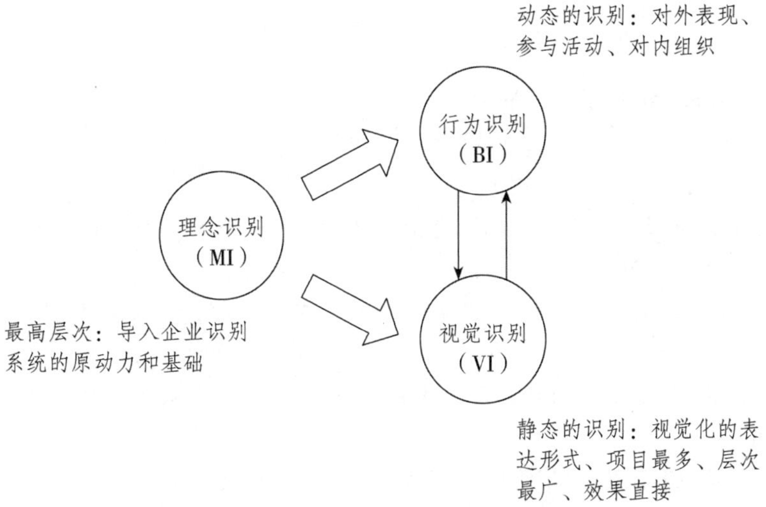

图4-9　企业形象识别系统三个子系统的结构关系

视觉识别系统和行为识别系统作为企业形象识别系统的两个子系统，要统一地发挥作用，必须有第三个子系统予以统领，即理念识别系统。理念识别系统是最高决策层次，也是企业形象识别系统的基本精神所在，是系统运作的原动力和实施的基石。完整的企业识别系统的建立，是以企业经营理念的确立为主体的。

理念系统是整个识别系统的主导内容，是建立整个企业识别系统的原动力，有了理念系统，才能确立企业的主体性，指导企业的发展方向；行为识别系统是企业识别系统的本质内容，它是一种动态的形式，强调一种行为过程，是建立整个识别系统的关键，有了行为系统，企业的理念才能落到实处，推动企业良性发展；视觉识别系统是企业识别系统的基础内容，有了视觉系统，才能及时地、鲜明地向社会传达企业经营的信息，使公众在视觉上产生强烈的刺激，最终树立起企业的形象。

本章练习题

1.简述企业理念与企业行为识别和企业视觉识别的关系。

2.列举理念行为化的案例。

3.根据麦当劳的经营理念——品质（Q）、服务（S）、清洁（C）、价值（V），麦当劳的行为规范——OTM（营运手册）、SOC（岗位工作检查表）、QG（品质参考手册）、MDT（管理发展培训），麦当劳的标志——黄金双拱门“M”，论述企业理念在视觉识别系统和理念识别系统中的渗透及企业理念的具体行为化。

本章参考和阅读文献

[1] 叶敏，朱苗，叶万春，等.企业形象策划——CIS导入［M］.6版.大连：东北财经大学出版社，2022.

[2] 张德，吴剑平.企业文化与CI策划［M］.5版.北京：清华大学出版社，2020.

[3] 刘泽梅.创造现代企业形象的新战略—— CI策划与设计［M］.北京：新华出版社，2019.

[4] 史历峰.CI策划与设计［M］.2版.郑州：郑州大学出版社，2016.

[5] 杜海萍.企业形象策划［M］.大连：大连理工大学出版社，2014.

[6] 王维平，何欣.现代企业形象识别系统［M］.北京：中国社会科学出版社，2010.

第二部分　企业视觉识别系统策划

第五章　企业视觉识别系统策划概述

本章提要

作为企业形象识别系统的重要组成部分，视觉识别系统（VIS）是以企业标志为核心，通过与色彩、文字、图案等视觉元素的有机组合而建立的具备明显识别特征、审美价值和象征意义的符号系统。科学地运用视觉识别系统可以使所有企业行为以简洁统一、准确规范的方式展示社会交流的各个层面，对经营者有目的地塑造企业形象具有举足轻重的意义。通过学习本章，应该了解企业视觉识别系统的地位和作用，掌握其设计流程和设计原则，并明确企业的视觉识别手册的内容。

本章案例

360安全卫士视觉识别系统更新

公司介绍：360公司是中国领先的互联网安全软件与互联网服务公司，据艾瑞咨询统计，360安全卫士是中国最受欢迎的杀木马、防盗号安全软件之一。360公司创立于2005年9月，旗下拥有360安全卫士、360杀毒、360安全浏览器、360软件管家、360手机卫士等一系列互联网安全软件，为网民提供全方位的安全服务。360的诞生，有效地遏制了木马泛滥的趋势，受到了广大网民的极大欢迎。360作为中国互联网安全领军品牌，已经做到多个第一和之最：

• 拥有规模最大的安全技术团队；
• 国内唯一经微软认证的多次发现0day漏洞的个人电脑安全公司；
• 捕获木马速度最快、数量最多，查杀木马速度最快、最准；
• 360杀毒首创双引擎杀毒，查杀能力更强，vb100测试国内第一；
• 第一个推行安全软件永久免费；
• 第一个提供漏洞补丁服务；
• 第一个发布账号保险箱；
• 第一个发布安全浏览器。

企业愿景：致力于成为全球最受尊敬的网络安全服务提供商。

产品特点：绿色、免费、易用。360拥有超过3亿用户，覆盖中国81%的网民，为中国第一大安全软件，并且坚持永久免费。

设计背景：360公司发展迅速，随着产品线的不断发展扩大，需要有一个风格统一的企业品牌形象，以适应未来发展的趋势。本次标志设计稿，如能得出理想的设计方案，将成为其他产品线标志的修正方向，以达到企业品牌形象风格统一的效果。同时，原有图形标志如360安全卫士绿色盾形标志与瑞士军刀较为相似，存在一定风险，见图5-1。

图5-1　360安全卫士原有标志设计

设计成果：新设计的360系列标志见图5-2。

图5-2 360安全卫士新标志设计

创意说明：标志以圆为核心元素，通过饱满立体的造型传达360全面、周到、圆满的品牌诉求。标志上下两部分的弧形，分别代表企业和用户，体现了360与用户之间相互沟通、相生相融的紧密关系；“+”直指360互联网安全专家的身份，表现了360为用户构筑安全、可靠的虚拟网络生活环境的决心。360的吉祥物名为安仔，一个可爱的绿色小机器人，面对不同的情景有着丰富的表情和肢体语言。它的出现使得360有了可爱可亲的形象，拉近了与用户的距离，特别是年轻的用户。

资料来源：根据360官方网站资料整理.

第一节 企业视觉识别系统的导入

一、视觉传播

（一）视觉符号

所谓符号，就是感知主体通过视觉、听觉等，把感知的对象与某种事物联系起来，使得特定的对象代表特定的事物，当这种规定被一个人类集体所认同，并且成为这个集体的公共约定时，这个对象就成为代表这个事物的符号。美国著名学者查尔斯·桑德斯·皮尔士认为，所有符号范畴的表象作用均建立在思维和判断的逻辑关系上。表意作用的符号可以分为图像符号、指示符号和象征符号三种类型（见图5-3）。

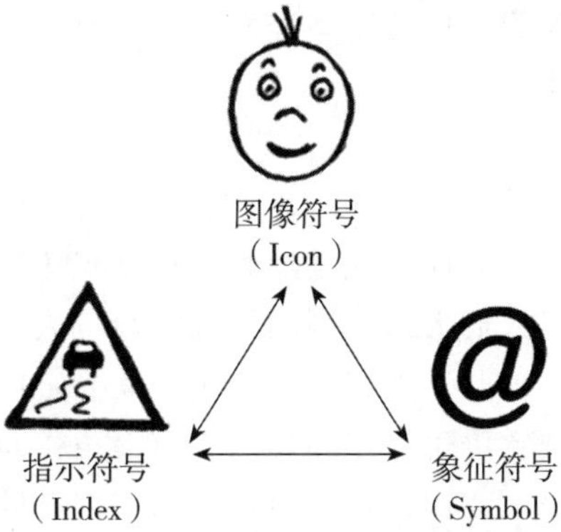

图5-3 符号学的三个组成部分

1.图像符号

图像符号是通过对象的写实或模拟来表征其对象的符号，它必须与对象的某些特征相同。例如，照片就是某个人物的典型的图像符号，人们对于它的感知具有直觉性，通过形象即可辨认出来。属于图像符号的有画像、图景、结果图、比喻、模型、函数、各种图形等。

2.指示符号

指示符号反映了一个符号与被表征的对象的关系，它是与被表征对象有着直接联系或存在因果关系的符号类型。例如，一个有效文件就是通过某个具体的人或者某个企业、事业单位代表的署名、签字、印章等若干符号的确认来认定对于某一事件的描述。属于指示符号的有路标、箭头、基数、指针、专有名词等。

3.象征符号

象征符号是一种与其对象没有相似性或没有直接联系的符号，它可以自由地表征对象，并且在传播过程中通过“约定俗成”来发挥作用。例如，红色代表革命，白色代表纯洁等。由于象征符号所表征的并非个别的与一定时空相互依存的对象或事件，因此，象征符号可以理解为一个包含对象集合的变数，每一个具体的对象都是集合的要素之一。

在人的感官能够接收的所有符号中，视觉是获取信息的主要来源。人类早就有了视觉行为，视觉行为亦可视为通俗的“观看”。“观看”可以说是人类最自然、最常见的行为，但这种行为并不是最简单的，“观看”实际上是一种异常复杂的文化行为。早在古希腊时期，人们就已经注意到媒介和事物之间存在表征物和被表征物之间的符号关系。现代科学实践表明，人们主要是凭借五官的感觉来接收外界信息的，作为信息接收的一方来讲，视觉感官是人们获取信息的主要渠道。一个人在接收外界信息时，经由视觉接收的信息占到了全部信息的83%，11%的信息来自听觉，3.5%的信息来自嗅觉，1.5%的信息来自触觉，1%的信息来自味觉。视觉符号是一种艺术符号，也是表现性符号。视觉符号活动包含了某种抽象概念的活动，已经不再停留在个别符号之上了。任何视觉符号都有一定的文化内涵，体现在一定的情感结构中，围绕着一个特定的主题有机地结合在一起。视觉符号的象征性不仅在形式上使人产生视觉联想，更为重要的是它能唤起人们的联想进而产生移情，达到情感的共鸣，由此就为视觉的表达和传播创造了条件。

（二）视觉语言

在视觉经验和视觉规律基础上，逐步建立起来的视觉传达和图式创造的手段及途径，我们称之为视觉语言。一方面，视觉经验和视觉规律是潜在的和客观存在的。共同的自然和社会环境赋予了人们大致相同的视觉经验；人类相同的生理条件又决定了人们具有共同的视觉规律。因此，人们可以互相解读一定区域范围内甚至更广泛范围内的视觉符号。这形成了视觉语言存在和建构的前提条件及发展方向，并使其具备了广泛性和普遍性的特征。另一方面，视觉传达和图式创造的手段及途径则是对视觉规律和视觉经验的理解、利用和外在表现。视觉语言具有制度性和集体契约性的特征，视觉语言在每个孤立的单体个人的层次上只能是不完备的，只有在广大的群体中才能得以留存和发展。两方面的关系决定了视觉语言可以被大众学习和使用，大众也可以凭借视觉语言有效进行沟通和交流。

值得注意的是，在视觉语言的组织和空间的营造过程中，必须做到："视觉流程"清晰而且主体突出。所谓视觉流程，就是指信息接收者的眼睛在触及图像等各视觉符号时所形成的主次、先后顺序。比如，应该是主体形象却没有得以突出，应该在色彩上被淡化的次级形象却被凸显等，都属于视觉流程的混乱。如果视觉流程不够清楚，即相当于说话时语无伦次，主体符号不突出，必然导致接收的信息被曲解。

但是，突出主体并不意味着一定要把主体性的视觉符号放在画面的中心，我们依然可以运用相反的方式，人为地制造欲盖弥彰的效果，其中包含了视觉表达的艺术性。这些视觉规律都要依靠我们在日常的生活中去学习、去积累，并逐渐形成视觉经验。

（三）视觉传播方法

当下，以视觉为中心的视觉传播系统正向传统的语言文化符号传播系统提出挑战，并使之日益成为我们日常生活的重要组成部分。在视觉的研究中，对于视觉传播行为的理解有着广义和狭义之分。广义的视觉传播，泛指由视听媒介和视听媒介传播信息所形成的一种社会文化传播现象，而不是由单纯的纸质文字媒介和单纯视觉媒介来传播信息。狭义的视觉传播行为，侧重于单纯视觉媒介传播信息所形成的一种社会文化传播现象。视觉传播时代的来临，不但标志着人类思维方式的转变，也标志着一种新的传播理念的拓展和形成。

常用的视觉传播方法有以下三种：

1.渐进法

渐进法是指在相对较长的一段时间内，由企业向大众媒体传播，企业经营业务的发展使整个视觉识别系统渗透到企业的方方面面。逐渐推进的方法适合于经济实力有限的企业或是内部运行机制面临调整而又不可能急于求成的企业。渐进法并非不顾视觉传播的效果，无期限地和无目标地传播，而是强调企业要选择恰当的时机，发挥企业主要的有影响的媒体的作用，用较低的成本使社会大众和企业员工明确企业的目标。

2.集中法

集中法就是集中各个主要媒体的传播优势，在较短的时间内取得明显的传播效果。这种方法适合于条件成熟、有较好经济实力并且机制健全的企业。集中传播的策略往往可以在较短的时间内有较明显的效果，对扩大社会知名度非常有利。但是要想建立良好的企业形象仅仅这样是不够的，还必须贯穿于企业的日常经营活动中。另外，集中法强调短时间内的轰动效应，需要大量的资金支持，传播成本较高。

3.综合法

综合法是以上两种方法的结合，取长补短，优势互补，既有短期的轰动效应，又有长期的传播计划。实力较强、时机成熟的企业都可以采用这一策略，但是必须根据企业的实际情况而定。

二、视觉文化

（一）视觉文化的发展

视觉文化是指文化脱离了以语言为中心的理性主义形态，日益转向以形象为中心，特别是以影像为中心的感性主义文化形态。视觉文化，不但标志着文化形态的转变和形成，而且意味着人类沟通形式的转换。20世纪80年代之后，人们开始将视觉文化作为一种主导性的文化形态，将视觉文化作为一种沟通理论进行研究。而20世纪90年代以后，视觉文化进入传播学研究的视野，并引起了各界人士的广泛关注。

同样是大众文化传播的媒介形式，与以语言文字为中心的印刷媒介相比，视觉文化可以选用更多的色彩、更多的形状、更多的材料，而且可以结合静态和动态两种形式，所以，视觉文化更具有感官直接性，这是普通的印刷媒介所不能达到的。视觉使人们在短时间内就受到了强烈的冲击，那些紧张而又令人震惊的视觉冲击力激起了人们的钦佩、敬畏、恐怖和欲望等多种复杂的情感感知，视觉文化的这一层面是所有视觉活动的核心。通过这种形式，视觉文化把本身非视觉性的对象“视像化”了。正如通常所说，视觉文化研究的是应该怎样去创造视觉形式，从而传达一种经验、一种理念或是一种精神，而并非短视地只强调浅层次的视觉冲击力。

今天，视觉文化研究不但被文艺学、哲学、美学、传播学、社会学等领域的学者关注，而且正开始被经济界的学者关注，这是一件非常值得庆贺的事情。这不但意味着视觉文化研究领域的进一步拓展，而且还可能孕育着视觉文化研究领域的某些突破。有关专家认为：视觉文化不是形象的一般的积累，而是代表了人们之间的一种社会关系，而且是以形象传播为中介的人们之间的关系。这实际上是对视觉文化的一种全新的、更深刻的理解。视觉文化的生产方式和消费方式是以独特的传播形态表现和完成的。视觉文化的生产对象，已不再仅仅限于那些纯粹物质性的产品，而是越来越倾向于生产“视觉符号产品”，以传达企业的某种理念。

（二）视觉消费

当今社会已经发展为消费社会。随着消费逐渐成为人们日常生活和生产的主导动力和目标，在现代传播技术的作用下，以视觉为中心的视觉文化系统正日益成为我们生存环境的重要组成部分。大众消费的增长和视觉文化的发展，使生产者和消费者的行为方式发生了巨大的变化，同时社会和科技的发展也为人们接触和占有大量的、瞬息万变的、参差不齐的视觉符号提供了可能。从电影、电视到随处可见的广告作品、宣传资料，从无论大小、贵贱的商品的包装到大型购物场所丰富、强烈的视觉刺激等，都在不停地冲击着人们的头脑，从而影响着人们的价值判断和价值取向。

视觉文化与商品的内在联系使得消费社会必然趋向于视觉文化，或者是说，消费社会构筑了产生视觉文化的温床。附加于商品之上的流动意义和宣扬个人价值、震撼的视觉形象构成商品的重要组成部分，形象或影像主导了文化，图像和一切与视觉有关的感官刺激包围了我们的生活，形成了我们日常生活的重要信息来源和沟通途径。

人们消费的不仅仅是纯粹的物质产品，也不是一般精神产品，而是将视觉文化的精神产品通过视觉的表意与传播，以独特的方式进入人们的消费领域，即消费者通过消费具有某种认知内容的、富含信息的、带有审美的商品甚至艺术化的商品，可以体会到企业的经营理念等更深层次的内容。消费者以“看”的方式把握消费品的质量；消费品凭借其可视性入侵到社会生活的各个层面，并且以其附加价值而具有在消费者心理上产生印象的间接可视性。因此，视觉文化实际上是一种在理性认识基础上的感性表达，作为一种文化现象隐藏着深刻的社会意识形态和复杂的作用机制。

在这个经济高度发展的时代，消费者面临的消费信息环境相当复杂，这就决定了消费者大部分的购买行为要经过一定的信息筛选、处理之后，再付诸实施。既然消费者的购买行为要在“信息环境”当中作出，那么在这个视觉文化盛行的时代，这一“信息环境”的主要构成要素是视觉形象，视觉被越来越多的企业所重视。有关专家指出，视觉文化对社会具有特有的经济功能。

（三）视觉营销

随着时代的发展、社会经济的日益膨胀、现代科学技术的日新月异和消费文化的迅速成长，当今社会的信息传播方式和接受方式正在发生深刻的变化，以视觉为中心的视觉文化传播系统日益成为我们生存环境的重要部分。其中，生产者与消费者之间的视觉文化的传播已经成为社会生活当中极其重要的部分，已经开始颠覆生产者和消费者传统的价值观和感知方式。繁杂的商业信息已经让消费者无法将视线和思想远离关于商品、广告和其他营销活动的信息传播。其中值得注意的是，随着买方市场的逐步形成，视觉文化氛围的形成和营销竞争的加剧，视觉文化在市场营销中的应用已经突破了传统意义上的简单视觉刺激，而是逐渐倾向于通过各种视觉信息的传达，深入作用于消费者的心理进而影响他们的消费行为。在此，我们将这种贯穿于营销传播的多个环节，与信息接收者心理意象的生成具有密切关系的营销策略称为视觉营销。

今天，视觉营销不仅仅通过直观的广告形象刺激着消费者的感官，同时还通过与普通营销形式相类似的其他环节，用直接或间接的方式对与视觉、形象相关的信息进行表意和传达。直接的视觉营销方式包括商品的包装、商店的装修与装饰、企业广告的宣传等传递出的视觉信息；而间接的营销手段与信息接受者心理意象的生成有关，它可以贯穿营销策略的每一个环节，通过视觉形象的传播功能，结合消费者原有的视觉经验而发生作用。例如，著名的“天天牛奶”（化名）在包装盒上面有一句标语：“您购买此牛奶花费的每一元钱中，有一分钱将被捐献给希望工程。”这样就间接树立了一个“爱心企业”的形象，促进了消费者的倾向性选择购买行为。由此可见，生产者完全可以利用良好视觉形象的表意和传达，来控制或是改变消费者的消费行为。通过直接和间接的视觉刺激使代表某种价值观和消费者观念的生活场景或画面的意象产生于消费者的心理，正是泛化的视觉营销的关键所在。

可以说泛化的视觉营销得以形成的基础正是视觉符号、视觉传播等与视觉文化有关的心理意象、价值判断标准和认知规律在一定程度上得到了更多消费者的广泛认同，从而使视觉文化在当今社会中的地位得以提升，于是，出现了今天的视觉渗透到营销诸多环节的景象。因此，视觉营销的生成源于现代经济发展的需要，同时又在塑造、强化着这个时代市场营销的走向。美国哈佛大学的丹尼佛·贝尔教授说："声音和影像，尤其是后者，约定审美、主宰公众，在消费社会中，这几乎是不可避免的。"视觉文化将成为21世纪消费社会中的一种主导性力量。

三、视觉识别系统

（一）视觉识别的含义

视觉识别是凭借形态、色彩、文字来建构形象的一种可视符号。当形态、色彩、文字等各种信号不断地作用于人们的视觉感官时，会导致信息接收者的视线产生移动和变化，形成注目范围的视域优选和有规律的视觉运动。通过视觉流向的诱导和视觉流程的设计，捕捉人们的注意力，引导信息接收者以合理的顺序、快捷的途径和有效的浏览方式获得最后的视觉形象的定格，以此激发信息接收者的心理诉求，是视觉识别设计的根本任务之一。企业视觉识别系统是以塑造企业的视觉形象为主，彻底掌握视觉设计系统的一种经营技法。视觉识别系统将企业标志等基本要素，以强有力的视觉形象设计表达出来，从而形成企业固有的视觉形象，使得消费者可以通过企业的视觉形象来把握企业精神与经营理念，有效地提高企业及其产品的知名度和形象。

视觉识别系统是在企业经营理念的指导下，利用平面设计等方法将企业的内在文化和市场策略等通过视觉化的表意和传达来有形化、形象化的过程；企业视觉识别系统从视觉上表现了企业的经营理念和精神文化，从而形成了独特的企业形象，而其本身又具有形象的价值；企业视觉识别系统是企业作为独立法人的社会存在，与消费者、竞争者、供应商、政府以及与企业经营及生存有关的经济环境和社会环境下的其他利益群体相互区别、联系和沟通的最直接和常用的信息平台。因此，通过企业的视觉识别系统对企业的视觉识别进行诠释，就可以把视觉形象当作一种工具，来评判、考察和分析一个企业的经营策略，并且可以通过视觉形象来捕捉企业的最新动向。

（二）理念、行为与视觉识别三者的关系

如前所述，企业形象识别系统是由三部分组成的，包括企业理念识别系统、企业行为识别系统和视觉识别系统。其中，理念识别系统是整个企业形象识别系统的主导内容，是建立整个企业形象识别系统的原动力，有了理念系统，才能确立企业的灵魂和主体性，才能指导企业的发展方向；企业行为识别系统是企业形象识别系统的本质内容，它是一种动态的形式，强调行为过程和更为实际的可操作性，是建立整个识别系统的关键，有了行为系统，企业的理念才能落到实处，才能推动企业良性发展；视觉识别系统是企业形象识别系统的基础内容，是实施企业形象识别系统的中心环节和重点所在，因为有了视觉系统，才能及时地、鲜明地向社会传达企业经营的信息，使公众在视觉上产生强烈的刺激，最终树立起企业的形象。在这一体系中，企业理念识别系统是主导因素，企业行为识别系统和视觉识别系统是企业理念识别系统的外在展示，同时二者又相互影响、相互作用。有人曾形象地把企业形象识别系统比作一支军

队，企业理念识别系统是军心，是军队投入战争的指导思想，是最抽象、最理论化的一部分；企业行为识别系统是军纪，它是军队的行为规范，是军队取得战争胜利的重要保障；而企业视觉识别系统是军旗，是军队所到之处的形象标志。这一比喻颇能形象地说明企业形象识别系统三要素的相互关系。

所以，企业形象识别系统的三个子系统是一个有机的整体，视觉识别绝不能脱离整个企业形象识别系统而孤立地起作用，如果割裂企业形象识别系统内部各要素的联系，甚至用企业视觉识别系统取代完整的企业形象识别系统，必将把企业形象识别系统引入歧途，而企业视觉识别系统也会变成无本之木、无源之水。企业视觉识别系统应该以企业的理念识别系统为基础，也就是说，视觉识别的内容必须反映企业的经营思想、价值观念、经营方针和文化特征；也可以说，视觉识别系统是企业理念的形象体现，前者是动态的识别系统，后者是静态的传播系统。企业视觉识别系统和企业行为识别系统也是互相促进的。视觉识别设计被广泛应用于企业的经营活动和社会活动中，进行统一的传播，并将企业识别的基本精神充分地体现出来，使企业产品名牌化，同时对推进产品进入市场起着直接的作用。

（三）视觉识别系统的地位和作用

企业视觉识别系统的建立，是将企业的经营理念和战略构想翻译成词汇和画面，使抽象理念落实为具体可见的传达符号，形成一整套象征化、同一化、标准化、系统化的符号系统。企业视觉识别系统有其自身的构成原理和符号特征，它强调引人注目、寓意丰富、简洁明快、方便识别和记忆等。在确定了企业理念识别系统后，运用平面构成、立体构成、色彩构成以及电脑辅助设计等视觉传达设计的技能和方法，根据媒体要求和竞争策略的需要，设计企业形象识别系统的各种视觉符号，可以鲜明地刻画企业的特点，突出企业理念，使得公众对企业产生一致的认同感。

视觉识别的传播与影响最具体、最直观、最强烈。因此，在整个企业形象识别系统中，视觉识别系统以其独特的符号特征和设计语言，成为涵盖形象项目最多、影响力最广、宣传形象最鲜明、宣传效果最直接的形象识别系统之一。视觉识别能够充分表现企业的经营理念、企业精神、个性特征，使社会公众能够一目了然地了解企业传达的信息，从而达成识别企业并固化企业形象的目的。

企业视觉识别系统的作用和功能如下：

（1）企业视觉识别系统是企业经营哲学、市场营销战略等的具体视觉体现，可以提升企业的地位与声誉。

（2）企业视觉识别系统所传达的对象，不仅仅是消费者，同时还有企业的竞争者、内部员工、政府机关、社会团体等其他与业务有关联的利益群体。因此，企业视觉识别系统可以统一各个群体的认识，有利于企业的经营发展。

（3）企业视觉识别系统是一种动态演变的系统，呈开放的状态，随着时代的发展而发展。企业视觉识别系统可以反映企业的相关政策、措施的变化和取向。

例如，苹果公司的标志也是不断演化而来的（见图5-4）。1976年，苹果的第一个标志由罗·韦恩（Ron Wayne）用钢笔画的，设计灵感来自于牛顿在苹果树下进行思考而发现了万有引力定律，苹果也想要效仿牛顿致力于科技创新。但是这个logo图形复杂并且不容易被记忆，只在生产 Apple Ⅰ时使用，所以很快被苹果所抛弃。1976年，乔布斯决定指定 Regis McKenna 公关公司的艺术总监 Rob Janov 重新设计一个更好的商标来配合 Apple Ⅱ的发行使用。于是 Janov 开始制作了一个苹果的黑白剪影，但是总感觉缺了些什么，“我想简化苹果的形状，并且在一侧被咬了一口（taking a bite）——a byte（一个字节），对吧，以防苹果看起来像一个番茄，”Janov 解释道。然后，Janov 增加了六条彩色的、水平色条，这样就完成了我们所熟知的彩色苹果徽标。1998年，在新产品 iMac、G4 Cube 上应用了全新的半透明塑胶质感的新标志，标志显得更为立体、时尚。这一次标志变化的原因是新产品都采用透明材质的外壳，为了配合新产品的质感而改变。黑色标志也几乎同时出现，大部分是出现在包装、商品或需要反白的对比色上，为了配合产品的宣传，苹果的单色标志仍然被使用着，也是最能体现乔布斯对苹果的品牌定位的标志。2007年，苹果公司标志变更为金属带有阴影的银灰色。2013年，苹果公司标志变更为具有扁平化风格的无凹凸感纯黑色logo，并沿用至今。

图5-4　苹果标志的演变

成功的视觉识别一般都能通过独特而富有吸引力的视觉符号设计，使受众对企业的经营风格和战略理念产生联想。在同类企业中，企业能够通过鲜明的视觉识别标志比较容易地被识别出来，从而形成特有的市场定位，进而达到培养忠诚顾客的目的。企业视觉识别系统是一项有组织、系统化的作业。在较长的一个时间段内，设计科学、实施有力、督导有效、修正及时的视觉识别系统，是宣传企业经营理念、建立企业知名度、塑造企业形象、传播企业文化的捷径。

第二节　企业视觉识别系统的设计流程

一、调研、准备阶段

（一）人员安排、调研

企业进行真正的视觉设计之前，必须进行相关的调研和准备工作。对企业营运状况等方面进行周密、有计划的调查和深入精确的判断是企业视觉识别设计的前提。调研阶段将为视觉识别的设计提供翔实的、真实的资料，在此基础上，企业视觉识别设计将更有计划、有目的地进行，而且调研的实施保证了之后设计实施的方向的正确性。因此，视觉识别设计的调研阶段是企业视觉识别系统设计的出发点，是一项有计划、系统的工作。

一般情况下，企业为了进行视觉识别设计的调研，要成立一个视觉识别设计调研委员会。此委员会的人员要由企业的主要负责人和企业视觉设计专家共同组成。具体来说，委员会成员包括三个部分，分别是决策人员、职能人员和策划人员。

企业视觉识别设计的调查主要包括企业调查和沟通效果调查两个方面。

1.企业调查

企业视觉识别设计的企业调查包括两个层面的内容。

（1）企业实态调查，主要内容包括：企业的工艺和技术水准、运行机制、产品品质、产品和技术开发能力等。

（2）企业环境调查，主要内容包括：企业的经济环境和文化环境、企业所处环境中的消费者的消费习惯、企业所处地域的文化特征和文化禁忌等。

2.沟通效果调查

企业视觉识别设计沟通效果调查的主要内容有：企业公共场所的装修格调与气氛，企业对外宣传媒体种类，各种传媒的表现水平和表现方式，企业的公关和宣传活动，消费者对企业的形象认知，公众对企业的商品和服务工作的意见和评价，政府或其他主体对企业今后工作的建议和意见等。

（二）设计方式的选择

经过周密、科学的调研阶段之后，企业为了将视觉识别系统的开发设计付诸实施，紧接着要进行开发设计主体的选择。有的企业仅仅凭借本企业内部的员工就可以完成设计工作；有的企业要经由专业的视觉设计公司来实施。若将视觉识别系统的设计外包给专业的公司，企业就要根据各个设计公司的实力和声望等谨慎选择合作对象，然后双方商定具体相关事宜。其中，选定设计开发方式、拟定设计开发委托书是委托设计阶段最为重要的两项工作。

1.选定设计开发方式

企业视觉识别系统的外包设计开发方式共有三种：全部委托、部分委托和招标委托。

（1）全部委托方式是将企业视觉识别系统的设计任务完全交给一个声誉好、实力强的设计公司来承担，依靠专业设计人员的经验和才干完成所有的设计开发项目。这种方式的优点在于可以缩短企业导入视觉识别系统的时间，取得优质的设计效果；其风险在于设计人员往往更强调设计作品的艺术性，设计理念比较容易偏离企业的经营理念，有时很可能取得适得其反的效果。

（2）部分委托方式是指以专业设计公司的人员为主体，本企业的设计人员也参与其中的合作开发方式。这种方法既可以很好地发挥设计公司的专业优势，又可以保证设计作品不脱离企业的经营理念；其弊端是在视觉识别的开发设计过程中，需要本企业和设计公司的员工的团队合作，如果双方不能够很好地配合，就会减少各自的责任感，降低整体的设计水平，最终将难以设计出符合企业需要的方案。

（3）招标委托方式分为指名设计和公开竞选两种。指名设计是指将企业的视觉识别设计交予一些相对比较优秀的设计公司来做，然后对多种设计方案进行比较选优。公开竞选是指面向社会公开企业的视觉识别设计要求，广泛征集设计方案，然后进行优选。招标委托方式的最大优点就是可以集思广益，容易产生设计创意好的视觉识别方案，可以给予企业更多的选择；其缺点是设计成本比较高，筛选程序的公正性难以把握，而且设计过程往往持续很长时间。

无论企业采用哪种方式进行视觉识别的设计，都要根据企业自身的实力和媒体情况谨慎选择，以保证设计质量。

2.拟定设计开发委托书

视觉识别系统的设计开发如果成功的话，将是一个企业的长期受益项目。因此，对于一个企业来说，视觉识别系统的设计是一项严肃而且谨慎的重大举措。在选定了开发设计的实施公司之后，设计开发工作尚未开始之前，企业应该认真地拟订设计开发委托书。委托书的内容包括：记录开发设计的原因背景、明确视觉识别的开发目标、指明设计开发的战略作用和工作目的等。

（三）设计的宏观指向

企业视觉识别设计不是机械的、简单的符号操作，也不是一般的平面的静态符号设计。视觉识别设计作为企业对外形象的传播媒介，应当紧紧围绕着企业的经营理念、企业精神等，多层次、多视角、立体化、全方位地进行对外界的表意和传达，使企业视觉识别系统成为企业理念系统内涵的生动表述。也就是说，企业视觉识别系统应该以企业的理念识别系统为基础。

企业视觉识别系统设计的首要问题是企业必须从识别和发展的角度，从社会和竞争的角度，对自己进行市场定位，并以此为依据，认真分析、整理、审视和确认企业的经营理念、经营方针、企业使命、企业文化、运行机制、企业特点以及未来发展方向，使之演绎为视觉符号系统。其次，是将抽象的视觉符号系统设计成视觉表意和传达的基本要素，统一地、有控制地应用在企业行为的方方面面，以达到树立企业良好形象的目的。在企业视觉识别系统的设计开发过程中，从形象概念到设计概念，再从设计概念到视觉符号，是两个关键的阶段。

企业在以下三种情况下要特别重视视觉识别：一是企业战略定位或者产品战略定位有所改变，当其原有的形象已经不能承载企业未来的战略需求的时候，则需要根据新的战略定位重新改造其视觉形象，以使之适合新的企业品牌战略规划；二是企业刚刚成立或企业成立时间不长，企业品牌还未建立或企业对自身的品牌认识存在误区，以及品牌定位不明确，需要企业以外的策划设计公司等以一个旁观者的角度来判断和分析，在企业视觉识别系统（企业形象策划）上做规范和统一；三是企业发展到一定的阶段，或者说企业的营销渠道和营销模式很成熟时，面临着形象过于陈旧、过于老化，跟不上社会和时代发展的瓶颈，企业不得不在视觉识别系统（企业形象策划）上做规范。

例如，成立于1996年的农夫山泉，凭借经典广告语“农夫山泉有点甜”迅速提高了知名度，农夫山泉包装设计上的千岛湖实景形象业已在人们心中扎了根。农夫山泉作为一家饮用水生产商，其包装设计传达出安全、真实的感觉，千岛湖实景图让人对水源地有所了解，深深的中国红配以深绿色边缘，加上稳固的瓶形设计，都在向消费者传达饮用水所承担的安全责任。时至2010年，农夫山泉更换了包装设计，整体视觉形象富有亲切感，简洁干净的画面让人想到产品的安全性。将原有的千岛湖实景图换作简单的山水图，一滴水的形状承接了整体瓶形，瓶身上的水纹明确指向饮用水的产品性质。包装上的文字和图形都很精致，这些都传达了产品生产商追求高品质的风格。简单大气的包装设计也迎合了现代化、国际化的市场特征，满足了年轻一代消费者的审美需求（见图5-5）。

农夫山泉原包装　　　　2010年新包装

图5-5　农夫山泉新旧包装对比

二、设计、实施阶段

（一）设计原则概述

企业视觉识别设计体现企业的内在素质，通过造型简单、意义明确的统一标准的视觉符号，将经营理念、企业文化、经营内容、企业规模、产品特性等要素传递给社会公众，使之识别和认同企业的图案和文字。视觉识别设计是社会大众认识企业品牌的途径，企业的视觉识别设计一旦完成，就会成为企业运作的全部依据，企业的每一位员工，无论是管理人员还是一线员工都要严格遵守、主动践行。一个完整的企业视觉识别设计，不可能朝令夕改，必须持续使用较长时间。所以，企业视觉识别的设计不是漫无目的的游戏，不是一个简单的视觉设计问题，而是为企业未来十几年、二十几年甚至更长的时间做规划，所以一定要谨慎、有序地进行，不能杂乱无章。企业视觉识别系统的设计开发在宏观方向上取决于企业经营理念，实际的开发过程也是在特定原则指导下进行操作，这些操作必须遵循一些基本原则。

（二）设计原则

1.差异性原则

企业视觉识别设计的首要原则就是差异性原则。一个企业的视觉设计应该适合企业的经营状况，而且应该仅仅适合此企业的经营状况，即成功的企业视觉识别设计应该是为某个企业量身定做的，紧紧围绕企业经营项目等典型特征，在企业标志、色彩、图案、文字等元素相互组合、相互搭配的设计过程中，利用象征、比喻、象形等手法，创造性地开展设计工作，营造一种与众不同的视觉效果，以赋予企业特别的视觉形象，达到加深公众印象的目的。

凭借差异化对企业加以区分和定位是企业视觉识别设计的核心。企业视觉识别之间的差别越大，特点越鲜明，公众对于各个企业的识别性就越好。在科学技术高速发展、经济全球化的时代，同类企业的产品功能差异已经越来越小，企业的同质化倾向已经变得非常明显，视觉识别系统作为塑造企业形象的主要手段，只有充分贯彻差异性原则才能最大限度地突出企业的个性，强化品牌特点与价值，使企业形象更容易脱颖而出。

可口可乐公司以红色波浪，麦当劳以金黄色的圆弧拱形门，都形成了独具特色的商标，把自己与其他企业鲜明地区别开来，公众因强烈的视觉刺激而对这两个企业过目不忘，广大消费者只要一想到这些视觉标志，就能够联想到企业及产品。

但是不是所有的品牌在视觉识别上都是一帆风顺的。卡夫食品（Kraft）曾两次更换了标志，但是并不成功（见图5-6）。分析人士贝尔克说："我看不出它的内涵。这么短的时间内就改了两次，说明卡夫公司对标志管理不善。他们并没有从战略角度看待这个问题。"另外，新标志看上去特别像优诺公司（Yoplait）的标志（见图5-7），但优诺不是卡夫公司旗下的品牌。

图5-6 卡夫食品连续更换的两个标志

图5-7 优诺公司标志

由此可见，只有差异化，才有区分度；只有区分度，才易于社会公众把它从繁杂的背景信息中识别出来，形成牢固的记忆。同时，视觉识别的差异性也是设计师完成高质量创意工作的必然结果，所以，差异性已经成为衡量企业视觉识别系统设计水平高低的重要指标。

2.艺术性原则

企业的视觉识别是通过视觉形象的表意与传达完成的，从一定意义上讲，视觉识别的设计是一种视觉艺术。艺术的造型要素有点、线、面、体四大类。设计者要在理解品牌愿景、使命和核心价值观的基础上，借助于这四个要素，通过掌握不同造型形式的相关规则，使所构成的图案具有独立于各种具体事物结构的美，表达品牌的内涵，体现品牌的精气神。同时，视觉识别的设计者应当符合艺术形式美的规律。企业在进行视觉识别的设计时，只有充分应用对称、秩序、平衡、调和、韵律、比例等美学原则（见图5-8），才可以更好地、有创意地从事视觉识别设计的开发与创造。依照艺术性原则设计出来的视觉识别作品，讲究内容美与形式美的完整统一，从而使公众的视觉识别过程变成了一个审美的过程，由此更加深了公众对企业的印象。

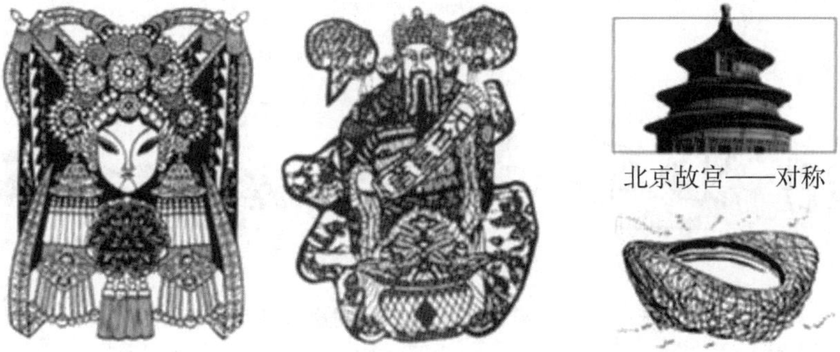

对称　平衡　北京故宫——对称　奥运鸟巢——平衡

图5-8　对称、平衡的美学原则在现实中的体现

目前，我国很多企业的视觉识别设计仍然是单调的、浅层次的作品。根本原因在于，视觉识别的设计人员完全依赖于电脑等数码科技，套用各种现成的制作流程和设计模式，使设计结果以程式化的形态呈现出来，缺乏新意和活力，更没有审美价值可言。视觉识别的设计要敢于探索不同的艺术形式，敢于尝试新的视觉传达方式，敢于打破传统设计门类的界限，让设计成为一种能融合多个学科的高知识含量的艺术品。

3.本土化原则

由于各个民族的思维方式、民族文化、价值观念、宗教信仰等不同，在美感、素材、语言、色彩沟通上也存在差异，所以企业在进行视觉识别的设计时，应该考虑带有民族特色的设计。在视觉识别的设计中，不但要"寻根"，寻找我们民族传统文化中的思维优势和独特风采，塑造具有传统中国文化精髓的企业形象，还要了解世界，尊重世界各国各民族的文化传统，使设计更具本土化、人性化。只有符合本土文化特征的视觉识别设计，才能够被国人所认同，进而才能得到全世界的认同。

可口可乐公司的视觉识别就成功运用了识别设计的本土化原则，在全世界不同国家和地区的标志都有所不同（见图5-9），这些包装与广告信息的设计充分表明可口可乐公司主动融入当地文化，企业的视觉识别设计始终随着具体的时空得以调整，始终以本土化的文化形态作为出发点，从而在企业形象的塑造与宣传上取得了巨大的成功。标志设计必须融入当地的文化中才可能得到持续性的发展。

图5-9 可口可乐在世界不同国家和地区的标志

4.同一性原则

视觉识别系统设计的同一性原则是指依据企业形象的规范性和系统性要求，围绕建立企业核心形象、强化识别效果的目标，对在基础识别系统开发过程中所确立的差异化特征，运用统一标准展开和应用识别系统设计，并以规范协调的传播模式实施内外宣传展示，从而保证企业形象塑造的一致性和连贯性，这是充分体现企业理念、强化公众视觉感受的有效手段。

视觉识别系统设计的差异性倾向于横向比较，同一性则是要求企业在视觉识别系统开发实施过程中进行纵向比较。众所周知，任何具有广泛影响的企业和品牌形象都不可能在短时间内一蹴而就，它需要长期不懈地悉心培育与呵护。同时，企业形象是伴随影响广泛的经营行为而产生的，良好的形象又在各层面促进企业发展。这种形象塑造的长期性和影响的广泛性，必然要求相关宣传保持识别特征和方式的一致性。

英国的ICI公司设计了一个呈波浪状的公司标志，但是在公司收购了一家新的公司以后，经营方向出现多元化，原有的公司标志已经无法涵盖现有的经营项目。鉴于公司多年以来的良好形象，企业不惜投入了100万英镑对原有的波浪标志进行修正，使它经过一定的改动之后，既可以保留一部分原有视觉信息，又可以包括新的经营内容，从而又一次成功地代表了公司的形象。此例说明，视觉识别系统设计的同一性原则可以使企业形象以简洁统一、准确规范的方式展示于无限的市场空间内，在广泛而反复的运用中强化其鲜明特点，给社会大众留下稳定、规范的印象，从而产生足够的影响力，达到塑造企业良好形象的目的。

三、审议、修正阶段

（一）审议

企业视觉识别系统按照上述原则完成设计工作之后，为了保证其设计质量，应提出一套完整的审议提案，对设计结果进行必要的审议，针对不合理的地方进行修正和调整，以达到最佳的视觉表达效果。

1.审议标准

（1）创意的审美性。随着时代的进步，人们对美的欣赏水平也不断提高，不同的时代体现出不同的审美特征。企业视觉识别的设计应顺应时代美学观点，不应只是程式化的过程，而应该是艺术形式的体现。视觉识别既要从传统文化中吸取精华，又要体现时代设计特征，这样才能创造出丰富多彩的企业视觉识别形式，创作出具有现代美、健康的作品，体现企业产品的内涵。

（2）创意的新颖性。一个标志图形能否迅速吸引人们的注意力并留下深刻的印象，首先在于创意的新颖性。选择与众不同且十分有趣、富有创意的图形，能使人感受到设计作品中所承载的激情和乐趣，并且感受至深，难以忘怀。

（3）构图的技巧性。用何种手法来表现创意是对设计师智慧和技能表现的严格检验。有的设计师善于用夸张手法，有的崇尚严谨，有的偏好轻松。不论题材的选择还是表现手法的应用，都应对各种不同的设计风格、不同设计方案作出公正而客观的评价和判断。

（4）视觉的易识性。人们所能够辨认的色彩和现状各不相同，人们的视觉中心区域是有限的。好的设计方案应该根据人的眼睛移动性强的特点，将视线集中在有可能感兴趣的视点上，将快速闪过的小块视觉单位组成紧凑且连续的简洁式图形表现出来，让人过目不忘。

（5）理念的准确性。视觉识别设计是将企业形象的战略内容及概念性的抽象理念落实为可视符号的传达。能否将企业理念和战略取向准确地表达出来是审议的一个重要方面，可以从企业的经营信条、文化风貌、方针策略中审议视觉识别理念传达的准确性。

2.审议程序

（1）初评。由知名学者、高级设计师、高层决策者和市场营销专家等专业人士组成评审团，采取填表圈定或者打分择优的方式筛选比较成熟的方案以供复议。在这一环节中，视觉感官的影响力强于理性分析。

（2）复议。将初评后筛选出的方案制成展示板或幻灯片，进行分类比较，评价各个方案的优劣。分类时既可以按照文字类、图形类划分，也可以按照元素的点、线、面、体划分，还可以按照新颖性、易识别性、趣味性、寓意性划分。

（3）审定。在经过了初评、复议后筛选出的方案，都有独特新颖之处，因此既可以按照评分结果作取舍，也可以由企业高层决策者联合审议，评定最后的结果。

（二）顺应市场变化

1.市场变化的步伐加快

企业视觉识别设计的最终目的是树立企业的良好形象，促进产品的销售。然而，不少企业在进行视觉识别设计时，往往未能真正搞清楚自己为什么要进行视觉识别设计，自己的视觉识别想要向外界传达出什么样的信息，视觉识别和销售之间是什么关系。有些学院派的设计师也容易犯脱离现实的纯唯美错误，只考虑如何设计得漂亮、如何有创意，而忘记了为谁设计、为什么要设计这个前提。从流程上说，进行视觉识别设计时应"先策略后设计"，在与客户反复沟通、精准调研、完全准确地把握企业进行视觉识别设计的动机和企业资源的基础上，确定视觉识别设计的方向和框架，然后设计师在这个圈定的范围内进行设计、创意和思考。时代在变，市场在变，竞争对手在变，新的品牌概念也在颠覆市场，企业管理者要认真检视视觉形象是否已与市场脱节。只有不断设计出符合时代需求的企业形象，顺应时代潮流和文化的演变，才能摆脱形象老化的尴尬局面，保持企业形象领先和鲜活。

2.紧跟时代潮流

企业视觉形象从某种意义上说就是从商业、经济和社会文化的角度对社会变化的认识和把握，从时代发展的角度，也要求企业视觉形象的内涵和形式不断变化，即企业在建立视觉形象之后，会因时代特征、社会文化的变化而修正定位，紧跟时代潮流。因此，企业要时刻关注社会动态，抓住为企业宣传形象的每一个机遇。红牛与NBA的合作就是一个非常典型的例子。红牛的受众当中有很大一部分是青少年，他们追求运动和健康，运动时尚的气质与NBA在中国的推广理念非常契合。红牛抓住NBA的赛事进程，以NBA球星的形象做纪念罐，拉动终端消费，让青少年的文体活动与红牛品牌紧密相连。

对于企业而言，2008年的北京奥运会不仅仅是单纯的体育盛会，还是世界性的经济和文化大会。参与国际奥委会"TOP"计划的企业包括可口可乐、柯达、通用电气、松下、三星、麦当劳、联想等；成为中国奥组委合作伙伴的有中国银行、中国人保财险、中石油、中石化、中国网通等；北京奥运赞助商有伊利、UPS、搜狐、燕京啤酒、青岛啤酒和海尔集团等（见图5-10）。入选的企业无不是国内外行业内的知名大公司，对这些企业而言，通过国际受众、品牌联系、资源共享、终端销售等这些营销必不可少又紧密相连的元素，重新设计企业的视觉识别系统，紧抓奥运机遇宣传企业形象，推广企业产品，建立和谐的客群关系，将是获取更大利益的明智之举。

北京2008奥运会TOP赞助商名单

北京2008奥运会合作伙伴名单

北京2008奥运会赞助商名单

图5-10 北京2008奥运会TOP赞助商、合作伙伴和赞助商名单

第三节　视觉识别手册的编制

一、视觉识别手册的含义

（一）视觉识别手册的定义

视觉识别手册（Visual Identification Manual，VI手册），也称作基础设计手册（Basic Design Manual）、图形标准手册（Graphic Standard Manual）、设计指引（Design Guide）、视觉标准手册（Visual Standard Manual）等。VI手册是根据所有的设计开发项目的使用功能、媒体需要等制定出相应的使用方法和使用规定，然后编制的设计指引。编制此手册的目的在于将企业信息的每个设计要素，以简单明确的图例和说明进行统一规范，确立标志、标准字、标准色等基本要素，并依照使用的功能、媒体的选择制定各种规范、方法，以简明正确的图例和说明有形地展示出来，作为将来实际操作、应用时必须遵守的标准。

（二）视觉识别手册的具体内容

关于企业视觉识别手册的内容结构，不同企业各有不同，但一般来讲，企业视觉识别手册的中心内容有两部分：基本设计系统，包括企业标志、标准字、标准色、组合标志、象征图形、指定字体、专用字体等；应用设计系统，包括办公用品、标志招牌、交通工具、衣着服饰、产品造型、包装、建筑物、室内装潢、环境、陈列展示、公告等。基本要素项目一般较为固定，应用要素项目可以无限制地增加。从整体来看，企业视觉识别手册的结构一般分为以下五个层次：

1.引言介绍

①企业领导的致辞。②导入企业形象识别系统的动机和目的。③企业理念、企业行为规范以及企业文化的概述。④企业视觉识别手册的使用说明。

2.基本要素系统

①企业名称、标准字、标准体（中文简体、繁体，外文大写、小写）。②企业标志（阴图、阳图）。③企业商标标准图案、产品名称标准字体或图案。④企业标准色彩系统（标准色和组合色）。⑤企业精神标语或口号的标准字和标准体（中文简体、繁体，外文大写、小写等）。⑥上述要素的禁例。

3.基本要素的组合

①基本要素的组合规定。②横向组合、纵向组合、特殊组合。③制作图（九宫格法）。④制作图（比例法）。⑤色彩基准（单色或两色以上）。⑥禁止组合的说明。

4.应用项目要素

①企业证件：工作证、名片、徽章等。②办公文具：信封、信笺、各种办公用笔等。③业务账票：发票、支票、合同、货单等。④推销用具：商品目录、说明书、海报等。⑤交通工具：企业各种业务用车等。⑥招牌、标志：公共设施或企业建筑物上的招牌装置、各种企业标示牌等。⑦包装用品：各种商品的包装和企业礼品的包装

等。⑧广告：印刷媒介与电子媒介类的大众传媒广告、灯箱或户外其他类型的广告等。⑨服装：企业员工的业务用统一制服等。⑩其他：不属于上述各项要素的对外标示物。

5.一般准则

①对内部员工的行为规范的详细规定。②对与使用企业识别系统关系密切的部门人员，如公关部、广告部、总务管理部的人员，有关具体应用、操作时的详细规定。③标志、标准字印刷的样本和标准色色标。

（三）视觉识别手册的功能和编制方法

编制视觉识别手册是巩固企业视觉识别系统开发成果的必要手段。视觉识别手册不仅决定了企业今后的视觉形象，而且是实际作业时设计表现水准的关键。尽可能使企业的视觉设计标准化，表现出统一的企业形象，是企业视觉识别系统开发与设计的基本目标之一。

1.视觉识别手册的三大功能

（1）有形展示企业视觉识别系统设计的成果。通过视觉识别手册，将企业视觉识别设计的成果加以保存，以便随时应用。

（2）未来企业操作的工作手册。视觉识别手册不仅是企业当前的形象识别，而且是企业的一个远景计划，一旦以手册的形式固定下来，就是企业的工作指示，一般情况下，企业不能也不愿意随意更改视觉识别手册的内容。

（3）规范企业管理者与企业员工的行为。

2.视觉识别手册的编制方法

视觉识别手册的编制方法一般有以下几种：

（1）综合编制的方法，即将基本设计系统和应用设计项目合在一起，并以活页式装订，以便日后的修正替换或增补。目前，国内外不少企业采用这种方法。

（2）基本设计系统和应用设计系统分开编制的方法，即依照基本设计系统和应用项目的不同进行编制，多采用活页和目录形式，各自装订成册。这种方法主要是为了使用方便。

（3）应用项目分册编制的方法，即按不同种类、不同内容的应用项目，结合企业不同机构（如分公司）或媒体的不同类别分别编制。这种方法适合于经营项目较多的大公司，或是集团化经营、联合经营的企业使用。如果是跨国经营的大型集团公司，还要另外制作海外分公司的专用视觉识别手册，以便与该国文化相结合。

二、视觉识别手册的推广

视觉识别手册编制完成之后，对其的推广管理与维护也是不容忽视的问题，即使视觉识别手册中明确列出的规定，也常会产生手册解释、判断等方面的疑惑，甚至会采取错误的视觉识别手册推广方法。因此，企业应设置专门的视觉识别系统推广部门，对企业视觉识别手册的推广发行进行管理。推广部门应针对种种事例，作出适当的判断、管理，指导全公司员工和社会公众正确使用企业的视觉识别手册。同时，在推广过程中，还需对设计手册中不符合实际需要的规定进行修改、调整，这些都是管理和维护视觉识别手册的必要手段。

（一）企业外部的推广

许多企业视觉识别设计人员认为，将企业的经营理念等精髓提炼成为单一的视觉识别符号就完成工作了。这确实是20世纪后半叶企业视觉形象专业设计的成功范例，不仅能对企业的形象起到很好的宣传作用，而且设计师们也从中获得了经济利益。那时的消费者仅仅凭借简易、单调的视觉标志，就能够辨识一个企业，进而对其产品进行认可并推崇。然而，随着市场经济的发展，特别是我国加入WTO后，市场变化更快，各种企业建立得快，消失得也快。市场的变动使得企业的视觉识别系统不能再持续十几年、二十几年甚至更长的时间，想要“一劳永逸”更是不可能。一些企业在视觉识别系统推广失败之后，便认为在当今这个瞬息万变的社会，视觉识别不再那么重要了。但是，如果这些企业管理者冷静地反思，也就不难发现事实恰恰相反，正是因为消费市场日益复杂，企业视觉识别的市场推广应该越发受到重视。

首先，企业视觉识别的有效性依赖于消费者在日常生活中看到它的频率。其次，企业视觉识别的有效性依赖于其表达形式。人们的视觉不断改变着捕捉信息的习惯，如今，相较于纯文字性的阅读，人们更倾向于扫视图形特别是动态的图形，这就意味着企业的视觉识别手册需要一改往日的大篇幅文字的格式，转而注入更多艺术性的图片，以便在消费者中推广开来。最后，企业视觉识别的有效性依赖于视觉识别迎合公众心理的程度。例如，某些保健产品、投资咨询、房地产等企业的视觉识别只维持了几年就有可能被消费者遗忘，甚至企业也不存在了。出现这种现象的根本原因在于，企业的视觉识别没能跟上新的高速发展的市场，没有花精力去研究一个行业的消费者最关注的是什么，没有调查这个行业的发展态势。企业的视觉识别手册只有被广大公众所接收并认可，才算是实现了其功能和作用，因此，企业要做好视觉识别手册的外部推广。

（二）企业内部的推广

企业视觉识别系统的成功推广，很大程度上要依靠本企业内部人员的认可与支持。首先，对于企业管理者来说，如果他们认为其选择的行业和建立的企业注定是要发展兴旺的，视觉识别的优劣没有决定性的影响效果，那么企业视觉识别手册将不会被重视，其内部推广将受到很大的阻碍。很多企业的管理者认为，如果一家企业的视觉识别真的很重要，那么它的作用应该在企业生存的关键时刻体现出来，但实际上在市场变化加快的今天和将来，所有图章式的优美作品在商战中都不能像注入新的资金那样有实效。特别是由于视觉识别的长期收益性，在一些寿命苦短的企业，视觉识别手册的推广就更无法实现管理者所期望的价值。只有管理者重视视觉识别手册，其内部推广的顺利性才能够得到保障。

其次，对于企业的员工来说，企业的视觉识别手册相当于一面旗帜，员工行为要根据企业视觉识别手册的说明来进行。某些企业的视觉识别手册的内部推广之所以难以执行，一方面，是由于很多视觉识别手册提出的口号过于笼统，如“生态企业”

“中国最大制衣企业”之类，员工们没有感觉到企业的视觉形象设计能带给他们真正的利益，或者利益不明显，因此，他们也就没有太多的激情去维护、宣传视觉识别手册。另一方面，企业的“生死”变迁越来越快，员工也流动得越来越快。除了越来越多的兼职员工，正式的企业员工也感觉是在为企业打短工，干完今天，明天不知道又会在哪里。如果企业效益好，或者待遇好，也只能将员工吸引得长久一些而已。因此，企业员工也很少维护“企业形象”，更不愿去关心企业的视觉识别手册。因此，加强员工的归属感，使视觉识别手册得到员工的认可，是视觉识别手册内部推广的又一保障。

（三）借助新媒体

由于因特网和电子商务的出现，企业对视觉识别手册的推广方式也随之发生了巨大的变化。有的企业花了几十年时间去培育和管理它们的视觉形象，如今也不得不转向电子商务，以寻求发展。当然，其中不乏有一些企业仅仅看重眼前的利益，在公共网站上将自己的视觉识别手册放在浏览者最想阅读的文字或图片前随意移动而干扰浏览者。殊不知，这种方式将引起浏览者的反感，最终将失去点击机会进而失去潜在的盈利机会。适度、科学地应用因特网和电子商务作为视觉识别手册的推广形式，利用当前的各种软件充分提供的各种颜色、图形库，企业可以更好地进行视觉识别手册信息的传播，可以使视觉识别手册内容的传播更为精确、迅速、生动。此外，加上一些先进的外联设备，如激光打印机、扫描仪、数码打印机等，视觉识别手册可以制作得更为逼真和更具有艺术性，无论是在企业外部，还是企业内部都将更受欢迎。

三、视觉识别手册的评价

（一）视觉识别手册评价概述

当企业的视觉识别手册编制完成后，为了了解是否达到企业预期的目的，就必须对视觉识别手册的推广效果进行测定和评估。视觉识别手册的测定可以分为企业内部测试、企业外部测试两个部分。测定方法可以分为定量和定性两种，具体的测量手段有访谈法、调查问卷法等，然后借助先进的统计软件进行统计分析。对分析结果，肯定其成绩，总结成功经验；同时要发现其中的问题并找出改进办法，对下一步的推行工作进行调整，以取得更好的效果。可以说，视觉识别手册是一把双刃剑，成功的视觉识别手册能帮助提升企业的形象，有利于企业的经营，促进企业的发展；失败的视觉识别手册会为企业形象带来负面影响，引起公众的负面联想，从而妨碍企业的发展。

（二）视觉识别手册存在的主要问题

目前，企业的视觉识别手册存在的主要问题有以下几个方面：

1.可操作性差

视觉识别手册应具有可操作性。视觉识别手册应该使企业各项设计和活动有章可循，具有标准化、规范化、制度化，操作起来更方便，便于企业形象的统一。但是，我国一些企业的视觉识别手册设计往往从纯美学、纯艺术的角度进行制作，没有考虑企业标志的实用价值和适用原则，公众只能从艺术的角度进行欣赏，无法领悟到企业精神的独特和内涵。视觉识别手册必须准确而精练地表达企业的经营理念、管理哲学、服务品质与文化模式等内容。视觉识别手册不是作为企业点缀装饰的花瓶，而是一种实实在在的战术，必须具有实际可操作性。如果在实施性上过于麻烦，或因成本昂贵而影响实施，再优秀的视觉识别设计也会由于难以落实而成为空中楼阁。目前一些企业的视觉识别手册严重违背了可操作性原则，厚厚一大本，内容多是一些优美的描述，或者是一篇篇优美的散文，没有实际的操作价值。只有漂亮的外在形式，没有充实的精神内涵的视觉识别手册就如同无源之水，企业导入这样的视觉识别手册后，只能是形同虚设。

2.视觉定位模糊不清

视觉定位模糊不清是指企业的视觉识别手册所彰显的内涵与企业经营范围和理念乃至企业文化的精髓相去甚远，甚至背道而驰；其视觉效果让公众觉得似是而非或产生片面的联想，不利于企业的经营发展。一个成熟的企业家应当清醒地意识到，视觉识别手册绝不是可有可无或是为企业装点门面的，视觉识别手册也不是设计人员异想天开设计出来的，它的意义在于将文本格式的企业理念最准确、有效地转化成易于被人们识别、记忆并接受的一种视觉上的符号系统。一些企业为了节省视觉识别系统的开发设计成本，复制其他企业的视觉识别手册或进行视觉识别手册的自我复制（即照搬原有的视觉识别手册），要么传播的是虚假的信息，要么是无效地传播。视觉识别手册的视觉定位模糊不清，对企业来说会造成极大的浪费，对社会来说在一定程度上是一种文化的污染。

3.缺乏长久的生命力

对于一个追求永续发展的企业而言，视觉识别手册无疑是该企业无形资产的一个重要组成部分，也可称得上是百年大计，不可动辄改弦更张。制定视觉识别手册的目的是确定企业“一以贯之”的企业形象，并且实行统一管理，绝不能今天在位的经营者执行的是一套，再换另一位经营者就执行另一套，使企业形象摇摆不定，难以展现统一、明确、个性化的企业形象。因此，企业必须严格遵循并保证视觉识别手册的一致性与持久性。

（三）成功的视觉识别手册的作用

一个成功的视觉识别手册对一个企业的作用应在于：

（1）能够明显地将该企业与其他企业区分开来，明确该企业的市场定位；同时又确立该企业明显的行业特征或其他重要特征，确保该企业在经济活动当中的独立性和不可替代性。

（2）能够以自己特有的视觉符号系统吸引公众的注意力并产生记忆，使消费者对该企业所提供的产品或服务产生品牌忠诚度。

（3）能够准确传达企业的经营理念和企业文化，以形象的视觉形式宣传企业，而且视觉识别手册要能够决定企业今后的形象，并使公众了解企业的发展方向。

（4）能够提高员工对企业的认同感，并成为员工实际工作、操作应用时必须遵守的准则，进而提高企业员工的士气。

（5）能够具有一定的经济价值，从而成为企业无形资产的一个重要组成部分。

视觉识别手册的设计、推广和评价是一个动态的、长期的过程，随着企业的成长、发展，视觉识别手册将不断调整、完善和成熟。企业的视觉识别手册就是要将企业理念、企业价值观，通过静态的、具体化的、视觉化的有形版本（无论是印刷版还是电子版），有组织、有计划、正确、准确、快捷地传达出来，也就是使企业的精神、思想、经营方针、经营策略等主体性内容通过视觉表达的方式得到外显化，使社会公众能一目了然地掌握企业的信息，产生认同感，进而达到认同企业形象的目的。

思政课堂

为国铸剑 隐姓埋名

【思政元素】使命担当。

西北工业大学坐落于陕西西安，是一所以培养航空、航天、航海等领域人才和科学研究为特色的多科性、研究型、开放式大学，是“985工程”“211工程”“双一流”建设高校，隶属于工业和信息化部，是“国防七子”之一，是国内唯一一所航天、航海、航空三航同时发展的重点大学，为我国国防科技事业作出了重大贡献。

西北工业大学开创了中华人民共和国成立后众多历史上的第一：全国第一架小型无人机、第一台地效飞行器、第一型50公斤级水下无人智能航行器和第一台航空机载计算机等，不胜枚举。

2022年9月，一则西北工业大学遭受美国国家安全局（NSA）下属的特定入侵行动办公室（TAO）网络攻击的报告，传遍网络。报告指出，此次境外网络攻击共使用了41种不同的专属网络攻击武器。一时间，群情激昂，让西北工业大学这所“籍籍无名”的高校在世人面前揭开了神秘的面纱！此次西北工业大学联合中国国家计算机病毒应急处理中心与360公司，全面还原了数年间美国国家安全局利用网络武器发起的一系列攻击行为，打破了一直以来美国对我国的单向透明优势。面对国家级背景的强大对手，首先要知道风险在哪，是什么样的风险，什么时候的风险。调查报告认为，西北工业大学此次公开发布遭受境外网络攻击的声明，本着实事求是、决不姑息的决心，坚决一查到底，积极采取防御措施的行动值得遍布全球的美国国家安全局网络攻击活动受害者学习，这将成为世界各国有效防范抵御美国国家安全局后续网络攻击行为的有力借鉴。

西北工业大学主校区长安校区有一座巨大的雕塑：一个将头深深低下的人，双手捧着一把锋利的剑——这是西北工业大学著名的“为国铸剑，隐姓埋名”雕塑，凝结着西北工业大学的立校之魂，见图5-11。

图 5-11 西北工业大学“为国铸剑，隐姓埋名”雕塑

这座雕塑的寓意是“为国铸剑，隐姓埋名”，甘愿默默无闻，只愿国家发展繁荣昌盛，雕像的头埋向祖国大地，双手托起重剑。

雕塑视觉效果震撼，清晰传达了西北工业大学不争名不争利、只为国铸剑的崇高精神！

资料来源：央视网.更多内容曝光！西北工业大学遭美国 NSA 网络攻击事件调查报告发布［EB/OL］.［2022-09-05］. https://news.cctv.com/2022/09/05/ARTIDV9zd9FdH8Lj1SkFByls220905.shtml.

本章小结

企业视觉识别系统是将企业标志等基本要素，以强有力的视觉形象设计表达出来，从而形成企业固有的视觉形象，使得消费者可以通过企业的视觉形象把握企业精神与经营理念，有效地推广企业及其产品的知名度和形象。

本章通过“视觉传播”“视觉文化”等导入了“企业视觉识别系统”，并进一步详细介绍了企业视觉识别系统的地位与作用。企业视觉识别设计的流程分为三个阶段，即调研、准备阶段，设计、开发阶段和审议、修正阶段。设计的基本原则包括差异性原则、艺术性原则、本土化原则、同一性原则等。企业的视觉识别手册以简单明确的图例和说明进行统一规范，确立标志、标准字、标准色等基本要素，作为将来实际操作、应用时必须遵守的标准。视觉识别手册的推广和评价是视觉识别手册管理的重点。

本章练习题

1.常用的视觉传播方法有哪三种?

2.企业视觉识别的含义是什么?

3.企业视觉识别的设计必须遵循哪些基本原则?

4.视觉识别手册的编制一般有哪几种形式?

5.目前，企业的视觉识别手册存在的主要问题有哪些?

本章参考和阅读文献

［1］高驰.CI视觉识别设计教程［M］.北京：中国轻工业出版社，2023.

［2］曾凡海.企业形象管理［M］.北京：清华大学出版社，2023.

［3］刘丽.企业形象CI设计手册［M］.北京：清华大学出版社，2020.

［4］王维平，何欣.现代企业形象识别系统［M］.北京：中国社会科学出版社，2010.

［5］上海丙丁策划设计工作室.还VI设计的真面目［J］.市场与营销，2005（9）：78-80.

［6］梁丹.论视觉识别系统VIS设计的同一性和差异性原则［J］.广西工学院学报，2005（2）：43-46.

［7］刘水晶.浅谈CI设计中的视觉识别设计［J］.浙江万里学院学报，2005（3）：61-63.

［8］于珍.浅析CIS中视觉识别系统的设计［J］.商业经济，2006（2）：87-88.

［9］顾琛.视觉符号在广告中的运用及创新［J］.湘潭工学院学报（社会科学版），2003（4）：105-107.

［10］米尔佐夫.什么是视觉文化［J］.王有亮，译.文化研究，2003（3）：4-10.

［11］杰维斯.形象、幽灵与景象：视像的技术［J］.顾晓辉，译.文化研究，2003（3）：104-105.

第六章

企业视觉识别系统的基本要素

本章提要

企业视觉识别系统，是利用视觉传播作为媒介，将企业理念、文化特性、服务内容、企业规范等抽象语义转变为具体符号概念，以塑造企业的独特形象，凸显企业个性。视觉识别系统是企业所独有的一整套识别标志，是外在而又最直观的一部分。其主要包括企业名称、企业标志、企业专用字体、企业专用颜色、企业专用图案、企业专用广告语以及相关规范的组合形式、使用要求和应用范围等。本章主要讲述视觉识别系统中的基本要素，包括标志、标准字、标准色等。

本章案例

安踏标志的VI设计

品牌的故事历程：原来只是福建晋江的一家制鞋作坊的安踏体育用品有限公司现已成为国内最大的综合体育用品品牌，并在我国香港成功挂牌上市。安踏标志的诞生波澜起伏、历经艰辛。北京主桅领航品牌策划有限公司与几十家国内外设计公司一起竞标、多次提案，通过对国外同行业的探究和对国内外体育用品市场的调查研究，北京主桅领航品牌策划有限公司从几十家设计公司竞争对手中脱颖而出，其设计的标志获得了很大成功，并促进了安踏上市。

标志的意义（见图6-1)：安踏整个标志为字母“A”的字形，由四段半径不同的圆弧线交汇而成。整体构图简洁大方，富于动感。图形鲜红的色彩代表了安踏的活力与进取精神。圆弧构造出的空间感展现了安踏人开拓创业的无限发展前景，变形的“A”则抽象出升腾而起的飞行形象，以极其简约、概括的手法展现了力量、速度与美三元素在运动中的优美组合，并且其广义上的寓意是追求卓越、超越自我。

图6-1 安踏标志

“安踏”从字体表面上看，是一个四四方方的方块字，横平竖直、四平八稳，寓意安踏人安心创业、踏实做人的精神品质，充分展现了安踏企业的经营理念。“安踏”从品牌释义上看，更体现出安踏公司厚积薄发、水滴石穿，以稳健的步伐开拓国内外市场的企业文化。“安踏”从品牌标志组合上看，又让人耳目一新，活力再现，表现为安踏人以腾飞的姿态在辽阔的神州大地上站得稳，走得正，踏踏实实创品牌。

“ANTA”是“安踏”的汉语拼音，在希腊语中的意思是“大地之母”。它体现出安踏无比的胸怀和对世界与人类的奉献精神。希腊是现代奥林匹克运动会的发源地，“ANTA”具有极为深刻的含义，它喻指安踏品牌所奉行的奥运精神和产品的运动性，它涵盖了安踏的文化和灵魂，以及现代体育精神，表明安踏是一个国际化、民族化的专业体育用品品牌，同时也反映出安踏人不断创新、敢于拼搏、挑战自我的精神，表达了安踏公司决心要做民族的“安踏”和世界的“安踏”。

为了使品牌管理更加系统化，安踏体育用品有限公司委托北京主桅领航品牌策划有限公司为其导入全套VI系统（见图6-2)，并设计VI品牌推广手册。VI系统的建立，得到了全体员工的认可和支持，提高了公司凝聚力，取得了前所未有的成功。

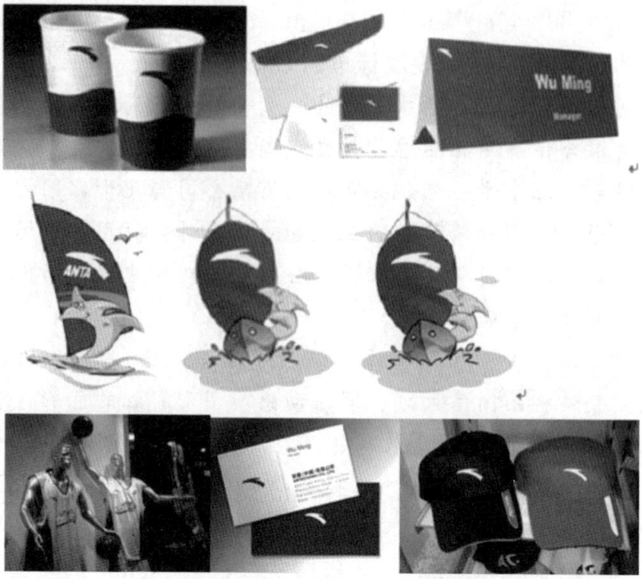

图6-2 安踏VI系统及其应用

资料来源：根据安踏公司官网资料整理.

第一节 企业标志设计

一、标志的概述

企业标志就是象征企业特征的符号，它主要由图形、文字和色彩构成，是企业视觉识别系统的一个基本要素。企业标志一般是对企业的文字名称、图案记号或把两者结合起来的一种设计。标志作为企业CIS战略的主要部分，在企业形象传播过程中，应用最广泛、出现频率最高，同时也是最关键的元素。标志是一个组织的象征和识别符号，以其精练的形象表现一定的含义，传递明确的信息，有助于克服语言和文字上的障碍及表述的困难，有利于传播和记忆，能起到文字和语言难以达到的效果。企业强大的整体实力、完善的管理机制、优质的产品和服务，都被涵盖于标志中，通过不断地刺激和反复刻画，深深地留在受众心中。

一个好的企业标志应该体现企业的文化和理念，增加受众对企业的信赖感，在消费者心目中，它就是一个企业或品牌的象征。企业标志是企业精神的视觉化浓缩，是以小见大的典型，是企业图形的最高境界。事实证明，在当今日趋激烈的市场竞争中，企业标志对于企业的生存、发展是至关重要的。

（一）标志的分类

1.按照标志的构成要素进行分类

按照标志的构成要素，标志可以分为文字标志、图形标志和组合标志三种形式。

（1）文字标志。文字标志是对含有企业经营理念和文化的特定字形加以变形和改造，使其更具图案化的标志类型。文字标志有单独采用英文字母或汉字的，如迪士尼的手写体标志和新民晚报的标志（见图6-3），给人以深刻的印象。其中，汉字的标志设计多发挥汉字书法带给人的结构美和意象美，采用篆书、隶书、楷书以及美术字等字体，根据字面结构进行加工变形作艺术处理，也有汉字和英文字母组合运用的。在文字标志中，有直接以企业全名文字为标志的形式，也有以企业品牌或产品名字首字母为标志的形式。文字标志具有可读性强的特点，能更多地传达企业和产品的理念、信息。只用简洁的品牌名称作为标志，会达到单纯的视觉效果，让品牌具有无国界感，能更好地传播品牌。

图6-3　文字标志logo

（2）图形标志。图形标志包括具象、抽象以及具象与抽象相结合三类形式。图形标志是以富于想象或相联系的事物来象征企业的经营理念、经营内容，借用比喻或暗示的方法创造出富于联想、包含寓意的艺术形象。图形标志生动、形象，便于传达，易于识别记忆，可以为不同年龄、不同阶层、不同文化背景的人接受与认同。图6-4为星巴克在1971年、1987年、1992年和2011年分别启用的新商标（从左至右），最新的设计更加图形化，将老商标中原本环绕在圆形海妖图标以外的外圈拿掉，并去掉了原本位于内圈和外圈之间的“STARBUCKS COFFEE”（星巴克咖啡）字样。

图6-4　星巴克标志变迁史

在图形标志中，既有借助于自然界中的动物、植物等具象化图案，将企业的经营理念与企业文化传达出来的写实图形标志；又有采用夸张变形手法，通过抽象的视觉符号来暗喻企业理念和企业特色的抽象图形标志；还有以企业经营内容和产品特点为题材的商业图形标志。

（3）组合标志。组合标志是指综合运用文字和图形要素设计的标志类型，它兼有文字标志和图形标志的长处，避免了两者的不足，所以，兼有文字标志的可读性和图形标志的直观性的特点，具有图文并茂的效果。组合标志在现代企业的标志设计中被广泛采用。

2.依据企业标志的不同功能分类

企业标志和商标是两种不同功能的标志。在现代企业中有这样两种不同的情况：一是企业标志与商标共用；二是既有企业标志，又有企业商标。

（1）企业标志就是商标，即企业标志和商标品牌统一化战略，也称为"一元化的视觉结构"。目的在于取得同步扩散、强化印象的效果，企业在塑造品牌形象的同时也建立了企业的权威性和受众对其的依赖感，从而起到宣传企业就是宣传产品品牌，宣传产品品牌就是扩大企业影响的作用。这种策略具有集中统一、容易让消费者识别、宣传比较经济的特点。一般而言，规模庞大、组织健全、知名度较高的成熟企业，经营内容集中单一的企业，服务性企业常采用这一模式。有的企业以企业的名称推广品牌标志，借以提高品牌的知名度；有的企业的商标品牌的知名度较高，便以商标品牌名称统一企业的名称和标志。但是采取这种策略往往对获得较大的市场份额、塑造产品的市场形象具有不利的影响，甚至会面对更大的风险。因此，采用一元化的视觉结构对企业来说也是一种挑战。

（2）企业标志和商标品牌各自独立，也称为"商标视觉结构"。这种策略是基于现代企业经营策略和市场营销形态的需要而产生的。许多知名企业依据国际化经营、多元化经营、市场占有率提升、企业形象的保护等因素的需要，采用这种策略。这种策略能使企业在新产品开发和市场份额的竞争中各个击破，占据主动。最典型的如宝洁（P&G）公司的各种产品标志都不同（见图6-5），但是，由于有多个品牌，与一的元化视觉结构相比，宣传费用较高，缺乏传播的经济性。

3.按照标志设计的造型要素进行分类

按照标志设计的造型要素，企业标志可以分为点、线、面、体等四种标志类型。各造型要素本身就具有独特的造型意义，在标志设计中，可依据设计对象的特性、设计表现的重点，以及企业的经营理念和产品特点，选择合适的造型要素。

（1）以点为标志设计的造型要素。在图形学中，点是最基本的设计要素。点可以构成线，可以构成面，具有延展性，适合于各种构成原理和表现形式的运用。可以由点的大小、形状的差异、位置的疏密、距离的远近构成空间和透视、节律和韵律等多种视觉形态。单一的点具有凝固视线的效果，两个以上的点会产生动感，大小不同的点可构成不同性格和不同深度的空间感，而点的连续又会产生节奏、韵律和方向感。

如果使点形成有规律的间隔，还会产生点或线的视觉效果。例如，味全的标志以红色五圆点造型为标志构成要素，与味全相互辉映，象征圆润可口、五味俱全（见图6-6）。

图6-5 宝洁公司旗下品牌

图6-6 味全logo

（2）以线为标志设计的造型要素。线是一种相对超长的形象。线是点移动的轨迹，又是面的界限或面的交叉。其类型很多，总的来说可以分为两类：一是几何线；二是随意的线。线以长度为其造型特征，本身具有力度感和运动感。各种刚柔糙滑、抑扬顿挫、粗细疏密的线，不仅能表达各种形态，而且能表达人类丰富的情感，著名的中国画技法十八描就是很好的例证。线是一切形象的代表，又可分为直线和曲线两大系统。线的长度为其造型特性，并且有粗细、长短、宽窄的弹性变化，直线具有方向性和速度感等象征意义，易产生庄严、坚强、稳重之感；曲线则具有转折、弯曲、柔软等特征，表现了变化和运动。在标志设计中，线的运用非常广泛和丰富，具有极强的表现力。例如，中国邮政的标志（见图 6-7），其基本元素是中国古写的“中”字，在此基础上，设计师根据我国古代“鸿雁传书”这一典故，将大雁飞行的动势融入标志的造型中。该标志以横与直的平行线为主构成，形与势互相结合，传达出邮政服务于千家万户的企业宗旨，以及快捷、准确、安全、无处不达的企业形象。

中国邮政

图 6-7　中国邮政 logo

（3）以面为标志设计的造型要素。面是点的延扩，是具有二次元性质的造型要素。面有积极的面和消极的面之分。积极的面可经由点扩大而形成，或由线宽增大而形成；消极的面可由点密集而形成，或由线条围绕而形成。由数字构成的几何图形的面，具有单纯、明快、简洁的审美特征；由自由的线构成的随意的面，具有淳朴、自然的情感特征。几何图形中的三角形、长方形、圆形、椭圆形、五边形、多边形在标志设计中最常采用，常用作背景和外框，以烘托主题图案。例如，联合国的徽标（见图 6-8）联合国徽章的图案是一幅以北极点为中心、方位角等距离的平面投影世界地图。图案由交叉的金色橄榄枝组成的花环相托，与白色水域交相映衬在淡蓝色背景上。地图的投影范围延伸至南纬 60 度，纬线由五个同心圆组成。

图6-8 联合国的徽标

（4）以体为标志设计的造型要素。体是点、线、面的多维延扩，利用透视原理，在二次元的平面上表现三度空间的造型。它可以产生一种“三度窨”的视觉幻象，在视觉错觉转化后，原有的单纯标志图形可以产生压迫感和实在感，形成强烈的诉求效果。以体为造型要素的标志设计，可以由标志题材本身的转折、相交、组合而形成立体感；可以在标志设计题材的侧面增加阴影，制造厚度和进深使其产生立体感；如果立体形本身就是有趣的矛盾体，有实在的立体感，其视觉冲击力也是非常强的。例如，许多品牌在标志改版时都会用到立体化的做法，以显得更现代、立体、鲜明和动感（见图6-9）。

图6-9 几个标志在改版时都考虑到了立体化的做法

（5）综合多种造型要素的标志设计。在实际的标志设计中，往往不是只运用一种造型要素，而是综合运用两种或两种以上的造型要素进行设计。设计中多采用主辅分明、对比协调、轻重适度的手段，创造出个性鲜明、生动活泼、易识易记的标志设计。

4.按照标志造型手法分类

按照标志造型手法，标志设计可以分为具象型、抽象型、具象和抽象相结合型三类。

（1）具象型。具象型标志往往是忠于客观事物的自然形态，将客观对象进行修饰、简化、概括或夸张，形成具象图形的标志（见图6-10）。首先，它应具有鲜明的形象特征；其次，由于标志的使用目的、应用场合、传播条件的客观要求，它还应该是非常简练、易识易记的。经常被采用的具象图形有自然景物、宇宙现象、人物、动植物等。

图6-10 具象图形的logo

（2）抽象型。抽象型标志是由点、线、面等造型要素组合成的几何或不规则图形，抽象型标志具有较好的视觉效果和传播应用方便的特点，但也有理解上的不确定性的缺点。为了扬长避短，设计者在设计时要把握住能表达对象主要特征的、借助于纯理性抽象的几何图形和不规则图形来构成象征性的形象；或者在综合宣传的条件下，赋予其含义，以达到识别记忆和企业统一性的作用。这类标志简洁、易识易记，能获得很好的传播效果。2007年，惠普发布了新的“康柏”标志（见图6-11），随着电脑的体积越来越小，康柏原来的“Compaq”字母标志如果全部放在电脑上面就显得太长了，因此将这一标志改成了由“C”和“Q”组合而成的一个字母。新的logo看起来也更“Q”一些，表现了惠普家用笔记本时尚化、潮流化的趋势。

图6-11 康柏的新logo

（3）具象与抽象相结合型。这种标志类型综合了具象型和抽象型标志的优点，避免了两者的缺点，具有很大的灵活性（见图6-12）。

图6-12 凤凰卫视的标志结合了具象和抽象

（二）标志的特点

企业标志和其他标志符号一样，有其共性的一面，而作为企业识别系统的基本视觉要素又有其自身的特点，主要有以下几个方面：

1.识别性

识别性是企业标志的重要功能之一。借助独具个性的标志，来增强本企业及其产品的识别力，是现代企业市场竞争的利器。只有易于识别、特点鲜明、显示事物自身的特征，标示事物间不同的意义、区别与归属的标志，才能在同业中显现出来。各种标志直接关系到集团乃至个人的根本利益，绝不能相互类似、混淆，以免造成错觉。实践证明，外观设计独特、视觉冲击力强的标志，会令人一眼即可识别，并且过目不忘。

2.造型性

企业标志设计的题材丰富，表现形式也丰富多彩，可以运用具象图案、抽象符号、非几何图形、文字等来设计企业标志。良好的造型性不仅能提高标志在视觉传达中的传达性和记忆值，还能增强传达企业信息的功能，加强人们对企业产品或服务的信心与企业形象的认同。标志不仅要具有艺术美，让人易识易记、能传达企业的理念，还要得到大众的认可。因此，企业标志的设计必须精心策划，既符合实用要求，又符合美学原则。一般来说，艺术性强、造型美观的标志更能吸引和感染人，给人留下强烈和深刻的印象。例如，“Ford”标志如在温馨的大自然中，有一只可爱、温顺的小白兔正在向前飞奔，象征福特汽车奔驰在世界各地，令人爱不释手。

3.延展性

企业标志是企业视觉形象要素的核心，也是应用最为广泛、出现频率最高的视觉形象要素，必须适合各种媒体的传播。针对不同的媒体特点，标志应能够灵活变化，达到传达企业理念文化、感染受众的目的。企业标志确立后，要针对制作工艺、印刷方式、材料品质和应用项目的不同，运用不同的延展性的变体设计。比如，彩色黑白、立体效果、放大缩小、阴阳反转等因素的延展性功能。

4.领导性

企业标志是企业视觉传达要素的核心，也是企业开展信息传达的主导力量。标志的领导地位是企业经营理念和经营活动的集中表现，贯穿和应用于企业的所有相关的活动中，不仅具有权威性，而且还体现在视觉要素的一体化和多样性上，其他视觉要素都是围绕标志这一中心而展开的。

5.同一性

标志的设计要依据企业的实际情况，同企业精神、企业实态、企业外部特点、产品特征、整体表现相一致，不能脱离企业、偏离企业的宗旨，否则标志的设计就将毫无意义。同一性要求企业标志依据VIS规范性和系统性的要求，围绕建立企业核心形象、强化识别效果的目标，运用统一标准展开企业识别系统设计，并以规范协调的传播模式实施内外宣传展示，从而达到企业形象塑造的一致性和连贯性。同时，企业形象的塑造是一个长期的过程，这种形象塑造的长期性和标志宣传的广泛性要求标志设计与宣传要保持同一性。

6.系统性

视觉识别系统中标志的设计，必须考虑到与其他视觉传达要素的组合运用，因此必须满足系统化、规范化、标准化的要求，遵守必要的应用组合规范，以提高设计作业的效率，保持一定的设计水平，避免产生分散混乱的负面效果。在集团企业中各企业之间的关系上，可以用强有力的标志来统一各下属企业，采用不同的图形编排组合方式，如同一标志不同色彩、同一外形不同图案、同一标志图案不同结构的方式，来强化集团企业系统化的精神。

7.时代性

企业标志要具有鲜明的时代特征，要适应时代发展的需要。大凡延续到现在的世界著名企业的标志，都是在不断地改良、修正中而形成的，都是与时代同步的结果。生活的快节奏使人们更容易钟情于简洁、抽象、明确、略具动感的形象符号，这就是我们这个时代的潮流。这一点在可口可乐和百事可乐的标志变迁中便可窥见一斑（见图6-13）。信息化时代“高效化、便捷化”的需求观正影响着我们这个时代设计者的工作方式与设计观念。对新生活意义的追求，让人们的精神价值观、需求观更加多元化。

设计要体现需求的时代感，已经成了新时代的生产者、使用者与设计师共同关注的热点，在标志设计中渗入新技术、新文化、新观念已成必然。标志设计在具有最简洁、最具时代感特征的同时，还要将被设计对象的有效信息准确地表达出来，且让大众能够接受。这样的标志设计才是有生命力的标志设计，才是成功的标志设计。面对这一趋势，老企业一般是在原有标志的基础上，增加新颖的、富有时代感的元素。通常，标志的改变约十年为一个周期。1909年，奔驰汽车公司的商标是月桂枝包围的“奔驰（BENZ）”字样。1926年，奔驰汽车公司与戴姆勒汽车公司合并，自然也将商标合在一起，中间是三叉星，上面是“MERCEDES”，下面是“BENZ”，两家公司之间用月桂枝连接。如今，这家公司的商标已简化为形似方向盘的三叉星，寓意为向海陆空发展（见图6-14）。

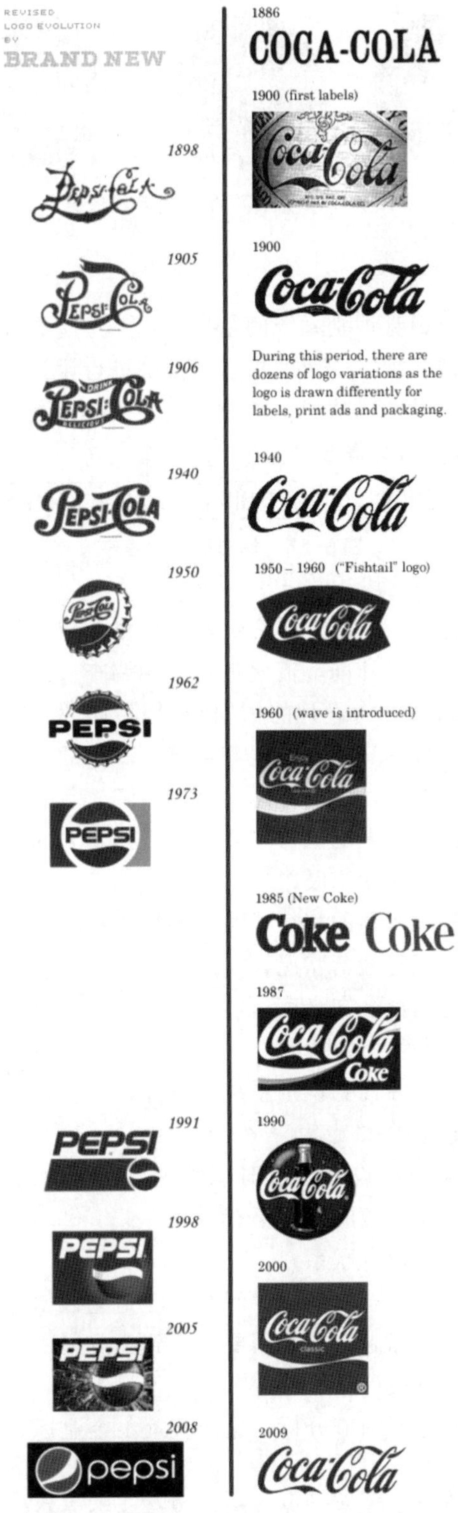

图6-13 可口可乐和百事可乐标志变迁史

图6-14　奔驰汽车的标志发展史

二、标志设计

标志设计是整个企业视觉识别系统的主导力量，是所有视觉设计要素的核心。视觉识别系统的其他部分都必须以企业的标志为基础进行设计，其图形、色彩等都应与标志有一定的呼应。标志设计成功了，企业成功的概率会大大提升。

（一）标志设计的程序（见图6-15）

图6-15　标志设计的程序

1.调研分析阶段（准备阶段）

标志设计是整个VI设计的重要组成部分，是企业综合状况的外在表现的重点。因此，在着手进行企业标志设计前，需要进行一些调查，作为意念开发的前提。通过调查获得有关的信息材料，作为设计的依据和创意的出发点。调研可分为两个方面：一方面是对企业的性质、规模、历史、地理环境，产品的用途、功能、对象等进行了解；另一方面是对同类企业或产品的标志设计的了解。后者是为了在设计时既能寻求共同点，又能增强差异化。前者的调查主要有以下几个方面：

（1）企业的经营理念与文化以及未来的发展规划；

（2）企业的经营内容、产品的特征或服务的性质；

（3）企业的市场占有率与经营状况；

（4）企业目前的市场和社会知名度；

（5）企业的CI战略目标；

（6）企业经营者的标志等视觉识别系统的目标；

（7）企业所处行业的有关情况。

前者的调查目的在于，在设计标志时能体现出本企业的特点和经营哲学等。另外，在企业标志设计之前应该做的工作还有：

（1）考察标志是否与商标有联系；

（2）要考虑与企业原有标志的延续性问题，还是进行创新设计；

（3）是作为单一的企业标志，还是需要考虑到企业集团中各关系企业；

（4）选择哪些媒体进行设计。

在上述调研的基础上进行细节分析，进而整理出企业标志的设计理念。

2.意念开发阶段

意念的开发即设计构思、立意。立意的过程是一个展开创意的突破口的过程，要在分析企业的规模、经营理念、经营内容、品牌印象、产品特色、技术和服务特点等之后，找出创意的突破口，为企业的标志设计确立一个明确的方向，通过设计主题、素材和表现方式表现出来。

企业的许多细节都可能成为标志设计的突破口，比如地理环境、远景规划、产品的外形、产品的功能、生产流程等。在标志设计时主题素材可有以下几个设计方向：

（1）以企业名称、品牌名称为题材；

（2）以企业名称、品牌名称的字首为题材；

（3）以企业名称、品牌名称与字首字母组合为题材；

（4）以企业名称、品牌名称或字首与图案组合为题材；

（5）以企业文化、经营理念为题材；

（6）以企业经营内容、产品造型为题材；

（7）以企业名称、品牌名称的含义为题材；

（8）以企业、品牌的传统历史或地域环境为题材。

企业可根据自身不同的情况选择不同的设计方向。一般来说，品牌知名度高的企业多采用文字标志，这类标志简洁、视觉冲击力强，如第（1）至（4）项；而品牌知名度低的企业多采用具象类的标志，这类标志亲切、易获得大众的认同。

另外，在标志设计中关键的一点是如何把传达的内容转化为视觉语言。既要注意标志设计的识别性、传达性、审美性、适应性、时代性等原则，还要充分考虑到受众的接受能力。

3.草图阶段

草图阶段是把思维活动具体化的一个重要阶段。设计者应根据标志设计的识别性、传达性、审美性、适应性、时代性等原则，从多个方面进行大胆的构想、创意和发挥，同时，标志设计也会受到很多的限制，要以企业精神理念为中心，以受众对象为依据，以表现技法为手段，以独特的个性为目标。标志设计最好能从具象表现、抽象表现、文字表现、综合表现等各种思路出发，随时将每种想法用草图形式勾勒出来，然后从中筛选、深化。草图阶段要注重新思维的萌芽和创意的突破。设计者可将草图中重要的因素综合在一个图形中。

为了使图形简洁，应集中强调某一重点或两三点。设计的重点在于：①确定标志的基本造型要素。是以点、线、面、体单一地构成因素造型，还是综合多种因素进行设计。②选择适当的构成原理。依据形态构成的规律进行分析，如节奏与韵律、比例与尺度、对称与平衡等。

另外，应注意的是，在草图阶段强调用手工来表现，过早地使用电脑会导致呆板、僵化，思路受到限制等。力争创造出符合企业精神、有独特个性、应用时有较大适应性的标志。

4.细节调整深化阶段

深化是草图汇集、综合、筛选、归纳、总结、比较的阶段，是进行重新思考的重要阶段。从大量的草图方案中筛选出3～5个比较完整、满意的方案，尽可能多地征求意见，除了征求同行的意见外，还可以征求各种职业、不同年龄段，特别是受众群体的意见，根据反馈意见，认真思考并做进一步的调整和完善。标志的调整和完善可以从以下几个方面进行：

（1）图形的完整性、黑白关系、长宽比例、线条粗细、疏密关系等；

（2）图形是否简洁、醒目和美观；

（3）标志是否具有独特的个性；

（4）标志是否有较强的适应性；

（5）标志是否能准确传达出企业的精神。

5.正稿制作阶段

标志的使用范围非常广泛，标志图形的运用范围大到十几米的户外广告，小到几厘米的名片，设计者必须考虑标志的适用性及组合规范，设计者必须按照规范化要求进行制作，并按媒体的特点进行变体设计，按科学的制图方法进行细节的调整，按审美要求放大与缩小。

标志的制图方法一般有以下几种：①方格法，即在正方形的格子线上绘制标志图案，以说明线条的宽度和空间位置的关系，方格可以由设计者按标志图案线条的比例尺寸自行设计并绘制，也可以选用印刷好的设计纸。②比例标志法，以标志图案的总体尺寸为依据，设定各部分的比例关系，并用数字标示出来。③圆弧表示法，借助于圆规、量角器说明标志图案的造型和线条的弧度及角度。

标志尺寸的放大和缩小：与其他视觉元素相比，标志使用的频率与应用范围比较广，为了保证标志的完整与顺利实施，应对标志的放大和缩小进行规定。一般在名片、信封、标签上的标志需要进行缩小处理，否则会模糊不清，对企业形象产生不良的影响；而应用在户外广告、建筑物及交通工具上的标志又需要进行放大处理，否则会出现变形的现象。为了防止这些不良现象的发生，确保标志放大与缩小后的视觉效果统一，必须针对标志应用时的大小尺寸订立详细的尺度规定。

标志的变体设计：由于企业标志的使用非常广泛，所以，应针对不同的印刷媒体进行变体设计。标志的变体以不改变原有标志的设计宗旨和形式为原则，灵活运用各种造型要素。变体设计应针对不同的印刷方式作如下变化：线条粗细变化，彩色与黑白的变化，各种点、线、面的变化等。

标志与基本要素的组合规定：标志与企业其他基本要素的结合使用也是标志设计应该考虑的内容。基本要素的组合系统，以应用设计项目的客观需要为依据，根据应用媒体的规格尺寸、编排位置、空间关系等设计出所需的组合单元，寻求构成形式上的均衡感，获得组合要素之间比例协调的空间关系。

（二）标志设计的原则

1.以企业理念为核心

一个优秀的标志首先必须有好的创意，好的创意来自对主题本身的挖掘。因此，只有牢牢把握好主题，展开辐射式的思维，才能找到最佳定位点。企业的主题一旦确定，造型要素、表现形式自然而然就展开了。不重视主题的选择，或者带有随意性和主观性的做法都会使标志设计半途而废。即使标志图形本身非常美，也只能是装饰而已，不符合企业的实际情况，不会有长久的生命力。所以，企业标志的设计要在表达企业理念的基础上，兼具美好的视觉形象并易于传播。

将企业独特的经营理念、企业精神和企业文化，采用抽象化的图形或符号具体地表达出来是尤为重要的，一般可运用象征、联想、借喻的手法进行构思。企业标志应以形达态，传达内容集中、概括、全面，富有事业的象征意义，能体现企业的理念、企业精神或企业的某种属性。丰田汽车的商标是将三个外形相似的椭圆环巧妙地组合在一起，每个椭圆都是以两点为圆心绘制的曲线组成，它象征用户的心与汽车厂家的心是连在一起的，具有相互信赖感。丰田汽车的商标图案具有空间感，并将TOYOTA字母置于图形商标之中。大椭圆中的两个椭圆垂直交叉恰好组合成一个“T”，这是丰田汽车公司的英文名称“TOYOTA”的第一个字母，椭圆代表地球，反映出要把自己的产品推向全世界的愿望（见图6-16）。

图6-16 丰田汽车logo

2.凝练简洁、富有感染力

好的标志应简洁鲜明，富有感染力，切忌图案复杂或过分含蓄。构图紧凑、图形简练，是标志艺术必须遵循的结构美原则。无论用什么方法设计标志，都应力求形态简洁，形象鲜明，引人注目，而且易于识别、理解和记忆。具有凝练美的标志，不仅在任何视觉传播物中（不论放得多大或缩得多小）能显现出自身独立的完整的符号美，而且对视觉传播物有强烈的装饰美感。凝练不是简单，凝练的结构美只有经过艺术提炼和概括才能获得。高度简洁而又具有高级美感，正是标志设计艺术的难度所在。图形、符号既要简练、概括，又要讲究艺术性，而且要清晰、醒目，适合各种使用场合，做到近看精致巧妙，远看清晰醒目，从各个角度、各个方向看上去都有较好的识别性。同时，标志设计者还必须考虑到企业标志在不同媒体上的传达效果。因此，要充分揣摩题材内容，把所想到的构图尽可能地体现出来，然后经过反复推敲、去粗取精，最后形成较为简洁生动、单纯凝练、集中概括的标志。

3.新颖独特、易于识别

标志就是以生动的造型图像构成的视觉语言。标志是用来表达企业或产品的独特性的，又是以此为独特标记的，要让消费者认清企业的独特品质、风格和经营理念，因此，在设计上必须与众不同，别出心裁，展示出企业独特的个性。这是企业标志设计的精神所在。标志的设计必须做到独特别致、简明突出，追求创造与众不同的视觉感受。

优秀的标志应该能够给人比较强烈的视觉冲击力。创造性是企业标志设计的根本原则，特别是一些抽象的企业或品牌标志，在标志设计中，要注重对比、强调视觉形象的鲜明与生动，还要善于使用夸张、重复、节奏、寓意和抽象的手法，使设计出来的标志达到新颖别致、富有美感、易于识别、便于记忆的效果。企业的标志设计，不仅要求在常规环境中能够引起人们的注意，而且在其他不同的环境下也要能够保持较强的视觉冲击力。

4.灵活设计、富于通用性

在各种应用项目中，标志的应用最为频繁，所以应考虑其通用性。针对标志的应用形式、材料和制作条件，采取相应的设计手段。首先，企业标志必须考虑到应用于其他视觉传播方式（如印刷、广告、影像等）或放大、缩小时的视觉效果。标志除适用于产品包装、装潢外，还要适用于在视频、电视、霓虹灯装饰、建筑物、交通工具等上传播。各种工艺、制作材料在任何使用条件下都要清晰、可辨、准确地传达企业的理念。其次，企业标志设计还必须运用世界通用的形态语言，避免一味追求传统的、狭隘的形态语言，而造成沟通上的困难，同时又要注意吸取中华民族优秀的传统文化，努力创造具有中国特色的世界通用标志形态语言。

5.顺应潮流、富于时代性

随着社会的发展，市场竞争不断加剧，人们的生活方式也在改变，一个标志要适应时代的发展，就要不断地改造和完善。同时，随着时代的变迁或企业自身的发展，企业标志所反映的内容和风格，有可能与时代的节拍和企业的变革不相吻合，因此企业标志也应该进行革新。标志是具有象征性的视觉符号，从平面到空间，从静态到动态，在社会发展中记载了时代的印记。标志作为系统形象的核心之一，体现了一个机构、企业团体的性质、精神和时代特征。标志设计要与当时的时代理念相吻合，也就是说，标志设计要明确地反映出时代特征。所以，在标志设计过程中，应充分考虑时代色彩，并在以后的实施过程中根据情况进行修订（见图6-17）。

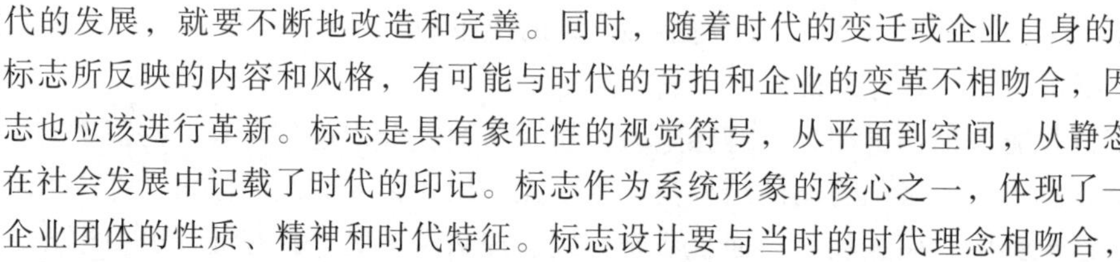

图6-17　大众汽车logo演变史

（三）标志的设计表现手法

1.对称与均衡

对称是一种标准的整齐、平衡形式，体现的是绝对或相对的均衡。世间万物大都是对称的，对称是生理和心理的要求。对称的形式多种多样，在企业标志图形设计中对称的构图方法有发射、移动、回转、扩大等。均衡分为两种：一种是对称均衡；一种是非对称均衡。对称均衡就是人们常说的对称，即在中轴线两面所排列的图形的形状、大小、分量相等或相同。一般所说的均衡指非对称均衡，即对画面中各个元素可以进行任意安排，但要求在视觉上达到力的均衡。除了图案造型的均衡外，还有量的均衡、色的均衡、力的均衡，在标志图形设计时必须进行相应考虑，以追求标志的视觉张力。均衡符合人的审美习惯。

2.对比与和谐

在标志设计中，对比同和谐应用极广，如在大小、多少、方向、高低、宽窄、虚实、粗细、长短、曲直、厚薄、集中分散等方面。对比是标志图形取得视觉特征的途径，和谐是标志完整统一的保证。对比就是把标志造型要素中差别程度较大的部分组合在一起，加以对照比较，互相衬托，使各自的特征更加突出。对比是常用的形式，也是最基本的形式。对比大致可以分为大小对比、粗细对比、刚柔对比、黑白对比、形式对比、位置对比、虚实对比和情感对比等。在标志设计中，对比常用于增加形式的变换，制造各种效果，是一种有效增强视觉冲击力的设计手法。和谐是“整齐划一，多样统一”，将矛盾冲突进行调和，形成一种协调美。和谐和对比是一个问题的两个方面，两者相辅相成。强调对比，矛盾、冲突突出；强调和谐，则显得柔和。设计者可根据需求妥善把握。具体的方法有形态的相通、线面的协调、表现手法的统一、色彩的和谐等。

3.统一与变化

一个完美的标志图形，应具有统一性。图形的统一性和差异性由人们通过观察而识别。统一性可以通过重复的手法实现，图形可以产生变化，又极富规律性。重复可以分为单纯重复和变化重复，应用时要根据表现形式的目的而定。统一性越单纯，越有美感。所以，欲使图形美，必然具有统一性，这是美的根本原理。但只有统一而无变化，则不能使人感兴趣，美感也不能持久。过分的统一会显得刻板单调。变化可以看作是突破的一个变种，对视觉有引导作用，有唤起兴趣的作用。但变化也要有规律，否则无规律的变化必然会引起混乱和繁杂。因此，变化必须在统一中变化，在有机联系中利用美感因素中的差异性引起冲突或变化。在变化时应力求以简为主，以少胜多，这样才能获得和谐统一的美感。

4.比拟与联想

比拟是指事物意象相互之间的象征、寓意、暗示和模拟。联想是由一种事物到另一种事物的思维转移与呼应，它一般并不作理性美的表示，而是与一定事物的美好联想有关。象征手法采用与标志内容有某种联系的图形、文字、符号、色彩等，以比喻、形容等方式象征标志对象的抽象内涵，如用挺拔的幼苗象征少年儿童的茁壮成长。象征性标志往往采用已约定俗成的关联物象作为有效代表物，如用鸽子象征和平，用松鹤象征长寿，用日、月象征永恒等。寓意手法采用与标志含义相近或具有寓意性的形象，以影射、暗示、示意的方式表现标志的内容和特点，如用伞的形象暗示防潮湿、用箭头表示方向等。模拟手法是用特性相近的事物形象模仿或比拟标志对象的特征或含义。联想的图形造型大都是从自然界抽象出来的几何图形，接受自然现象的暗示，其特色是形式逼真、一目了然，但设计技法必须巧妙，让人易记易懂，否则会让人百思不解，反而降低标志的传达功能。

5. 节奏与韵律

事物的运动具有某种周期性和变异性，由此形成了韵律和节奏。韵律表现为运动形式的变化，它可以是渐进的、回旋的、放射的或均匀对称的，是一种抑扬节奏有规律的重复、有组织的变化。节奏是周期性的重复，它往往伴有规律性的变化以及数量的增减，是条理性、重复性、延续性等艺术形式的表现。节奏是韵律的条件，韵律是节奏的深化。

把石子投入水中时就会出现一圈圈由中心泛开的波纹，这就是一种有规律的周期性变化，具有一定的韵律感。节奏也就是“律”，这种律不仅表现在音乐上，而且反映在其他方面，当物体失去平衡时均会引起运动。此种运动如有规律，则称之为“律”。在标志图形设计中，如果将线的长短、粗细、曲直等进行不同程度的变化和组合，便会创造出不同形式的“律”。

三、标志的意义

在生活节奏日益加快的今天，人们不愿再去记忆一些烦琐的企业名称，简洁、易识、易记的企业标志受到消费者的欢迎。迈入21世纪信息时代后，企业标志成为沟通人与产品、企业与社会最直观的中介之一。在品牌效应普遍受到重视的今天，著名标志已成为精神的象征、地位的炫耀、个人价值的体现、企业形象的展示。市场学家曾做过这样的调查：面对激烈的市场竞争及快节奏的现代生活，大约有60%的消费者是通过简洁、醒目、愉悦、形象的标志来识别产品和企业的。标志在整个VI设计中占据主导地位。它的设计成功与否直接关系到这个VI设计的品质。一个成功的标志在公众的心目中与企业一样重要。标志设计精良与否，不仅决定了标志能否准确传达企业理念、企业精神，也关系到公众对其印象的优劣。一个良好的企业标志形象能通过视觉元素的表现，反映出企业品质和特别的企业文化气质，从而转化为美好的企业形象，让人获得视觉上的识别、信息上的共享、心灵上的共鸣。所以，企业要树立自己的品牌，实施品牌商标战略，切不可忽视标志的设计。

企业标志作为企业的外部形象是广大消费者首先会注意到的，由此而形成的第一印象对企业整体形象的形成具有重要作用。企业标志往往被广泛应用到企业的销售、办公、运输、环境、宣传、服饰等各个环节和要素之中，给消费者以统一、深刻的印象，易使人们形成联想和记忆，一看到某个标志，就会想到特定企业及该企业的产品，企业标志对提高企业知名度和开拓市场有重要意义。

第二节 企业标准字设计

一、标准字的概述

标准字原来是印刷语，意指将两个以上的文字组织成一个固定的整体。对于企业形象策划意义而言，标准字泛指将某种事物、组织、团体的全称整理、组合成一个具有特殊形态的文字群。标准字种类繁多，运用广泛，也是VI设计的基本要素之一。作为一种视觉符号，标准字和标志一样，也能表达丰富的内容。标准字常与标志联系在一起，具有明确的说明性，可直接将企业或品牌传达给观众，强化企业形象与品牌的诉求力，其设计的重要性与标志同等重要。标准字是标志的补充和再现，是企业识别的重要组成部分。“圆滑字体”让人联想到糕点和糖果，“角形字体”让人联想到工业产品，“书法字体”让人感觉联想到中国文化等（见图6-18）。

图6-18 圆滑字体和书法字体

标准字与普通印刷字体的最大差别，除了外观造型不同外，更重要的是它是根据企业或品牌的个性而设计的，对策划的形态、粗细、字间的连接与配置及统一的造型等，都作了细致严谨的规划，强调整体风格和个性形象，比普通印刷字体更美观、更具特色。标准字从企业经营的规模、性质以及经营理念、企业精神出发，通过文字的可读性、说明性等明确特征，创造出具有独特风格的字体，以达到企业识别、塑造企业形象的目的。

（一）标准字的特征

1.识别性

识别性是标准字总的特征。标准字的识别性体现在独特的风格与强烈的个性上，标准字的独特风格会给社会公众留下深刻的印象。设计师应依据企业的经营理念、文化背景和行业特征等因素的差别，创造出不同个性的字体。通过这些具有个性的字体，能更好地传达企业性质与商品特性，使企业从众多的可比较对象中脱颖而出，令人过目不忘，达到识别企业的目的。

2.易读性

易读性是标准字的基本特征。企业标准字应传播明确的信息，说明内容简要易读，才能富有高速快捷的时代特征。字体笔画及结构法则应遵循正楷字体，力求准确规范，避免随意性，以免造成辨别的困难。

3.造型性

造型性是标准字的关键特征。标准字设计成功与否，造型因素是决定性的条件。唯有符合造型原理与结构法则的设计，同时追求创新感、亲切感和美感，才能产生美感。标准字应通过其形态特征传达企业的个性形象，力求做到美的传递，创造美的企业形象，增强传播效果（见图6-19）。

图6-19　芬达的logo字体具有造型性

4.系统性

系统性是标准字设计的应用性特征，即应有一系列的相同风格的标准字，适用于各种场合。标准字的系统性不仅包括当使用不同材料、不同技术时，标准字要具备放大、缩小、反白、线框等柔性表现形式，而且还包括标准字设计完成后，要导入视觉识别系统，与其他基本要素和谐地组织、搭配，形成综合的视觉优势。同时标准字又要适应多种使用场合信息传达的需要，设计多种组合状态，并且掌握企业未来的开发方向，预测可能的设计形式，以贯彻视觉传达的统一感。

（二）标准字的种类

现实生活中，我们可以看到各式各样的标准字，其种类之多，范围之广较之企业标志更甚，如企业名称、活动名称、产品名称、广告主题、戏剧名称、杂志的标题文字等的设计均属于标准字。标准字种类繁多，功能各异，然而其基本的、共同的任务在于，建立企业、品牌等独特的字体风格，塑造差异的形象，以期达到加深识别印象的目的。根据标准字的不同功能，可以将其分为以下几类：

1.企业标准字

企业标准字是经过统一设计的企业名称，旨在传达企业精神，表现企业的经营理念，建立企业品牌和信誉。在各类标准字中，企业标准字具有与企业标志同等重要的地位。企业标准字是标准字中最主要的，也是其他各种标准字的基础。

2.字体标志

标准字与企业标志组合在一起，是企业标志中不可缺少的一部分。这种将企业的名称设计成具有独特风格、完整意义的标志，称为字体标志。字体标志能达到精简要素、统一视听、易识易记的目的，如SONY、IBM、KENWOOD等均属于此类字体标志。

3.品牌名称标准字

品牌名称标准字是指对品牌所涉及的主要文字和数字等进行统一的设计。企业通过强化品牌的个性特点，依据企业经营业态和发展战略的需要来塑造品牌形象，依据产品特性和目标市场，设立多种品牌，并竭力提高品牌的知名度，以达到提高销售量的目的。属于品牌名称的标准字如太阳神、日本松下电器等的标志。

4.产品名称标准字

产品名称标准字是指企业为了开发新市场而不断推出新的产品，或是同一产品的系列化，为了突出个别产品的性质，往往采用具有亲切感、个性强的字体进行设计。这样设计的特点是方便传播和广告宣传，如丰田汽车在不同时期推出不同型号的汽车都进行命名并配以产品名称标准字。

5.活动标准字

活动标准字是指为推出新产品、节令庆典、展示活动、竞赛活动、社会活动、纪念活动等企业特定活动所设计的标准字。一般来说，此类标准字与企业名称、品牌名称等有明显的差异，因为使用期限较短，所以设计的形式较为生动活泼。

6.标题标准字

标题标准字用于专题报道、广告文案、电影广告的开头等。它是通过标题的个性设计来明确区分不同的空间，以产生醒目的视觉效果。企业产品的说明和目录、海报招贴的标题、图书的书名均属于标题标准字。

二、标准字的设计

（一）标准字设计的程序

1.调查分析

在着手进行企业名称、品牌名称等标准字的设计之前，为避免设计雷同而产生混乱不清的现象，应事先进行调查分析工作，对企业现有的标准字、品牌标准字等进行整理和分析。要尽可能收集到这些资料，并从中分析、归纳出带有共性和规律性的内容，比较其各自的优缺点和使用后的反映。这包括调查分析设计是否符合全行业和产品的形象特征；有无创新的风格和独特的形态；是否传达了企业理念等。

2.确定标准字的基本造型

在设计字体之前，首先应根据企业经营理念所传达的信息，确定字体的造型，如方正、竖长、扁平、斜体等样式活泼或外形自由的字体。外形确定后，即可制作辅助线。较为常见的字格有十字格、米字格、九宫格、回字格。若要设计英文标准字，则必须先画辅助线：顶线、阅读线、基线、底线等。

3.配置笔画形态

配置笔画形态包括配置笔画、字体的错视修正、字体结构的处理等。配置笔画需要先写出字的骨架，依据结构布局，进行上下、左右、大小穿插调整，以求空间的均匀，再画出文字的实际结构，将其疏密、黑白不均匀之处加以适当的调整。由于人的视觉活动有时会产生某种错觉与幻想，因此，视觉调整的修正工作是字体造型的重要环节。视觉调整的重点是字形大小的修正和字间宽幅的修正。为了达到视觉平衡，将不同类型的字体排列在一起时，应视字体形状的差异，分别作放大或缩小的处理。

4.统一字体

标准字可以通过线端形式与笔画弧度的表现来统一字体，这样能表现差异性的风格，传达出企业的经营理念和内容。中文字体的统一可以以宋体和黑体为例，因为这两种字体是标准字中最常用的中文字体，但这两种字体在笔画造型上有着截然不同的风格和特征。宋体直粗横细，就线端来看，宋体字基本笔画的造型变化多样，带有温婉含蓄、古典的美；黑体粗细一致，造型统一，平整匀称，传达刚硬明确、现代大方的理性美。

5.排列方向

字体排列方向主要分为横向排列与直向排列两种。中文字多为方形，具有较好的适应性，可根据需要选择横排和直排，英文字体由于外形变化较多，直排的造型和横排的造型在形象上有很大的差异。所以，不仅要设计完美的横排造型，直排造型也要和横排时保持形象统一。

在设计标准字形时需要考虑到因排列方向变化造成的标准字预期效果的失真，基于这种情况，特别要注意以下几点：

（1）避免过分的斜体字。斜体字在横向排列时，具有鲜明的特征，如方向感、运动感。但是斜体字直向排列时，往往会产生不协调的感觉，和横排难以统一。若必须设计成斜体字，应将斜体字加以修正后用于直排，修正的方法为缩小倾斜的角度，或将其调整为近似正体的斜体字。

（2）避免连体字。连体字虽然看起来具有连贯流畅的整体感，但往往灵活性不够。连成一体的文字，难以分解成可以组合的单独字体，连体字一旦分解后再重复排列组合，势必破坏原有字体形象的统一感。

（3）避免极端化的变体字。在设计标准字时，设计师有时出于个性的考虑，将字体设计得宽长或扁平，以强化运动方向与动态。极端夸张的变体字，不适应排列方向的改变，若将横排中的长体原封不动地用于竖排，则会产生松散、整体印象不一致的情况；若将横排中的扁体直接用于竖排，也会使整排字体拉得过长，两种排列难以统一。

（二）标准字设计的原则

一般来说，标准字的设计除了技术上的要求之外，在设计时还应该注意以下几点：

1.标准字的造型要能够表现出独特的企业性质和商品特性

标准字的企业名称或产品名称经个性化处理后，形成的生动符号能够表达丰富的内容。在设计标准字时，应以企业的文化背景和经营理念为基础，将企业的经营内容或产品特性利用各种方式具体地表现出来，使各类标准字都能准确地反映企业的特征和共性，以期在社会公众心中形成统一的形象。另外，不仅不同字体可以使标准字造型表现出商品的个性，而且在标准字上加上具有象征、暗示、呼应等造型因素后，更能表现出企业或商品的特质（见图6-20）。

图6-20　Zippo的logo表现出该商品的特质（打火）

2.标准字造型要与标志造型相融合

标准字与标志是一个具有不同作用而又紧密相连的统一体，它们之间的造型、风格相一致，位置协调配合、均衡统一，才能融为一个整体。标准字与标志既要具有美感，还要鲜明地传达出企业文化、经营理念和企业的完整形象。

3.标准字的设计应便于推广和应用

标准字广泛应用于各种媒体，为了适应各种不同场合的要求，标准字必须具有延展性。对标准字的放大、缩小、反白和边框的处理，以及对不同材料和空间位置的处理都应得体。在不采用标志的情况下，尽量使标准字也能独立发挥识别、象征的功能。标准字通常是与其他视觉要素组合运用的。设计标准字时应考虑如何与其他基本要素配合运用，掌握未来企业发展方向，预想各种可能的组合形式，从而贯彻视觉传达的统一性，以表现出预见性、系统性。

第三节　企业标准色设计

一、标准色概述

标准色是象征公司或产品特性的指定颜色，是标志、标准字及宣传媒体专用的色彩。企业标准色是企业根据组织形象和个性特别设计和选定的，要求能够体现组织内涵，并可根据国际标准色谱或色样准确无误地实施于印刷或其他材质的复制制作。企业标准色具有科学化、差别化、系统化的特点，具有明确的视觉识别效应，因此，进行任何设计活动和开发作业，都必须根据各种特征，发挥色彩的传达功能，以期在市场竞争中取胜。企业标准色运用在所有视觉传达的媒体中，通过色彩特有的知觉刺激和心理反应，以达到表现企业经营理念、营运内容、风格面貌的目的。

(一)色彩与心理

色彩涉及的学问很多，包括了美学、光学、心理学和民俗学等。心理学家经调查研究发现，各种色彩对人的感觉、注意力、思维都会产生不同的影响。五彩缤纷的色彩为组织视觉形象的识别提供了基础，成为组织塑造个性形象的有效手段之一。

1.红色

红色极其引人注目，具有强烈的感染力。在可见光谱中，红色光波最长，使人产生迫近感和扩张感，相当于暖色所引起的兴奋感觉。红色在色彩组合中常起着主导作用，几乎在任何场合，红色都能给人以强烈、愉快、温暖的人情味，饱含着力量、感情、方向感和冲动，许多企业都以红色为标准色。红色色感刺激强烈，被认为是容易获得成功、畅销的色彩。

2.橙色

橙色接近于橙红色，是暖色调突出的一种色彩。在可见光谱中，橙色波长仅次于红色。橙色是富有光辉的颜色，易让人联想到橘子、烛光、秋阳等。橙色象征温暖、积极、热情活力，也含有欺诈、嫉妒的感情色彩。体育赛事、熟食品标准色用橙色会具有强烈的煽动性和诉求力，个性十分明显。

3.黄色

黄色是膨胀轻柔之色。在可见光谱中，黄色波长居中，是一种明度极高的色彩，亮丽无比、光彩夺目，可以用它来提高注目的效果。它给人以光明、辉煌、醒目、庄重、高贵、忠诚、勤快、纯洁和充满希望的印象。实验证明，黄色是使人愉快的颜色，它给人以幸福的感觉，但同时也让人联想到软弱、飘忽不定、病态等。

4.绿色

绿色是一种生机勃勃之色。在可见光谱中，绿色波长居中。绿色会使人想到草地、足球场、山川、树叶等具体的事物，绿色给人以活泼、充实、平静、希望和忠实的感觉；绿色还象征和平、安全、青春活力、新鲜等抽象的主题。纯粹的绿色使人稳定而平静，并有助于消除视觉疲劳。

5.蓝色

蓝色是像天空般宁静的色彩。在可见光谱中，蓝色光波较短，与暖色比，它具有消极性，是收缩的内在色彩，多与天空、湖泊、大海等具体事物相联系。蓝色象征宁静、和平、纯洁、诚实等，也含有忧郁、保守、冷淡等意味。同时，它也象征着幸福、希望，是现代科学的象征色彩，使人感觉有力量和智慧。

6.紫色

在可见光谱中，紫色的光波最短，紫色是一种很暗的色彩。紫色容易使人联想到葡萄、茄子、紫藤等具体事物，紫色象征优雅、高贵、尊严、魅力、深沉等，但它亦有神秘、不安的意味。

7.黑色

黑色是明度最低的色彩，在视觉上是一种消极性色彩，常与黑夜、煤炭、阴影等联系在一起，象征悲哀、沉默、死亡、肃穆、绝望等。同时，黑色又使人得到休息，具有稳定、深沉、庄重、坚毅等特点。

（二）标准色的设定

1.基于塑造企业形象的考虑

根据企业经营理念或产品的特质，应该选择适合表现其突出概念和关键语的色彩，其中尤其要以表现企业的安定性、信赖感、成长趋势的优异性为前提，达到通过色彩间接地表现和塑造企业形象的目的。

2.基于经营战略的考虑

企业标准色的设定必须符合企业的经营理念和企业文化，而且要反映出企业的个性特征。为扩大企业之间的差异性和市场影响力，应该选择与众不同的色彩，以期达到企业识别、品牌突出的目的。其中，应该以使用频率最高的传播媒体或视觉符号为标准，使其充分表现这一特定的色彩，造成条件反射的效果。例如，IBM等一些电脑科技公司，都喜欢用代表高科技的蓝色作为企业的标准色。而餐饮连锁企业，如麦当劳、肯德基、必胜客等企业的标准色都与促进食欲的红色相近。这些著名企业所选择的企业标准色都是与其企业理念和所要突出的企业个性相符合的。

3.基于成本和技术的考虑

色彩在传播媒体上的运用非常广泛，并涉及各种材料和技术。为了使标准色精确再现与便于管理，应该尽量选择理想的印刷技术、合理的分色制版方法，使之达到与标准色统一的目的。另外，要避免选用特殊色彩，避免选用金银等昂贵材料或多色印刷以免增加不必要的制作成本。

二、标准色的设计

（一）标准色的设计程序

标准色的开发设计，应与标志、标准字的设计密切配合，同时，将设计工作建立在企业经营理念、组织结构、目标顾客、营销策略和形象战略等基础上。有关标准色的设计程序如下：

1.调查阶段

调查的内容包括企业现有标准色的使用情况以及公众对企业现有标准色的认识；企业同竞争企业之间的差异以及竞争企业标准色的使用情况和公众对竞争企业标准色的认识；色彩与企业经营理念的关系和市场对企业标准色的期望；企业环境和企业宣传色彩的情况。

2.色彩设计阶段

依据色彩形象尺度对企业形象与色彩形象进行客观、合理的定位，以确定色彩的选择、颜色的搭配和配色协调。首先，要考虑什么样的颜色才能表现企业形象，例如要表现高科技感，可能就要使用蓝色及暗色调；如果要高雅的感觉，可能就要优先考虑淡色调。其次，要考虑具体的设计，确定预定的颜色如何搭配，如以什么颜色为基础色或主色调，以什么颜色搭配或作为重点色。最后，还要考虑面积的和谐、对比、过渡、强弱等因素，注意配色协调。此外，为了便于识别，还应注意色彩的醒目性、明视性，以求获得最佳的设计效果。

3.色彩管理阶段

标准色确定之后，需要制作用色规范和色彩传达过程的管理规范，同时，还要监督企业标准色的使用情况，及时处理使用中出现的问题。本阶段主要是对企业标准色的使用作出数值化的规范，如颜色符号、印刷色数值。

4.反馈发展阶段

这是指标准色使用之后，还需追踪考察设计成效，并将资料作为再设计的参考。

（二）企业标准色的结构设计

1.单色标准色

单色标准色，是指企业只指定一个颜色作为企业的标准色。单色标准色具有集中、强烈的视觉效果，方便传播，使消费者记忆深刻，是最常见的企业标准色形式。例如，可口可乐的红色、麦当劳的黄色、中国农业银行的绿色都是采用单色作为企业标准色的。

2.复数标准色

复数标准色，是指企业采用两种或两种以上的色彩搭配构成企业标准色的设计方式，体现了色彩的组合效果。复数标准色不仅能增强色彩的韵律和美感，而且能更好地传达企业的有关信息。例如，百事可乐选用红、白、蓝组合，壳牌石油公司选用红色与黄色组合，都是复数标准色运用的成功案例。

3.标准色+辅助色

标准色+辅助色是指企业一般选择一个色彩为企业的标准色，再配以多个辅助色彩，一般适用于大型的企业集团。为了区分庞大的组织机构以及不同品牌、产品，必须运用更为庞大的标准色+辅助色系统，目的在于让消费群体进一步识别同一企业的不同类型产品。其主次或主辅关系是为了表达企业集团母子公司各自的身份和关系；或者表示企业内部的各个事业部门或品牌、产品的分类。这种方法通过色彩系统化条件下的差别性产生独特的识别特征。

三、吉祥物

吉祥物指为特定的活动目的，以人物、动物、植物、自然物或人造物，依照吉祥或积极的主题，以拟人化或卡通化手法创造出的具象化造型。19世纪末，法国米其林轮胎诞生。在1894年里昂的第一次展览会上，米其林兄弟发现墙角的一堆直径大小不同的轮胎很像人的形状。不久后画家欧家洛根据那堆轮胎的样子创造出一个由许多轮胎组成的特别人物造型，于是，米其林轮胎人——“必比登”诞生了。历经百年的演绎，至1990年后，“吉祥物”一词才确定下来，现在几乎已取代了“企业造型”的称谓；由于吉祥物的识别更具亲和力，现已延伸出各种用法，如活动吉祥物、运动会吉祥物、展示吉祥物以及促销吉祥物等，企业吉祥物便是其中之一。

例如，“麦当劳叔叔”使麦当劳的企业理念化为具体的企业象征形象，特别适合儿童的心理；又如“海尔”用两个可爱的小孩组成的企业象征形象，寓意合作、团结。它们通过平易近人、亲切可爱的造型，给人留下深刻的印象，成为视觉的焦点。吉祥物作为企业识别的造型符号，可以直接表现出企业的经营理念和服务特质。

由于吉祥物在形象设计中的运用更具亲和力，便于识别，所以吉祥物通常被归为标志的象征图形，并被广泛应用。但是，企业造型的功能在于通过具象化的造型，来体现产品的特质及企业理念，因此，企业象征形象的设计要看准对象，切不可观念化处理。在选材上须慎重。在造型的设定上，面对不同地区、不同国家、不同文化的受众，要有不同的变化。同时，还要认真考虑不同地区、不同民族的风俗喜好，避开宗教信仰的禁忌。

（一）吉祥物的特性

1.说明性

吉祥物这一具象化的造型图案可以直观生动地图解企业理念和企业文化。吉祥物较之抽象的标志、标准字更具有说明性和诉求力，更能一目了然地传达企业的信息。它可以有效地选取人物、动物和植物的个性和特质，准确而轻松地表达企业理念。

2.亲切感

企业吉祥物造型的题材一般取自活泼可爱的人物、动物、植物、风景、抽象图案等，是企业信息传达的诸多设计因素中最有亲切感的要素，容易使不同年龄层、不同文化层、不同语言背景的消费者产生认同与共鸣。这样容易获得较好的视觉效果，增强记忆的效果。

3.系统性

吉祥物和企业标志、标准字、色彩不仅可以表现一个统一的企业形象，同时还起着联结企业、商品、宣传、促销、服务等商业活动，统一整体形象的作用。它是一个维系企业所有环节的纽带。顾客和社会大众看到企业吉祥物生动、形象、个性化的造型，就如同接触到企业的整体。

（二）吉祥物的题材选择

1.故事性

根据民间流传、家喻户晓的故事、传说，选择符合企业经营理念和特色、表现企业经营内容的有个性、有特征的对象来作为吉祥物造型的设计方向。

2.历史性

基于人们的怀旧心理来设计吉祥物，以显示传统文化和复古风格。历史可以表示悠久的传统文化，可以弘扬民族精神。所以，以历史性作为吉祥物造型的设计方向，无疑是一种较好的方法。

3.材料性

根据企业经营的内容或产品制造的材料来设计吉祥物，可以更加形象而具体地说明企业的经营内容。

4.动植物

生活在大自然中的各种动植物的种类、习性、品格、姿态均有其明显的差异。企业根据自己的特点、品牌形象、产品用途等来选择符合其精神表现的题材，以传达独特的经营理念，这是最常见的企业吉祥物造型设计方向。

思政课堂

莫斯科地铁点亮中国红

【思政元素】中国文化。

2021年12月7日，中国企业在欧洲首个地铁工程项目——中国铁建承建的莫斯科地铁大环线（又称第三换乘环线）西南段项目正式通车。这是俄罗斯首次在地铁施工领域引入中国企业，是中俄基建领域合作的生动案例。

当天，俄罗斯总统普京以视频连线形式出席通车仪式，宣布莫斯科地铁大环线10座新建成的地铁站投入使用。他表示："这是莫斯科地铁发展史上的重要里程碑。莫斯科西部和南部一些地区的交通状况将得到显著改善。对于数百万民众来说，出行将变得更加便捷，整个城市的生活节奏将发生很大变化。"

祥云、团寿、中国红……步入米丘林大街站，鲜明的中国文化元素引人瞩目。在莫斯科，地铁站不仅是交通枢纽，更因设计精美享誉世界，被称为"艺术宫殿"。项目团队在延续俄罗斯车站传统建筑形式的基础上，融入中国审美理念，车站的站台柱、照明工具、吊顶等设计均取自中国传统建筑艺术。米丘林大街站受到当地设计管理机构和业内专家的充分认可，被中俄两国媒体称为"中俄友谊的新地标"。

资料来源：张光政，荣翌，隋鑫．莫斯科地铁点亮中国红［N］．人民日报，2021-12-09（3）．此处有删减．

本章小结

视觉识别系统是通过统一的符号系统和统一的视觉传播，有控制地将企业的信息传达给社会大众，将企业理念与价值观通过静态的具体化的视觉传播形式，有组织、有计划地传达给社会，以对外树立企业的整体形象，对内取得全体员工的认同。视觉识别系统是建立在视觉传播理论、视觉传达设计和视觉传播控制管理基础上的一项科学的、系统的工程。视觉识别系统由基本要素与应用要素两部分构成，是企业形象最直接、最直观的表现。

本章主要讲述了企业识别系统的基本要素，讲述了标志、标准字、标准色和吉祥物等内容。在第一节中首先讲述的是视觉识别系统的核心——标志，通过讲述标志的特征、分类等让读者对标志有了初步的了解，然后对标志的设计进行详细的讲解。在第二节和第三节中介绍的是标准字、标准色和吉祥物，首先介绍的是标准字、标准色和吉祥物的一些基本的概述，包括特征、分类、作用等；然后具体讲解了标准字、标准色和吉祥物的设计和应用以及设计时应注意的事项等。

本章练习题

1.标志的特点有哪些?
2.标志依据不同的分类方法有哪些类别?
3.标志的设计有哪些程序?
4.标准字的设计原则有哪些?
5.标准色主要是基于哪几点进行设定的?

本章参考和阅读文献

［1］庄春青，淑慧.现代CI策划与设计［M］.上海：东华大学出版社，2023.
［2］屈燕妮，周鸿.企业文化案例［M］.北京：经济管理出版社，2022.
［3］叶敏，朱苗，叶万春，等.企业形象策划——CIS导入［M］.6版.大连：东北财经大学出版社，2022.
［4］李芳.标志与企业形象设计手册［M］.北京：清华大学出版社，2020.
［5］徐宸熹，刘瑀.企业视觉形象设计手册［M］.武汉：武汉大学出版社，2016.
［6］吴国欣.标志设计［M］.上海：上海人民美术出版社，2015.
［7］支林.CI企业形象设计［M］.上海：上海交通大学出版社，2006.
［8］于珍.浅析CIS中视觉识别系统的设计［J］.商业经济，2006（2）.
［9］梁丹.论视觉识别系统VIS设计的同一性和差异性原则［J］.广西工学院学报，2005（2）.
［10］王青剑.品牌视觉识别系统的构建［J］.包装工程，2005（3）.
［11］刘常颖.从老品牌“变脸”看品牌国际化［J］.辽宁师专学报，2005（3）.
［12］刘水晶.浅谈CI设计中的视觉识别设计［J］.浙江万里学院学报，2005（3）.
［13］谢敏，王辉.浅谈高校VI设计教学中视觉要素基本系统的开发设计［J］.安康师专学报，2006（5）.
［14］吴国荣，朱珺，王飞凯，等.在企业标志设计中运用象形图形［J］.包装工程，2005（6）.

第七章

企业视觉识别系统应用要素策划

本章提要

在企业视觉识别系统中，除常用的标志、标准字体、标准色、吉祥物等基本要素之外，还有产品包装、广告、标志、环境、公共设施、招牌、吊旗、制服、办公用品以及交通运输等其他要素。这些视觉应用要素与基本要素交织在一起，共同构建了企业视觉识别系统的完整风貌。基本要素系统的策划是以如何开发好的设计为目标，而应用要素系统的策划则是以如何活用好的设计为前提，全面而准确地传达企业理念和企业形象，形成企业特有的风格。

本章案例

汉堡王的整体企业形象设计案例

在汉堡王近几十年的经营中，其品牌仅做过很少的改动，随着公司的发展，为重新树立其快餐业巨人的地位，其决定对品牌进行全面的改进，公司希望创造出稳健的、强有力的品牌形象，使品牌各个方面（如商标、招牌、餐馆设计以及包装）都能为消费者所熟悉。

斯特林设计集团接受委托与汉堡王公司的品牌设计组进行合作。汉堡王希望仍能保持老品牌中的小甜圆面包的设计因素，但目标是逐步形成一种有高度影响力的品牌标志。它希望不必很时髦，但能适应时代的步伐，并体现出很强的活力。旧的品牌标志很大众化，并且很温和，一切都是曲线形的，其中字体是圆的，小面包的形状也是圆的，黄色和红色都属于暖色调，缺乏节奏感和活力（见图7-1）。

图7-1　各个时期汉堡王的标志

斯特林设计集团和汉堡王公司的品牌设计组在商标设计上进行了几次尝试，包括在设计中加入火焰图案，以突出汉堡王是经过火烤的，还尝试了不同的字体颜色。但是设计并没有加入过多的元素，他们认为，新商标的应用无处不在，过于花哨会减弱其可视性。当然为了打破原商标的温和性，新品牌加入了蓝色，大大增加了设计的活力。最终，设计者很好地保留了原品牌标志中面包的形象，因为它体现了该品牌的魅力。设计者把字体扩大至面包的外围，以突出可口的三明治。稍微倾斜的状态则表现出了活力与动感。从新品牌设计的整个过程看，设计者们保留了老品牌的一些因素，避免人们无法认出，造成汉堡王的惨重损失。

随着新品牌的确立，汉堡王公司委托费奇公司设计品牌的立体外观，包括建筑物的内外设计、商业装饰以及汉堡王餐馆内的一些标语牌。内部设计的重点放在为方便消费者点菜而设计、高效布局。例如，为点菜和选菜辟出专用空间，重新设计的菜单仅显示当天的菜肴等。调查发现，人们喜欢快速获得食品，但却希望有放松的用餐环境，于是在调整环境的情况下，将几种座位的布局纳入设计的方案中，包括为团体、家庭准备的大的、明亮的空间和情侣桌等，对灯光布置也进行了精巧的设计。在包装方面，还设计了一种透明的袋子，这样人们就很清楚袋子里装的东西，而没有必要打开袋子进行检查。甚至，在每个餐桌上都设置了提示服务员的按钮，当顾客需要服务的时候，可以按下按钮。这个主意使顾客非常满意。

新的品牌设计体现了这样一种理念：密切关注顾客对快餐店的期望。这使汉堡王在竞争中异军突起，别具特色。到目前为止，消费者对该品牌反应积极，其销售额也随之暴涨，餐馆面貌一新，生意兴旺。

资料来源：波茨．品牌设计［M］．彭燕，译．上海：上海人民美术出版社，2001.

第一节 产品包装策划

当今社会是一个产品极度丰富的社会，但同时也是一个产品严重同质化的社会。多个产品在同一市场进行销售时，企业必须为自己的产品找到独特的卖点。在现代激烈竞争的市场环境中，许多企业通过推出不同包装的产品，迅速带动了产品的销售。一个好的包装设计，不仅能让厂商获得丰厚的利润和效益，而且能使消费者在购买商品使用价值的同时获得美的享受。从企业形象识别战略的角度来看，产品包装是视觉识别应用的一个重要内容，具有广泛的影响力。它以结合现代设计观念与企业经营理念的整体运作，通过塑造产品的个性和形象，进而树立良好的品牌形象和企业形象，提高产品的价值，扩大产品的市场占有率。

一、产品包装的主要内容

（一）产品包装的功能

在我国国家标准《物流术语》（GB/T 18354-2021）中对包装的定义：包装是指为在流通过程中保护产品、方便储运、促进销售，按一定技术方法而采用的容器、材料及辅助物等的总体名称；也指为了达到上述目的而采用容器、材料和辅助物的过程中施加一定技术方法等的操作活动。

包装的功能主要有保护、方便和销售三种：

1.保护功能

包装保护功能，即保护物品不受损伤的功能，它体现了包装的主要目的。

2.方便功能

物资包装具有方便流通、方便消费的功能。物资所经过的各流转环节，合理的包装会提供巨大的方便，从而提高物流的效果。物资包装的方便功能可以体现在：（1）方便物资的储存。（2）方便物资的装卸。（3）方便运输。

3.销售功能

销售功能是促进物资销售的包装功能。在商业交易中促进物资销售的手段很多，其中包装的装潢设计占有重要地位。优美的包装能唤起人们的购买欲望，对顾客的购买起着刺激的作用。

综上所述，包装的保护功能和方便功能是与物流密切相关的两大功能。销售功能是与商流相关的。改进包装的不合理性，发挥包装的作用，是促进物流合理化的重要方面，是日益被物流工作者重视的一个十分重要的领域。

（二）产品包装的特点

产品包装作为现代设计的一个专业门类，不仅应遵循科学性、实用性、经济性、审美性、创造性等现代设计共同的基本原则，从包装的物质与精神功能定位要求方面还应有自身的一些专业设计特点：

1.统一的风格

鉴于包装是内装物品的载体，是企业产品不可缺少的构成部分，最终以特定商品的面貌进入流通市场与消费环节，所以包装设计风格必须与内装产品的设计特色相一致，形象整齐划一，能够更好地解释说明产品的功能、作用、质量等，从而信息影响力度才够强大，才能更好地吸引顾客、引导消费、树立商品与企业形象。

2.综合于一体

整体系统的包装设计，应融包装的实用性、艺术性、信息性、经济性、工艺性于一体，全方位地解决保护产品、方便生产加工与储运消费、传达产品信息、提高产品附加值、能动地吸引消费等包装的物质与精神功能多方面的问题。因而，产品包装设计集包装的工艺方式与材料、造型、结构、视觉传达等于一体，具有典型的综合应用创造特点。

3.从属地位

包装是以保护产品安全流通、方便消费、促进销售为目的，因而，包装设计首先必须根据具体产品的不同性质、形态、流通意图与消费环境要求，确定特定商品包装的功能定位，进而依据特定商品包装的功能要求开展包装的策划设计。

4.醒目独特

包装作为现代商品的载体和有机构成部分，同商品生产与流通环境条件及人们的生活方式、消费观念、审美要求密不可分。因此，要求设计者应用新材料、新技术、新方法，更新、改造、开发与众不同、独特新颖的包装。

5.明显的功能区别

对于不同类的产品，甚至同类产品的不同型号，在包装上应当可以轻易区分，比如，采用相同的版式不同的色彩、相同的风格不同的版式、相同的风格不同的局部版式设计变化等。通过不同包装，顾客可以容易地区分同一企业不同产品的功能，从而选择满足自己需求的产品。

6.国际化

现代商品与市场发展是自由开放的，不受地域或国界的限制。包装作为产品不可分割的构成部分和市场竞争的工具，与其他企业的各类产品同时进入国内与国际市场，参与市场竞争，优胜劣汰。因此，产品包装设计与生产必须与国际市场接轨，符合国际标准与环境保护要求，树立适应国际大环境的设计理念。可口可乐一直以适应当地的文化理念来包装自己的产品，并且不失自己原有的特性和内涵（见图7-2）。

图7-2 可口可乐在不同国家的产品包装

（三）产品包装的分类

1.按包装功能不同，包装可分为商业包装和工业包装两类

（1）商业包装。商业包装是以促进商品销售为目的的包装。这种包装的特点是：外形美观，有必要的装潢，包装单位应适合顾客购买量和商店设施的要求。

（2）工业包装。工业包装又称为运输包装，是物资运输、保管等物流环节所要求的必要包装。工业包装以强化运输、保护商品、便于储运为主要目的。在满足物流要求的基础上，工业包装费用越低越好。普通物资的工业包装，其程度应当适中才会有更好的经济效果。

2.按包装层次不同，包装可分为个包装、中包装、外包装

（1）个包装是指一个商品为一个销售单位的包装形式。个包装直接与商品接触，在生产中与商品装配成一个整体。它以销售为主要目的，一般随同商品销售给顾客，因而又称为销售包装或小包装。个包装起着直接保护、美化、宣传和促进商品销售的作用。

（2）中包装（又称内包装）是指若干个单体商品或包装组成一个小的整体包装。它是介于个包装与外包装的中间包装，属于商品的内层包装。中包装在销售过程中，一部分随同商品出售，一部分则在销售中被消耗掉，因而被列为销售包装。在商品流通过程中，中包装起着进一步保护商品、方便使用和销售的作用，方便商品分拨和销售过程中的点数和计量，方便包装组合等。

（3）外包装（又称运输包装或大包装）是指商品的最外层包装。在商品流通过程中，外包装起着保护商品，方便运输、装卸和储存等方面的作用。

3.按包装容器质地不同，包装可分为硬包装、半硬包装和软包装

（1）硬包装（又称刚性包装）是指充填或取出包装的内装物后，容器形状基本不发生变化，材质或质地坚硬的包装。

（2）半硬包装（又称半刚性包装）是介于硬包装和软包装之间的包装。

（3）软包装（又称柔性包装）是指包装内的填充物或内装物取出后，容器形状会发生变化，且材质较软的包装。

4.按包装使用范围不同，包装可分为专用包装和通用包装

（1）专用包装是指专供某种或某类商品使用的一种或一系列的包装。

（2）通用包装是指一种包装能盛装多种商品，被广泛使用的包装容器。

5.按包装使用的次数不同，包装可分为一次用包装、多次用包装和周转用包装

（1）一次用包装是指只能使用一次，不再回收复用的包装。

（2）多次用包装是指回收后经适当加工整理，仍可重复使用的包装。

（3）周转用包装是指工厂和商店用于固定周转多次复用的包装容器。

6.包装的其他分类方法

（1）按运输方式不同，包装可以分为铁路运输包装、卡车货物包装、船舶货物包装、航空货物包装及零担包装和集合包装等。

（2）按包装防护目的不同，包装可分为防潮包装、防锈包装、防霉包装、防震包装、防水包装、遮光包装、防热包装、真空包装、危险品包装等。

（3）按包装操作方法，包装可分为罐装包装、捆扎包装、裹包包装、收缩包装、压缩包装和缠绕包装等。

二、产品包装设计策划

（一）产品包装策划的基本内容

1.包装策划的含义

所谓包装策划，就是对某企业的产品包装或某项包装开发与改进之前，根据企业的产品特色与生产条件，结合市场与人们的消费需求，对产品的市场目标、包装方式与档次进行整体方向性规划定位的决策活动。

包装是指产品的容器和外部包扎，是产品策略的重要内容，有着识别、便利、美化、增值和促销等功能。包装是产品不可分割的一部分，产品只有包装好后，生产过程才算结束。产品包装是一项技术性和艺术性很强的工作，通过对产品的包装要达到以下效果：显示产品的特色和风格，与产品价值和质量水平相配合，包装形状、结构、大小应为运输、携带、保管和使用提供方便，包装设计应适合消费者心理，尊重消费者的宗教信仰和风俗习惯，符合法律规定等。

策划方案决策的正确与否，是直接影响包装具体设计成败的重要因素。所以说，包装策划是进行正确有效设计的前提基础。设计策划活动的目的在于通过相关人员的集体讨论交流信息，集中群体的智慧，明确设计任务、内容和目标，根据产品的性质特点与市场流通意图、生产加工条件等，确定包装的基本方式、档位与设计方向（如礼品或旅游纪念品包装、大众化实用型消费包装、商品的主销市场流向等）。鉴于策划在包装整体系统化设计中的重要作用，参与设计策划活动一般要求企业的有关领导、设计、经营、生产、技术等相关的人员参加，设计人员应认真听取各方面的意见，充分发表自己的看法，由企业负责人集中群体的意见，决定设计方向、目标与要求，并由相关专业人员形成包装策划方案，为开展具体设计活动打下基础。

2.产品包装设计的原则

包装设计是指对包装的形状、大小、构造及包装材料等方面的创造或选择。包装设计的原则是科学、经济、可靠、美观。这不是凭空产生的，而是根据包装设计的规

律总结出来的科学原则，具体有四点：

（1）科学。科学是指包装设计必须首先考虑包装的功能，达到保护产品、提供方便和扩大销售的目的，符合人们日常生产与生活的需要，同时还要符合广大群众健康的审美观和习俗偏好。包装设计绝不能是华而不实的形式主义产物，也不能单纯地强调三大功能而忽视其他方面，给人们的健康、工业生产和社会生活带来不利的影响。

（2）经济。经济是要求包装设计必须符合现代先进的工业生产水平，做到以最少的财力、物力、人力和时间来获得最大的经济效果。这就要求包装设计有利于机械化的大批量生产，有利于自动化的操作和管理，有利于降低材料消耗和节约能源，有利于提高工作效率，有利于保护产品、方便运输、扩大销售、使用维修、储存堆垛等各个流通环节。这都是经济原则所包含的内容。我国是社会主义国家，生产的目的是提高广大人民的生活水平，因此，包装设计的经济原则关系到国家经济和人民利益，应予以高度重视。

（3）可靠。可靠是要求包装设计保护产品可靠，不能使产品在各种流通环节上损坏、污染或被偷窃。这就要求对被包装物要进行科学的分析，采用合理的包装方法和材料，并进行可靠的结构设计，甚至要进行一些特殊的处理。例如，集装箱的底部木板必须进行特殊的杀菌、杀虫处理等。

（4）美观。美观是广大群众的共同要求。包装设计必须在功能与物质和技术条件允许的条件下，为被包装的产品创造出生动、完美、健康、和谐的造型设计与装潢设计，从而激发人们的购买欲望，美化人们的生活，培养人们健康、高尚的审美情趣。

科学、经济、可靠、美观四者是密切相关的，不能忽视其中的任何一方。在提高包装设计的科学、可靠功能时，不能忽略包装设计的经济效果和社会效果；在提高包装设计的经济效果时又不能单纯地追求利益，还要考虑到包装对人们生活各个环节的影响，如对环境和对人们心理所造成的影响等；在考虑包装设计的美观时，除了使包装造型和装潢服从包装功能的需要外，还要照顾到群众现有的欣赏水平和习俗偏好以及禁忌色彩。只有四者有机地结合，让它们在设计和生产过程中协调一致，才能使包装在各个方面都表现出富有创造性的设计思想，更好地为生产、生活服务。

3.产品包装设计的要求

（1）运输包装设计。运输包装的主要功能是保护产品在流通中安全、快速、高效地到达顾客手中。其设计有如下基本要求：①根据产品的物理特性和化学特性选择适当的包装材料和方法，保证产品在运输中不损坏、不变质、不渗漏。②采用体积小、重量轻的包装材料，注重包装重量。③力求包装标准化和规格化，以方便运输和装卸，节约运费。④运输包装要有简单醒目的标志，使产品安全准确地运达目的地，同时要努力节约包装物件，降低包装成本。

（2）销售包装设计。销售包装的功能主要是美化和宣传产品，便于陈列以及消费者选购、携带和使用，提高产品价值。其设计有如下基本要求：①包装造型美观大方，图案生动形象，具有强烈的美学效果，避免与竞争者同类产品的包装雷同，要采用新材料、新图案和新形状，引人注目。②产品包装应与产品的价值或质量水平相符，根据产品品位和单位产品的价值及顾客的购买要求确定包装的档次。③包装要显示出产品的特点和独特风格，能够直接向消费者展示，可选择透明的包装材料、开天窗式包装或在包装上印有彩色图片等。④包装设计要能增加顾客的信任感并指导消费。⑤包装设计要适应不同民族的风俗习惯、宗教信仰、价值观念和心理上的需要。⑥包装的造型和结构应考虑使用、保管和携带方便。

（二）产品包装策略

在卖场上，消费者直接面对的是包装，而非产品本身，所以包装设计的策略对产品定位的影响尤其显著。成功的包装设计不仅能精准地抓住消费者的目光，有效地传达产品特性，更能强化产品在市场上的竞争力，使其尽快融入消费大众的生活之中。包装策略可分为以下几种：

1.类似包装策略

类似包装策略是指企业将其所生产的各种不同产品，在包装外形上采用相同的图案、近似的色彩及其他共存的特征，使消费者或用户极易联想到这是同一家企业生产的产品。类似包装策略将这些单个包装摆放在一起，犹如一个阵容强大的包装大家族，形成一个包装系列，唤起消费者对商品附带的文化内涵的感知，能给消费者留下深刻的印象，可以显著提高商品的形象。

这种方法的优点是：可以壮大企业声势，扩大企业影响，节省包装设计费用，有利于介绍新产品。新产品初次上市时，可以利用企业的信誉降低用户对新产品的不信任感，使新产品尽快打开销路。

2.配套包装策略

配套包装策略是指按各国消费者的消费习惯，将数种有关联的产品配套包装在一起成套供应，便于消费者购买、使用和携带，同时还可降低包装成本，扩大产品销售。配套包装也是根据消费者的购物心理特点，诱发消费者的购买欲望，从而扩大商品销售。

配套包装大致可分三类：（1）同品种不同规格的商品配套；（2）不同品种但用途有密切联系的商品配套；（3）既非同品种也非用途有关的商品配套。

如今采用配套包装的商品繁多，在市场营销中常见的有各种酒类、日用消费品、玩具、五金工具、文具、化妆品、服装、瓷器、家电等商品的配套包装。例如，浙江绍兴一位包装设计师曾设计了一种新颖包装，将绍兴名酒中的加饭酒、花雕酒、善酿酒、元红酒、绍兴酒、土绍酒六种不同风味酒组合在一个包装盒内，并且和六只酒盅配套在一起组成一个花瓣形图案，采用开窗式盒盖的可提携细瓦楞包装，不仅使消费者对内装商品一目了然，而且外形设计美观大方，便于消费者品尝不同风味的酒，还不必为品酒而另找酒杯，同时携带又方便，充分满足消费者的要求，深受消费者青睐。配套包装应避免利用品牌优质商品强行搭配低劣商品的不正当商业行为。

3.再使用包装策略

再使用包装指原包装的商品用完后，包装容器可转作他用的策略，又称“双重用途包装策略”。再使用包装可分为复用包装和多用途包装。复用包装可以回收再使用，大幅度降低包装费用，节省开支，加速和促进商品的周转，减少环境污染。这也符合党的二十大报告提出的“实施全面节约战略”的精神。多用途包装在商品使用后，其包装品还可以作其他用途。

但是，再使用包装也面临两个挑战：首先，随着生产水平的提高、社会经济的繁荣，市场上产品极其丰富，应有尽有，产品组合深度不断增加，花色品种繁多，任君挑选，相比之下，再使用包装的使用就减少了很多。例如饮水杯市场，由于新材料、新技术、新工艺的采用，花色品种不断翻新，应接不暇，且耐高温、密封性越来越好，而可做饮水杯用的再使用包装就颇有些相形见绌了。其次，消费水平的提高也使再使用包装商品的魅力锐减。

4.赠品包装策略

赠品包装策略的主要方法是在包装物中附赠一些物品，从而引起消费者的购买兴趣，有时，还能激发顾客重复购买的意愿，如食品中附玩具，玩具包中附连环画、识字图，化妆品包装中附小样。例如，在珍珠霜盒里放一颗珍珠，顾客买了一定数量的本产品之后，就能串成一条项链。

赠品包装策略的形式有两种：一种是包装本身的一个附赠品，赠送对象一般是售货员，以促进售货员多销售该企业的商品；另一种是包装里面附有赠品，它借包装中附赠的图片、物品或其他小玩意来吸引消费者，这种包装吸引顾客的独到之处在于对消费者的附加赠品，特别是对儿童最有影响力，极易引起他们的重复购买。

这种策略的优点是：若拥有良好的赠品，它是有效的促销技巧。它非常醒目，且可以当时就给消费者以刺激，竞争者很难马上模仿。缺点是：选择良好的赠品，需要清楚了解消费者的需要，要做认真的调查，这一点是非常不容易的。假如附赠品的包装不易陈列的话，零售店、卖场也不会欢迎。附赠品包装通常需要厂商额外增加制造及包装的过程，比较复杂。附赠品包装不似特惠包装或价格的优惠那么受消费者喜欢。当消费者已有这类或类似赠品时，赠品就失去了作用。

5.更新包装策略

更新包装就是改变原来的包装。更新包装策略是指企业包装策略随着市场需求的变化而改变的做法。一种包装策略无效，依消费者的要求更换包装，实施新的包装策略，可以改变商品在消费者心目中的地位，进而收到迅速恢复企业声誉的效果。

（三）产品包装设计应注意的问题

在正式设计之前，必须认真把握、了解分析企业视觉识别系统中的基本视觉要素，以确定基本要素如何在包装设计过程中得以准确、合理和巧妙地运用。包装设计应注意如下问题：

1.包装设计应统一于企业整体视觉识别系统

在产品包装设计中，要与企业的标志、标准色、经营理念、企业文化等相一致，突出企业标志，施以统一的色彩、统一的背景图案或统一的构图，关键是与企业其他视觉识别系统取得一致的视觉效果。

2.应构建良好的包装质量

在构建良好的产品质量的基础上，应注重包装的质量。在产品使用过程中，包装的质量直接关系到产品本身的质量和用户的满意程度。优良的包装质量应达到：包装规格适用于整体产品；包装的原始性，即保证商品在流通中不拆包、不重包和不散包；包装必须使被包装的产品不受环境的侵蚀，确保产品在运输过程中免遭各种不利因素的影响；包装物的各种标志与所包装的产品相一致，如产品名称、数量、重叠、尺寸等；包装物上要有检验合格的印记。

3.包装应有明确的商品性

所有的包装设计最终的目的是为展示产品和提高销量服务的。商品性是指产品通过外包装进行自我介绍，使消费者通过外包装能知道产品的功能和实际效用（劣质的包装易使消费者对该产品产生劣质的印象），并引起购买的一种有效手段。

4.包装设计应注意完美的艺术性

包装是直接美化产品的一门艺术，它能使本企业产品在一堆同质产品中脱颖而出。在设计包装内容时，必须妥善安排，使主题突出，构图新颖，色彩鲜明，层次丰富，脱俗而有个性。

5.包装设计应有独特风格

把握独特的风格才是一个包装设计成功的关键，这也是现代包装发展的需求。它既增强了产品的市场竞争力，又使设计作品具有艺术观赏性，符合大众审美的新趋势。设计没有固定的法则，或高贵，或活泼，或典雅，或华丽的设计风格都能为不同的消费人群带来更多的选择。近年来备受年轻人推崇而流行的随意版式设计风格体现了年轻一代求新、求奇、不愿受约束的心理特点。

6.设计时应具备一定的文化内涵

文化内涵就像一个人的气质和修养一样，给人一种内在的魅力，回味无穷。一个好的产品包装，要么是注入了一定的文化内涵，代表该企业文化或经营理念的内涵；要么有一定的象征意义，说明产品带来的价值；要么暗含一定的诉求点，给人一种启示，或者代表企业的某种专用色、专用字，或者代表着该产品的一种属性等。

总之，现在的世界是一个多变的世界，新旧体系、观念既相互矛盾又相互调和，东西方文化相互交融、相互碰撞，处于这样的经济腾飞时代，必须更好地吸取现代包装设计思潮的新知识，设计出满足社会、文化、环境等需求的现代化包装。

三、产品包装设计的新理念与发展趋势

（一）绿色包装

绿色包装设计是以环境和资源为核心概念的包装设计过程。具体是指选用合适的绿色包装材料，运用绿色工艺手段，为包装商品进行结构造型和美化装饰设计。

1.材料要素

材料要素包括基本材料（纸类材料、塑料材料、玻璃材料、金属材料、陶瓷材料、竹木材料以及其他复合材料等）和辅助材料（黏合剂、涂料和油墨等）两大部分，是包装三大功能（保护、方便和销售）得以实现的物质基础，直接关系到包装的整体功能和经济成本、生产加工方式及包装废弃物的回收处理等多方面的问题。

绿色包装设计中的材料选择应遵循以下几个原则：

（1）轻量化、薄型化、易分离、高性能的包装材料。

（2）可回收和可再生的包装材料。

（3）可食性包装材料。

（4）可降解包装材料。

（5）利用自然资源开发的天然生物包装材料。

（6）尽量选用纸包装。

2.外形要素

包装的外形是包装设计的一个主要方面，外形要素包括包装展示面的大小和形状。如果外形设计合理，则可以节约包装材料，降低包装成本，减少环境污染。在考虑包装设计的外形要素时，应优先选择那些节省原材料的几何体。在各种几何体中，若容积相同，则球形体的表面积最小；对于圆柱体来说，当圆柱体的高等于底面圆的直径时，其表面积最小。

优秀的包装外形设计应遵循以下原则：

（1）结合产品自身特点，充分运用商品外形要素的形式美法则。

（2）适应市场需求，进行准确的市场定位，创造品牌个性。

（3）要以“轻、薄、短、小”为原则，杜绝过度包装、夸大包装和无用包装。

（4）从自然中吸取灵感，用模拟的手法进行包装外形的设计创新。

（5）充分考虑环境与人机工程学要素。

（6）积极运用新工艺、新材料进行现代包装外形设计。

（7）大力发展系列化包装外形设计。

3.技术要素

要想真正达到绿色包装的标准，仅依靠材料和外形是不够的，还需要以绿色包装技术作为补充。这里说的技术要素包括包装设计中采用的设备、工艺、能源及技术。绿色技术是指能减少污染、降低消耗、治理污染或改善生态环境的技术体系。

（二）产品包装设计的发展趋势

现代产品包装设计作为视觉传达的主要形式，经历了从工业化社会到信息化社会

的历程，无论在设计观念上，还是在功能上都发生了很大的变化，以往在包装设计中常用的法则因为受到新思潮与新观念的影响，逐步形成了新的发展趋势。

1.适合于人性化的包装设计

现代产品包装呼唤人性化的设计。随着时代的发展，追求产品包装设计功能性的日益完美和追求视觉美的感受逐渐成为现代包装设计的重要目标。其主要体现在以下几个方面：产品在设计包装功能上大量追求方便型包装，如为方便户外工作和旅游消费者甚至老人儿童的食用需要，产品包装利用光能、化学能及金属氧化原理，使食物在短时间内自动加热或自动冷却。这些设计给消费者带来新的感受并提高他们的消费欲望，更使他们感受到在商品经济社会中商家对消费者在生活需要上的关注。而在视觉设计方面，则强调视觉的充实与舒适，设计创意更追求唯美的效果。

在商品经济高度发达的今天，人与人之间的沟通与联系由于现代通信的高度电子化而变得越来越疏远，人们在情感上越来越疏离，人们需要更多的关怀与体贴。如今我们可以看到怀旧的、乡土气息的、手绘效果的包装设计，这些设计在视觉上不仅给人们带来美的享受，更重要的是这类包装显得更“友好”、更“亲切”，它使人们回忆起儿时的天真快乐，使人们联想到久违了的大自然，更使人们惦记起远在他乡的亲朋。产品包装设计大大缩短了消费受众与生产者的心理距离，从而产生购买欲望，这也是中国现代包装设计在营销策略上的新趋势。

2.适合于突出文化个性差异的包装设计

设计文化存在着共性和个性的特点，产品包装设计也不例外，随着社会经济的发展，消费者在产品包装设计上对文化形式的追求也日益加强，这是因为人们对自身所处的文化背景有着很深的认同感。不同的国家、不同的民族有着不同的文化特色。一个民族的文化个性是整个民族艺术设计风格形成的坚实基石。

在现代产品包装设计作品上，不仅能看到运用在包装设计外观上的中国山水画和龙凤呈祥图案，而且还有中国书法变体字等，这些中国元素经过设计师巧妙而生动的诠释，形成一个个既有视觉冲击力又富有中国本土文化特征的设计作品，当人们在选择商品时，很容易产生情感上的共鸣，在情感上得到满足。可以说，既能很好地利用视觉设计语言的共同性，又能充分体现文化个性的包装设计作品在现代社会会有更大的生存空间。

3.适合于环保的绿色包装设计

据统计，约70%的包装制品使用后被丢弃，被丢弃的包装固体废物加剧了环境污染，所带来的环境问题日益突出，人们纷纷致力于研究新的包装材料和环保型设计方法来减少包装废物带来的环境问题，绿色包装已是世界包装变革的必然趋势。

（1）材料方面。要求多使用可进行生物降解和再生循环的材料进行包装，如用于隔热、防震、防冲击的纸浆模塑包装材料；植物果壳合成树脂混合物制成的易分解的材料；天然淀粉包装材料；自动降解的包装材料。在设计上力求减少后期不易分解的材料用于包装上，尽量采用质量轻、体积小、易分离的材料；尽量多采用不易受生物及化学作用影响的材料；在保证包装的保护、运输、储藏和销售功能时，尽量减少材料的使用总量等。

（2）宣传方面。在外包装上出现“请在抛弃这个包装时注意环境的清洁”等字样，提醒并提高人们的环保意识。

（3）视觉表达方面。提倡设计画面中各设计元素通过编排组合，去繁就简，取得最佳视觉效果。应将简洁明快而富于寓意性的符号广泛应用于各种产品包装，明确表示产品的功能与用途。

4.适合于防伪的包装设计

现代科技高速发展，一般的包装防伪技术对造假者已产生不了作用。以前，在包装设计中的模仿抄袭成为一些小型企业实际操作中所采取的方法。它们与市场上的名牌产品的包装以细微的变化来混淆视听，如五粮液酒厂生产的金六福酒被一小厂仿制成“金大福”，它们直接利用高精度的扫描仪获取金六福酒包装的设计效果图，再通过Photoshop等绘图软件进行加工处理，把“六”改成“大”，保持整体效果不变，使消费者在初看之下不易察觉所做的改动，以次充好，以假乱真。

5.适合于电子商务销售的商品包装设计

网络作为传递信息的载体，已渗透到全球的每一个角落，需求与分配的组织化已不分国家、市场，投资、贸易等直接通过网络来完成。早在2001年，日本总务省就研究出网络传递花香的技术，改变了以往网络仅限于传递图像和声音的传递技术，运用这些技术将增加如化妆品、香水等具有气味的商品的网络销售，图、声、味三者的结合必将给电子商务销售带来冲击。在电子商务时代，商务活动表现出电子化、信息化、网络化、虚拟化等特点，企业可以通过网络直接发布商品销售信息，消费者在网络上查询需要的商品信息，对包装的功能提出了新的要求：如何让消费者通过外观包装对产品一见钟情？是通过色彩、图形还是通过画面的设计来吸引网络消费者？针对网络销售的特点与现状，设计出符合现代电子商务销售的商品包装，将成为企业包装研究的新课题。

第二节　企业广告行为策划

一、企业广告的范畴

（一）商业广告和公关广告

广告是由确定的广告主以付费的方式，通过一定的传播媒介向目标市场介绍商品、报道服务内容或观念等的一种宣传手段。根据其广告目的和内容的不同，企业产品广告可以分为商业广告和公关广告。

商业广告就是我们常见的广告，是以促进销售某种产品为目的，围绕着产品的功能、个性、特色及品牌形象而设计的广告。例如，介绍某一商品的特点，与其他商品相比有何优点等。公关广告是一种特殊的广告，它是以增进公众对组织的了解，提高组织的知名度和美誉度，使组织活动得到公众信任与合作为目的的广告。在本书中主要介绍公关广告。

公关广告配合CIS战略引入，对企业整体形象进行宣传，而不是局部的产品宣传，是以塑造和提升企业的良好形象、提高企业无形资产的价值为目的的。企业公关广告与商业广告有着明显的区别。

1.直接目的不同

商品广告多以推销为直接目的，通过介绍产品的特点，如与同类商品相比有何优点、售后服务措施如何完善等，促使消费者购买。而公关广告的直接目的在于引起社会公众对企业的重视，产生对企业的信任和好感，树立企业的良好形象，间接刺激用户的需求。简言之，商业广告是“卖产品”，公关广告是“卖企业”。

2.宣传内容不同

商业广告多以介绍商品为主，如宣传商品或服务的名称、商标、质量、功能和价格等方面。而公关广告在宣传内容上注重长期性和系统性，通过发展目标、经营方针和政策、职工的素质和水平、先进技术等方面来宣传企业，提高人们对企业的信赖度。

3.宣传效果不同

商业广告侧重于营业效果，即广告对于产品的销售额、销售收入的促进作用，要求能直接提高企业的经济效益；而公关广告侧重于传播效果，即播出后，对提高企业的知名度、美誉度所起的作用，要求能间接提高经济效益。

4.报道方式不同

商业广告一般在媒体的广告时间或广告栏目展播，商业气息浓厚。公关广告通常以专题节目、赞助活动等形式出现，主要是引起人们对企业的关注，不直接劝说人们购买其商品或服务。

（二）公关广告的类型

公关广告在实际中有以下七种常用的类型：

1.企业实力广告

实力广告是企业向公众展示其在技术、资金、人才等方面实力的整体形象广告。如“在海尔集团2023年工作总结表彰大会上，海尔集团董事局副主席、总裁梁海山介绍，2023年海尔集团持续聚焦战略主赛道，全球收入3 718亿元，同比增长6%；全球利润总额267亿元，同比增长6%”就展示了海尔集团的企业实力。

2.企业观念广告

企业观念广告是宣传企业的经营哲学、价值观念和企业宗旨等的广告。它以广告形式传播企业的理念精神，对内使全体员工树立共同的价值观念，增强员工的凝聚力和向心力；对外在社会公众心目中树立良好的印象，得到社会公众的理解和支持。例如，“家电业唯一！四川长虹入选‘ESG新锐影响力企业’”的宣传广告。

3.企业公益广告

企业公益广告是以公益性、慈善性、服务性为主题内容的广告，表明企业对公益活动的倡导和对某些公共事业或社会性活动的支持、赞助。例如，通过发布对环境保护、教育事业、城市建设、文艺体育等活动的支持、赞助与宣传的广告，向社会公众表明企业热心公益活动、积极承担社会责任，树立良好的正面企业形象。

4.企业庆典广告

企业庆典广告是企业在进行某项庆典活动的时候发布的广告。例如，“在企业成立周年、企业销售突破亿元”等庆典活动之际，以广告宣传的形式向社会公众进行报道和表达谢意。

5.企业招聘广告

企业在招聘人才的时候，在媒介上发布招聘广告，大力宣传企业的成就和整体优势，这样也能在社会公众心目中树立良好形象，达到宣传的目的。

6.企业征求类广告

企业通过发布征求组织名称、标志、意见等广告引起公众的注意，增强其对组织的兴趣，如网络或报纸上常见的“有奖征名活动”就是这类广告。

7.企业事故广告

在企业经营过程中，由于一些不可预测因素的影响，常会发生有损企业形象的突发性事件。在事故发生之时，企业要以对社会公众负责的积极态度，以广告宣传的形式，真诚向社会公众赔礼道歉并及时进行处理，争取得到社会公众的谅解和赞赏。

（三）企业广告媒体策略

1.广告媒体的种类

广告是通过媒体来传播的，人们每天都接触到各种媒体传播的广告。广告媒体非常多，归纳起来主要有以下几种类型：

（1）印刷媒体类，主要包括报纸、杂志、广告画册、宣传品等。

（2）电子媒体类，主要包括广播、电视、互联网等。

（3）户外媒体类，主要包括广告牌、路牌、霓虹灯、灯箱、橱窗、旗帜等。

（4）交通工具媒体类，包括公交车、汽车、地铁等交通工具的外部和内部展示广告。

（5）其他媒体，如作为礼品的T恤衫、扇子、手提袋、气球等。

2.企业选择广告媒体的依据

企业选择广告媒体发布广告，要考虑以下因素：

（1）媒体特征，包括媒体的发行量、涵盖率、受众层次、影响力、媒体价格等。

（2）目标受众的媒体习惯，根据广告的目标来确定目标受众，然后根据目标受众的媒体习惯来确定媒体。媒体习惯与文化、地区、工作、社会阶层等方面有关。如果目标受众喜欢看电视，所以选择报纸作为传播媒体就不能达到很好的效果。

（3）广告主题，要考虑广告主题的诉求对象及适合的表现形式等来选择媒体。

（4）企业自身的情况，如企业的战略目标、经济实力因素等。

3.企业广告的媒体策略

企业的广告活动往往不是一项单一的活动，需要制定合理的广告媒体策略，配合企业形象战略的实施和企业经营目标的实现，进行多个地区、多种媒体、多个时段的广告组合活动。企业的广告媒体策略主要考虑以下几个方面：

（1）广告媒体的地区分布。对于广告媒体的地区分布一般有以下三种可供选择的策略：全部投入全国性的媒体；全国性媒体与地方性媒体相结合；使用某些地区的地方性媒体。

（2）目标受众的媒体比例。企业广告的目标受众一般可细分为具有不同特色的几个群体，不同群体接触媒体的习惯和频率是不相同的。制定广告策略时，要先确定对每个群体的相对侧重比例，以确定不同媒体的广告投入。

（3）广告的展露次数和频率。广告效果与人们接触广告的次数有关，根据不同情况，安排广告的展露次数和频率。据调查研究表明，最佳接触次数是6次，若接触次数超过8次，人们就会产生厌倦情绪，导致广告效果递减。

（4）媒体的广告时间。任何企业都不可能全年占用各种媒体进行连续不断的广告，必须有计划地分配各媒体的广告时间，以期达到最佳效果。一般可以选择以下几种策略：

① 连续发布策略。在节假日或企业有重大活动期间，采取集中广告的方式，在一定时期连续不断地发布广告。

② 周期发布策略。将广告时间分为几个阶段，间隔一定时间发布一次广告，形成周期性的影响。

③ 脉冲式发布策略。虽然不中断广告，但不同时间广告量的大小有所不同，一般是以低量广告维持，以周期性广告加强效果。

企业广告一般采用多种广告媒体发布，为了达到最佳宣传效果，应注意广告媒体的组合策略，主要有以下几种：

（1）点面效应互补策略。这是一种以媒体覆盖面大小为互补条件的组合技巧。例如，以中央广播电视总台为主要传播媒体的同时，又选择一些主要地区的地方电视台为“点媒体”，这样可以大大提高广告信息的达到率和重复率，加深广告受众对其广告信息的印象。

（2）时间交替策略。当个别媒体得到最佳展露率后，再使用另一种媒体与之交替作用，提高重复展露率，以达到更好的传播效果。例如，在进行完电视广告后，再在网络上进行广告。

（3）时效差异组合策略。以媒体的时效长短为着眼点，将长时效媒体与短时效媒体相结合，延长广告信息与消费者的接触时间，提高信息的扩散度，提高广告效果。

（4）媒体特性互补策略。每种媒体都有不同的诉求特点，利用这种不同的媒体特性进行互补组合，可以使信息沟通更具有全面性和完整性。例如，在电视上进行产品品牌、外观等感性诉求，再用移动媒体进行产品质量和功能等理性诉求，达到互补效果。

二、企业广告创意的策划

美国著名广告专家大卫·奥格威认为：好的点子就是创意。创意就是经过精心思考、创造性地构建和创造意境来表现某一主题的活动过程。广告创意是指广告设计人员根据广告主题的要求以及广告诉求对象的心理特征，经过精心思考，将广告诉求内容以艺术化的手法表现出来的过程。

精彩的广告创意一般具有以下特点：整个创意清晰明了，主题鲜明，不拖泥带水，能以出人意料的、有趣的方式来表现广告主题，亲切自然地确立独特的广告形象，使社会公众便于识别，而竞争者却很难模仿。

（一）广告创意的原则

广告创意需要广告设计人员紧扣主题，按照广告诉求对象的特点，运用自己的聪明才智，发挥丰富的想象力，设计出别具一格但与广告总体战略相一致的创意。广告创意一般要遵循以下原则：

1.主题明确

公关广告的总目标是使公众了解企业，并在公众心目中树立良好形象。所以，公关广告应有确定的广告主题，但不能太宽泛，要具体突出宣传或表现企业的某个方面，如通过公关广告明确表达企业的经营方针、经营宗旨、服务理念等。例如，“海尔真诚到永远”“IBM意味着最佳服务”“飞利浦让我们做得更好”等，都明确表达了这些公司的经营理念。

2.内容真实

公关广告应坚持内容真实的原则，按照客观事实的本来面目进行宣传，实事求是，避免自吹自擂、哗众取宠。诸如“国内首创”“质量第一”“畅销世界”“誉满全球”“实行三包”等套话应尽量避免使用。

3.构思新颖

广告如果一味模仿，老调重弹，就不能引起公众的注意。广告必须从内容、手法、角度等方面不断创新才能引人注目。公共关系人员可以从广告内容、语音、标题、插图、版面设计等方面进行创新。但同时要注意，广告构思必须与公众心理、行为习惯相符，过分夸张、华而不实的广告容易引起公众的反感。

4.语言简练易记

广告语应简明扼要、内容新颖、通俗上口，使之便于传播。广告语构思时需研究不同地区、国家的风俗习惯、语言习惯，避免出现语言方面的沟通障碍，影响广告宣传效果，尤其是在国外做广告宣传时，更应注意这一点。

（二）广告创意产生的方法

广告创意的产生常有以下几种方法：

1.“五阶段”创意法

广告大师詹姆士·韦伯·扬将广告创意的过程精辟地概括为五个阶段，称为“五阶段”创意法，在广告界被奉为创意产生的经典方法而被广泛采用。

(1) 收集原始资料。信息资料是成功创意的基础。资料的收集包括解决目前问题的特定资料和平时不断积累储存的一般知识资料。特定资料的收集需要围绕广告主题，通过实地调查和查阅有关资料，从中发现其相互关联性或特殊性，作为创意的依据。一般资料的收集需要具有广泛的兴趣，注意浏览各个学科的资料，养成积累资料的习惯。

(2) 信息的咀嚼。广告创意人员要用自己的“心智触角”解读资料，用各种方法从各个角度仔细研究、分析所收集到的各种资料，挖掘其含义或内在联系，以在头脑中形成某些新的概念，记录下头脑中的创意片段。

(3) 信息的消化。通过认真地分析研究以后，广告创意人员进入“冷处理”信息消化阶段，即有意地丢下这一课题，完全顺其自然，让心智在下意识中自然而然地“消化”材料，在无意中发挥作用，寻求相互关系，进行汇聚组合的综合工作。

(4) 创意的出现。广告创意往往是在前三个阶段的基础上“突然出现”的，广告创意者要及时抓住这一创意的“火花”，并记载下来。

(5) 创意的发展。对前一阶段获得的初步创意进行加工、修正，使初步创意得到完备提升，成为符合实际要求的新颖、独特的广告创意。

2.“二旧化一新”法

亚瑟·科特勒的“二旧化一新”法也是广告创意产生的经典方法。该方法是将两个原有的相当普遍、互不相干，甚至相互抵触的概念、想法或事件放在一起，得到一个以前未曾考虑过或根本未曾想到的新组合，形成一个全新的广告创意，如“古有千里马，今有日产车”的广告语。

3.头脑风暴法

这是管理决策的一种基本方法，运用于广告创意也很有成效。头脑风暴法是一种规模性智力活动，需要组织一批反应敏捷的专家、创意人员和其他相关人员，发挥集体智慧，针对广告主题进行不拘形式的漫谈，相互激发思想火花，从而产生广告创意。在讨论过程中，必须保持平等、和谐的气氛，使与会者都能无拘无束地畅所欲言，不评判想法的优劣。在头脑风暴过程中指派专人做好记录，并整理归纳出可供选择的若干广告创意，然后召开专业人员会议，进行评判、综合，得出最终创意。

4.垂直-水平思考法

垂直思考法和水平思考法是两种完全不同的思考方法。前者是一种逻辑推理方法，根据现有的理论、知识和经验，从正面深入剖析推理，得出结论；后者又称跳跃式思维，不受传统观念的制约，从全新的角度去思考问题，提出超越常规的结论。

好的广告创意往往是两种思考方法结合的产物：首先运用水平思考法获得某种新颖的构思，然后运用垂直思考法进行深入分析，使这一构思得到深化，得出既新颖又可行的广告创意。

(三) 广告创意的表现形式

广告创意主要以语言表现和非语言表现两种方式来宣扬。广告语言表现包括无声的文字和有声的语言，如广告标语、广告文字、广播广告中的语音，电视广告中的文字说明和旁白等。通过语言，能够准确、完整地表达广告信息，引起人们的注意、联想和记忆，它是表现广告创意的最常用手段。非语言表现主要是指广告的画面、色彩、意境、人物的体态等方面。广告创意的表现形式主要有以下几种：

（1）直陈式表现，即直接说明广告主题。

（2）示范性表现，即以一定的手法展现产品或企业的个性、特征。

（3）实证式表现，即以各种奖励、赞誉等事实宣传产品或企业的特点。

（4）比较式表现，即与相关事物作比较，突出自己的特点。

（5）幽默式表现，即通过幽默人物或幽默情节来表现产品或企业的特点。

（6）悬念式表现，即制造一定的悬念，引起公众的好奇心，加深公众对产品或企业的印象。

三、企业广告行为的策划程序

无论是商业广告还是公关广告，都必须遵照一定的程序进行策划。企业广告策划一般有如下程序：

（一）组建广告策划机构

广告策划是一项综合性的工作，需要组建一个由企业内部相关人员和外部广告公司构成的专门团队，各负其责，共同完成广告策划工作。内部人员负责资料的提供、广告目的的传达、广告策划书的审查等工作；外部广告公司负责按照企业的广告主题产生创意并完成广告策划书等工作。

（二）进行广告调查

广告调查主要包括市场基本情况调查、企业情况调查、消费者情况调查和市场竞争情况调查四个方面。

1.市场基本情况调查

市场基本情况调查是指对广告主所处的社会总体环境的调查，包括政治、经济、法律、文化、科技和自然环境等方面的调查。通过对这些市场情况的调查，可以预测出各种因素对广告活动所产生的影响力，为广告策划打下良好的基础。

（1）政治情况调查。政治情况调查主要是对影响和制约市场的国内外政治形势和国家有关方针、政策、法规进行调查。

（2）经济情况调查。经济因素是制约消费行为的一个基本因素，消费者往往根据自己的收入情况进行消费，经济情况调查主要调查国民收入水平、物价水平等。

（3）社会文化情况调查。社会文化情况调查主要是对公众的教育程度、宗教信仰、审美观和思维方式等方面进行调查，这些方面都不同程度地影响着消费者的消费方式。

2.企业情况调查

对广告中的企业情况进行调查是整个广告调查的一个重要环节。企业情况调查主要是指对企业的发展情况、企业的经营特点、产品的内外在特性、产品生命周期、产品形象等方面进行调查，以分析该企业的产品是否是消费者所需要的商品、广告的诉求点是什么等问题。

（1）产品特性调查。这主要包括对产品的原料、加工工艺、类别、用途、外观、服务等方面的调查，然后才能根据产品的特性设计出诉求准确的广告。

（2）产品生命周期调查。产品生命周期是指一种产品从进入市场到退出市场的发展过程，它根据销售额和所得利润的变化一般分为导入期、成长期、成熟期和衰退期四个阶段。产品处于不同的生命周期，宣传策略是不一样的。因此，应根据对销售额、市场需求的调查，判断产品处在哪个生命周期阶段，从而作出相应的广告策略。

（3）产品形象调查。任何一个消费者不管是直接还是间接接触到某一产品，都会对它产生一个印象，众多的消费者对某一产品的印象总和就形成了产品的形象。产品形象一旦形成，它将保持一定时间，并且会广泛传播，并对产品的销售产生很大的影响。企业需要调查产品在消费者心目中的印象，设计出一种消费者普遍喜欢的形象，形成情感诉求。

3.消费者情况调查

消费者是商品的购买者，也是广告信息的接收者，消费者情况调查主要包括以下三个方面：

（1）消费者人口状况调查。这主要对目标客户的性别、年龄、文化程度、地理区域等方面的调查，这些因素对广告效果的偏好影响比较大。

（2）消费者行为分析。消费者行为分析是要调查在购买活动中的购买者、决策者、使用者分别是谁，一般在什么时间或在什么地点购买，消费者喜欢什么样的产品，为什么不喜欢另一种产品等问题，明白了以上问题，企业在广告活动中就能有针对性地实施推广策略。

（3）消费者购买动机调查。购买动机直接推动消费者的购买活动。消费者购买动机的调查主要是弄清购买动机产生的原因，以采取相应的广告策略诱引消费者的购买动机。

4.市场竞争情况调查

在同一个目标市场中，往往同时会有若干个竞争对手。在广告策划过程中，应该认真细致地分析竞争对手的情况，明确广告主在竞争中的地位，对不同的竞争对手采取相应对策，使广告活动能够配合整体营销战略，取得市场竞争的优势地位。市场竞争情况调查主要包括以下几个方面：

（1）了解竞争对手，即了解竞争对手的数目、经营规模、产品或服务的知名度等。

（2）分析竞争对手的产品，主要分析竞争对手产品的生产历史、生产设备、生产技术、使用的原材料、外观特色、质量、价格以及所处的生命周期等方面。

（3）分析竞争对手的市场策略，主要分析竞争对手的销售渠道、营销手段、竞争方式、市场覆盖率以及推广策略等方面，知己知彼，才能策划出最有效的竞争方式和手段。

（三）制订广告计划

广告计划是对广告活动的具体安排，分为长期计划和短期计划。广告计划是根据上述的广告调查而来的，各个公司的广告计划模式不尽相同，一般应包括广告目标、广告预算、广告诉求内容和方式、广告表现手法和制作、广告媒体组合策略、广告发布时间、广告效果调查等。

广告预算是企业广告活动费用的匡算，是企业投入广告活动的资金费用计划。它确定广告活动所需的经费总额以及经费的使用范围、使用方法。编制广告预算，要合理地解决广告费与企业利益的关系。对广告主而言，广告费用不是越多越好，也不是越少越好。广告活动的规模和广告费用的多少，应与企业的生产和流通规模相适应。广告预算的具体操作常用以下三种方法：

（1）销售百分比法。销售百分比法是企业按照上年度的销售额或次年度的预计销售额的一定百分比来决定广告开支，企业用产品的销售额乘上广告费率即可确定广告预算。一般是按照企业销售收入的3%～5%作为广告费用。

（2）量力而行法。企业确定广告预算的依据是其所能拿出的资金数额，依照企业财力情况来决定广告预算数额，比较适合于中小企业。

（3）均衡竞争法。均衡竞争就是企业在确定广告预算时，参照竞争对手的广告预算，然后确定与竞争者预算水平相当的广告预算。其主导思想是为了保持市场竞争中的优势，使自己在广告竞争中不亚于自己的对手。这种以均衡竞争为依据确定广告预算的方法，一般在同一市场上只有两三家竞争对手的情况下适用。

（四）撰写广告计划书

广告计划书是对整体广告策划工作的概括，是广告活动的行动指南。广告策划书主要包括前言、广告环境分析、市场分析与评价、广告目标、广告内容及表现方式、广告诉求对象、媒体组合策略、广告预算、广告效果预测等。

（五）广告计划的实施与效果评估

在调查研究的基础上制定出广告计划书后，下一步是将广告计划中的各项工作落实到各个部门。在广告计划实施过程中，要有专门的管理部门随时监督广告计划的实施情况和效果，并根据环境因素的变化，对广告计划进行修正。

广告效果的评估是对广告效益的评估。广告效益有两种：一是广告的营业效益，即广告对产品销售的促进作用；二是广告的传播效益，即广告对公众的影响程度和影响范围。

四、广告策划采取的策略

（一）广告策划的定义

策划是通过周密的市场调查和系统的分析，利用已经掌握的知识（资料）和手段，科学合理地、有效地安排营销、广告战略与活动进程，并预先推测和判断市场态势与消费群体现在和未来的需求。广告策划有五个要素：策划者、策划依据、策划方法、策划对象及策划效果的确定和评估。

广告策划是现代商品经济的必然产物，是广告活动科学化、规范化的标志之一。美国最早实行广告策划制度，随后许多商品经济发达的国家都建立了以策划为主体、以创意为中心的广告计划管理体制。1986年，中国广告界首次提出广告策划的概念，使人们重新认识广告工作的性质及作用。广告工作开始走上向客户提供全面服务的新阶段。

所谓广告策划，是根据广告主的营销计划和广告目标，在市场调查的基础上，制订出一个与市场情况、产品状态、消费群体相适应的经济有效的广告计划方案，并加以评估、实施和检验，从而为广告主的整体经营提供良好服务的活动。

（二）广告策划的分类及内容

广告策划可分为两种：一种是单独性的，即为一个或几个单一性的广告活动进行策划，也称单项广告活动策划；另一种是系统性的，即为企业在某一时期的总体广告活动进行策划，也称总体广告策划。

一个较完整的广告策划主要包括五方面的内容：市场调查的结果、广告的定位、创意制作、广告媒介安排、效果测定安排。通过广告策划工作，广告准确、独特、及时、有效地传播，以刺激需要、诱导消费、促进销售、开拓市场。

第三节 其他视觉识别系统策划

视觉识别系统分为基本要素系统和应用要素系统两方面。基本要素系统主要包括企业名称、企业标志、标准字、标准色、象征图案、宣传口语、市场行销报告书等。应用要素系统主要包括办公事务用品、生产设备、建筑环境、产品包装、广告、交通工具、制服、旗帜、招牌、标志牌、橱窗、陈列展示等。本节介绍一些除产品包装和广告外的内容。

一、办公事务用品策划

办公事务用品包括名片、信封、信纸、便笺、传真纸、备忘录等事务性用品以及发票、预算书、合同书等商业票据。企业办公事务用品具有双重功能，既有公务上的实用功能，又有视觉识别功能。办公事务用品是企业信息表达的基础单位，是企业视觉识别有力的传播手段，因为它为一切机构的日常公务所必备，是企业对外进行交往的重要媒体。它随时随地传播着企业的信息，体现着企业的独特个性和整体形象，影响着企业内外对企业形象的认知，是企业对内、对外沟通的直接手段。因此，企业也应该将办公事务用品纳入到视觉识别设计系统中。在进行办公事务用品视觉识别策划时，应注意与企业标志、标准字、标准色、企业造型、象征图案等相结合，使企业整体形象更为完整、统一。

（一）名片

名片，又称卡片，中国古代称名刺，是标示姓名及其所属组织、公司单位和联系方式的纸片。交换名片是商业交往的第一个标准正式动作。名片内容包括标志、标准色，企业或机构的名称、联系方式，名片使用者的姓名、职务、联系方式（包括电话号码、传真号码以及电子邮箱网址）等。另外，名片设计的视觉感受也体现企业的理念和文化、设计者的设计风格和水平。中式名片的标准尺寸为54mm×90mm，也有其他尺寸大小，以适合放进名片夹、名片簿为宜。材料选择上要注意选用符合设计思想的色彩和质地，一般使用丝网印刷即可。在设计高层人物的名片时，多以金色或银色为主，在企业标志部分加花样，采用多色胶印或专色印刷。

在设计名片时要注意：

1.文字设计表现

文字是人类日常生活中最直接的视觉媒体之一，是学术文化的传播者。字体设计是将文字技巧化，并加强文字的造型魅力。因此，文字应用在设计行业时，不仅能传达信息，而且具有装饰或欣赏和加强印象的功能。

近年来，由于广告行业的迅速发展和受到世界性的设计潮流的影响，不论是广告公司还是个人在从事设计工作时，为了商业需求或表现个人设计理念，除了印刷字体的变化外，也产生了许多具有装饰性、变化性的新颖字体。

在设计名片时，行业性质常影响文字造型的表现方式。例如，软笔字体适合应用在茶艺馆上。文字设计的题材来源有公司中英文全名、中英文字首、文字标志等，字形则包罗万象，如设计的字形、篆刻的字形、传统的字形等。总的来说，要注意字体与名片版面的配合，将名片塑造成另一种新视觉语言。

2.插图设计表现

插图是具有完整独立性的视觉化造型图案。现代社会中商业广告繁多，插图经常被应用于具有广告性质的印刷物中，因此插图的形式与内容、技巧等也是名片设计中的重点之一。插图的选择分为具象与抽象两大类。插图是名片构成要素中吸引视觉的重要素材。插图能直接表现公司的构造或行业，产生传达广告内容的效果。

3.色彩的设计表现

色彩是一种复杂的语言，它具有喜怒哀乐的表情，有时会使人心花怒放，有时却使人惊心动魄。色彩也影响感觉器官，如黄色使人联想到酸，证明色彩对人们心理及生理具有影响。因此，名片设计者在从事色彩的组合时，最好先了解各公司的企业形象。

现代人追求个性的色彩组合，只要能结合消费者的感受，就能成功掌握名片色彩的运用；反之；若没有充分运用色彩对人产生的色彩力量，或是错误的色彩组合，再好的编排内容，也无法引起大家对名片内容的注意。所以，在选择名片的色彩时，必须配合设计创意用心思考，否则传播出的名片，可能影响个人或企业形象。

4.饰框、底纹的设计表现

饰框、底纹为平面设计的构成要素，在名片设计中并不是要素性的材料，大多以装饰性为目的。

饰框在名片编排中的构成作用是控制对方视野范围，达到了解内容的目的；但如果饰框的造型强度过大，则会不断刺激读者的眼睛，使其转移视线。

因此，名片饰框应以柔和线条为佳，进而使视线移到内部主题。饰框、底纹既然是以装饰性为主要目的，在色彩应用上就要以不影响文字效果为原则；将主、副关系区别开来，才能获得一张明晰的名片作品，否则，如出现文字与饰框、底纹混在一起的情况，会产生反效果。

5.色块的设计表现

一般来说，色块的面和形是与人有密切关系的。例如，画了一个正方形，在这个时候，这个正方形在我们的意识中尚未形成面的印象，但我们把这个正方形以黑色涂满时，面的意识就渐渐增强了。从这里引申得知，形的意识成立在前，面的意识成立在后，而两者之间也存在着互相联系的意识动向，也就是说看到了形，而后会产生面，色块就自然产生了。

色块可分为几何形与非几何形。通常，几何形的色块具有单纯、简洁、明快的感觉，但若其组合过于复杂时，则易丧失这些特性；非几何形的色块，又可分为有机形及自然形两种：自然界存在的物象，被称为有机形；偶然之间形成的称为自然形，又称为意外的图形。

在名片设计以色块表现为主时，黄金比例是设计常用的手法。黄金比例具有理性数据比例的视觉美感，安定、活泼且具均衡感，是视觉设计之最佳要点和比例。在版面构图时，运用好这个原理，可达到稳定兼具美感的视觉效果。

（二）信封、信纸

1.信封

企业信封有普通型、长型、角型、开窗型等多种形式，也有各种各样的尺寸。信封设计要对它们规划统一印象，既服从于整体视觉形象设计的要求，又遵守邮政部门规定的信封尺寸、纸质、色彩、形式和其他重要限制的要求。

非邮寄信封的设计，应从视觉上更加赏心悦目、与众不同，设计师可将企业文化与艺术性结合起来，达到1+1>2的视觉效果。邮寄信封的设计位置和范围是有规定的，一般信封右下角指定位置是留给企业自行设计的空间有限，这要求设计师在设计时充分发挥想象力和创造力，安排寄送单位的设计要素。如果不按照要求设计，很可能遭到邮政部门的拒绝而不予邮寄。

2.信纸

为使收信人在开封后及时确认寄信人，信纸的上部一般印有企业标志与公司名称、地址等信息。信纸基本都保持一种标准矩形：其长宽两边之比，大概为“黄金比”，或它的近似值，即除包括留取大片书写空间外，也必须留出必要的边角，以使版面通透活泼、视线流畅，给人一种优美、稳定、有秩序的感觉。一般信纸材料用80～100克的普通纸即可，特殊用信纸可以采用特种纸，其色彩、肌理、质地、厚度要根据设计需要来考虑。草稿用信纸，使用普通的单色印刷即可。一般信纸，根据具体情况，可考虑单色印刷或多色印刷；特殊用纸，则可以使用专色印刷或多色胶印。信纸中的设计要素的组合应与名片、信封的设计相一致，保持办公用品设计风格的相互协调和统一。

（三）商业表格

商业表格是业务联络、报告、指示等活动需确认的传票、账簿、合同、估价单、请款单、收据、验收单、订购单等，如业务往来的信札、买卖交易的报价单、洽谈签约的合同、财务收付的票据，这些都是企业必不可少的办公用品。除内部使用外，有相当部分的表格须交往来厂商。因此，有必要纳入整体设计开发，以赋予企业新的风格和印象。这样既无损其本来的实用价值，也无须增加经费；既服务于企业的业务往来，又树立了企业形象，可谓一举两得。商业表格是企业必备之物，有条件的企业可根据需要专门设计制作，此外也可以购买成套的制成品。在设计或购买时应根据企业的经营理念、文化或个性特征进行合理的设计和选择。

二、标志视觉策划

标志是在都市空间中表示企业与建筑物存在的指示符号。企业旗帜、招牌、门头，各种指南、导引、注意、禁止标志，设施、设备、部门、公共场所指示标志等，都属于标志设计的范围。标志与企业的办公用品一样是企业常用的传播媒体，它们时时出现在企业的各种场所中，处处表现出企业的文化和理念。标志不仅向大众和员工传达了企业的信息，而且美化了社会环境，提高了整个社会的文明水准。

由于标志大多设在人口密集的地方，是构成视觉环境的重要组成部分，因此，标志的设计除必须考虑其本身的设计水准外，还应顾及企业其他识别系统的形象关联性。

（一）标志设计的功能及应用范围

标志设计的功能，是运用科学合理的技术和艺术手段，通过对实用性和效力性的研究，最大限度地利用环境景观的空间，创造出功能性强的环境视觉识别系统，满足人们在环境中的行为和心理需求。环境景观识别一般分为指示性标志和象征性标志两大类。前者主要是导向标志，后者主要是区别性的形象标志。这里主要介绍一下导向标志系统。标志是一个公司最重要的广告媒介之一。它向公众传达和展示公司的经营成果或服务，它代表和区别于竞争对手的结果或服务。

环境景观中的导向标志主要包括以下七类：

1.平面分布指示

室外环境中的标志设计有很多采用地图的样式，虽然简单，但也需要设计。

2.公共空间指示及服务标志

社会的公共环境服务功能、特色服务的介绍，可使游客、顾客根据其空间到功能决定自己的进退，例如，立牌式、橱窗式、列表式、电子问询式等。设置的场所也因空间的特点而有所变化。室外环境中的标志一般较大，视线可达到的范围也广，其内容主要包括重要场所的指示、周边道路与交通的情况、文化背景介绍等。室内环境的服务功能示意，对于办公室来说，主要是机构介绍与位置提示。

3.方位指示及场所标志

在任何一个公共场所，都集中着很多的机构、各类工作部门、各类公共服务场所等，从方便客户、游客、消费者的角度出发，对各类场所进行方位指示是完全必要的。方位指示是与场所标志相配合的，对必须标记的场所进行标记，有利于提高工作效率，提高服务水平。

4.交通信息标志

道路交通标志和标线是用图案符号、文字向驾驶人员及行人传递信息，用以管制及引导交通的安全设施。合理地设置道路交通标志，可以疏导交通，减少交通事故，提高道路通行效率。

5.操作标志

这是为提高城市管理效率而设立的标志。例如，一些场所立牌介绍某些游戏规则，或指导使用者如何使用自动销售机、如何操作电子触摸系统等。在大数据和人工智能时代，公共场所的自动操作系统会越来越多，操作标志也会丰富起来。

6.禁止标志

社会管理需要有序性，设立必要的禁止标志是维护正常社会秩序的有效措施。除了交通禁令标志外，在一些公共场所常见的禁止大声喧哗、禁止吸烟、禁止摄影、禁止步入、禁止使用等标志，有些是具有法律意义的，有些是劝告式的，对社会公众都有制约作用。

7.文化宣传标志

为了体现一些环境的地域文化与精神状态，通常会设置宣传标志。一部分标志涉及市民的行为规范，如“不能随地吐痰”“请关心帮助残疾人”等。一部分标志是文化知识性的，如对一些文化遗址进行介绍，对一些植物、动物进行标记。文化宣传标志是园林、社区、商业环境中普遍使用的一种识别形式。

环境景观标志应用范围包括商业空间、办公空间、文化与工业、园林、交通、休闲、运动、公共服务、学校、街区和住宅区等的环境标志与指示。它的复杂性要求标志形式上的丰富性，即使在同一公共环境中，也会需要不同的表现形式。

（二）标志设计的注意点

1.完整统一

标志的设计首先必须与整体视觉形象的设计风格相统一，不能脱离整体视觉识别系统。其次需要将自身表达的意义与设计表现协调统一。

2.简单醒目

标志的资讯内容含图、文两种。在传达文字信息时，应事先整理内容的优先顺序，开发简洁明了的文字标志；在处理图形信息时，应尽量选择视觉认同度高的标志进行开发，力求快捷、醒目的设计效果。

3.勇于创新

为了准确地表达企业理念和企业精神，可以对标志的形状、材料、施工方法等进行设计处理，而不局限于文字的字体和各种符号上。

（三）标志设计的步骤

1.了解企业经营理念

设计师在为企业设计标志之前，首先要了解企业经营理念、企业文化甚至发展方向，使将要设计的标志与企业整体形象相一致。

2.实地考察

实地考察标志设置的环境条件，如阅读距离和角度，空间的大小、形状以及与建筑物的关系；根据距离地面的高度，拟订设计方案；根据招牌形状，合理安排视觉要素的组合形式；合理设计招牌的结构方式、材料、加工工艺，以及与环境的相互关系。

3.沟通

设计团队的着眼点要从“设计”转变为“沟通”，与客户沟通，与市场沟通，与消费者沟通，深入了解各方面的设计要求后，再着手设计企业标志。

4.方案

拿出初步的设计方案。注意形、色、材料、加工方式的设计意义，力求统一协调，独具特色，并认真绘制效果图、尺寸图、施工图，经协商统一意见后才能具体制作。

三、环境视觉策划

环境设计是企业整体形象的缩影。优美、有特色的企业环境不仅创造了优秀的企业文化，而且成为企业形象的一面镜子，对公众识别企业并留下深刻印象起到一种信号传递的作用。环境设计，一方面向社会公众传递企业文化和理念，使消费者对企业产生美好的印象，而且以企业文化的特色点缀了社会环境，使社会大众真正在心目中对企业形象产生认同感；另一方面也向内部员工传递企业的经营理念和管理思想，影响员工的工作态度、工作效率及工作质量。因此，企业应该在围绕企业文化和经营理念的基础上，根据视觉识别系统、美学、色彩等的要求进行环境设计，关键是要创造具有企业自身特点的美的环境形象。

企业环境包括室外环境和室内环境两个方面。从室外环境来看，其构成因素主要包括建筑物及各种设施的空间布局，室外的各种自然环境、人工环境、人文环境的绿化和美化，以及点缀装饰、雕像、宣传画和标语牌的搭配等；从室内环境来看，有室内墙壁、家具、窗帘、灯饰以及室内装饰画和各种点缀的设计等。进行企业内外环境设计，应做到：

1.协调统一

企业内外环境设计要与经营理念、企业文化相统一。例如，酒店业的环境设计应突出豪华优雅、整洁大方、温馨舒适；食品行业企业的环境应突出洁净卫生这一要求。

总之，环境设计应与企业理念相一致并为表现理念服务。金茂三亚亚龙湾希尔顿大酒店依美丽迷人的亚龙湾而建，酒店的设计将海南岛美丽的自然景致、独特的植物、当地特色与文化完美地融合在一起，为住客提供了独一无二的海滩度假休闲体验。

2.适应一致

所谓一致，就是环境设计与企业所处的特定产业、行业和特殊的服务方式相适应，使之与周围环境、背景融为一体，给人一种美感。例如，世界各大著名银行总部都拥有高大、雄伟、气派、豪华的办公大楼。其环境实际是实力的象征，更衬托出银行稳固的基础、坚实的信用保证，给人一种安全感。

3.整洁有序

环境的整洁与否影响着员工的情绪，从而影响到员工的工作效率及工作质量。顾客看到企业整洁有序的环境，会自然而然地联想到企业产品质量可靠。

4.新颖独特

企业内外环境设计独特会产生轰动和持久的广告效果。例如，阿拉伯塔酒店因外形酷似船帆，又称迪拜帆船酒店，酒店建在离沙滩岸边280米远的波斯湾内的人工岛上，由一条弯曲的道路连接陆地，共有56层，321米高，以金碧辉煌、奢华无比著称。

四、交通运输工具的视觉策划

交通运输工具是绝大多数企业都拥有的流通工具，企业交通运输工具的基本功能是运送货物和人员，但作为人们注目最多的活动招牌和动态公关媒体，它同样也是企业信息的载体，具有沟通的功能。小汽车、中巴、大小货车、卡车，乃至轮船、飞机等交通运输工具，穿梭于街巷之间，疾驰于碧海蓝天，活动范围大、宣传面广、经济灵活、持续时间长，都是对企业形象的动态展示和宣传，企业的信息随着交通运输工具深入到城市的每个角落。因此，交通运输工具作为企业的常用传达媒体，也是企业视觉识别系统应用设计的重要项目之一。

由于交通运输快速、高效的特征，对公众来说，这种媒介的展示宣传往往是转瞬即逝的，设计不仅是为了追求强烈的感官刺激，而是要准确地、完整地、多种形式地传达企业的经营理念、经营内容，创造企业的个性和风格，使其统一有序、完整地向公众传达企业的形象。对交通运输工具进行视觉设计时应注意以下几个问题：

1.统一性

在对交通运输工具进行视觉设计时，应力求与企业总体风格保持统一，这涉及基本要素的选择和设计，如设置的位置、企业标志、企业标准色、专用图案、象征图案的大小、组织搭配、色彩的面积、形状等，既要具有视觉上的效果，又要与企业的风格相一致。

2.视觉认同性

为了正确传达企业的信息，要充分利用交通运输工具的每一个可以利用的视面，多角度地考虑视觉要素的应用、组合。在第一时间进入视线的部位，安排企业的主要信息，如企业的标志、标准字、企业象征物的组合设计。另外，要根据交通运输工具的活动时间、地点和服务方式来进行可视性设计。

3.多样性

由于交通运输工具规格差异，并且有多种使用的场合和对象，以何种方法完成交通运输工具的设计也很重要，因此交通运输工具的设计应注意在统一形象的前提下考虑到其本身的使用情况。例如，高档轿车一般是由企业的管理人员或主要领导使用，要在轿车上进行企业的视觉要素设计，但不能和大型的货车采用相同的设计手法，应设计得简洁、精致、高雅，符合轿车的固有特性。

五、制服的视觉策划

制服是指企业员工工作时穿着的服装。制服不仅具有一般服装的审美性、象征性、技能性特征，还应具有识别性、经济性，以及与环境的和谐性。服装是企业形象动态展示的媒介之一，是企业的面子。在视觉识别系统设计中，制服成为企业重要的应用项目之一，具有传达企业经营理念、行业特点、工作风范、精神面貌的重要作用。统一的服装系统对外也是企业形象和实力的展示，使公众对企业的形象产生鲜明的认知。

制服设计的基本要素包括人、造型、质料、色彩、配件等（见图7-3）。

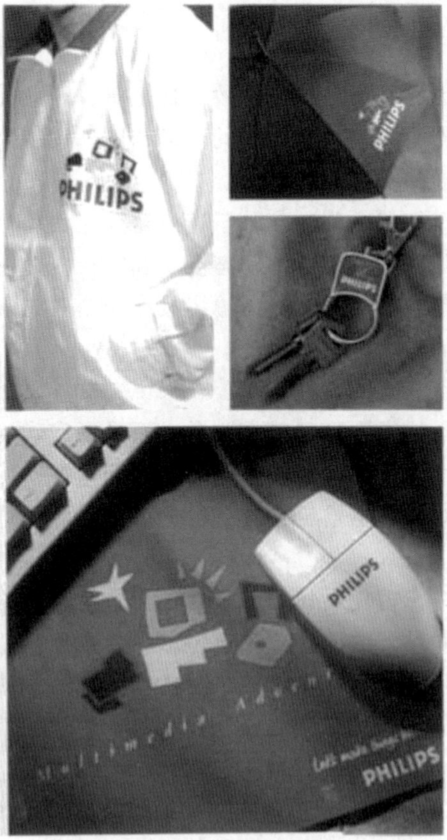

图7-3 飞利浦公司制服设计

1.人的因素是制服设计的首要因素

为了实际工作的需要，不同类型职业往往需要具有不同特征的制服。即使在同一个单位里，不同部门、不同级别、不同职务的人员，往往从其制服上就可以区别开来。另外，还有季节的因素，不同季节有不同的制服。这样制作是为了分工明确，也是为了增进着装者的荣誉感，并能争取舆论的监督。

2.造型因素包括外轮廓和内造型

在造型上首先考虑外轮廓的变化，制服总的要求是典雅端庄，员工穿上制服之后，应当显得精明干练、神气十足。在此基础上，再在内造型上下功夫，使内造型服从外轮廓，才能相映生辉，创造独特的总体形象。

3.质料是指不同质地的服装面料

常用的服装面料包括棉毛、棉麻、毛麻、毛涤、化纤等，其质地不同，给人的感觉也不同。在选择面料时要注意质感美，并运用质感对比的组合方法，采用粗与细、厚与薄、无光与闪光、光滑与毛绒、挺括与柔软的巧妙组合，增加面料的韵味，并通过色彩的设计，努力呈现有立体感、生命力的企业服饰。在一般情况下，纯毛、纯棉、棉毛、棉麻、毛涤等面料大都挺括、结实、耐折、耐磨，应本着既经济实惠又美观体面的原则加以应用。

4.色彩也是重要的形象因素

选择制服的色彩时，应注意三点：一是优先选择企业的标准色。二是应当力求色彩单一而偏深。在一套制服里，上衣、裤子或裙子最好采用同一种色彩。符合如上要求的色彩，大体上仅有蓝、灰、棕、黑等几种。蓝色的制服表示严谨，灰色的制服表示稳重，棕色的制服表示文雅，黑色的制服表示高贵。三是应当在为制服进行色彩搭配时，在总体上坚持“三色原则”，即与制服一同搭配的衬衫、领带、帽子、鞋袜，其色彩数应限定在三种以内。

5.服装的配件

服装配件是指衣扣、拉链、徽章等。配件是对服装具有装饰点缀作用的不可缺少的物件。不能忽视配件在制服设计中的作用，选择合适的配件，会使制服的个性形象更加鲜明、突出。

思政课堂

限制商品过度包装新国标2023年9月实施

【思政元素】节约资源。

临近中秋节，月饼过度包装再度成为公众关注话题。《限制商品过度包装要求 食品和化妆品》（GB23350—2021）国家标准于2023年9月1日起实施，对限制食品和化妆品过度包装提出明确要求。其中，限制月饼过度包装，在该标准第1号修改单中有明确规定，并已于2022年8月15日实施。针对社会各方对标准实施中遇到的有关问题，市场监管总局（国家标准委）有关负责人进行了解读。

※明确月饼等商品混装相关要求

市场上的月饼、茶叶等与其他商品特别是高价商品混装，一直饱受诟病。第1号修改单明确，“月饼不应与其他产品混装”，其他产品指除用于保护月饼的食品用脱氧剂、冰袋之外的所有产品。因此，月饼包装中不能放红酒、茶叶、刀叉等，但食品用脱氧剂、冰袋属于保护商品的必要产品，可根据需要放入。

第1号修改单明确，“粽子不应与超过其价格的产品混装”，指粽子与其他产品混装时，粽子总价格应高于其他混装产品总价格；若混装产品是粽子生产企业自产则根据生产成本确定其价格，若混装产品是外购则根据采购合同确定其价格。

新国标明确规定，包装内的食品与非食品类产品，或者化妆品与非化妆品类产品不能组合成综合商品。例如，粽子、绿豆糕等组合成的商品属于综合商品，但茶叶和茶具组合成的商品不属于综合商品。

※层数太多、空隙太大、成本太高都属于过度包装

市场监管总局对月饼过度包装问题开展国家监督抽查发现，主要问题是包装空隙率不合格。新国标严格限定了包装层数要求，食品中的粮食及其加工品不应超过三层包装，其他食品和化妆品不应超过四层包装。

据介绍，新国标简化了商品过度包装的判定方法，消费者通过“一看、二问、三算”，就能简单判断商品是否属于过度包装。“一看”，就是要看商品的外包装是否为豪华包装，包装材料是否属于昂贵的材质；“二问”，就是在不拆开包装的情况下，问清包装层数，判断粮食及其加工品的包装是否超过了三层，其他类食品及化妆品包装是否超过了四层；“三算”，就是要测量或估算外包装的体积，并与允许的最大外包装体积进行对比，看是否超标。以上三个方面，只要一个不符合要求，就可以初步判定为不符合标准要求。

新国标在包装层数计算方面，明确网兜、抽屉式包装等算作一层，固定食品的半托、袋泡茶的内膜袋等不算一层。在包装空隙率计算方面，进一步明确包装的提手、扣件、绑绳等计入包装体积；茶叶一般不属于充气包装产品，必要空间系数（k值）不能放大2倍。

包装成本过大也属于过度包装。根据第1号修改单，销售价格在100元以上的月饼，包装成本占销售价格的比例不得超过15%。包装材料不得使用贵金属、红木等贵重材料。

※切实推动新国标落地实施

据介绍，新国标已于2021年发布，为企业和市场设置了两年过渡期。在此期间，市场监管总局免费公开标准全文，系统开展标准宣贯培训，加大监督执法力度，督促食品化妆品生产企业尽快启动对标达标诊断和产品包装合规设计。《中华人民共和国标准化法》明确规定，不符合强制性标准的产品、服务，不得生产、销售、进口或提供。自2023年9月起，在经过两年的过渡期后，市场上不允许再生产和销售不符合新标准的食品和化妆品。

此外，新国标规范了31类食品、16类化妆品的包装要求，新国标适用于在我国境内生产、销售和进口的所有食品（含散装食品）和化妆品的销售包装，对于出口至国外的食品和化妆品、运输包装，以及出厂时价格为零且标示“赠品或非卖品”字样的产品都不适用。

资料来源：赵文君．限制商品过度包装新国标9月实施——市场监管总局解读标准实施有关问题［EB/OL］．［2023-09-02］．http：//m.news.cn/2023-09/02/c_1129841458.htm.

本章小结

企业形象应用要素的设计是反映企业经营观念、展开基本要素的沟通。然而，只有在应用要素全面展开时，基本要素才能真正为人所关注。因此，应用要素是形成企业文化及风格，确定企业视觉形象的重要体。

在整个企业形象战略中，以视觉识别的传播力量最为具体而直接，它能够将企业识别的基本精神——差异性充分地表达出来，并可让接收者一目了然地掌握其中传达的信息，从而达到识别、认识的目的。通过良好而富有规划性的视觉传达设计来表现企业独特的文化，已成为当今社会的必然趋势。

本章练习题

1.产品包装设计的特点有哪些?

2.企业广告设计的基本原则是什么?

3.广告策划的流程是什么?

4.运输工具的视觉传达设计应注意哪些问题?

5.制服视觉设计应注意哪些因素?

本章参考和阅读文献

［1］叶敏，朱苗，叶万春，等.企业形象策划——CIS导入［M］.6版.大连：东

北财经大学出版社，2022.

［2］孟韬.市场营销策划［M］.5版.大连：东北财经大学出版社，2022.

［3］郭有献.广告文案写作教程［M］.4版.北京：中国人民大学出版社，2019.

［4］史历峰.CI策划与设计［M］.2版.郑州：郑州大学出版社，2016.

［5］吴国欣.标志设计［M］.上海：上海人民美术出版社，2015.

［6］杜海萍.企业形象策划［M］.大连：大连理工大学出版社，2014.

［7］支林.CI企业形象设计［M］.上海：上海交通大学出版社，2006.

［8］张新词.现代广告设计的基本原则与心理诉求［J］.郑州轻工业学院学报（社会科学版），2006（3）.

［9］伍毅志.现代包装设计的发展趋势［J］.中国包装工业，2006（8）.

［10］刘春宏.广告策划的全新表现策略［J］.山东经济，2006（4）.

［11］万秀风，高金康.广告文案写作［M］.上海：上海财经大学出版社，2005.

［12］倪宁.广告学概论［M］.北京：中国人民大学出版社，2006.

第三部分　企业行为识别系统策划

第八章

企业内部行为识别系统策划

本章提要

行为识别系统是在理念识别系统得以确立的基础上形成的，是一种动态识别形式，其目的是用以规范企业内部的组织、管理、教育以及企业外部的营销、公关等一切社会活动。企业行为识别是企业理念识别的具体体现和落实，它几乎贯穿于企业的各项活动中，是企业形象识别的一个重要组成部分。行为识别系统具有统一性、独立性、动态性等特征。企业的行为识别可以根据传播性质与渠道分为企业对内与对外的行为识别。

企业内部行为识别是行为识别系统的重要组成部分，是企业对外识别行为的基础，其目的是为企业创造良好的环境。它主要包括企业的经营管理行为、对企业员工的激励与沟通行为、与股东的联系、企业内部活动等。

本章案例

摩托罗拉公司的沟通方式

企业内部的沟通方式是企业内部行为的重要表现之一。在摩托罗拉公司，每一个管理者都被要求与普通操作工形成介乎于同事与兄弟姐妹之间的关系——在人格上千方百计地保持平等。“对人保持不变的尊重”是公司的个性。最能体现摩托罗拉公司个性的是它的“Open Door”。“我们所有管理者办公室的门都是绝对敞开的，任何职工在任何时候都可以直接推门进来，与任何级别的上司平等交流。每个季度第一个月的1日，中层干部都要同自己的手下和主管进行一次关于职业发展的对话，回答‘你在过去3个月里受到尊重了吗?’之类的6个问题。这种对话是一对一和随时随地的。”

摩托罗拉的管理者们为每位员工还预备出了以下几种“Open Door”式表达意见和发泄的途径：

（1）IDE（Individual Dignity Ensured，肯定个人尊严）。这是摩托罗拉创新的沟通方式，使每个摩托罗拉员工都得到理想的个人发展及最佳的工作环境。

（2）我建议。书面形式提出对公司各方面的意见和建议，全面参与公司管理。

（3）畅所欲言。这是一种保密的双向沟通渠道，如果员工要对真实的问题进行评论和投诉，应诉人必须在3天内对匿名的投诉信给予答复，整理完毕后由第三者按投诉人要求的方式反馈给本人，全过程必须在9天内完成。

（4）总经理座谈会。每周四召开座谈会，大部分问题可以当场答复，7日内对有关问题的处理结果予以反馈。

（5）每日简报及墙报。方便快捷地了解公司和部门的重要事情和通知。

（6）员工大会。由经理直接传达公司的重要信息，有问必答。

（7）教育日。每年重温公司文化、历史、理念和有关规定。

（8）热线电话。当你遇到问题时可以向这个电话反映，昼夜均有人值守。

（9）职工委员会。职工委员会是员工与管理层直接沟通的另一个桥梁，委员会主席由员工关系部经理兼任。

摩托罗拉公司通过采取这些沟通方式，业绩取得了惊人的效果。

第一节　企业经营管理行为策划

一、企业组织机构的建设

企业组织机构的建设，是企业经营管理的保证，包括组织结构的建设、部门的划分、岗位的建立、人员的配置等。党的二十大报告指出：“完善中国特色现代企业制度。”企业组织机构的建设工作，要与时俱进，跟上时代步伐。

(一)组织结构

企业在进行管理之前，首先要根据企业的内部条件与外部环境选择合理的组织结构形式。企业组织结构是指组织内部的运作方式及构成，是组织内的全体成员为实现组织目标，在管理工作中进行分工协作，通过职务、职责、职权及相互关系构成的结构体系。比较常见的现代企业组织结构有以下几种类型：

1.直线-职能结构

直线-职能结构模式是指在企业的生产经营活动中权力集中在高层领导者，按照职能分成垂直系统，各级都建立职能机构，各级领导都有相应的职能机构做助手，各个职能部门在其业务范围内利用专业的管理人员发挥专业管理职能的作用。该组织结构既有直线式组织的特点，又有职能式组织的特点，因此，这种组织系统中有两种管理人员：一种是直线指挥人员，另一种是职能管理人员。职能管理人员是直线指挥人员的参谋，只能进行业务指导。该结构的优点是集中领导、权责分明、工作效率高、组织的稳定性强。其缺点是集权式管理组织结构不利于发挥下级部门的主动性和创造性；职能部门和直线指挥部门之间容易因目标不一致产生矛盾；部门间缺乏沟通，信息传递线路较长，系统缺乏适应性；领导协调工作量大。

2.事业部结构

事业部结构又称联邦分权制组织结构，是按照部门化结构（按产品、地区等）设立事业部，各个事业部为实行相对的独立核算、自负盈亏的利润中心，各自拥有一定的经营自主权。事业部结构根据“集中政策，分散经营”原则建立，总公司最高层负责制定经营方针，掌握人事、财务控制、监督权等主要权力。事业部既是利润责任中心，又是分权化单位，也是产品或市场责任单位。它的优点是有高度的明确性和相当的经济性；它有高度的稳定性，同时又有适应性；它使得自治单位的每个成员都易于了解自己的任务和整个企业的任务；它把管理人员的视野和努力集中于企业的成就和成果上；它使工作人员之间能充分地进行信息联系；有利于充分发挥中层管理者的主动性和创造性。其缺点在于各事业部之间缺乏配合，协调困难。事业部结构适用于产品种类多、技术复杂、市场分布较广、规模巨大的公司。

3.矩阵结构

矩阵结构是企业为了加强各职能部门之间以及职能部门同规划部门之间的协作，把管理中的“垂直”联系和“水平”联系、集权化和分权化更好地结合起来，将按职能划分的部门与按产品、项目划分的小组结合起来，使同一个管理人员既与原职能部门保持联系，又能参加产品或项目小组的工作。在矩阵结构中，既有按指挥-职能建立的领导关系，又有按规划-目标建立的领导关系。矩阵结构的优点是可以提高中层和基层管理人员的主动性和责任心；使上层管理人员摆脱日常事务工作；有利于各职能部门之间的横向联系，集中各种专门的知识和技能，集思广益，密切配合，加速完成某一特定项目。其缺点是职能部门与项目部门容易产生矛盾冲突，分不清责任；小组成员易产生临时观点。这种组织结构适用于新技术、新产品开发和工程项目等某些需要集中各个方面的专业人员参加的项目。

4.模拟分权制组织结构

模拟分权制组织结构是介于直线-职能结构和事业部结构之间的一种组织结构形式。这种组织结构并不是在企业中实行名副其实的事业部制，只是模拟其独立经营、单独核算的性能，但并不是真正实行如同事业部制的分权化管理，以达到改善经营管理的目的。它可以按地区、生产阶段或其他标准把企业分成许多“组织单位”，这些“组织单位”被视为相对独立的事业单位，允许建立职能部门，有相当大的自治权和管理权，但不直接同市场发生联系。各个“组织单位”之间按内部的转移价格进行产品交换并计算“利润”，进行模拟性的独立核算，以激发其生产经营的积极性和主动性，并提高效率，促进经营管理的改善。这种组织结构主要适用于一些大型企业。这些企业由于规模过分庞大，不宜采取集权式的职能结构，而又不宜采用联邦分权制，如冶金、石化等大型联合企业。

（二）组织结构设计的原则与影响因素

1.组织结构设计的原则

（1）目标原则。它使组织内各部门在公司整体经营目标下充分发挥能力而达成各自的目标，同时组织结构设计有利于企业目标的实现。

（2）专业分工与协作的原则。组织内的各部门都应该尽量按专业化原则来设置，以使工作精益求精，达到最高效率。同时也要注意各部门的协调合作，保证整个组织活动的步调一致，以达到目标最大化。

（3）指挥统一、命令一元化原则。根据这一原则，任何下级只能接受一个上级的领导，不得受一个以上的上级的直接指挥。上级不得越过直属下级进行指挥，下级也不得越过直属上级接受更高一级的指令。

（4）集权和分权相结合的原则。这条原则要求企业实施集权与分权相结合的管理体制来保证有效的管理。需集中的权力要集中，该下放的权力要大胆地分给下级，这样才能增加企业的灵活性和适应性，使最高层领导摆脱琐碎的事务，着重于企业的战略性、方向性的大问题。然而，权力不能过于分散，否则各部门间协调困难，不利于整个企业采取一致行动，实现整体利益。

（5）责权对等原则。权力是达到目标的手段，责任是达到目标的承诺，两者大小应相称，不只应同时存在，还应大小相等。不可有权无责，也不能有责无权。有权无责会造成浪费及不公平；有责无权则无法推动工作，浪费时机。有一定的职务必有一定的职权和职责与之相对应。

（6）稳定性和适应性相结合原则。这一原则要求企业组织结构既要有相对的稳定性，也能随外部环境及自身需要作相应调整。一般来讲，一个企业有效活动的进行能维持一种相对稳定的状态，企业成员对各自的职责和任务越熟悉，工作效率就越高，故企业组织结构应保持相对稳定。但是，外界环境是在变化的，组织结构的调整和变革不可避免。

（7）有效性原则。有效性原则要求组织结构和组织活动必须有效，组织结构设计要合理，要基于管理目标的需要，因事设机构、设职务匹配人员，人和事要高度配合。组织内的信息要畅通、准确、迅速，能及时反馈，这样才能及时了解到命令的执行情况，也才能及时得到上级明确的答复，使问题尽快解决，同时规定各种明确的制度，使主管人员能对整个组织进行有效的指挥和控制。

2.组织结构设计的影响因素

（1）组织目标与任务。

（2）组织环境。

（3）组织的战略及所处发展阶段。

（4）生产条件与技术状况。

（5）组织规模。

（6）人员结构与素质。

（三）组织结构设计的程序

企业进行组织结构设计一般有三个时机：一是新建组织需进行组织结构设计；二是企业原有组织结构出现较大问题或组织目标发生变化；三是组织结构需进行局部的调整和完善。一般组织结构设计的程序为：设计的方针和原则，职能分析与设计，设计与建立基本结构，建立组织联系与规范，人员配备与培训，反馈与修正（见图8-1）。

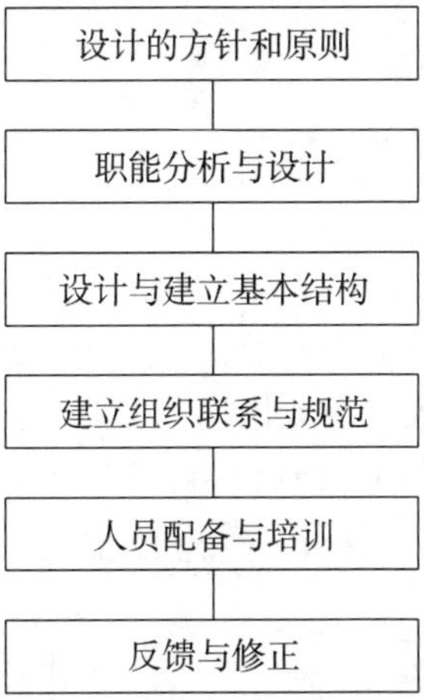

图8-1 组织结构设计程序

组织结构设计包括横向设计与纵向设计。组织横向设计主要解决管理与业务部门的划分问题，反映了组织中的分工合作关系；组织纵向设计主要解决管理层次的划分与职权分配问题，反映了组织中的领导隶属关系。常见的组织部门划分方式有以下三种：

1.按职能划分

按业务活动的相似性来划分部门，如营销、生产、研发、采购等。其优点为专业化分工，有利于提高效率；相互依存，有利于维护组织的统一性和提高团队水平。局限性在于不利于区别贡献及调整产品结构；可能产生部门间的不协调；不利于培养综合性高级管理人才。

2.按产品划分

根据产品的生产和销售来划分。大规模、产品多的企业管理者常授权给某一产品部门的主管，使他能全权处理某一特定产品的营销、生产、采购、技术、服务等业务，并负责该产品营运的盈亏目标。其优点在于专业化与多元化经营的结合，减少风险；有利于提高内部竞争、企业及时调整生产方向；有利于培养综合性高层管理人才。其局限性在于成本会提高；对部门经理能力要求较高；不利于统一协调。

3.按地区划分

按地区划分部门，在管理上将所有在某一区域内的产、销、供组合在一起，成立地区事业部，并指定一位主管负责该地区作业的盈余亏损目标，总部则保留人事、财务、研究发展等咨询顾问性服务工作以支援各地区工作。

组织的纵向结构设计，首先根据企业的具体条件，正确规定管理幅度。然后，在这个数量界限内，再考虑影响管理层次的其他因素，科学地确定管理层次。在此基础上，进行职权配置，从而建立基本的纵向结构。管理幅度是指一个管理人员能有效直接领导和控制的下级人员的数目，管理层次是组织内纵向管理系统所划分的组织层级数。在组织规模一定的情况下，管理幅度与管理层次成反比。管理幅度要根据企业员工的工作能力、工作的内容和性质、工作条件以及工作环境来确定，使其组织结构具有适应性和有效性。

二、企业行为识别系统

（一）企业行为识别系统简介

企业行为识别，英文表述为Behaviour Identity，简称为BI，是企业所有工作者行为表现的综合、企业制度对所有员工的要求及各项生产经营活动的再现等。BI是以企业精神和经营思想为内动力，显现出企业内部的管理方法、组织建设、教育培训、公共关系、经营制度等方面的创新活动，最后达到塑造企业良好形象的目的（见图8-2）。

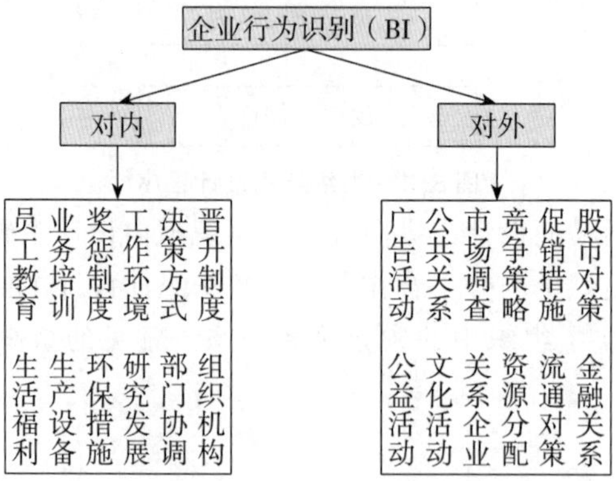

图8-2 企业行为识别结构图

1.和企业理念识别系统的关系

企业行为识别系统是企业理念识别系统的外化和表现。企业行为识别是一种动态的识别形式，它通过各种行为或活动贯彻、执行和实施企业理念。

企业理念要得到有效的贯彻实施，首先必须科学构建企业这一行为主体，包括确定企业组织形式、建立健全企业组织机构、合理划分部门、有效确定管理幅度、科学授权等。企业主体架构完善，企业的运行机制才能完善，企业的行为才能有基础保证，企业的理念才能真正贯彻执行。所以，在企业行为识别系统中，企业主体特征是最基本的基础性因素。

企业行为包括的范围很广，它们是企业理念得到贯彻执行的重要体现领域，包括企业内部行为和企业市场行为两个方面。企业内部行为包括员工选聘行为、员工考评行为、员工培训行为、员工激励行为、员工岗位行为、领导行为、决策行为、沟通行为等。企业市场行为包括企业创新行为、交易行为、谈判行为、履约行为、竞争行为、服务行为、广告行为、推销行为、公关行为等。上述各种行为只有在企业理念的指导下规范、统一，并具有特色，才能被公众识别、认知、接受、认可。

2.企业行为识别的优势

与日常的规章制度相比，行为识别侧重于用条款形式来塑造一种能激发企业活力的机制，这种机制应该是独特的、具有创造性的，因而也是具有识别性的。例如，日本本田公司为了鼓励员工提出各种合理化建议，建立了一种按提出建议的数量与质量给予评分的奖励制度，分数可以累计，分值每达到一定标准就可以获得相应的奖励。

现代企业可以说比过去任何时候都重视人的因素，充分尊重企业内的每一个员工，鼓励员工积极创造而不是单靠规章制度的约束是知识经济时代一大特征。日本大荣百货有一种“人才盘点”规则，每半年盘点一次，适当调整各种岗位，破除等级观念，及时选拔一些更合适的人来担任合适的职务，同时，让各个岗位的人能多一个视角来观察企业的各种岗位。把企业看成一个整体，使上下都懂得了每个岗位都很重要，每个岗位上的员工也都明白其他岗位的难处，提高了协作精神。

在对外交往方面，企业的整体行为是它的立身之本。在日本有一家电器商场，顾客购买了一台吸尘器，回家发现是坏的，立即打电话给这家电器商场。不一会儿，商场经理就驱车来了，一进门就恭喜顾客中了奖，并解释说，本店准备了一台不良吸尘器，是专为顾客中奖预备的，同时奖励顾客一台优质的吸尘器，于是坏事变成了皆大欢喜的好事。此事广为流传，商场的这一行为反映出这家商场的经营理念：为顾客着想，而不是首先想到自己要有麻烦和损失。同时，这一行为所产生的美誉效果，或许是任何广告宣传都不一定能达到的。

上述这些对内、对外的行为准则，都不是常规的规章制度所能规范的。商场可以规定“产品实行三包”，但不能保证真正遇到具体问题的时候，有关人员能够作出类似日本电器商场的创意，能够带来皆大欢喜的良好效果。

综上所述，行为识别的操作必须有一系列的条款来保证，而展现理念精神、激活内部机制、富有创造性才能保证行为识别的特有价值。

具体说来，行为识别因素可以分为对内、对外两个方面的内容，在具体企业形象识别系统策划方案中，行为识别系统的主要内容体现在可操作性强的《员工手册》中。

3.企业行为识别的必要性

从某种意义上说，企业识别系统中理念识别、行为识别和视觉识别的关系，就仿佛一个人的心灵（原则）、行为和仪表。一个形象完美的人应该同时具有美丽的心灵、高尚的行为和优雅的仪表。人的行为是由其思想原则（心灵）所支配的，而一个人形象的好坏，最终取决于他的行为，也就是取决于他如何做事。企业形象也是如此，社会公众和消费者对企业的认知归根结底取决于企业“如何去做”。

理念识别是企业形象识别系统的基本精神所在，它处于最高决策层次，是系统运行的原动力和实施的基础。但是无论从管理角度，还是从传播角度来看，理念仅仅代表着某一企业的意志和信息内核。企业理念是精神化的、无形的，但是受企业理念支配的企业行为是可以表现出来的、有形的。如果理念不能在行为上得到落实，那它就只是一些空洞的口号，流于形式。同时，企业视觉识别的内涵是由企业的行为识别所赋予的，通过视觉识别所产生的联想便是企业的行为识别（如何去做）。如果一个企业的产品和服务质量低劣，无论口号喊得如何响亮、广告做得如何诱人，也无法得到社会公众的认可，更谈不上塑造良好的企业形象。只有将企业理念化成每一位员工精神的一部分，贯彻到员工的一言一行中，企业的面貌才能焕然一新，才能赋予视觉识别富有魅力的内涵，才会得到社会公众的认同，企业形象识别战略的实施才能够卓有成效。

由于行为识别的这种独特的作用，决定了企业在导入形象识别时必须把企业及其员工的行为习惯作为突破口和着力点，通过不断打破原有的不良习惯，建立新的行为模式，从而实现真正的观念转化和水平提升，这是现阶段我国企业实现形象识别战略的重点。当然，企业要搞好行为识别建设绝非易事，必须对行为识别系统的构成和目标有全面透彻的认识，在此基础上，抓住关键，全力推进。

（二）企业行为识别系统策划

1.企业行为识别的构成和目标

（1）构成。行为识别是形象识别的动态识别形式，它的核心在于形象识别理念的推行，将企业内部组织机构与员工的行为视为一种理念传播的符号，通过这些动态的因素传达企业的理念、塑造企业的形象。企业的行为识别系统几乎覆盖了整个企业的经营管理活动，主要由两大部分构成：一是企业内部系统，包括企业内部环境的营造、员工教育及员工行为规范等；二是企业外部系统，包括产品规划、服务活动、广告关系及促销活动等。

（2）目标。

① 通过企业内部的制度、管理与教育训练，使员工行为规范化。

② 企业在处理对内、对外关系的活动中，体现出一定的准则和规范，并以实实在在的行动体现出企业的理念精神和经营价值观。

③ 通过有利于社会大众和消费者认知、识别企业的有特色的活动，塑造企业的动态形象，并与理念识别、视觉识别相互交融，树立起企业良好的整体形象。

2.企业行为识别的关键环节

（1）员工教育是将企业理念贯穿于行为的基础。行为识别系统的建设不是员工自发的。如果公司的理念只以条文化的形式出现，那么企业的员工就不会把它放在心上，也就无法渗入组织内，成为企业成员共同的价值观而体现在行为中。因此，必须开展多种形式的教育培训，让全体员工知道本企业导入形象识别系统的目的、意义和背景，了解甚至参与企业形象识别系统的设计，熟悉并认同企业的理念，清楚地认识到企业内每个员工都是企业形象的塑造者。员工教育主要包括企业理念和企业文化方面的内容。通过教育培训，使员工从知识的接受到情感的内化，最终落实到行为的贯彻。

（2）制度和规范是建立行为识别系统的有力工具。企业建立行为识别系统，不能只靠铺天盖地的宣传教育，还需要制定和完善一系列具有可操作性的制度和规范。制度和规范使企业和员工的行为有章可循、规范化一，具有一定的强制性。对员工而言，制度和规范是一种约束，但也是其顺利完成工作的保证。制度和规范的设计必须以正确的企业理念为指导，必须有助于员工在一种宽松的环境中准确无误、积极主动地完成自身的工作。制度和规范的内容如果偏离了企业理念，将会造成员工思想与行为的不协调、不统一，直接影响员工的积极性和创造性的发挥，给企业管理带来失误和损失。

（3）卓越的管理是行为识别系统顺利实施的保证。行为识别规范化管理是形象识别导入过程中关键的环节，同时也是最难把握的一环。理念可以树立确定，视觉符号可以设计，而人的行为却难以理想化地进行统一。因此，行为识别系统的顺利实施，需要有效的管理手段作为保证。与美国、日本企业雄厚的管理基础和高度现代化的管理手段相比，我国企业的管理基础还十分薄弱，因此，企业必须将形象识别战略的实施建立在整体管理水平提升的基础上。就是说，企业在开展行为识别建设的过程中，首先，要在组织上和制度上进行管理革新；其次，要有计划地开展员工培训工作，重视人才的开发和引进，提高员工的整体素质；最后，要特别注重管理人员的开发和培养，建立一支高素质的现代经理人队伍，从而保证企业整体水平的提高和管理革新的有效实施。

总之，我国企业在导入企业形象识别系统时，必须走出各种认识上和行为上的误区，综合考虑自身的经营管理现状，注重理念识别、行为识别、视觉识别的系统化设计和整体化实施，强调形象识别导入与管理水平的提升并举，通过行为识别系统的有效实施，把企业的理念贯穿于企业的一切活动以及员工的行为之中。只有这样，企业才能从整体上和根本上提升和改善形象，才能使企业形象识别战略真正获得成功。

3.企业行为的内外部活动策划

通过对企业实际状况调查，制定出企业理念之后，应通过企业整体的活动识别、视觉识别在实践中贯彻企业理念。如果说理念识别是想法，那么行为识别就是做法。行为识别有对内、对外两种活动，对内就是建立完善的组织、管理、教育培训、福利制度、行为规范、工作环境、开发研究等来增强企业内部的凝聚力和向心力；对外则通过市场营销、产品开发、公共关系、公益活动等来表达企业理念，取得大众认同，树立形象。

（1）企业内部活动识别。强化公司内部的凝聚力和向心力有多种方式，大体有如下几类：①关心员工的生活、利益、前途。②企业内部宣传教育。③培训，主要有员工手册、公司内部宣传海报、公司内部的活动等方式，要在理念识别的指导下展开进行。④公司歌曲。

（2）企业外部活动策划。企业通过外部活动向社会公众传达企业形象，提升企业认知度，主要包括以下几种方式：①市场调查。通过市场调查了解消费者的购买心理，对公司提出建议和意见，通过改进提高公司的形象。②面市营销。面市营销是个动态的过程，也是企业经营的重要并且是面向大众的过程，因此设计好面市营销中的促销、广告、新闻发布会等，对提高企业形象大有好处。③公共关系。公共关系和公益活动在提升企业形象时起到很重要的作用，是现代企业竞争的有效手段。④新产品的开发。新产品的推出是企业展示形象和理念的大好机会，企业也只有不断开发新产品才能在市场中立足。

三、企业内部环境营造

企业内部环境主要分为物理环境和人文环境两部分内容。企业员工的生产、工作环境是企业文化的重要方面。一个管理有序、和谐、整洁美好的内部环境不仅能使员工心情舒畅，减轻工作的疲劳感，增加企业员工的满足感、成就感与归属感，提高效率，发挥潜在的创造力，最大化地实现和超越企业目标，更重要的是能使企业在社会公众中树立美好形象。

（一）办公环境布置概要

1.办公室布置的基本要求

（1）采用一大间办公室，从光线和通风条件以及监督和沟通的便利性来说，比采用同样大小的若干个办公室更优。

（2）使用同样大小的桌子可增进美观，并保持职员之间的平等。

（3）同一区域的柜子的高度应一致，以达到美观。

（4）将通常有许多客人来访的部门置于入口处，若此法不可行时，亦应规定来客须知，使来客不干扰其他部门工作。

（5）将自动售货机、公告板置于不易分散职员精力及造成拥挤之处。

（6）应预留充分的空间，以备最大工作负荷的需要。

（7）主管座位应位于员工座位后方，使主管易于观察到工作地点发生的事情。

（8）自然光应来自桌子的左上方或斜后上方。勿使职员面对窗户、太靠近电源或坐在通风口处。

（9）装设充足的电源插座，供办公设备使用。

（10）常用的设备与档案应置于使用者附近，档案柜应背对背放置。

（11）此外，如果条件允许，应在办公区内设置休息区，并提供便利充分的休息设备，以满足工余休息、自由交谈及食用午餐的需要。相关人员应根据对未来变化的预测及时调整办公室布置。

2.办公室布置三大原则

办公室的布置不是简单的设施摆放，还需要考虑工作人员在其中工作的舒适感、与办公环境的协调以及有利于工作人员之间的沟通和监督等。其布置的主要原则有以下三方面：

（1）有利于沟通。

沟通是人与人之间思想、信息的传达和交换，通过这种传达和交换，使人们在目标、概念、意志、兴趣、情绪、感情等方面达到理解、协调一致。办公室作为一个工作系统，必须保证工作人员之间充分的沟通，才能实现信息及时有效地流转，系统内各因子、各环节也才能协调地运行。

（2）便于监督。

办公室的布置必须有利于监督，特别有利于职员的自我监督与内部监督。办公室的布置要适应自我监督的需要。所谓自我监督，是指进行自我约束和控制，自觉遵守公司的规章制度等。办公室的布置还要适应公司内部监督的特点和需要。公司内部监督的主要特点是：第一，内部监督是一种日常监督，其监督内容包括工作人员在日常工作中的一切行为以及通过各种行为举止反映出来的职业素养、道德品质等，通过日常监督就可得出职员在某段时间内的整体评价；第二，内部监督具有双向和多维监督的特点，它是主管与下属之间、下属与下属之间的相互监督，是一种群体内部的监督，因此，它的有效性有赖于群体之间的良好沟通与协调；第三，内部监督是一种内部力量的约束，内部监督最大的特点和有效性不是取决于外界的压力，而是取决于内部的纪律约束、自觉程度，以及每个人在考评中的参与程度和参与的自觉性。

办公室是集体工作的场所，上下级之间、同事之间既需要沟通，也需要相互督促检查。由于精力、学识、性格等方面的差异，每个人都有各自的特点，有优点和长处，也有缺点和不足，而个人的缺点往往又是自己难以觉察到的，如不及时纠正，便会给工作带来损失。同事之间的相互监督能够有效地避免这一问题。因此，办公室的布置必须有利于在工作中相互督促、相互提醒，从而把工作中的失误减少到最低限度。

（3）协调、舒适。

协调、舒适是办公室布置的一项基本原则。这里所讲的协调是指办公室的布置应与办公人员配合得当；舒适即人们在布置合理的办公场所中工作时，身体各部位没有不适感或不适感最低。协调是舒适的前提，只有协调，才会有舒适。

协调的内涵是物质环境与工作要求的协调，它包括办公室内设备的空间分布、墙壁的颜色、室内光线、空间的大小等与工作特点、性质相协调；人与工作安排相协调；人与人之间相协调，包括工作人员个体、志趣、利益的协调及上级与下级的工作协调等。

人际关系的协调有以下表现和要求：一是连续性，工作中具有连续性且各环节不至于间断、脱节；二是协同性，工作的各部分都从全局出发，同时进行，紧密配合；三是有序，各职能办公室的布置与主要业务的处理程序相一致，工作的安排井然有序，工作的进展有条不紊；四是和谐，包括人际关系和工作安排的和谐，避免有矛盾的公司职员在同一处工作以及不同种类工作之间的相互干扰。

3.办公室布置的具体要求

办公桌的排列应按照直线对称的原则和工作程序的顺序，其线路以最接近直线为佳，防止逆流与交叉现象。同室工作人员应朝向同一方向办公，尽量不面面相对，以免相互干扰和闲谈。各座位间通道要适宜，以免往返浪费时间。

领导者位于后方，以便监督，同时不因领导者接洽工作转移和分散工作人员的视线和精力。光线应来自左方，以保护视力。常用设备应放在使用者近处。电话最好是5平方米范围内设置一部，以免接电话离座位太远，分散精力，影响效率。

办公室的用具设计要精美，坚固耐用，适应现代化要求。办公桌是工作人员的必备工具，应注意美观、实用。有条件的可采用自动升降办公椅，以适应工作人员不同的身体高度。同时，应根据不同的工作性质，设计不同形式的办公桌、椅。另外，办公室应根据不同情况，设置垂直式档案柜、旋转式卡片柜和来往式挡槽，以便存放必要的资料、文件和卡片等，便于随时翻看。这些设备和桌椅一样，应装置滑轮，便于移动，平时置于一边，用时推至身边，方便实用。

（二）物理环境和人文环境的营造

1.物理环境的营造

（1）视觉环境营造。视觉环境营造是对室内采光、照明、装饰、色彩等方面的设计。营造一个富有吸引力的视觉环境，往往能反映出企业的精神面貌与品位。照明度的调节，一方面要靠天然采光，另一方面要利用人工照明。设计室内采光、照明时要注意这两种光线的相互配合，同时，也要考虑室内表面的反射率。合适的照明会使人宁静与舒适；相反，不合适的照明会使人紧张、烦躁。

（2）听觉环境营造。听觉环境营造是对音响控制以及音乐的应用等方面的设计。企业应有意识地营造一个高雅、恬静的听觉环境。控制噪声可充分利用机器设备，如用吸音板、装消声器等。通常可采用播放音乐的办法来抑制噪声，根据工作性质来选择合适的音乐，同时要注意音量的大小以及播放的时间。例如，对脑力劳动者，要在工作之余播放节奏轻快的音乐，缓解疲劳；对一般的生产工人，可在工作间休息、上班前和午休时间播放节奏平缓、曲调柔和的音乐、流行曲或抒情曲，以缓解紧张的劳动气氛。

（3）温湿度环境营造。温湿度环境营造是指选择适合企业工作性质的温湿度。企业一方面可多设窗户进行自然通风；另一方面可进行人工通风，如安装风扇、吸尘、添置室内盆景等。企业也可在有条件的情况下安装空调、去湿机、加湿器等设备随时调节室内温湿度。

（4）嗅觉环境营造。嗅觉环境营造是利用花卉、香料、盆景等营造一个清香的环境。良好的嗅觉环境能使人心情舒畅、神清气爽。制造清香的环境的方法除了放置盆景外，还可以用人工制造的香味，如点熏香、香料、喷洒香水等。在使用人工制造的香味时要注意以淡雅为宜。

2.人文环境的营造

人文环境可分为领导作用、民主气氛、员工精神风貌、竞争环境、合作氛围等。在构建企业的人文环境时，领导的作用至关重要，企业的领导者要做到严于律己、以身作则，树立“以人为本”的经营理念，真正地关心员工。

（1）严于律己、以身作则。企业的领导者要为企业的员工作出表率，要求员工做到的，自己应首先做到。

（2）“以人为本”、重视人才。人是企业之本，企业要重视人才，首先企业的领导者要做到知人善任、广纳群贤。

（3）宽以待人。企业的领导者要待人宽厚，能和不同工作性质和个性特点的人工作，并建立融洽的关系。领导者要善于让人发挥所长、抑制所短，才能使企业内部合作融洽。

（4）关心员工。领导者要真正关心员工，要发现员工的困难，帮助员工解决生存问题，解除其后顾之忧。尽可能地完善劳动条件、提高待遇，还要满足员工实现人生价值的需要，为员工提供各种学习培训和提高自我、发展自我的机会，为企业建立竞争优势。

企业营造民主、公平竞争、合作氛围良好的工作环境，可以采取以下方式：

（1）信息共享，让员工参与决策。通过信息的共享，让员工参与决策，以培养员工的认同感，拉近员工与企业的心理距离。

（2）团队合作。通过团队合作，让员工对企业产生信任感和归属感。

（3）强化企业形象。企业通过强化自我形象，提高社会地位，增强社会知名度，以培养员工的自豪感，使企业成为员工的骄傲。

（4）打破界限。企业要打破内部上下级之间的界限和各个职能部门、事业部门之间的界限，进行信息共享、权力下放、能力配置，各个部门的员工行为和业绩都以顾客满意度为标准进行衡量，让员工齐心协力为实现企业目标而努力工作，塑造和谐、融洽的工作环境。

（三）工作环境策划

1.个体工作环境策划

企业应该为员工创造更好的环境，使员工的价值最大化。在进行个体工作环境策划时应注意以下几个方面：

（1）岗位培训。企业通过定期的岗位培训和不同形式的继续教育，不断提高员工的业务素质和思想素质。

（2）知人善任。企业通过实施轮岗、定岗，尽量发挥每个员工的最大潜能。

（3）激励机制。按照企业的实际需要，从环境、荣誉、目标等方面出发，制定合理的激励机制，促使员工达到行为规范的要求。

2.团队工作环境策划

员工的行为规范，不仅需要良好的个体工作环境，良好的团队工作环境也同样重要。团队工作环境的策划应注意以下几点：

（1）加强民主建设。民主型领导氛围里的员工具有自觉性强、工作效率高、团队凝聚力强等特点。民主型领导氛围较其他氛围更有利于员工的成长和发展，有利于员工的行为规范。

（2）团队的凝聚力。一个具有凝聚力的团队，其成员会感到自豪，并会努力按团队的行为规范为团队增光。团队的凝聚力来源于团队成员间的认同感、归属感、亲和力等。

（3）目标一致性。个人目标要与团队目标一致，团队的工作任务和目标应该尽最大限度发挥每个员工的特长，有利于个人价值的实现。相应地，团队中的每个成员都应明确地把握团队的总体目标，并在心理上予以认同。

（4）团队应具有适应外部环境变化和协调内部冲突的能力。

3.办公室环境策划

（1）设计办公结构和布局需要考虑的因素。

① 职工的人数。人数多，需要的空间就大，费用也要增加。

② 购买或租用的面积。面积越大，费用也越高，尤其是在一些城市的中心地带，地价非常昂贵，必须仔细斟酌。

③ 机构的建制和办公空间的分类，如需要多少个部门。

④ 组织经营的性质或内容。

⑤ 部门间的工作联系。办公室环境的设计应确保科学有效地实施工作流程，减少或避免不必要的重复与浪费。例如，将业务相关联、相衔接的部门安排在相邻处，减少工作人员和文件流动的次数和距离。

⑥ 办公室的间隔方式应符合工作和保密的需要，如开放式办公室的设计能增强人们的交流，而封闭式办公室的设计则易于保密。

⑦ 走廊、楼梯、通道的设计要符合安全需要，并安排好公用区域。

⑧ 办公室的设计应随组织的发展变化而具有灵活性，如采用容易站立、移动或拆除的间隔物，给办公室的设计和改变提供了更多的选择。

（2）开放式办公室和封闭式办公室。

开放式办公室是大的空间，包含众多单个工作位置的组合，每一个工作位置通常包括该员工的办公桌、文件和文具的存放空间、椅子、电话、电脑等设备。有的开放式办公室完全敞开，没有任何隔板，可以直接看到所有员工的座位，称为全开放式办公室。有的工作位置用高低不等的隔板分开，以吸收噪声和区分不同的工作部门，称为半开放式办公室。

封闭式办公室又称为传统办公室、网格式办公室，是指分割成若干带有门、窗的独立的小房间的办公室结构，每个房间供一个或几个人使用，带有办公桌等相应设备。

（3）开放式办公室和封闭式办公室的优缺点。

① 开放式办公室的优点：降低了能源成本和建筑成本，减少了办公场所使用面积的需求量，重新布局具有灵活性，减少了交流障碍。

② 开放式办公室的缺点：缺乏单独办公的机会，噪声太大，开放式办公室设计往往较粗糙。

③封闭式办公室的优点：比较安全，可以锁门；易于保证工作的机密性；易于员工集中注意力，从事细致或专业工作；易于保护隐私，明确办公空间由自己使用。

④封闭式办公室的缺点：费用高，墙、门、走廊等占用空间多并要装修；难以监督工作人员的活动；员工被分隔开，难以交流。

第二节　企业沟通行为策划

一、企业与员工的沟通、对员工的激励和培训

（一）企业与员工的沟通

与员工沟通是建立企业内部情感资本的基础，是对员工激励、进行行为规范的前提。与员工沟通是双向的，企业不仅要了解员工的需求，解决员工思想上的问题，了解员工的能力，消除员工的后顾之忧等，还要充分听取员工的意见，进行员工培训，向员工传达企业的精神等，也就是说，与员工沟通既包括从领导者到员工的沟通，也包括从员工到领导者的沟通。领导者与员工沟通十分重要，领导者必须尊重员工，以一种平等的心态和姿态与员工对话，并且要及时地对员工的意见进行反馈。

常用的沟通方式主要有以下几种：

1.定期的公开演讲和员工大会

定期的公开演讲和员工大会为企业领导者或部门负责人及企业员工创造了直接对话的平台，通过该平台，企业领导者或部门负责人向员工通报企业的有关情况、发展战略和企业所处的环境，同时可直接回答员工提出的问题，解除员工的疑虑。

2.小型会议

有关部门员工与企业部门负责人具体讨论企业的多种问题，如企业的管理、产品、财务、生产、技术开发、福利、生活等。通过小型会议，企业领导者深入了解员工的意见。小型会议一般包括企业内部的各种座谈会、民主会议等。

3.企业文化活动

企业文化活动促进了企业与员工之间、员工与员工之间、员工与社会之间的相互了解，有利于进一步增强企业的凝聚力。企业文化活动主要包括企业展览、庆典活动、文艺演出、社会赞助活动等。

4.员工的培训

企业通过培训向员工传达企业的理念和行为规范，提高员工的素质，包括业务技能、职业道德、知识等。员工的培训是与企业员工沟通的方式之一，也是塑造企业良

好形象、建设优良企业文化的根本保证。

5.企业出版物

企业出版物主要包括企业内部报刊、公告栏、员工手册、微信公众号等。企业可通过企业出版物向员工传播企业的各种活动、业务形式、产品技术、企业政策、经营思想、经营方针，表彰先进，公布企业的新闻、员工的最新动态、重大的人事调动等，也可以对谣言、错误报道等进行澄清。

6.经理信箱、经理热线电话

企业设置经理信箱、经理热线电话，为企业员工创造了一个面对面与企业主管交流的机会，通过信箱或电话及时将员工的意见传递到上层领导部门，做到“下情上达”。

7.非正式的传播沟通方式

通过非正式传播沟通可以加深领导者与员工的感情，通过人际交往和接触，感染和激励员工，传递企业的思想和观念。例如，企业管理人员在员工生日时送生日贺卡、节假日时给员工送问候卡，企业给有困难或家庭发生意外事件的员工和家属施以关怀和帮助，平时对员工的关心以及家庭拜访等。

（二）企业对员工的激励

与员工沟通是对员工进行激励的前提，而激励行为包含在沟通行为之中。两者之间的区别在于沟通重视的是上下级之间信息的沟通，激励更重视的是唤起员工的积极性，以提高工作效率。

1.建立激励机制原则

完整的激励机制包括动力机制（奖励）和约束机制（惩罚）两大部分。灵活地、正确地使用动力机制和约束机制，要遵循以下原则：

（1）“以人为本”的原则。企业从客观实际出发，是进行有效激励的前提，不同员工的实际需要也不同，激励机制的设置要满足员工的实际需要，否则无法实现激励的目标，难以达到满意的激励强度。

（2）公平竞争原则。公平竞争是激励的基本原则，也是激励机制正常展开的前提和保证。企业在对员工的激励过程中厚此薄彼、轻重失衡，不但难以收到预期效果，反而会引起员工不满，影响内部团结，造成消极后果。因此，激励必须赏罚严明并且赏罚有度，应基于工作绩效的评估保证其公平性。在公平竞争的环境下，最有利于员工发挥积极性和创造性。

（3）物质激励和精神激励相结合的原则。员工不仅存在物质需要，还存在精神需要，因此激励方式也应该相应地做到物质激励和精神激励相结合。然而，物质激励的作用是有限的，随着生产力水平的提高，应该把激励重心转移到自我实现需要、社交的精神激励方面。当然，抛开物质激励，只谈精神激励也不符合客观实际。物质激励是基础，精神激励是根本，两者必须相互结合，既要重视员工的物质利益，又要重视员工的精神利益。

（4）效益原则。进行具体奖励和惩罚时，应该以工作绩效所创造的效益为标准。

创造了多少效益，应该给予相应比例的奖励；损失了多少绩效，应该给予相应的惩罚，使奖励和惩罚、绩效挂钩，如销售人员通常根据业绩按百分比提成。

2.激励方式

利益激励包括物质利益激励和精神利益激励两个方面。物质利益激励包括涨工资、加奖金、设福利等。常见的精神利益激励方式有以下几种：

（1）尊重激励。尊重员工，善于听取员工的意见，能有效地与员工进行沟通，也是一种精神激励。

（2）参与激励。参与决策或充分授权对下属来说是一种满足与信任，使下属能够实现自我价值，具有挑战性。但是在授权以前也要对员工能力进行了解，看其是否具有承担责任完成任务的能力。

（3）目标激励。使员工了解企业的中长期发展目标，加强员工对企业理念的认识，使员工看到自己工作的重大意义和远大前途，为了企业的目标而不断地努力。目标激励是一种从长远角度出发的激励行为，其关键在于要把企业目标和员工个人目标结合起来。

（4）领导行为激励。领导行为激励是以领导的个人行为带动员工。这就要求领导要有高度的责任感与事业心，要大公无私、严于律己、宽以待人，具有优良的民主作风。

（5）榜样激励。榜样激励的实质就是完善自我的需要，通过满足员工模仿和学习的需要，引导他们向企业目标方向发展。企业可以通过选择思想进步、工作积极的优秀员工作为榜样，带动其他员工的工作积极性，在某种程度上也是为职工树立了目标。

（6）感情激励。企业通过加强与员工的情感沟通，尊重员工、关心员工，让员工体会到领导的关心、企业的温暖，从而激发员工的主人翁精神和责任感，使员工加深对企业的感情。

3.激励的误区

（1）模糊薪资的误区。①模糊薪资机制增加了企业主管在分配上的随意性，降低了业绩考核尺度的刚性。②模糊薪资机制阻碍了企业内部分配公平化和外部市场化的健康发展。内部的模糊，加剧了员工的猜忌与不满；外部的模糊，影响了人才流动准确而全面的判断水平。③模糊薪资机制具有浓郁的西方文化色彩，而猜忌、打探秘密与泄密则是亚洲文化的一种特性。因此，就“模糊”的效果而言，仅是“知薪”员工对“知情”老板的模糊而已。

（2）实物激励的误区。①发放高价值实物时，一般以职位划分为分配界限，由于往往是“入围者”有份，在表面上公平的同时，却掩盖了对其中重大业绩者和界限外的业绩创造者不公平的实质。②高价值实物的发放，使一部分原本由上级部门凭其经营业绩的优劣而发放报酬的经营者，额外地在对其下属的激励中，因权势而“顺便”使自己获得了不该获得的“激励”。③对住房、汽车等高价值实物的轻易许诺，还会因政策多变造成延期兑现甚至落空，丧失激励的公平、时效和初衷。④实物激励的结果，还使员工实际报酬难以预计，使国家正当税收落空，并使实物发放不同的企业员工之间由于税收等因素，实际收入陷于非公平化。

（3）激励依据的误区。①按比例分配奖励名额而非按实际业绩。②无视前任创下的基础，不顾难易程度，机械地比较利润等绝对数据，武断地以表象来评价当事人能力和业绩的高低。③忽略整个宏观形势对市场的影响，如房地产销售行业，同样一个销售人员，由于宏观形势的变化，其平均收入一般会相差3～5倍，甚至更多，而奖励额却往往未能随市场的改变而改变。④将奖励的含金量与市场人才的历史职位、学历、职称硬性挂钩，而非与其进入本企业后的业绩挂钩。⑤将激励的分量与受奖励者的服务年限机械地挂钩，而非与服务的绩效挂钩。

（4）重用与晋升的误区。①凡曾经做过厂长、经理甚至曾就任某著名企业者即为人才，而不问其历史业绩的优劣及就任企业文化所提供的条件。②凡在多家企业、多种岗位流动过的，则视为复合人才，而不考虑其频频流动中存在的如“忠诚度欠缺”或“做一行，败一行”等不称职因素。③将“劳模式”的员工提拔至重要管理岗位，混淆了职位晋升与职称晋升或物质激励及精神激励的界限。

（5）“人所欲与己所欲”的误区。①以领导的爱好而非被激励者的喜好进行实物激励。②以领导的认知而非被激励者的需求进行激励，混淆了保健因素和激励因素的关系。③以单一的激励方式应对员工个别差异较大的需求。

以上所列种种误区，普遍存在于当今众多的企业中，若不引起警觉，其结果势必会与企业的激励初衷相悖。要进行激励，首先要懂得如何激励；要运用激励机制，必须首先研究何种激励机制是适合本企业的激励机制。

（三）企业对员工的培训

1.培训概要

培训是个系统的工作，需要科学地循序渐进，而不是一蹴而就。这就不难理解培与训的科学构成：“培”主要是导入与传播，“训”主要是实践，通过展与收的有机组合，来实现培训的意义和现实效果。

（1）“培”主要是解决从不知到知，或从旧知到新知，或是从浅知到深知的部分，先“知”而后“行”。在这个部分我们要厘清该阶段目标，所有工作都是围绕它进行。例如，学习动员到位、请名师主讲、现场布置醒目、课程生动有趣等，都会增加“培”的效果。只有明确了阶段使命和标准，才不会让工作走样。

（2）“训”主要是解决从“知”到“行”，从“会”到“熟”，或者更高的境界。理念性态度类的培训，在“训”阶段需要将其转化为可识别行为来实施。若是技能类培训，则需要把行为分解，然后通过“训”养成习惯。当然若纯粹是知识类的培训，在“训”阶段的工作就是微乎其微了，只需要做些重复性的工作，起到强化记忆的作用就可以了（它的效果评估主要还是在“培”阶段）。

既然培训包含“培”与“训”，那么是否两者就一定是区分开来的呢？也不尽然，从某种角度看：培中也有训（如模拟演练），训中也有培（如梳理总结），甚至是以训为主的培（如拓展培训）。还有种情况就是当不同培训科目和培训对象的成熟度不同时，培与训的侧重也是会有所调整的。但无论怎样，也只是实施形式的不同而已，这绝不会改变培训中“培”与“训”的构成和属性。

2.培训原则

培育高素质的员工队伍，是现代企业塑造良好形象、建设优良企业文化的根本保证。要造就高素质的员工队伍，除了不断吸引社会优秀人才加入，更重要的一个途径是对企业员工进行教育和培训。不同企业的教育培训各有不同，但有效的教育培训具有目标系统化、培训经常化、过程阶段化、内容丰富化、形式多样化等特点。

（1）目标系统化。员工培训的总目标是提高企业员工队伍的总体素质，以实现企业的长期目标，适应企业未来发展的需要。企业员工的培训目标必须明确而系统，普通员工和管理人员的工作性质不同，培训的内容与目的也不同，既要具有针对性，又要注意员工素质的全面提高。

（2）培训经常化。企业要把对员工的教育培训当作一项长期的战略措施，持续不断地发展，使员工在不断的培训中持续提高，以满足现代社会对学习的要求，跟上时代的步伐。

（3）过程阶段化。企业要分层次、分阶段、有计划地实现企业员工教育培训目标，要循序渐进，逐步进行，不断改进，遵循人才成长的客观规律，不可操之过急。

（4）内容丰富化。无论是普通员工还是管理人员，其教育培训的内容一般应包括法律法规、文化知识、专业技术、管理科学、自身修养等方面，企业不能把目光单方面局限在岗位技能和专业知识上，要努力提高员工的全面综合素质，同时丰富的内容也会激发员工的学习兴趣和积极性。

（5）形式多样化。为了防止培训太单调，企业可把教育培训的各种形式结合起来，如专家讲座、小组讨论、模拟操作、案例分析等，广泛利用计算机网络等现代化教育手段，使整个教育培训变得生动有趣。

3.企业形象识别的培训方法

企业形象识别的实施和对内发布都是从员工的培训和教育开始的，为了让员工全面准确地掌握企业形象识别计划的目的、内容和实施方法等，必须在较短的时间内进行分散的教育和培训，通过多种方式使员工尽快地参与进来。

（1）宣传海报、板报。企业可以通过这类宣传形式向企业员工宣传企业形象识别计划的内容。这类宣传形式一般都放在企业员工愿意聚集的场所和比较醒目的地方。

（2）举办企业形象识别培训学习班。企业可以聘请专家和学者讲授有关企业形象识别方面的知识内容，加强员工们对企业形象识别的了解；企业还可以让企业内部的形象识别计划设计人员向员工介绍企业形象识别计划的内容和实施情况。

（3）召开企业形象识别工作研讨会。适时地召开企业形象识别工作研讨会，针对企业形象识别计划的设计和实施工作中存在的问题进行讨论，尽量吸收各方面的人员参加，不仅集思广益，而且促进员工的交流与学习。

（4）企业内部刊物和简报。通过企业的内部刊物和简报等文字形式将有关企业形象识别计划的内容和实施情况及时地反映出来，以便让员工能够及时了解企业形象识别计划的内容以及实施的情况。

（5）企业视觉识别手册。企业可以将形象识别计划的宣传内容制成手册，使员工人手一份，方便携带，便于员工随时查询。

二、企业员工的行为规范

员工的行为规范包括员工应具备的一些素质和应遵守的企业规章制度。虽然行为规范的强制性不如企业制度，但对员工具有明显的约束性和导向性，使员工群体达成共识和产生自觉意识，促使员工行为向企业期望的方向和标准转化。企业一般从仪表、工作程序、岗位纪律、礼仪等方面制定行为规范。

（一）仪表规范

仪表规范是对员工外在形象方面的要求，包括服饰、发型、姿态、化妆、配饰等方面。企业员工良好的仪表不仅体现个人的精神风貌，而且反映了企业的整体素质，因此，从企业形象的角度看，仪表规范至关重要。

1.服饰规范

服饰要适合所处的场合和地位，做到整洁、得体、服饰与佩饰搭配文雅。工作时宜穿企业统一的服装。

2.外表形象

除服饰外，企业员工还要注意体态、发型、面部化妆等，必须达到整体整洁、得体、协调的要求。

3.神态规范

企业员工的神态应该体现出对顾客和客户的尊重，要凝神聆听，微笑回答，给人以稳重、亲切、自然和可以信赖的感觉。

（二）工作程序规范

工作程序是指对员工与上级、同事、下级协调工作的程序性的行为规定，包括接受并执行上级命令、召集和参加会议、独立工作、与同事配合工作、对报告的要求等内容。

1.接受并执行上级命令

一名合格的员工，首先要正确接受上级指令，正确领会上级的意图是能较好执行任务的前提。其次员工要迅速、准确、高效地加以执行，发现问题或出现困难时应书面或口头向上级汇报等。

2.召集和参加会议

企业内部会议是企业沟通信息、进行协调、取得一致意见的重要形式，因此，召集会议时应事先通知，明确议题，对参会人员做好准备、按时出席等基本要求作出规定。

3.独立工作

对员工的日常工作程序、出差等独立承担的工作，一般要作出“按企业有关制度”进行或其他程序性的规定，以保证企业的每个员工都能为企业作出贡献。

4.与同事配合工作

企业的许多工作都需要不同岗位或同岗位的多名员工配合完成，对于这方面也应该提出要求，以保证员工在共同工作中有效协调、各司其职、各显其能，最优化地完成目标。

5.报告要求

通过报告传递信息，是企业信息沟通的重要途径，对于报告采用何种形式都要明确确定。

（三）岗位纪律规范

岗位纪律规范是为了保证每个工作岗位的正常运行，员工在工作中必须遵守的一些共性要求，一般包括作息制度、工作状态要求、请销假制度、保密制度等规范。

1.作息制度

作息制度即对员工上下班的时间规定和要求。作为企业最基本的纪律，一般企业要求员工不得迟到、早退和中途溜号，为了防止作风涣散，企业应有严格的作息制度，同时要严格执行作息制度。

2.工作状态要求

这是企业对员工在岗位工作的规定，除了要求员工工作认真、以良好精神状态投入工作等，一般用“不准”“严禁”等否定形式来进行具体要求，如“不准玩游戏”“不准上网聊天”等。

3.请销假制度

企业应对病假、事假、旷工等进行区分，对请假、销假作出规定，以及对法定节假日进行说明，以保证整个企业制度的严肃性。

4.保密制度

每个企业都有技术、财务、商业、人事等方面的秘密，企业应对此有严格的规定以保守这些企业秘密。例如，一些高新技术企业对知识产权保护作出了具体规定。

（四）礼仪规范

礼仪与企业形象有着直接、重要的关系，一个严格遵守礼仪规范的企业有利于提高在社会公众心目中的形象，主要包括基本礼仪、电话礼仪、接待客人、交谈礼仪、拜访礼仪、引见介绍等方面要求。

1.基本礼仪

基本礼仪包括坐、立、行姿态以及手势、握手、秩序等。一般要求站立姿态挺拔、伟岸而不失谦恭；坐立姿态端庄、优雅而不随心态而变；行走姿态自然、不忸怩；避免挠腮等不良体态。

2.电话礼仪

电话是企业与外界交往的一个重要渠道，也是向公众展示企业形象的窗口。接电话时，一般电话铃声一响，就应尽快去接并自报家门。接电话时用语应文明、礼貌，态度要热情、诚恳、谦逊，音量适中，面带微笑，以给人留下美好的印象。

3.接待客人

这里的客人包括客户、一般来访者、关系单位人员等，不管其来意如何以及其对企业是否重要，都要热情、礼貌地接待。

4.交谈礼仪

在与人交谈的过程中要注意有声语言和无声语言的综合使用，提高语言技巧，说话要诚恳谦逊，勤用各种礼貌用语。为了使对方有信赖感，在说话的同时还要善于聆听。

5.拜访礼仪

企业为了推销产品、售后服务、协调关系等，需要登门拜访。企业在拜访前应事先和被访对象约定，并准时赴约。拜访的时间长短应根据拜访目的和主人的意愿而定，拜访时要彬彬有礼，注意交往细节。

6.引见介绍

将客户引见给本企业领导者时，首先要请示，经过同意方可引见。在引见的过程中要由主人引路，客人随行，步速要适中，为活跃气氛可以边走边聊。见到领导时，介绍力求简洁和自然。

三、企业股东的沟通行为

（一）与股东沟通的主要方式

企业与股东沟通的最基本目的就是获取企业所需的财务支持，企业通过与股东沟通形成或改变股东对企业的态度，促使他们表现出企业所希望的行为，即购买或保有企业的股票，以此来获得企业所需的财务支持，这些支持包括来自现有股东、潜在股东和整个投资环境等的支持。保持与股东的有效沟通是建立良好股东关系的关键。沟通的方式主要有：①年度报告。②年度股东大会。③书信、邮件。④电话。⑤拜访。⑥邮寄新产品样品。⑦宴会等。

（二）与股东沟通的注意点

企业通过与股东的沟通，一方面，不仅有利于稳定企业和现有股东的关系，而且有利于企业争取更多新的投资者以扩大企业的资金来源。另一方面，凭借股东的社会关系网，赢得公众的合作与支持，从而实现企业发展目标，因此与股东的沟通也是行为识别系统的一个重要内容。

1.尊重股东，及时向其通报企业的各种信息

首先，企业要从思想上树立股东是企业“主人”的观点，充分尊重股东。其次，要从行动上准确、全面地向股东汇报企业真实、准确和完整的信息，如企业的政策、方针、目标、计划，重大的人事变动，资金流动状况，股利分配政策等。企业要与股东保持密切的联系，广泛征求股东的意见，通过走访机构投资者，发放征求意见函，采用热线电话、传真、电子信箱等多种形式与股东进行充分沟通和交流，及时向股东传递企业面临的内外环境变化以及企业的各种详细统计资料。

2.写好年终总结报告

企业向股东传递信息主要通过年终总结报告、季度报告、股东刊物、股东大会、财务状况通告等方式。其中，年终总结报告是最重要的信息传递方式之一，因此，要认真对待并写好年终总结报告。

首先，在内容上，要根据股东的性质进行划分，针对股份不多、对公司有兴趣但缺乏了解的一般股东，报告的内容要求简单明了；针对精通公司状况的主要股东、公司的经济法律顾问等，报告的内容要求详细完备。其次，在编排上，将致股东函、公司年度业绩等大多数股东感兴趣的信息放在前面，认真写好致股东函，报告中尽量用图片、曲线报表说明，简单明了。最后，以邮寄或在股东年会上分发等形式传递给股东。

3.企业及时收集来自股东方面的各种与企业有关的信息

股东来自于社会的不同层面，具有广泛的社会关系网，企业应该经常与股东联系，从股东那里收集各种与企业有关系的信息。这些信息往往会给企业带来发展机会或能对预测的风险作出及时的准备和反应，是企业信息的主要来源。

（三）与股东沟通的案例

美国沃尔玛公司总裁萨姆·沃尔顿曾说过："如果你必须将沃尔玛管理体制浓缩成一种思想，那可能就是沟通。因为它是我们成功的真正关键之一。"

沟通就是为了达成共识，而实现沟通的前提就是让所有员工一起面对现实。沃尔玛决心要做的，就是通过信息共享、责任分担实现良好的沟通交流。

沃尔玛公司总部设在美国阿肯色州本顿维尔市，公司的行政管理人员每周花费大部分时间飞往各地的商店，通报公司所有业务情况，让所有员工共同掌握沃尔玛公司的业务指标。在任何一个沃尔玛商店里，都定时公布该店的利润、进货、销售和减价的情况，并且不只是向经理及其助理们公布，也向每个员工、计时工和兼职雇员公布各种信息，鼓励他们争取更好的成绩。

萨姆·沃尔顿认为让员工们了解公司业务进展情况，与员工共享信息，是让员工最大限度地干好其本职工作的重要途径，是与员工沟通和联络感情的核心。而沃尔玛也正是借用共享信息和分担责任，满足了员工的沟通与交流需求，达到了自己的目的：使员工产生责任感和参与感，意识到自己的工作在公司中的重要性，感觉自己得到了公司的尊重和信任，积极主动地努力争取更好的成绩。

沟通的管理意义是显而易见的。如同激励员工的每个因素都必须与沟通结合起来一样，企业发展的整个过程也必须依靠沟通。可以说，没有沟通，企业管理者就难以发挥积极作用；没有顺畅的沟通，企业就谈不上机敏的应变。

从某种意义上讲，沟通已成为现代员工潜意识的重要部分，是员工激励的重要源泉。重视每一次沟通所产生的激励作用，企业管理者会发现对员工的最大帮助就是心存感激。企业管理者的理解、认同也必将换来员工的"涌泉回报"。

作为一名企业管理者，要尽可能地与员工们进行交流，使员工能够及时了解管理者的所思所想，领会上级意图，明确责权赏罚。避免推卸责任，彻底放弃"混日子"

的想法。此外，员工们知道得越多，理解就越深，对企业也就越关心。一旦他们开始关心，他们就会爆发出数倍于平时的热情和积极性，形成势不可挡的力量。这正是沟通的精髓所在。

如果企业管理者不信任自己的员工，不让他们知道公司的进展，员工就会感觉自己被当作“外人”，轻则会打击员工士气，造成部门效率低下；重则使企业管理者与员工之间产生严重隔阂，无法达成共识。当然，管理中的沟通误会，并非都出自企业管理者与员工之间的隔阂，缺乏共同的沟通平台，往往也会造成沟通误会。

由此可见，理解、认同、适应对方的语言方式和行为习惯，是强化管理沟通最基本的内在条件。

第三节　企业内部活动策划

一、行为手册的编制

企业行为手册是企业与员工进行沟通的方式之一，是视觉识别手册的一种，是由企业管理部门编制的、指导员工行为的文献，是全体员工行为的指南和依据。

企业识别手册一般包括员工手册、经理手册、岗位手册、营销手册等。

（一）员工手册

员工手册是指导企业员工各种行为的行动纲领，其在企业行为手册中占有非常重要的地位，其主要内容包括企业管理员工的相关制度、员工的权利和义务、对员工日常活动要求，对员工奖罚的规范等。

不同的企业对员工有着不同的要求，因此，员工手册的基本内容也不尽一致。企业在制定员工手册时，一般应考虑以下依据：

1.企业的基本特征

企业的基本特征表现为行业特征和企业自身特征两个方面。行业特征一般提出对行业内企业的基本要求，如对于食品工业产品的质量指标和卫生指标，行业内部都有行业标准，企业的生产环境和生产条件等应当按照这个标准设定。行业内部的要求和标准对行业内所属的企业均具有约束力和控制力。企业在制定员工手册时，对员工的行为约束，如着装约束、员工工作秩序约束、员工卫生条件约束等都要相应提出具体的要求和措施。

企业特征是企业的个性风格，它对制定企业员工手册也会产生一定的影响。例如，企业可能依据企业自身的观念（如决策者的观念、性格等），对员工提出一些有利于企业发展的基本要求和基本规则。有些企业对员工提出：员工在任何场合、任何条件下绝不能向企业的客人（包括消费者、经销商等）说“不”。这类要求不是在行业的规定下提出的，更不是在国家法律的规定下提出的，而是在企业经营发展过程中逐渐总结出来的，并使其成为企业内部的规则。

2. 企业的管理制度

企业的管理制度包括企业生产管理制度、人事管理制度、用工管理制度、后勤管理制度、财务管理制度、经营计划管理制度、市场管理制度、服务管理制度等。其中，对企业员工手册影响最大的是企业人事管理制度和用工管理制度等。因为企业的员工手册是企业员工管理制度的一种延续，是企业对员工管理规则的具体化。它是在企业人事管理制度和用工管理制度的基础上制定的，其规则必须全面反映企业的人事管理和用工管理的基本思想、基本内涵。

3. 企业形象识别系统战略目标

企业形象识别系统战略目标规定着企业的形象战略。企业形象战略的主要内容有产品形象、员工形象、品牌形象、环境形象等。其中，员工形象由员工的各种表现得以形成，包括员工的着装、精神风貌、语言特征、行为表现等，而这些内容又是企业员工手册中必备的内容。这说明企业的形象识别系统战略目标是企业制定员工手册的重要依据，而员工手册是企业战略目标具体分目标的表现，是实现其战略目标的具体规划。

（二）经理手册

经理手册是指导企业各部门经理人员行为的纲领。它包括总经理守则和一般经理人员的工作规则。总经理守则是按企业规章制度提出的，为了规范总经理行为而制定的基本规则。一般经理人员的工作规则是约束经理人员行为的依据，是对各主要岗位经理人员提出的具体行为规范。

（三）岗位手册

岗位手册是指导企业各种工作岗位上的员工各项行为的纲领。其主要内容包括各岗位的工作职责、各岗位的基本任务、各岗位的职务说明、各岗位的考核说明等。

不同岗位的工作性质和特征决定了不同岗位工作的基本内容。

1. 组织规程

（1）基本概述。企业各项组织规程的指导思想，制定组织规程的目的；企业的领导制度和主要领导者职位、职务及其主要责任、权力等；企业的领导体系和组织体系；企业主要工作事项的管辖及运作程序；企业的工作分工、分派程序、信息反馈、汇报程序等。

（2）组织结构。按照企业的组织规程，决定企业的组织结构。例如，可设总经理办公室及其下属部门、生产部（或生产中心或各工厂）及其下属机构、销售部（或销售中心、营销公司）及其下属机构、财务部（或财会中心、投资中心）及其下属机构等。

企业的组织机构根据企业的规模、发展状况和工作重心进行设置与调整，它没有固定的模式，即使在一种模式的指导下，各企业具体部门的设定也可能不尽一致。企业的组织机构设置只要能保持独特的风格，有利于企业各项工作的开展，做到各部门、各岗位满负荷或相对满负荷运转，各项工作均有部门、岗位管辖和负责即可。现代化的组织结构犹如一台运转的机器，需要各组成部分很好地协调与配合，发挥其各自的功效，以形成最佳的有机组合与运作，共同实现企业的价值与目标。

（3）董事会事项。在董事会领导下的企业，要规定董事会的职责、事项以及董事会存在的形式与任务。

2.直属部门职能

企业的直属部门是指直接受总经理或决策机构管辖的部门，如总经理办公室、生产部门（中心、工厂）、销售部门（中心、公司）、投资部门（中心、公司）等。如果按这样的形式来设定，则企业直属部门的职能就要按其部门表现进行分配。

（1）总经理办公室的职责。总经理办公室下设行政管理部（人力管理部、人力资源开发部）、后勤总务部、工程指挥部等。总经理办公室要为各岗位划分岗位职责：行政管理部负责人力资源开发计划、人事制度的研究等工作；后勤总务部负责员工考勤、文书管理、保险联络、办公用品管理、厂区管理等各项工作；工程指挥部主要负责工程管理等工作。

（2）生产部门的职责。主要规定生产管理职责、技术开发职责、质量检验职责、仓储运输职责、生产过程监控职责等。

（3）销售部门的职责。主要规定公关信息工作职责、国内市场工作职责、国际市场贸易工作职责等。

（4）财务部门职责。主要规定财务会计职责、投资融资工作职责及各项目工作职责等。

3.企业高级主管人员的职责权限

（1）总则。企业组织结构各层级与等级的划分，各层级、等级的责任、权力等。

（2）原则。提出业务执行原则、权限行使原则等。

（3）高级主管职务工作说明。以职务说明书的方式规定总经理工作职责，各副总（含销售副总、生产副总、财务副总等职务）的工作职责，以及总经理助理、办公室负责人的工作职责等。

4.企业总经理办公室各部门的主管职务工作说明

这主要对行政管理部门经理、后勤总务部门经理等职务以职务说明书的方式进行职务、岗位工作说明。

5.生产中心各部门的主要职务工作说明

这主要对生产管理部经理、技术开发部经理、质量检验部经理、仓储运输部经理、安全保卫部经理等职务以职务说明书的方式进行职务、岗位工作说明。

6.销售中心各部门主管职务工作说明

这主要对公关信息部经理、国际贸易部经理、国内市场部中各区域市场办事处经理、市场销售总监、国际市场部经理等职务以职务说明书的方式进行职务、岗位工作说明。

7.财务中心各部门主管职务工作说明

这主要对财务会计部经理、投资融资部经理及各项目经理等职务以职务说明书的方式进行职务、岗位工作说明。

8.关于例会制度的规程

其主要规定经营会议规程，生产工作会议规程，销售工作会议规程，财务投资、融资工作会议规程等。在各工作会议规程中要规定会议的性质、目的，会议的组织工作，会议所讨论的事项。会议所讨论的事项应包括人事、财务、市场、新事业、新项目、法律、规章制度等各项内容。每次会议所讨论的内容不尽一致，它要根据企业运作过程中所出现的状况而定，一般应抓住一个时期的主要矛盾、核心问题进行讨论。每次会议之前都应确定会议议题，并围绕会议议题展开讨论。

生产工作会议是有关企业生产决策、生产技术问题的解决、生产任务的研究与安排、新产品创新等工作的会议。

销售工作会议是有关企业促销方案的决策、重大公关活动的开展、广告计划的实施、企业形象识别系统工作的落实、销售工作的总结、销售计划与策略的执行等会议。

财务工作会议是对企业财务预算、决策、投资、融资、债权、债务、利润计算与分配等工作进行研讨、审议和实施的工作会议。

以上只对企业中层以上主管人员各岗位、各职务工作的要求进行了说明。在企业的实际工作中，各岗位都有其具体的工作职责，从而要求企业对各岗位、各职务都要有规定，并说明其工作职责与工作内容。实行层次管理的企业，要层层制定各岗位职务与各职务工作内容，做到层层下发、层层管理与安排，并层层进行监督和检查，从而形成有序的管理网络与管理系统。

（四）营销手册

同其他手册一样，企业的营销手册是根据企业的总体营销规则而制定的。不同的企业，其营销手册的具体内容不尽一致。这里仅做一般性说明。

1.经营方针

企业的经营方针是企业营销工作的总体指导原则，用以表现企业的营销观念、营销原则和营销思路。它表明企业的营销发展方向、营销总体目标，还表明企业的事业领域、产品发展水平和科学技术水平等。

2.销售业务处理规章

（1）通则，说明销售业务的范围、目的；销售活动开展的要求、销售人员须知、各项规则的遵守等。

（2）订货受理与交货。其主要事项有：

① 事前调查，对大宗客户的资信条件、付款能力等进行调查。

② 调查事项，预订购买者的概况；与本公司的业务关系；与其他公司的业务关系；预定购买者的交易能力、银行往来等情况。

③ 订货信息，掌握有关订货的资料。

④ 订货受理，包括品名、规格、数量及合同金额、付款条件、运输条件、交货地点、运送方式和距离等。

⑤ 提出合同，将订购单、订货受理报告、合同书一并提交给主管领导。

⑥ 注明新客户，对新客户要格外注意，注明相关事项。

⑦ 付款条件，分为货到付款、预付货款等。

⑧ 报告，每日营销活动情况、每周活动情况等。

（3）货款的处理，注明货款的回收情况、回收货款时的注意事项、无法收回货款的赔偿、不良债权的处理、回扣的范围、价格的确定等。

3.市场办事处工作细则

（1）一般规定，市场办事处的设置、人员安排、行为要求、业务要求、职责、所管辖区域以及一系列相关的管理工作与业务工作规则。

（2）销售业务，主要说明营销人员的工作职责、销售工作程序、拜访客户规则、结款制度等。

（3）费用，规定市场办事处各项费用的支出及约束条件。

（4）营销人员职责，划分经理职责、仓库管理员职责、直接销售员职责、秘书职责等。

（5）附则，附加的一些管理规定、考核办法等。

4.销售员业务守则

（1）工作态度，要求诚实、可信任、业务效率高；重视市场调查、信息反馈工作；热情投入工作，不怕苦，善于克服困难；注重企业形象的推广。同时要求经常走访客户，熟悉商品知识，广泛听取各方面意见，积极参与企业各项活动。

（2）推销方法，制订计划、进行业务开展工作、开拓新市场等。

（3）推销活动，活动的程序、要点、注意事项等。

（4）推销语言，把推销语言看成一种推销工具，推销语言要生动、丰富，有感染力和吸引力；要掌握语言规范，要能表现企业理念等。

（5）业务处理，订货、送货、客户意见、货物退还、价格变动、货款管理等各项工作的处理。

（6）货款回收，说明货款回收的原则和回收程序及方法等。

（7）联系汇报，各市场部应与总部保持联系，不断沟通情况，以利于总部对市场情况的了解、掌握，目的在于实施有效的指挥与协调工作。

5.营销人员工作技巧

（1）销售活动要领，主要制定营销方针、营销活动要点，提出市场营销中应注意的问题等。

（2）对新客户的销售技巧，留下良好的第一印象，如何打开僵局，如何对待不接受或拒绝的客户，销售员告别客户的要求等。

（3）推销业务要点，社交礼仪的要求，如介绍、打招呼、展开话题等；业务洽谈工作；销售中的问题处理等。

（4）推销员自检，自检内容包含仪表、动作、言辞、洽谈、工作目标、对待客户态度、各项事务处理等。

（5）市场调查业务，市场调查的目标、意义，调查项目要求，调查方法的确定，调查实施程序等。

(6) 对外传播活动，对外传播的宗旨、素材、方法与形式、程序、注意事项、费用预算；特殊情况下营销员参与对外传播的必备素质与工作要求等。

(7) 广告宣传业务规定，广告宣传的目的、业务内容，广告宣传计划方案，广告宣传用品制作，广告媒体选择，企业形象识别系统中视觉识别系统的运用，广告宣传效果分析与测定等。

(8) 营销员推销能力测试，主要测试有关产品的知识、推销心态、应变能力、语言能力、吸引力、社交礼仪、自信心；特殊情况的处理；对推销业务与推销程序的把握、推销方法的选择等。

(9) 营销活动管理表格的使用，企业的员工手册、岗位手册、营销手册均是企业形象识别系统中行为识别系统的应用手册。员工手册、岗位手册是企业对内开展各项活动的行为规范。营销手册是企业开展市场营销活动的行为规范。由于营销活动主要面向企业外部，因此，作为窗口工作，营销手册的重要性和意义在于它指导着企业的营销行为，推广着企业的产品形象、员工形象和企业形象，宣传着企业的理念，表现着企业的行为方式，全面展示了企业的视觉识别系统。这说明，通过企业市场营销人员对企业营销手册的贯彻落实，可以全面展示企业的形象识别系统和总体形象。

二、企业内部文化活动策划

企业内部文化活动是面向企业员工展开的活动，旨在加强与员工的沟通，主要包括企业展览、庆祝活动、文艺演出、舞会、讨论会、聚餐等，也包括面向企业股东的活动策划。这类文化活动相对于企业对外活动而言规模较小，在策划过程中主要考虑以下几个问题。

(一) 计划安排

1.活动主题的确定

活动的主题只有一个，也就是说在一次活动中不能做所有的事情，只有把一个最重要的信息传达给目标受众群体，把最想传达的信息充分地传达给目标受众群体，才能引起受众群体关注。

2.活动目的和意义

明确活动举办的最终和最重要的目的是什么，活动的整个过程都必须符合活动目标的要求，活动要有明确的目的性，也就是说要围绕某一特定的目标展开，要针对目标进行设计规划。一旦活动过程偏离了活动目标，活动本身解决不了企业的实际问题，最终只能是白白耗费企业的人力、物力和财力。

3.活动的时间

活动的开展要制订严密的时间计划，在活动时间的安排上，既要考虑活动参与者的实际情况，避免与正常工作的冲突，又要兼顾活动本身的需要，选择合适的时间，与企业有关的纪念日或各种促销活动相协调和照应。

4.活动的地点

活动地点的选择既要考虑到成本又要考虑活动的形式，如表彰领奖会一般安排在礼堂。

5.活动的形式

活动形式一方面要体现活动的主题，另一方面要考虑企业的人力、物力和财力，并且要体现出活动的独有特色。

6.活动负责人

活动负责人要能掌控整个活动过程，指导主持人按时间和程序进行，但不能影响主持人的发挥，活动负责人要具有良好的执行能力和沟通能力，使其他工作人员团结协作，共同将活动举办成功，并使活动收到预期的效果。

7.拟订客人名单

客人名单主要包括单位负责人、各单位应邀者的详细联系方式，如姓名、头衔、联系电话等，以及接受邀请的人数。

（二）活动预算

在各种行动计划确立以后，要编制相应的预算，在进行预算时应考虑全面，避免漏计费用。编完预算书后，要报有关部门批准。活动预算可分为具体预算和预算总额两部分。

1.具体预算

具体预算包括：①场地租金、场地布置费、设备租赁费。②请柬设计、印刷、派送费。③礼仪、摄影、保安等工作人员酬金。④演出、餐饮、礼品费用。⑤交通费用、通信费。交通费用可以细分为：出发地至会务地的交通费用；活动期间交通费用；欢送交通费用及返程交通费用。⑥其他费用。

2.预算总额

预算总额包括：①核准金额。核准金额是对具体事项预算金额的汇总额。②意外准备金。

（三）核心活动安排

核心活动是针对活动本身的安排，主要包括：

1.确定活动项目

确定活动项目包括活动项目的审查、排序、预演等程序安排。

2.布置场所

现场要根据活动的性质悬挂活动主题的大幅横幅，主活动场的背景板搭建应突出企业形象和活动主题内容，现场设有咨询台、礼品发放台，同时根据活动的需要摆放挂旗、桌椅等。

3.接待工作

接待工作包括演出人员、参与者、负责人以及所需物资的接待安排。安排足够数量的服务人员，在现场佩戴工作卡，便于识别和引导服务，同时现场要有一定的秩序维持人员、现场咨询人员。这些工作人员既要分工明确又要相互配合。必要时要安排应急人员，一般由领导来担任，如遇特殊情况应及时进行处理。

另外，核心活动还包括主持人、演讲者的确定，以及讲演稿内容的审查与确定等。

三、特定活动策划

（一）表彰领奖会

表彰领奖会，是企业表彰在工作中作出突出贡献或成绩的优秀员工或部门的会议，其主要要求有：

1.布置会场

表彰领奖会一般安排在较大的礼堂中举行，台上布置主席台，主席台上方悬挂表彰大会条幅，主席台前放置鲜花，大会召开时播放振奋人心的乐曲，使整个会场洋溢着愉悦、热烈的气氛。

表彰颁奖会的受奖人员一般安排在会场的前排就座，重要宾客一般安排在主席台上，受奖人员的座位应与颁奖时的先后顺序一致，领奖时有序上台。

2.颁奖程序

（1）在表彰大会开始前播放音乐，同时欢迎受奖员工和团队代表以及宾客就座。

（2）负责人主持会议，宣布表彰大会正式开始。

（3）主持人介绍有关领导讲话，介绍重要来宾，宣读颁奖决定和名单。

（4）进行颁奖。

（5）请来宾致贺词。

（6）由颁奖者和受奖者代表发言和致谢。

（7）宣布大会圆满结束。

（二）企业沟通会议

1.会议的准备

（1）决定会议的讨论范围。①确定会议的目的。②列出会议商议的事项，以做准备。③思考在会议中要特别强调的事项。④事先经由主管领导批准。

（2）设定会议进行方式的计划。①准备如何阐明事项，如何与参与者讨论正题等。②预计开会所需要的时间和各议题达成协议所需要的时间。

（3）准备所需的资料。①准备要分发的资料。②准备会上要用到的挂图和图表等。

（4）布置会场。①黑板、挂图和图表等说明用具，应设置在所有参与者都能看清楚的地方。②注意照明、采光、温度和通风。③桌椅等设施应准备齐全。

2.会议的开始

（1）导入。①引起共同的话题，使气氛融洽。②说明会议的目的、主旨和议题，并表明要达成协议的问题。③说明会议的进行方式和预计时间等。

（2）协议。会议主持人及参会领导相互提出意见，并达成协议。

（3）结论。①对主题的目的给予评价，并过滤问题而引向结论。②对较复杂的问题必须进一步达成协议，以便更接近结论。③确定结论。

（4）结束。①会议主持人应归纳结论，重复重点记忆，强调方向。②针对结论，明确规定与会者今后应承担的任务。③对与会者的辛劳表示感激，并宣布会议结束。

（三）庆典活动

庆典活动是商业组织在取得某项重大成绩时或庆祝组织的某个纪念日时举行的庆贺活动。该企业内部活动可结合外部活动开展，可以邀请政府人员、媒介公众、社区公众等参加。庆典活动的程序为：

1.典礼开始

通常由单位负责人主持典礼，并宣布重要嘉宾名单。宣读时，其顺序为：先宣读出席的重要领导人名单，再宣读知名人士名单，然后宣读致贺电、致贺函单位或个人名单。

2.致贺词与答词

贺词一般由领导人或知名人士宣读，答词一般由举办单位的主要负责人宣读。致贺词和答词应简洁、热情。

3.剪彩

剪彩通常在致答词之后进行。剪彩人由参加典礼的人员中身份最高的领导或知名人士担任。

（1）剪彩时，剪彩人应站在台前中央。

（2）两位协助剪彩的礼仪小姐应侧身、面向剪彩人站在其两侧，将彩带拉直，把彩球托起并对准剪彩人。

（3）第三位协助剪彩的礼仪小姐站在剪彩人身后，用托盘将剪刀递上。

（4）台上其余人员均应立于剪彩人身后，面向台下公众呈横排排列。

（5）剪彩人应神态庄重，面带微笑，聚精会神地将彩带一刀剪断。

4.典礼结束

庆典结束，可组织公众参观企业，也可举行文艺演出或者宴请。

思政课堂

华为心声社区

【思政元素】企业文化。

华为心声社区在业界大名鼎鼎，可谓如雷贯耳，其logo见图8-3。简单地说，华为心声社区就是华为人在工作中聊天、吐槽、了解公司最新政策信息的一个内部论坛bbs，其定位是华为人的沟通家园、华为人的精神食粮。它从2008年正式上线运行，至今已有十多年的历史。在华为心声社区里，发生过诸多如炮轰任正非、任正非公开认错等外人看来非常不可思议但在华为内部人看来却是理所当然的事件。

图8-3 华为心声社区logo

华为心声社区到底有什么用？在笔者看来，它至少具有以下四大价值：一是高层管理者倾听一线员工心声的直接渠道；二是员工对公司建言献策、参与日常管理，乃至吐槽发泄不满的重要途径；三是把中基层管理者置于广大员工的时刻监督之中，让他们不敢也不能懈怠；四是把企业文化直接融入了日常管理中，并用最生动的案例故事向全员乃至社会公众传播了其企业文化理念。总之，华为心声社区无疑代表了一种开放包容的标志性产物，所谓真理越辩越明，公司的各项制度政策在充分听取员工的各种真话后，能够不断吸取有益的营养而不断被优化完善，最终确保公司的企业文化得以有效的传承，使得公司能够长期得以健康稳健地发展。

作为企业文化专业从业者，笔者不禁思考：为什么华为能成功开通并运行这独一无二的心声社区？它在心声社区建设方面又有哪些成功的经验值得我们学习和借鉴呢？

1.自我批判文化的一贯传承

华为心声社区的诞生不是偶然，而是必然。因为华为一贯重视自我批判，它实际上是一种深刻的自我反思和总结，它强调不断地总结经验、分析得失，找出问题的根源，探索事物发展规律，以此来改进自我行为及组织行为。因此，华为始终都有自我批判、自我反思的优秀传统。

1997年，华为创办并发行勇于自我反思与批判的《管理优化报》。该报的主要目的就是通过员工反馈的一些小事来着重暴露一些管理中的问题。发现问题后，涉及的部门主管通常要认真组织部门内部学习讨论，分析问题原因并提出具体的改进举措，随后再刊登在后续报纸上。可见，《管理优化报》实际上是一份自揭家丑的内部刊物，更难能可贵的是该报纸不仅对员工发行，还面向客户公开发行。任正非对《管理优化报》十分重视和支持。1999年，华为参与某省GSM通信设备招标失败。事后总结经验时，当事人向任正非直接投诉《管理优化报》，说正是GSM项目负责人的自我批判文章登出来，使竞争对手去客户那里反映，导致自己丢了大单。针对此事，任正非明确回答："华为因为自我批判丢了一个大单不算什么，自我批判带来的产品进步将会换来更多的大合同。如果客户深入想一想，就会觉得华为这样暴露问题是为了改掉缺点，不断鞭策自己进步，以后一定会获得更多客户的信任。"

2000年，华为刚达到一个小高峰——位列全国电子企业百强首位时，任正非著名的《华为的冬天》发表在华为心声社区，引发业内外强烈反响。

2.老板闻过则喜的胸怀及大力支持必不可少

华为心声社区在某种程度上就是华为带头大哥任正非所需要的，他不仅在多个场合公开反复强调对华为心声社区的支持，并总是带头在心声社区上发声。

2010年底，任正非有一篇《改善和媒体的关系》的讲话："公司开放心声社区，我内心也很有压力，反对的人也很多，我们还是坚持心声社区开放。我不明白为什么家丑不可外扬，员工只要坚持实事求是，事情是亲历、亲为，有不对的地方，为什么不可以外扬。我们最近在离职员工管理上，已删除了维护公司的声誉这一条，维护是维护不住的，只有改好才行。要允许员工讲话，其实绝大多数员工偏离实事求是只是一点点，不会是黑白颠倒。心声社区开放以后，我们内部实际上是好多了。"

此外，良好的机制保障和主动自爆家丑或直面问题的勇气也必不可少。

2017年9月6日，华为的第90号总裁办电子邮件的主题是"我们要紧紧揪住优秀人物的贡献，紧紧盯住他的优点，学习他的榜样。这要成为一种文化，这就是哲学"。其中，专门提到在2014年被破格提拔三级之后反而离开华为的"加西亚"孔令贤，公开向他承认错误，并最终反思华为的文化为什么容不得英雄？

综上所述，华为心声社区是华为"长期坚持自我批判"文化宣贯落地的一个最佳渠道。华为长期坚持自我批判的目的就在于要经常回顾反思华为在日常的经营管理中是否严格依照"以客户为中心、以长期坚持艰苦奋斗、以奋斗者为本"等核心价值观做事。笔者甚至认为，一个能让员工发表真实意见并对员工意见高度重视的交流平台所能发挥的作用，一定要远远大于在企业内部张贴1 000张理念海报、一人发一本企业文化手册、每人参与5场企业文化培训等诸多常规宣贯落地工作的效果总和。

限于篇幅，此处摘编两个例子，更详细的内容请查阅链接原文。

资料来源：史军锋. 华为心声社区你为什么搞不了？[EB/OL]. [2019-12-26]. https://www.sohu.com/a/362893012_772835.此处有删减.

本章小结

企业内部行为识别是行为识别系统的重要组成部分，是企业对外识别行为的基础，其目的是为企业创造良好的环境。它主要包括企业的经营管理行为、对企业员工的激励与沟通行为、与股东的联系、企业内部活动等。企业经营管理行为，主要包括企业的组织结构建设、管理制度与管理方法、企业环境的营造等。企业组织结构的建设，是企业经营管理的保证，包括组织结构的建设、部门的划分、岗位的建立、人员的配置等。企业在进行管理之前，首先要根据企业的内部条件与外部环境选择合理的组织结构形式。常见的组织结构有直线-职能式结构、事业部结构、矩阵式结构、模拟分权组织结构。企业管理制度是规范企业行为、塑造企业形象的主要约束机制。按照规则范畴，企业管理制度可分为宏观管理制度和各职能部门制度。按照制度性质，企业管理制度可分为工作制度、责任制度和特殊制度。企业内部环境主要分为物理环境和人文环境两部分内容。与员工沟通是建立企业内部情感资本的基础，是对员工激励、对员工进行行为规范的前提，而激励行为包含在沟通行为之中。有效的教育培训具有目标系统化、培训经常化、过程阶段化、内容丰富化、形式多样化等特点。企业一般从仪容、仪表、工作程序、岗位纪律、礼仪方面、素质修养等方面制定员工行为规范。股东的沟通行为也是行为识别系统的一个重要内容，与股东的沟通包括尊重股东、及时向其通报企业的各种信息、编好年终总结报告，及时收集来自股东方面的各种与企业有关的信息等。企业的内部活动策划包括行为手册编制、企业内部文化活动策划、特定活动策划等。

本章练习题

1.试举例说明企业员工工作规范的内容在实际生活中的体现。

2.指出下列企业的组织结构最有可能属于哪种类型？

A.联想集团　B.海尔集团　C.街边的一家小型饭店　D.律师事务所

3.试讨论企业组织管理制度是否与人本主义思想相矛盾，为什么？

本章参考和阅读文献

[1] 曾凡海.企业形象管理 [M].北京：清华大学出版社，2023.

[2] 屈燕妮，周鸿.企业文化案例 [M].北京：经济管理出版社，2022.

[3] 张德，吴剑平.企业文化与CI策划 [M].5版.北京：清华大学出版社，2020.

[4] 史历峰.CI策划与设计 [M].2版.郑州：郑州大学出版社，2016.

[5] 杜海萍.企业形象策划 [M].大连：大连理工大学出版社，2014.

[6] 田长广.现代策划实战技法 [M].北京：北京大学出版社，2008.

[7] 冯云廷，李怀斌.企业形象设计 [M].2版.大连：东北财经大学出版社，2003.

第九章

企业公共关系及危机处理策划

本章提要

在企业行为识别系统（BIS）中，企业公共关系策划是塑造和提升企业形象最常用的手段。企业公共关系活动可以加强企业与公众的沟通，通过向公众传播企业的经营理念、经营主旨与产品特色等方面信息而获得公众的认同和好感，塑造和宣传企业形象。本章介绍了企业常用的公共关系专题活动的策划方法以及市场危机预防和处理的具体对策。

本章案例

肯德基塑造品牌形象战略

肯德基是全世界最大的炸鸡公司，目前已经在世界上150多个国家和地区开设了25 000多家门店。自1987年以来已在1 000多个城市和乡镇开设了7 600余家连锁餐厅，遍及中国大陆的所有省、自治区和直辖市。

2017年6月，《2017年BrandZ最具价值全球品牌100强》公布，肯德基排名第81位。

肯德基在进入与拓展中国市场的过程中，始终把“肯德基”作为中国餐饮业的第一品牌来运作，然后运用各种战略来塑造这个品牌形象。例如，运用“首先攻占大城市，准确选址”策略提升肯德基的品牌层次，全球推广的“CHAMPS”计划提供标准化服务来支持品牌建设，围绕形象定位进行公关宣传强化“烹鸡专家”形象等。其中，围绕形象定位进行公关宣传是肯德基第一品牌策略的重要手段，在全球市场的成功有一半应归功于它的广告和公关策略。

1.广告宣传

肯德基的广告宣传策略为它的形象提升和产品宣传作出了巨大的贡献，主要有以下三个特点：

（1）面向重点城市，大量投放广告。重点是北京、上海、广州等一线大城市。

（2）启动新动画形象，焕发品牌新活力。为更好地巩固品牌形象，每隔一段时间，肯德基就会有针对性地推出新一轮的电视广告片，并不断花重金寻求新颖的广告创意。

（3）与主要竞争对手进行广告竞争，保卫自己“烹鸡专家”的形象。比如，有一段时间，麦当劳电视广告是一对俊男靓女“狼吞虎咽”地吃香喷喷的“香辣鸡翅”。这就对肯德基的“烹鸡专家”形象提出了挑战。对此，肯德基迅速作出反应，先是在电视台轮番轰炸“谁让我是烹鸡专家”的广告，接着又在大城市主要报纸上连续打出半版大小的广告，广告词写得颇为艺术含蓄：“我的独家神秘配方，整整60年的烹鸡经验，不是能随便克隆的”，有力地保卫自己的形象，和竞争对手加以区分。

2.企业公共关系行为

肯德基热心各国的公益事业，一直以“回报社会”的企业宗旨来积极关心需要帮助的人们，积极回馈社会，形成了热爱公益事业的企业形象。近年来，肯德基在自身不断快速发展的同时，对中国的公益事业，尤其是中国儿童的教育事业的投入已成为公司“回报社会”的一个核心内容。具体内容及活动有：

（1）邀请残疾、贫困儿童免费品尝肯德基。无论活动规模大小、投入人力多少、资金量多少，肯德基总是把“回报社会”的宗旨渗透在对每一位儿童的关爱之中，肯德基希望通过自己温暖的手，使那些不幸的儿童也能感受到社会大家庭的爱心。

（2）向需要帮助的人们捐款。肯德基自1987年进入中国以来，每年均以各种不同的形式支持中国各城市和地区的儿童教育事业，从“希望工程”捐款到资助残疾儿童、贫困儿童就餐；从举办形式活泼的体育文化比赛，到捐赠书籍画册等。

为了塑造“爱心企业”形象，肯德基与中国青少年发展基金会共同合作，于2002年成立了“中国肯德基曙光基金”，为品学兼优、家庭贫困的大学生提供大学4年2万元的学业资助。基金开始的一期、二期覆盖全国28个城市的54所高校，目前已经形成了一套融入肯德基独特资源的“学业资助+餐厅实践+社会服务”三位一体的资助模式，遍布全国的餐厅营运系统。特别是高校周边的肯德基餐厅，都接收曙光学子。2013年，中国肯德基曙光基金获由民政部组织评选的“中华慈善奖最具影响力慈善项目”奖。2017年，项目总投入超过1亿元，逾15 000名学子从中受益。

第一节　企业公共关系行为策划

一、公共关系的范畴

（一）公共关系的定义

公共关系一词源自英文Public Relations。Public意为“公共的”“公开的”“公众的”，Relations即“关系”之意，两词合起来用中文表述便是“公共关系”，有时候又称“公众关系、机构传讯”，简称“PR”或“公关”。关于公共关系的定义繁多，一般都是从“私利”或“互利”的角度去定义，如“公共关系是组织为获得群众了解和信誉所进行的诱导性活动”和“一种相互了解及相互信赖的科学与艺术”等。一般认为美国公共关系研究与教育基金会的莱克斯·哈洛（Rex F. Harlow）博士所下的定义是最全面的，他认为，公共关系是一种独特的管理职能，它帮助一个组织和公众之间建立和保持相互沟通、了解、接受与合作的渠道，参与组织各种问题和纠纷的处理，将公众的意见传达给管理部门并对其作出反应，明确与加强为公众利益服务的管理责任；它作为社会趋势的监测者，帮助组织保持与社会同步，用有效的传播机能和研究方法作为基本工具。

1.管理职能说

“管理职能说”这类定义把公共关系看作与“计划”“财务”一样性质的管理职能，其中美国莱克斯·哈洛博士的定义便是典型代表。他认为，公共关系是一种特殊的管理职能。

国际公共关系协会同样认为公共关系是一种管理职能，其定义是：公共关系是一种管理功能，它具有连续性和计划性。

通过公共关系，公立的和私人的组织机构试图赢得与它们有关的人们的理解、同情和支持——借助舆论的力量，以尽可能协调它们自己的政策和做法，依靠有计划的、广泛的信息传播，赢得更有效的合作，更好地实现它们的共同利益。

美国著名公共关系学者卡特李普（Scott M.Cutlip）和森特（Allen H.Centre）认为：公共关系是这样一种管理功能，它能建立和维护组织与公众之间的互利互惠关系，而一个组织的成功或失败取决于公众。

2.传播说

这一类定义强调公共关系是组织一种特定的传播管理行为和职能，认为公共关系离不开传播沟通，我国公共关系学者廖为建就持此种观点。其定义是：公共关系是一个组织与其相关公众之间的传播管理。

在国外，持这种观点的学者不在少数。在美国的大学中，公共关系专业往往设在新闻传播学院内。

英国人弗兰克·杰夫金斯（Frank Jefkins）也认为：公共关系是由为达到相互理解有关特定目标而进行的各种有计划的沟通联络所组成的，这种沟通联络处于组织与公众之间，既是内向的，也是外向的。国外一些大型的百科全书或综合词典也从传播或沟通的角度来定义公共关系。《美国百科全书》中的定义是：公共关系是关于建立一个组织同其既定公众之间相互了解的活动。《大英百科全书》中是这样定义的：公共关系是旨在传递有关个人、公司、政府机构或其他组织的信息，并改善公众对其态度的种种政策或行动。《韦伯斯特新国际词典》认为：公共关系是通过传播大量有说服力的材料，发展邻里的相互交往和评估公众的反应，从而促进个人、公司或机构同他人、各种公众以及社区之间的亲善友好关系。

3.特定关系说

持这种观点的人认为，“关系”体现公共关系的本质属性，公共关系是一种特定的社会关系，正确认识公众关系、处理公众关系是开展公共关系的出发点和归宿。

美国普林斯顿大学的资深公共关系教授希尔兹（H.L.Chils）认为：公共关系就是我们所从事的各种活动所发生的各种关系的通称，这些活动与关系是公众性的，并且都有社会意义。

英国公共关系学会下的定义为：公共关系是在组织和它的公众之间建立和维持相互了解的、有目的、有计划的持续过程。

4.特征综合说

有的公共关系学者认为，前面几类定义都只反映了公共关系某一方面的含义或特征，未免失之偏颇，因此他们试图通过一个定义把公共关系的所有内涵或特征都包括进去。

美国《公共关系季刊》曾详细罗列了公共关系的十四个特征。1982年11月，美国公共关系学会（PRSA）在其一流成员组成的专家小组的努力下，正式采用了一个“关于公共关系的官方陈述”。这一定义除了概念方面的内容外，还将各种活动、结果和对公共关系实践的知识要求包括在内。

5.经营艺术说

持这种观点的人认为，公共关系还只是一门不精确的学科，许多公共关系问题不存在唯一正确的答案，公共关系在实际运作中要讲究创造性，讲求形象思维，需要从整体上来把握公共关系及其工作。因此，公共关系是一种艺术。

1978年8月，在墨西哥城召开的世界公共关系协会大会上，代表们经过商讨，提出了这样一个公共关系的定义：公共关系是一门艺术和社会科学，公共关系的实施是分析趋势、预测后果、向机构领导人提供意见、履行一连串有计划的行动以服务于本机构和公众利益。我国学者余阳明认为：公共关系是社会组织为了塑造组织形象，通过传播、沟通来影响公众的科学和艺术。

（二）公共关系的三个基本要素

在社会生活中，主体、客体以及使主客体发生联系的媒介是构成任何一种关系所不可缺少的最基本要素。公共关系也由三个基本要素构成，即公共关系的主体、公共关系的客体、公共关系的媒介。

1.公共关系的主体——社会组织

在人类社会生活中，人与人之间会发生各种各样的联系和交往，在这些交往活动中，人们发现单个人的活动往往会受到种种限制，因而逐渐产生了各种社会组织。我们生活的社会之所以会丰富多彩、不断发展，就是因为各种组织之间在不停地相互影响和作用，新的组织不断地产生并努力壮大，已有的组织竭力维护自己的利益以实现扩张。

组织的生存和发展与很多因素有关，自身的实力、良好的管理、适宜的环境是组织成功的基础，公共关系作为一种管理职能，则是从如何建立和维护组织与公众之间的互利互惠关系、树立组织良好形象的角度来促进组织的发展。

公共关系是一种组织活动，而不是个人行为，因此，组织是公共关系活动的主体，是公共关系的实施者、承担者。我们在理解公共关系时，特别要注意这一点，不要把一些个人的行为也理解成公共关系。例如，某公司总裁以个人名义向野生动物基金会捐款，这是个人行为，而不是公共关系行为；但当他以公司的名义捐这笔款项时，我们便可把这种行为理解为一种旨在提高组织（公司）的知名度和美誉度、扩大组织影响的公共关系行为。

为了使公共关系活动的针对性更强，在公共关系学中，我们一般把组织分成四种类型。

（1）营利性组织。这些组织以营利为目的，追求经济利益的最大化，如工商企业、金融机构等。

（2）服务性组织。这类组织不以营利为目的，而以服务对象的利益为目标，包括学校、医院、慈善机构、社会公用事业机构等。例如，学校的首要公众是学生，其目的则是教书育人；慈善基金会的宗旨就是更好地为社会弱势群体或那些需要帮助的特定公众提供服务。

（3）公共性组织。通常是指为整个社会和一般公众服务的组织，如政府、军队、消防部门、治安机关等。这类组织的目标是保证社会安定，不受内部不良因素的影响与外来干涉。

（4）互利性组织。这是一种以组织内部成员间互获利益为目标的组织，这类组织追求的是组织内部成员之间的互惠互利，如政党、工会组织、职业团体（学会、协会、研究会等）、宗教团体。

2. 公共关系的客体——公众

简单地说，公众就是公共关系的对象。正如前面有些定义所说的那样，公共关系是一种特定关系；而当我们谈到关系时，必然要涉及双方。对于公共关系而言，这个相互影响、相互作用的双方便是组织与公众。因此，从这个角度说，公共关系就是公众（与组织）的关系。

任何组织都有其特定公众，而公共关系便是组织主动地去与公众建立和维护良好关系的过程。但这并不意味着作为客体和对象的公众是完全被动的、随意受摆布的，公众随时都可以表达自己的意志和要求，主动地对公关主体的政策和行为作出积极反应，从而对公关主体形成舆论压力和产生外部动力。公众还有一个最有效的权力——"用脚投票"。当公众因为不满意而使用这一权力时，他们可能不会当面抗议，也不会大吵大闹，但他们会抛售股票，不再光顾某一商店、某一银行、某一饭店、某一旅游点，等等。因此，组织在计划和实施自己的公关工作时，必须认清自己的公众对象，分析研究自己的公众对象，并根据公众对象的特点及变化趋势去制定和调整公关政策和行动。

3. 公共关系的媒介——传播

公共关系中的传播是指组织传播媒介向公众进行信息或观点的传递和交流。这是一个观念、知识或信息的共享过程，其目的是通过双向的交流和沟通，促进公共关系的主体和客体（组织和公众）之间的了解、达成共识、增进好感并进一步争取合作；其手段主要有人际传播、组织传播和大众传播等形式。

有的学者强调公关的传播这一要素的重要性，认为对传播过程和模式的研究是公共关系的主要内容，甚至觉得离开了传播、沟通，就无法界定公共关系。这种观点当然有一定的道理。但当我们把公共关系作为一个整体、一个系统来考察时，就会发现传播和公众、组织一样，都只是公共关系这个大系统的一个要素，传播只是使组织和公众之间建立关系的一种手段，传播媒介则是实现这种手段的工具。只有这两者有机结合、共同作用，才能产生整体大于部分之和的协同效应，才能使组织的公共关系活动得以顺利开展，使组织得以在公众面前建立和维持良好的公共关系形象。三者的关系如图 9-1 所示。

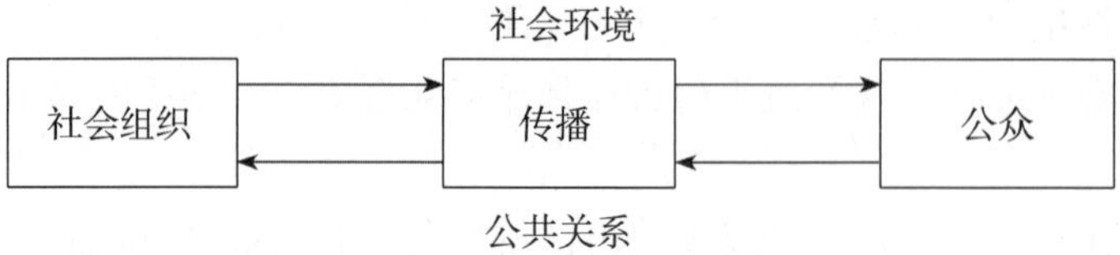

图9-1　公共关系结构图

（三）公共关系职能

公共关系行为的根本任务就是加强企业与公众的沟通，利用各种方式向公众传播企业的经营理念、经营主旨、产品特色等方面信息，努力获得公众的认同和好感，以塑造和宣传企业形象。塑造企业良好的形象是公共关系的整体目标。企业只有树立了良好的企业形象，才能赢得公众的信赖，有效地开拓市场。当前，通过策划公共关系行为来塑造和宣传企业品牌已成为现代企业可持续发展和突破性扩张的常用手段。

公共关系的职能是指公共关系对社会组织和社会环境所发挥出的积极、独特的作用和影响。它的职能是广泛而复杂的，从企业形象识别系统的角度看，公共关系围绕塑造企业良好形象这个整体目标，配合企业行为识别系统展开一系列活动，形成公共关系的职能范围。公共关系一般有以下几种职能：

1.环境监测

环境监测是对企业赖以生存与发展的公众情况和社会环境进行观察和预测。影响企业的社会环境包括政治环境、经济环境、文化环境、人文环境等，这些环境的变化无不直接作用于企业。由于社会环境是不断变化的，因此对企业周围的环境密切关注，对各种变化作出科学监测，是企业公共关系工作的首要任务之一。环境监测的主要工作是收集信息、分析信息、了解变化，如收集国家政策、社会舆论的变化，对市场形势的变化作出预测等。

2.决策支持

决策是指为了达到某个目标，从几个备选方案中选出一个有效的或满意的方案的过程。就企业来说，决策包括战略决策、管理决策和业务决策三个层次。由于现代企业的外部环境变化越来越迅速，企业的决策行为也随之越来越复杂。公共关系对于决策支持来说，主要是提供咨询、提出建议，如给决策者提供企业知名度和美誉度的评估和咨询，提供社会环境、公众心理变化趋势等建议。

3.宣传引导

虽然塑造企业的良好形象是个系统工程，需要各方面的协调与合作，但对企业进行大力宣传和对公众舆论进行积极引导也是必不可少的。处于不同的公众舆论环境下，公共关系宣传引导的侧重点和内容应有所不同。例如，当一个企业刚成立或刚推出一项新产品（或服务）时，公共关系的主要工作是大力宣传、制造积极舆论，为其建立良好形象。当企业发展顺利时，公共关系应致力于保持和维护对企业有利的舆论，同时不断寻找宣传契机，扩大企业的影响。当企业面临危机、处于逆境时，公共关系工作就要促进和强化有利的舆论，弱化不利舆论，力争扭转企业形象。

4.沟通协调

企业在实现决策方案的运作过程中，必然会同周围及内部的各种因素发生关系并产生矛盾。因此，在整个运作过程中沟通各种信息、协调各方面关系就成为公共关系工作最根本的职能。在企业中，由于各种关系的状态不同，公共关系进行的沟通与协调的方式方法也不同。一般应注意从以下三个方面予以考虑：一是当双方关系处于和谐状态时，沟通的重点就应当是通过不断宣传本企业的业绩来保持和强化公众方面的良好形象；二是当双方关系处于不和谐状态时，沟通的重点首先是认清自己的责任，然后再客观地分析双方关系的状态，并提出改进关系的具体意见和措施；三是当双方关系处于不明朗状态时，沟通的重点首先是用善意的态度来表达自己的观点，竭力消除对方逆向心理因素，为双方的信息交流创造正常、平衡的条件。

5.危机管理

由于企业是在极其复杂的环境中运作的，在向既定目标前进的过程中难免会出现一些意想不到的突发事件或问题，给企业的正常运行造成影响和冲击。因此危机管理也就成为公共关系的一项重要职能。各种突发性事件来势迅猛，造成的后果严重且影响面大，公关人员必须以高度认真的态度和清醒的头脑来处理这些突发事件。

二、公共关系行为策划的原则

（一）公关策划与公关工作程序

公共关系行为的成功需要事先策划。公关策划是公关人员通过对社会公众和社会环境进行系统分析，利用掌握的信息和手段对公共关系的整体活动及所采用的战略、策略的运筹规划。它不是具体的公关业务活动，而是公关决策的形成过程。它由策划者、策划依据（信息和知识）、策划方法（手段）、策划对象（公众）、策划效果测定和评估等五个要素组成。

公关工作的程序是由美国的公关专家伯纳斯总结前人实践经验提出来的，称“四步工作法”，即公关调查、公关策划、公关实施和公关评价四个部分，其中公关实施包括公关计划和公关行动两方面。公关策划处于承前启后的中心环节，在企业整个公关活动中居于核心地位，如图9-2所示。

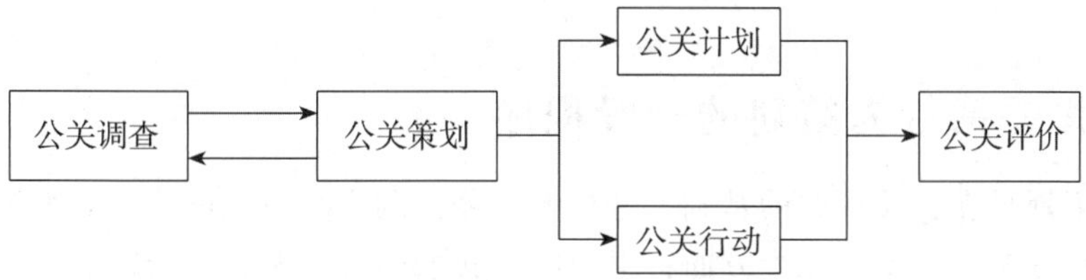

图9-2 公关策划在公关工作程序中的地位

（二）公共关系行为策划原则的内容

由于公关策划是公关工作的中心环节，其优劣直接影响企业形象和公共关系活动的效果，这就要求公关策划尽量遵循以下基本原则，以提高方案策划的科学性、规范性、可行性和实效性。

1.遵守道德与法律

这一原则是最基本的原则，要求公关活动策划时要遵循道德规范和法律法规，不弄虚作假，不损害公众利益，不用社会上的庸俗关系取代企业正常的公共关系，不违背伦理道德，不违反各项法律法规。如果企业在公关策划中违反了这一原则，企业形象可能会受到损害，得不偿失。

2.求实原则

公关策划不能只靠聪明的头脑和各种技巧，而是要建立在对事实准确把握的基础上，对客观事实进行全面、完整、准确的了解是所有公共关系活动的基础。通过各种方法收集公众的资料，收集关于组织与环境互补情况的资料，收集双方可能存在的不平衡、不协调等各种信息，只有掌握了足够的事实，才能策划出目的性强的公共关系行动计划。

3.创新原则

这一原则要求公关策划要打破思维定式的束缚，别出心裁，使公关活动给公众留下难忘、深刻、美好的印象。创新策划常采用“头脑风暴法”，这是一种集思广益的方法，它一般由5到10人的小组组成，在一种特别放松的环境和自由思考的气氛下发表意见，提倡出奇，不加限制和批评，不过早下结论，相互启发迸发思想火花，最后总结形成好的创意。

4.权变原则

由于现在企业面临的环境变化迅速且复杂，有时候公关策划设计出的计划会跟不上环境的变化，这就要求公关策划人员必须对所策划的公关活动留有余地，多设计几个备选方案，能根据环境或问题的变化迅速作出调整，便于机动调节，保证公关活动的顺利进行。

5.多赢原则

这一原则要求公关策划全面考虑本企业和社会的经济效益与社会效益，做到互利互惠，实现双赢或多赢。通过公关策划利用某种契机来改善市场环境或社会环境，促进社会某方面的改善和发展，从而树立自己的良好企业形象。例如，2021 年，多年亏损的鸿星尔克低调捐赠 5 000 万元物资给遭遇特大洪灾的河南郑州，受到网友的大力赞扬。

三、公共关系行为策划的一般程序

公关策划是在公关调查的基础上进行的。公关调查是组织就公众对组织形象的评价进行统计分析，主要有三个方面：组织的自我期望形象调查、组织的公共关系状态调查、组织的公关活动条件调查。公关调查的方法有问卷调查法、重点访谈法、新闻调查法、网络媒介调查法等。利用上面各种方法收集到需要的公关信息后，对信息进行汇总分析，提取出对组织有用的资料。

公关调查和公关策划的关系是相互贯穿的，公关调查要根据公关策划的目的来进行，公关策划也要在公关调查的基础上进行。一个好的公关策划是组织公关活动成功的关键，一般包括以下七个步骤：

（一）确定目标

公关策划的首要任务是确定公关目标。公关目标是公共关系人员经过努力要达成的某种目标，它一般是一个复合目标系统，主要包括以下方面：

（1）提高企业的知名度、信任度和美誉度。

（2）使企业或组织与公众保持沟通，并完善信息沟通渠道。

（3）依据社会环境的变化趋势，调整企业的行动。

（4）妥善处理企业运作中产生的危机和纠纷，弱化负面影响。

（5）帮助企业提高产品及服务的市场占有率等。

企业在确定公关目标时要注意以下三点：

（1）公关目标应与企业的整体目标相一致。公共关系人员在策划目标时，应有全局观念，使该项公共关系活动方案不仅要达成该项活动的特定目标，还要有助于实现企业的整体目标。

（2）公关目标应按重要程度和执行的先后顺序排列。公共关系目标有长期目标、近期目标、一般目标、特殊目标之分，要按轻重缓急分别实施。

（3）公关目标应有一定的灵活性。虽然公共关系目标是组织为完善和提高在社会公众中的形象而努力的整体目标，要有一定的稳定性，但在保持相对稳定的前提下，公关目标也要有能随企业周围环境的变化而调整的灵活性，便于机动调节，以保证公关活动的顺利进行。

（二）确定公众

公共关系活动要确定与组织有关的公众，然后对其进行分析，找出共性和个性，鉴别不同公众的权利和要求，分别采取一般性和特殊性的对策。在进行公共关系策划时，对目标公众的分析应包括以下问题：

（1）目标公众分属于哪些不同的组织和社会群体？

（2）目标公众的共同利益要求和特殊利益要求是什么？

（3）目标公众对本组织的看法如何？他们为什么喜欢或不喜欢本组织？

（4）目标公众与本组织的关系如何？

（三）公关策略策划

公关策略是为实现企业的公关目标所采取的对策和方法的总称，是对公共关系活动内容的高度概括。公关策略策划，就是围绕企业使用的公关策略有创意的谋划，常用的公关策划有社会性公关策划、宣传性公关策划、维系性公关策划、服务性公关策划、矫正性公关策划等。

1.社会性公关策划

这种公关策略是参与各种社会性、公益性、赞助性的活动来树立企业良好形象，提高组织的社会知名度和美誉度。其具体形式有：对社区提供服务，开展某项普及性教育，支持社会福利和慈善事业，以及其他文娱、体育、环保等活动。

2.宣传性公关策划

这种公关策略运用各种传播媒介向社会传播，目的是迅速地将企业的有关信息传播出去，形成有利的社会舆论，扩大企业影响。其具体形式有：发布新闻稿、各种广告、各种演讲或宣讲会等。

3.维系性公关策划

它是为了维系企业良好形象而进行的渐进式策划。当企业处于外界环境不利的形势下，企业为了维护自身的形象和稳定企业发展的态势，需要对外界进行潜移默化的公关活动，稳定各方面的关系，稳定外界环境使之不致继续恶化，从而维系企业的生存与发展。

4.服务性公关策划

以各种优质服务为媒介，以行动去赢得公众的了解、信任和好评，加强企业与公众之间的交流关系，如各种消费教育、售后服务、免费保修等服务措施。

5.矫正性公关策划

矫正性公关是当企业遭受损害时采取的拯救性策划，矫正有关部门对企业的误解，矫正企业因偶然失误或受挫而使社会各方面产生的不良印象。对于社会的误解要有针对性地澄清事实、说明真相，挽回不良影响；对于自身的失误或受挫要冷静分析问题，勇于承认失误并加以强有力的纠正，矫正企业受损的形象。

（四）公关时机策划

公关策略确定后，公关策划必须对公关最佳时机进行策划。“机不可失，时不再来”，公关时机的选择很重要，它直接关系到公关效果。时机选择得好，公关将会收到事半功倍的效果。否则，错过公关时机，公关效果将事倍功半。

公共关系学把公众分为非公众、潜在公众、知晓公众和行动公众四个级次。公关时机策划的最佳时机是选取潜在公众向知晓公众转化之前，这是由于一方面企业有时间来进行公关策划和开展公关活动；另一方面，此时企业公关人员如果主动提供必要的真实情况，可以避免公众产生偏见和误解，从而避免公众可能出现不利于企业的行为。企业常用的公关时机有：

（1）企业创办或开业之际。

（2）企业推出新产品和新的服务项目之际。

（3）企业发展很快但声誉尚未树起之际。

（4）企业更名或与其他企业合并之际。

（5）企业出现局部失误或遭受某方面误解之际。

（6）企业遇到突发性危机事件之际等。

（五）预算经费

公共关系活动的经费预算，要根据组织的类型和规模、公共关系活动的目标和要求而定。一般来讲，公共关系活动经费开支主要包括以下几项：

（1）劳务报酬，包括公共关系工作人员及相关人员的业务报酬等。

（2）行政管理费，如房租、水电费、电话费、办公费等。

（3）传播媒介费，包括在报纸、杂志、广播、电视、网络等各种媒介上宣传的费用。

（4）器材费，如各项印刷品、纪念品，购买的各种展览设备等费用。

（5）实际活动费，如举办记者招待会、召开座谈会、举办大型活动、组织展览和参观的费用等。

（6）其他应急或机动费用。

（六）公关决策

公关决策是公关策划的关键环节。它使公关策划由确定目标与受众、公关策略选择、确定公关时机、预算经费等策划准备阶段进入实际策划阶段，它是以上几个阶段的具体化体现。公关决策要对公关活动方案进行优化、论证，增强方案的目的性、可行性，对目标的限制性因素和潜在问题进行分析修补，对预期效果进行评估。

（七）效果评估

公关策划效果的评估方法包括定量分析和定性分析。定量分析主要分析公众对企业的兴趣度、公关活动中接触的各阶层人次及其对企业公关活动的认同比例。定性分析主要分析企业公关活动产生的社会影响、各阶层的反应、活动的意义、对企业产品形象带来的影响等。

企业公关行为的策划是对企业公关行为的指导思想到公关方式方法等系列行为的策划，最后到公关效果的评估是一个总结性的过程，通过评估可以充分认识公关策划在公关活动中的成效，并为今后进一步策划其他活动积累经验。

第二节 企业公共关系专题活动策划

一、公关专题活动策划的内容及要求

（一）公关专题活动

公关专题活动是指组织专门为实现某一具体目的而举行的公关活动，有主题明确、感染力强、时效性强等特征。公关专题活动大致有以下活动：

（1）典礼仪式。例如，奠基典礼、开幕典礼、就职典礼、周年庆等。

（2）展销会。通过实物（新产品）的展示、示范表演来配合宣传企业的形象和产品。

（3）专题文艺活动。例如，消费者联欢会、招待会、各种文艺演出等。

（4）专题竞赛活动。例如，各种以企业名义命名的体育比赛、演唱比赛、征文比赛、智力比赛等。

（5）社会公益活动。例如，赞助办学或社会募捐活动等。

公关专题活动的目的必须与组织公共关系总目标相一致，即通过各种专门的社会活动，加强企业与公众的联系，扩大社会影响，为组织创造一个和谐的社会环境，树立企业形象，提高企业的社会知名度和美誉度。专题活动一般有以下几方面目的：改变企业的原有形象，树立新形象；提高企业新产品的知名度与声誉；改善与传播媒介的关系，增进了解与沟通；加强组织内部员工的团结，提高向心力和归属感；提高政府或投资者对组织的信心，吸引更广泛的支持等。

（二）公关专题活动策划的要求

公关专题活动策划除了要符合公共关系活动的总体原则外，还要符合以下要求：

（1）诚信可靠。公关专题活动策划要保证活动举办者不带商业欺诈成分，不隐瞒事实真相，以诚信可靠的活动赢得公众信任。

（2）富有吸引力。公关专题活动策划应富有内涵，具有启发性和趣味性，能引起公众的心理共鸣。

（3）新颖别致。公关专题活动策划要突出专题活动的特色，形象生动，有鲜明的个性，切忌空泛和雷同，要以形式上的多样性和手法上的独特性显示其特色。

（4）切实可行。从实际出发，在活动经费的耗费上要考虑举办单位的承受力和活动的投入与产出比，充分体现可行性。

下面简要探讨三种常用的公关专题策划：公关新闻宣传策划、企业展览活动策划和企业赞助活动策划。

二、公关新闻宣传策划

利用新闻宣传向公众提供信息，为组织创造良好的舆论氛围是公共关系宣传最常用的方式。

新闻宣传是将本企业具有新闻价值的信息或事件准确、及时和最大限度地传导给新闻界，引导新闻界加以报道以扩大本企业的影响。公关新闻宣传能帮助企业加强与社会公众之间的沟通和理解，为新产品或新服务上市造势，纠正企业在社会公众心目中的不利和被误解的印象，扩大企业的影响，维护和完善企业的整体形象。新闻宣传是新闻机构从第三者的立场报道新闻，不带商业色彩，可给公众留下客观、公正的印象，比组织自我宣传的效果好，容易得到公众的信任。

企业公关新闻策划是在企业公关整体目标下，对企业的信息和事件进行选择、加工、编辑、传播、反馈的活动，也包括新闻媒体关系的决策和谋划。就其广义而言，包括新闻选择、制作、传播的全过程以及与企业相关的新闻媒介关系的策划；狭义则仅指策划具有新闻价值的活动或事件，即制造新闻。

（一）企业公关新闻媒体的策划

公关新闻媒体的策划就是关于如何选择合适媒体的策划。新闻媒体包括印刷类（报纸、杂志）、电子类（视听类、广播、电视），以及网络媒体和移动端媒体。各类媒体各有其特点，对新闻媒体的策划是在充分认识各类媒体的优缺点的基础上，依据企业公关目标、新闻传播内容以及经济效益和社会效益等方面对媒体进行选择，使新闻媒体选得经济、可行，并收到预期的效果。

（二）企业公关新闻稿件的策划

企业公关新闻稿件的策划是公关新闻策划的关键，新闻稿件的质量关系着公关新闻策划的成败。企业公关新闻稿件的策划，是从企业的大量信息中，进行挖掘、筛选、加工、编辑的过程，包括印刷类公关新闻稿件策划和音像类公关新闻稿件策划。新闻稿件的策划，要选取最富有代表性、最具有新闻价值的题材，在选材上不拘泥于一点，而要多角度、全方位地着眼于企业的新事物、新情况、新成就。

1.公关新闻稿件的撰写

公关新闻稿件的撰写首先需要创建新闻资料库，把企业的材料进行分门别类，并且要随着企业的变化对素材进行不断的更正、更新，以便以后撰文时有充足的素材；其次要寻求公关新闻稿件的创意。公关稿的价值取决于创意，好的公关稿往往能够以最恰当的方式突出组织希望传播的信息，同时还不会让媒体感到左右为难。公关稿的创意包含文章角度的选取、观点的确立和思路的安排等。常用的创意角度有：

（1）领军人物法。每个组织的领军人物都有特点，不论是他的性格还是业绩，都有可能引人注目，这些都是亮点、新闻点、好的创意点。在读者眼里，这样的文章往往可读性比较强，阅读率也就高。比如，格力集团通过介绍董明珠等领军人物的传记性事迹就能扩大企业的影响。

（2）舆论造势法。这方面是指组织可以借助某些特殊事件，强调自己的观点，自己组织的做法，吸引公众的注意力。比如1997年山西朔州发生了震惊全国的假酒案，古井贡酒集团就以董事长的名义写了一封公开信，表达了对造假者的谴责，带头发起成立“中国打击假酒专项基金会”，受到业内外人士的普遍关注。

（3）借助事件法。企业可以借助一些国内、国际的重大事件传播自己。比如，有的著名企业在社会重大事件中都积极参与，在人们关注事件的同时也收获了影响力。

（4）宣传管理方式法。一些成功企业的经营管理方法逐渐被人们所关注，因而有很多媒体开始专门报道这类话题，把有特点的组织文化、有成效的经营管理方法加以总结，辅助一些故事，提供给媒体，这也是好的创意。

（5）特殊活动法。企业举办一些有特点、有影响的活动时，邀请记者现场参与，这也能产生一定的社会影响。需要注意的是：在组织策划某项活动时，要站在媒体的角度，充分挖掘活动的社会意义，为媒体报道和评论做资料上的准备。特殊活动有：新闻发布会、技术研讨会、经销商大会、产品促销活动、赞助活动、公益活动、新产品的开发活动与新成果表彰活动等。

有了新闻稿件后，需要把新闻稿件发布出去才能产生效果。常用的方法有举行记者招待会、新闻发布会和接受新闻界的参观访问等。

2.记者招待会的策划

召开记者招待会就是企业召集各媒体记者发布有新闻价值的事件以引起公众的影响，如澄清某重大事件真相、郑重宣布企业的某项新技术等。企业要开好记者招待会，一般要做好以下几方面的工作：

（1）确定主题。

（2）安排会议程序。

（3）确定邀请的媒体记者名单。

（4）选择适当的时机。

（5）做好请柬发放工作。

（6）确定主持人。

（7）准备充分的发言提纲和报道内容。

（8）布置会场。

（9）准备通信设施。

3.新闻发布会的策划

新闻发布会是企业将重大决策和重大发明等事件对社会的郑重公布。对其策划要掌握好分寸，既要引起轰动，又要注意保密。开好新闻发布会一般要注意以下几个方面：

（1）递送邀请函件给议题相关的人士。

（2）选择好场地，配备好通信设施。

（3）时间不要与重大节日冲突。

（4）设置登记处、导引人员、咨询台等。

（5）会议时间不要太长，控制在30分钟到60分钟之间。

（6）对来宾要一视同仁，不分亲疏远近。

（7）要有正式的结尾，不能草率收场。

（8）会后邀请有关记者作进一步采访。

4.接待新闻界的参观访问策划

企业与新闻界的联系，可以是企业邀请的，也可以是新闻界主动发起的，可以是有特定目的的，也可以是无特定目的的。企业接待新闻界的参观访问策划一般要做好以下工作：

（1）明确目的。以邀请目的来决定媒体对象、规模和接待方式，联络感情式的参观访问一般范围广、规模大、对象多，具体目标式的则相对集中。

（2）安排接送。接送时服务周到，态度热情。

（3）制订详细计划。对活动的细节进行细致的安排，防止出现纰漏。

（4）配套服务。例如，提供工作场所、完备的资料、交通工具、通信设备等。

总之，公关新闻策划就是在立足于事实、不损害公众利益的前提下，就一定时期内的热门话题制造新闻，从“新、奇、特”角度去创意，然后利用合适的方式发布出去，扩大企业影响，提高企业的知名度、信任度和美誉度，树立本企业的良好形象。

三、企业展览活动策划

企业展览活动是一种综合性的传播活动，企业通过对实物、产品、图片等资料展示，使公众对企业的产品和服务有一个直观、具体的了解，是企业与公众直接沟通的有效方式之一。

企业展览活动能促进公众对企业的了解和信息的交流，促进产品或服务的销售，形成舆论焦点，产生较大的社会影响。这也是新闻媒介报道的热点，具有很好的传播效果，所以被企业公共关系活动广泛采用。

（一）企业展览活动的类型

展览活动是一种综合运用各种传播媒介，推广企业的产品或服务，宣传企业形象，建立良好公共关系的综合性活动。展览活动按照不同的划分标准主要有以下几种类型：

1.按宣传目的划分，分为贸易展览和宣传展览

贸易展览活动的目的是让参观者能很好地了解某些商品，以直接促进交易，往往展览和贸易同步进行。宣传展览活动主要是对企业及其产品或服务的宣传，只宣传某种思想、观点，达到与公众沟通和树立企业形象的目的，并不发生直接的贸易活动。

2.按规模划分，分为大型的综合展览、小型的专题展览和微观展览

大型的综合展览活动一般由行政主管部门发起和组织，参展单位多、展品丰富、影响比较大，如巴黎的世界博览会、中国广州的春秋两季商品交易会等。小型的专题展览活动通常由若干个企业或某个企业主办发起，参展单位少、规模比较小。微型展览活动一般是由一个单位组织，展品比较少，规模更小，如橱窗展览、流动车展览等。

3.按地点划分，分为室内展览和露天展览

室内展览活动一般是在展览馆、会展中心等室内举行，不受天气影响，可精心布置，展出效果较好，但展台租金较贵。露天展览活动一般是在室外的广场等空旷地带举行，不受空间限制，且投资较少，但受天气影响较大，因而展览时间不宜过长。

（二）企业展览活动的策划程序

展览活动是一种综合性的宣传活动，举办展览活动是一项比较复杂的工作，需公关人员进行周密的策划和实施。策划程序主要有以下几点：

1.确定展览活动的目的和主题

每次展览活动都应有明确的目的和鲜明的主题。例如，展览活动的目的是以促销为目的，还是以宣传组织形象为目的等。展览活动的主题是展览活动的精神核心和指导宗旨，是展览目的的概括。它通常用高度概括、凝练的话表现出来，书写在展览会醒目的位置，给参观者留下深刻的印象。

2.必要性和可行性分析

确定展览活动的目的和主题后，企业展览活动策划人员要进行必要性和可行性分析。展览活动是大型的综合性公关活动，需要投入较多的人力、物力、时间，如不对其进行严格的可行性分析论证，就有可能造成不良后果。

3.确定参展合作单位

策划企业展览活动的下一步是确定参展单位。一般是先采用发布广告和发放邀请函的形式来宣传展览会的宗旨、项目类型、要求及费用预算等，寻求潜在的参展合作单位，然后根据展览活动的目的和主题，选择合适的合作者。

4.确定展览时间和场地

有些专题展览活动要考虑时间性、季节性，如花卉展览、农副产品展览等。选择

展览场地，首先要考虑方便参观者，要交通便利、容易前往参观；其次要考虑场地的大小、优劣，考虑场地周围的环境是否与展览会主题相协调；最后要考虑辅助设施是否容易配备和安置等。

5.准备宣传资料

展览活动需要的材料很多，要认真考虑各种细节，准备好所需的一切宣传资料，尽可能地宣传展览会和企业形象。例如，设计展览活动的徽标、纪念品、展览场所的平面导游图、展览活动的宣传招牌、展品、广告等。

6.成立专门的新闻发布机构

展览活动要成立专门的新闻发布机构，利用一切可以调动的传播媒介进行公关活动，使公众能通过多种渠道了解有关展览活动的信息。这个专门的新闻机构要负责制订新闻发布计划，撰写新闻稿，邀请新闻界采访、报道，及时向社会传播有关展览会的各种信息，扩大参展单位及整个展览会的影响。

7.编制展览费用预算

经费预算是把展览活动所投资的总金额有计划地落实到各具体项目中，防止超支和浪费。

8.评估展览活动效果

展览活动结束后应做好评估，总结经验、教训，作为今后展览活动的参考。评定展览活动最主要的衡量标准是核算直接的经济效益和评估展览活动的影响效果。评估展览活动的效果可以通过参观人数、新闻传播媒介的报道量、问卷调查、新闻分析等方法来了解。

四、企业赞助活动策划

（一）赞助活动及主要类型

赞助活动是指企业通过无偿提供资金或物质帮助的方式，发起、组织或参与有广泛群众基础的某项活动。举办赞助活动，有利于提高企业的社会效益，间接扩大企业及其产品的社会影响，在社会公众心目中留下关心社会、致力于公益事业的良好形象，为企业赢得良好声誉。它强调活动的社会效益，着眼于企业的长远目标。

赞助活动主要有以下类型：

1.赞助体育活动

赞助体育活动是现今各种赞助活动中最常见的一种形式。随着人民生活水平的提高，人们对体育运动的兴趣也越来越高，进行体育运动的赞助，给公众施加影响的广度和深度也越来越大。例如，对国家队冠名就是一种赞助体育活动的方式。

2.赞助文娱节目

现在电视屏幕上一些观众喜爱、收视率颇高的影视节目上，常有“某节目由某单位冠名”的字样，这就是一种赞助文化生活的形式。进行文化事业方面的赞助，不仅可以培养与公众的良好感情，而且能大大提高企业的社会效益，如水井坊赞助“国家宝藏”节目。

3.赞助教育事业。企业组织赞助教育事业是功在千秋之事，既有助于教育事业的发展，又能使企业组织获得到良好的形象。例如，以企业的名义在贫困地区建立希望小学、资助贫困大学生等。

4.赞助各种社会福利事业

赞助社会福利和慈善事业，是企业谋求与政府和社区关系的最佳手段。这种赞助更能体现企业高尚的道德品质，是企业积极承担社会责任和义务的重要表现，最容易获得公众的好评，提高企业的美誉度。例如，企业为残疾人、孤寡老人、失学儿童、灾区人民等提供的各种赞助。

（二）举办赞助活动的原则

企业举办赞助活动要符合以下原则：

1.社会效应原则

企业所赞助的对象必须要有可靠和良好的社会背景和社会信誉，所赞助的项目必须有积极的社会意义和广泛的社会影响。如果对影响不好的或存在争议的项目进行赞助，会使企业形象受损，得不偿失。

2.传播效果原则

赞助是一种直接提供金钱和物质来进行的传播活动，因而必须考虑传播效果。不仅要分析赞助项目本身的传播效果，还要分析传播媒介对赞助项目的关注程度，尽最大可能地扩大企业及其产品的社会影响力，提高本企业的知名度和美誉度。

3.量力而行原则

赞助对企业和社会都是有意义的。但对企业来说，并不是越多越好，越大越好。在一定的时期内，向谁赞助，赞助多少，怎样赞助，都要根据企业的能力来决定。如果超出了企业的承受能力，对企业的生存和发展带来一定的负面影响，那就有悖于赞助初衷和公共关系的基本思想。

4.优先原则

赞助一般是向公益性组织和服务性组织提供的，但这些组织在自身性质和所处环境等方面都有特殊的情况。要分析可以赞助的项目，分轻重缓急，尽量做到“雪中送炭”，而不是“锦上添花”。一般来说，要优先对各种慈善事业、社会福利事业、公共设施和教育事业进行赞助，这样做既表明企业对社会的责任和义务，又较容易获得社会各界的好感。

（三）企业赞助活动策划程序

现代企业应该重视并善于参加赞助活动来扩大企业影响，但是企业如何进行赞助才能获得最佳的信誉投资效果呢？成功的企业赞助活动要经过细心策划，一般有如下程序：

1.慎重选择赞助对象

赞助有两种形式，一是企业主动对某些组织予以支持，二是根据某些组织的请求企业予以赞助。无论采取哪种形式的赞助，选择赞助对象都应该从企业的公共关系目标和经营政策入手，从被赞助的公益事业的具体情况出发，确定企业的赞助对象、赞助政策及具体方法。企业发展赞助活动最根本的要求是使企业和社会同时受益，必须防止出现赞助与企业的公共关系目标和企业的整体目标相脱离的现象。企业要组织一个专门的赞助机构，负责赞助的事宜，以便从组织上保证赞助工作的顺利进行。

2.制订赞助计划

在选择赞助对象的基础上，由负责赞助工作的机构根据组织的赞助方向、赞助政策和赞助能力，拟订赞助计划。这个计划一般应包括如下内容：赞助对象的范围、赞助费用的预算、赞助形式、赞助时机、赞助宗旨以及赞助的组织管理等。赞助计划一定要尽量具体并留有余地，根据具体情况的变化，灵活掌握运用，使每一项赞助都能有的放矢、恰到好处，达到既有利于社会，又能塑造企业形象的目的。

3.评定审核赞助项目

这一步是对具体赞助项目进行的，要对每一项具体的赞助项目进行可行性分析研究。首先要对赞助项目进行总体评价和估计，检查是否符合赞助方向。其次要对赞助效果进行质和量的评估。“质”的评估主要是指这次赞助向社会表明企业承担了哪些社会义务和责任，社会公众对此有何评论，能否起到树立组织良好形象的作用，这种作用有多大；“量”的评估主要是指从作用的大小、影响的覆盖范围、营销的经济效益等方面进行。在审核的可行性分析基础上，再确定赞助的款项、赞助的具体方式及赞助的时机，以便制订此项赞助活动的具体实施方案。

4.赞助活动的实施

每一项赞助活动的实施，都应由专门的公共关系人员负责落实。在赞助活动的实施过程中，应使公关人员的形象和组织的形象一体化，谋求被赞助者和社会公众的好感。公共关系人员还应充分利用各种公共关系技巧，尽可能地扩大赞助活动的社会影响。

5.赞助项目的效果评定

每次赞助活动完成后，都要对赞助的效果进行评定。要广泛收集各个方面的信息，如公众、新闻媒介、赞助对象等对此次赞助的看法与评论，评定计划指标完成情况，审查预订计划与实际结果的差距，反思出现差距的原因是什么，对成功的经验和失败的教训进行认真的总结，作为今后赞助活动的参考。

第三节　企业市场危机处理策划

一、企业危机的市场症状

企业危机处理策划是对企业在面临销售积压、市场萎缩的形势下，千方百计地排除危机并进而拓展市场的方式、方法的谋划。这是一种对企业处于逆境状态的诊断性策划。

发生企业危机有两种原因：一种是企业产品在一定时期内，由于企业的产品设计落后、品种单一，造成积压、滞销，企业的扩大再生产难以继续，企业的运行出现停滞或迟缓的危机，这种危机出现得相对较为缓慢。另一种是因为企业的产品或服务出现重大失误且对消费者或公众造成身体或心理上的伤害，从而使得企业形象遭到严重的破坏，造成企业市场骤然冷淡，这种危机出现得相对较为突然、迅速。企业的危机是在市场销售中反映出来的，也可称企业的市场危机。

企业危机在市场上表现为如下状况：

（1）市场沉寂、冷清、人气不旺、购买者明显减少。

（2）中间商转移、促销困难。

（3）企业营销网络出现中断、破损，承销渠道转向。

（4）企业产品的市场占有率和销售额都呈明显下降趋势。

（5）经营方式单一，经销和代理方式萎缩。

（6）企业销售队伍溃散，缺乏管理。

（7）企业的后续服务和追踪信息工作不力。

（8）企业管理层没有对营销渠道和具体工作进行规范和策划，销售行为处于传统销售状态。

（9）企业全员观念陈旧等。

企业上述危机症状的出现，其原因可能是多方面的，有宏观上带有共性的原因，也有企业自身的原因。对企业进行市场拓展策划既要找准宏观原因，更要找准微观原因。

一般而言，宏观原因大致有两点：

（一）自然因素

自然因素主要指自然灾害，包括地震、洪水、海啸、火山爆发、森林大火、龙卷风、山体滑坡、地陷等。这些重大的自然灾害会对社会的发展和人类的生存构成严重威胁，一旦发生，必然要造成人类生命、财产的重大损失，并影响到社会系统的正常运转。世界各地屡有重大自然灾害的新闻报道，带来严重伤害。

（二）社会因素

社会因素如政变、恐怖袭击活动、国与国之间的冲突、文化与价值观念的差别、地区霸权主义、宗教冲突、国际政治局势紧张、贫富悬殊扩大，等等。这些都是贸易摩擦升级、引发武装冲突、促使战争爆发、大规模杀伤性武器扩散等危机的诱发因素。一旦引发危机，就会使正常的国际政治、经济、贸易秩序和格局被突然打乱，对国际政治和社会生活中的某些系统或关系的稳定产生恶劣的影响。

（1）产业结构的调整引起某些传统产业中的企业不适应变化了的新形势的要求而处于被淘汰或即将被淘汰的地步。这些传统企业在面对经营转换的形势下缺乏思想准备，造成观念陈旧，应变乏力，仍习惯于传统的生产惯性。例如，我国有许多企业正在面临深化改革等。

（2）宏观政策制约了某些行业的市场扩展等。还有一些危机的爆发完全是由人的行为所造成的。人们往往对于复杂的系统、动态的系统缺乏深刻认识，而且常常又过于自信，在没有经过认真分析、论证的情况下就进行决策。因此由决策失误或工作疏忽大意而造成的重大事故时有发生。

危机的宏观原因是企业难以控制的，我们分析它，是为了在策划过程中采取有效措施适应它。这些宏观原因是共性的，对同类企业而言都是不可回避的，但是许多危机是企业自身原因造成的，大致有以下几个方面：

① 企业经营观念陈旧。仍沿用传统的生产观念和推销观念对待企业的销售活动，不分析市场、不研究市场、盲目生产、盲目销售。

② 经营方式单一，不能适应市场的要求。有的企业仍然墨守旧的经济条件下的经营方式，不知道以互联网思维开展业务。

③ 目标市场的范围狭窄，不利于扩大销售。有的企业确定目标市场只盯着局部一小块市场。

④ 企业短期行为。企业没有长远的战略眼光，也不做战略谋划和安排。

⑤ 营销网络不配套或残缺不全。没有完善的营销网络就会造成商品流动不畅，出现阻滞和堵塞，造成积压。

⑥ 销售员队伍建设缺乏严格的规范制度和企业文化的武装。销售员工素质不高，既没有经过严格的培训，也没有进行规范管理，队伍不稳定，不能形成强有力的销售力量。

⑦管理人员素质不高。这主要表现在3个方面：管理者自身受教育程度不高，又缺少对管理新理论的学习，危机管理更是了解甚少；经营者主观认为企业遇到危机是偶然现象，进而缺少对危机的理性认识和判断；经营者更多关注于眼前利益，缺少对企业长期性发展的考虑。

二、企业危机处理办法及难点

针对企业出现的市场危机或销售危机，策划者在帮助企业走出困境进行市场拓展时，应该分情况加以区别对待，对于企业因产品落后、失去市场吸引力而造成的危机，可以从以下几个方面进行策划：

（一）“卖点”研究

企业出现销售危机，在很大程度上是抓不住商品的“卖点”。“卖点”应包含以下一些内容：

（1）商品进入市场的“切入点”。

（2）最容易引起消费者欲望的“敏感点”。

（3）本企业产品、经营方式与竞争对手的“区别点”。

（4）卖方与买方之间心灵的“沟通点”或“认同点”。

对卖点的研究，就是循着切入点、敏感点、区别点、认同点去思考、琢磨，进行创新，以寻求那些未被其他人注意的、不曾考虑过的东西，那些还未有人做过的事情。

（二）消费者心理与行为研究

随着消费者消费水平的变化和消费结构的调整，消费已呈多样化、差别化、细分化态势，人们的消费行为和消费心理也是千差万别、多种多样的。企业销售危机市场诊断策划要把面对的消费者群分析透，只有分析透了，才能因人而异，因群而异，有针对性地推出适销对路的产品。

（三）致力于观念创新

企业销售出现危机往往是由于企业决策者和管理者的营销观念陈旧，这就需要在更新观念上下功夫。要从企业文化这个层面研究企业的危机，同时积极设计、策划适合于企业发展的优秀文化，并以优秀的企业文化不断吸引优秀人才，使企业观念通过优秀人才的加盟得到彻底更新，摆脱企业危机并扩大市场份额。

（四）融智方式研究

融资是企业解决资金不足的需要，融智则是企业战略、策略谋划的需要。融智就是要借用“外脑”千方百计地聚集精英，为企业构筑一流的“专家支持系统”。其方式既可是固定地聘请顾问、外部董事、咨询等特约专家组，也可一事一议地聘请市场调查公司、信息咨询公司、投资管理公司等专业咨询机构帮助企业开展市场营销、投资理财、资产运作等各种经营活动。

（五）对企业市场营销前期行为的检验、分析和纠正

企业销售危机如果是由于企业营销组合决策失当，则要对企业市场营销的前期行为通过检验、分析作出准确的判断。这个过程是个调研、取证、分析、诊断的过程。

（六）务必积极

企业应积极地直面危机，有效控制局势，切不可因急于追究责任而任凭事态发展。率先公开、坦率地承认问题，抢先公开报道事件，既为公司树立了坦率的形象，也给危机的状况定下基调，以防被他人的说法混淆视听，使公司处于被动的地位。发言人只需陈述事件的过程，不应过多加入分析、结论性意见和处理办法，这样既为发言人以后的发言留下空间，又不至于引来公众、媒体的追问、调查。

（七）心存诚意

企业必须明白：消费者的权益高于一切，保护消费者的利益，减少受害者的损失，是品牌危机处理的第一要义。因此，危机发生后，企业应及时向消费者、受害者表示歉意，必要时还应通过新闻媒介向社会公众发表道歉公告，以显示企业对消费者、受害者的真诚，从而赢得消费者和受害者以及社会公众和舆论的广泛理解，断不可只关心自身品牌形象的损害。

在企业阐述自己观点或是解释事情原委乃至向消费者道歉的时候，第一句话显得十分重要，是先道歉还是先解释，是先硬后软，还是先软后硬，是柔中有刚，还是态度真诚平和，都会给媒体和消费者很深的印象。消费者和媒体都会对犯错的企业严厉抨击，所以企业面对质量事故和品质事件时态度应真诚；如果是媒体恶意炒作而且与事实有出入的，则要看企业的战略和战术的安排了，处理的方式不同，结果在很大程度上也是不同的。

（八）坚持真实

危机爆发后，企业必须主动向公众讲明事实的全部真相，且不可遮遮掩掩，这样

反而会增加公众的好奇、猜测乃至反感，延长危机影响的时间，增强危机的伤害力，不利于控制危机局面。

（九）力求快捷

对危机的反应必须快捷，不论是对受害者、消费者、社会公众，还是对新闻媒介，企业都应尽可能成为首先到位者，以便迅速、快捷地消除公众对品牌的疑虑。加拿大道氏化学公司的唐纳德·斯蒂芬森认为："危机发生的第一个24小时至关重要，如果你未能很快地行动起来并已准备好把事态告知公众，你就可能被认为有罪，直到你能证明自己是清白的为止。"

在充分表达企业对危机事件的态度和处理方式后，企业同时或随后跟进的第一个行动十分重要，对重要的受害者的补偿或弥补，对不合格产品的处理方式是回收退货还是等值换货等都会对事件如何解决产生至关重要的影响。雀巢碘超标事件恶化的一个主要原因就是雀巢在不合格产品的处理上缺少变通，注重眼前利益，不考虑消费者的心理感受，随之而来的品牌的负面伤害可能远远高于实际损失的数字，可谓得不偿失。

（十）绝对统一

危机处理必须冷静、有序、果断、指挥协调统一、宣传解释统一、行动步骤统一，而不可失控、失序、失真，否则只能造成更大的混乱，使局势恶化。

要使企业言论和行为绝对统一，必须选取统一的发言人，在选定发言人的时候，第一个人选显得十分重要，如果层次太低会显得企业诚意不足，有消极和蔑视的嫌疑；如果层次太高，则回旋余地太小，容易陷入被动。例如，光明牛奶出现质量问题曝光后，企业吸取了雀巢反应迟缓导致事态严重的教训，第一时间将企业总裁抬出，对媒体发表意见，导致今后只能任媒体炒作和分析，没有了回旋余地。

（十一）发动全员

企业员工不应是危机处理的旁观者，而是参与者。让员工享有知情权。公司的员工不应仅仅知道公开的信息，还应该让他们了解整个事件的原委。如果员工处于对公司现状了解不够全面的尴尬状态，员工的支持率将会很低，甚至还会使事态恶化，内部产生不稳定因素。应提高危机透明度，让职工了解危机处理方法。参与危机处理，不仅可以减轻企业震荡，而且能够发挥其宣传作用，减轻企业的内外压力。

（十二）追求创新

世界上没有两次完全相同的危机，也就没有完全相同的处理办法。因此，危机处理既要充分借鉴成功的处理经验，也要根据危机的实际情况，尤其要借助新技术、新信息和新思维，进行大胆创新。

企业处理危机时，遇到困难是常事。调查结果显示，企业的危机处理困难主要是：常态的思维方式与行为，信息确认缓慢，这两者约占七成。其他方面困难还有：对所需资源估计不足、缺少必要信息、危机开端控制力差、时间不够等。

三、危机预防机制的制定

如何才能引起经营者对危机管理的重视，我们认为需要政府、企业界和学术界共同努力，营造全社会重视危机管理的氛围。企业遭受危机损失，不仅自身付出了惨重的代价，而且也会给当地政府和社会带来不良影响。政府在加强自身危机管理的同时，要经常提醒企业时刻保持“居安思危”危机意识，及时提供可能给企业带来危机的信息，积极引导企业实施规避危机的管理。学术界应结合企业危机实情，积极探求认识危机、预控危机、规避危机的理论和方法，并加强危机管理培训力度。企业在“居安思危”的危机意识下，把危机管理摆上议事日程，提高危机处理的能力，促使企业健康发展。目前我们可以从防险、避险和夷险这三个方面来考虑。

（一）防险——善于收集和运用信息

当今时代是一个信息爆炸的时代，信息已成为当代人类社会经济活动的重要资源。企业一项经营决策的正确与否虽然和企业家的胆识和素质有关，但更重要的要看是否掌握了决策所需要的信息。一个再精明的企业家离开足够的信息，也很难作出正确的决断，所以，能否掌握和运用好信息是企业家能否防止经营风险的首要因素。新闻上常有“一条信息救活一家工厂”的消息，说明只有掌握和运用好信息，才能把握企业经营的主动权。

获取信息的方式可以是多种多样的。企业家在日常生活中，只要眼观六路，耳听八方，用“多方位触角”，就能从各种正式渠道或隐蔽渠道获得有价值的信息。比如，通过上网、订阅报刊，观看电视，参加各种社交活动、广交朋友，开展市场调查、访问用户、谈判、参加技术交流、参加展览、展销活动，研究其他企业，尤其是研究竞争对手的资料和产品等，都可以获取企业所需要的信息。

得到有价值的信息对决策是重要的，能够正确运用有价值的信息同样重要。在复杂的经济活动中，一条有用的信息很可能受很多附加因素的制约，如受地域、时间、技术、市场需求及政策的制约等。如果单从一条有诱惑力的信息入手，不做可行性分析研究，就盲目行动，不但不会防止决策风险，反而可能带来更不利的影响。

信息资源有可能是投入产出比最大的一种资源，也可能是因不重视而造成缺失的一种资源。信息作为一种资源，只有着力开发、正确运用才有价值。因此，企业家应该提高信息资源管理的地位，把它作为同资本一样重要的资源进行管理，建立信息管理机构和战略研究机构，增强信息管理投入，充分利用现代信息技术，增强信息资源加工、利用能力，提高信息资源利用效率。

（二）避险——善于把握决策时机、注意平时的组织行为

由于经营过程的复杂性，企业经营决策除少数是有确定性的以外，多数是不确定的，带有风险，没有100%的把握。如果等待条件成熟，多半时机早已错过，这不但不会避免风险，反而会给经营活动带来更大被动。

最积极的避险方法是，善于观察周围条件的发展动态，善于选择适当时机，当机立断，大胆决策。决策者掌握多少情况再做决策并无定数，要根据决策本身的要求而

定，一般地讲，决策信息掌握得越多越好，但当收集信息所需的时间长、难度大、成本高，费用和机会损失超过将得到的收益时，必须适时果断抉择，宁可去冒一定的风险也应抓住经营机会。

首先，公司平时应该多与公众保持良好的沟通，在顾客心目中树立公司的良好形象，公司可以经常给顾客打电话、发邮件，加强沟通，稳定双方的关系。这样一旦危机发生后，企业及时与公众沟通，很容易获得他们的信任和支持。

其次，公司平时也应该与媒体建立良好关系。许多公司的高级主管不愿接受媒体的采访。在公司被麻烦缠身、媒体的报道又对公司极为不利时，高级主管又埋怨公司的公关人员没能请媒体帮忙。事实上，公关人员不可能控制记者、控制媒体。但是，公司经理、公关人员可以通过向媒体真实、客观、及时地提供他们所需的信息，力所能及地配合媒体的工作，与媒体建立良好关系。这样，媒体才可能在公司处于危机时公正报道事件，尽量帮助公司。

最后，接受“外脑”的意见。公司应该多与外界专家保持联系。因为无论危机是否发生，公司在考虑各种因素、考虑可能出现的各种情况时，公司内部人员往往不能客观地预料可能出现的最坏的情况，而需要听取外部的专家从不同的角度客观地判断事态的发展，并及时地制定有效的措施。

（三）夷险——危机预防机制要因地制宜、与时俱进、善于追踪变化

市场是动态的并带有很大的随机性，市场各要素往往变幻莫测，令人捉摸不定，因而导致企业决策也具有很大的随机性和风险性。一项风险性的决策付诸实施前，除了要制定一定的回避风险、降低风险和转移风险的措施外，在决策实施过程中还要善于追踪决策变化，一旦决策过程中出现或即将出现随机因素而导致决策实施呈现不稳定状态时，要力争夷险，让损失降至最低程度。

著名管理学家 Larry E. Greiner 曾说过：在某一阶段有效的管理惯例，也许会导致下一阶段危机的出现。机制要与时俱进，就必须进行不断创新。这里的创新有两方面的含义：一方面，是指在危机管理的实际操作中，不死板照搬其他企业模式，而是针对自身特色，制定有自己企业特色的危机管理机制；另一方面，也指不拘泥满足于企业原有的机制，而应在发展的过程中，积极学习总结历史危机处理的经验，进而进行机制的不断扩充、完善，以创造出一种更有效的资源整合方式。企业可以在突破了原有的框架规模的情况下，大胆打破原有的危机管理机制，提出一种新的危机管理思路，设计一个新的危机管理模式，创造出全新的组织结构并使其有效运转。

一般来讲，夷险的办法，首先应考虑拟定一些补救措施，如通过调整人员力量和经济资源，调整实施决策的步骤、策略和方法等，弥补和纠正出现的差错，力争实现原决策目标。但这只是在随机因素干扰程度不致影响原决策目标的情况下所采取的夷险措施。事实上，有些决策在实施中，其原来预测的经济环境出现了很大变化，原决策已失去其合理性和可行性，靠一般的补救措施已不能再保证原决策目标实现，这时，就应该果断停止实施原决策，而代之根据新的环境因素进行新的决策，充分利用新的有利条件，调整行动方案保证以较大的效益弥补原决策带来的损失。因为，追踪决策是在否定原决策的基础上进行的，是“非零起点”，因此难度更大。

2003年的非典疫情和2020年的新冠肺炎疫情，使得许多企业的产品被困于零售环节。然而，也有许多的企业得益于良好的危机管理机制，结合电子商务和企业内部信息化管理，抵御住了危机冲击。

总之，危机管理机制的主要目标就是规避危机，减少危机所带来的危害，甚至将危机转化为契机。

思政课堂

国家金融监督管理总局：金融机构不得与违法失德明星合作

【思政元素】道德规范；社会风气。

有媒体报道，国家金融监督管理总局向各监管局、银行、保险公司、金融资产管理公司等下发《关于进一步规范金融产品广告代言活动的通知》。

对此，2023年9月14日，一相关金融机构负责人对《华夏时报》记者表示：“内容属实。”旨在进一步规范金融产品广告代言活动，打击违法违规金融广告，切实保护金融消费者合法权益。

同时，上述负责人提到，已经逐条按照通知的规定落实排查，目前银行、保险机构几乎不与流量明星合作，选择代言人十分谨慎。

为了吸引90后、00后年轻阶层的潜在顾客，此前一段时间，金融机构纷纷选择与“爱豆”合作，银行、保险代言人也由顶流明星们担任。

尤其在信用卡领域，各家银行在存量竞争中陷于内卷，急于开拓新客群，与流量明星合作撬动粉丝经济，成为不少银行的选择。

而随着一些流量明星“塌房”，金融机构也跟着遭殃。此前，受某流量明星事件的影响，曾和此明星合作推出联名信用卡的银行也被推至风口浪尖。随后，该银行发文强调，相关信用卡早已停止发行，持卡人可免费补换卡。

2022年10月，按照中央宣传部文娱领域治理有关工作部署，七部门联合印发《关于进一步规范明星广告代言活动的指导意见》，规范明星广告代言活动，尤其为明星代言金融产品划定了红线。

业内认为，近年来，文娱行业在满足群众多样化文化需求、推动经济增长方面发挥了积极作用，但明星广告代言“翻车”事件频发，严重破坏市场秩序、污染社会风气，亟待切实整治。

2023年9月，国家金融监督管理总局下发《关于进一步规范金融产品广告代言活动的通知》。对此，金融监管资深专家周毅钦对《华夏时报》等媒体记者表示，此次发布的文件是金融监管部门就2022年底七部委联合规范明星广告代言活动的行业细则。近年来，银行、理财、保险等行业在广告代言过程中相对规范，通知中多个行业细则均在此前已有规定。因此，通知不会对行业造成影响。

《华夏时报》记者从金融机构获得《关于进一步规范金融产品广告代言活动的通知》全文，其中提出，此次金融监管部门剑指金融产品广告代言活动，是指金融机构与代言人合作，在大众传播媒介、公共场所、公共交通工具、户外等渠道，利用代言人知名度和影响力宣传、推广金融产品或金融机构品牌。

通知指出，金融机构应当审慎开展金融产品广告代言活动，将广告代言活动纳入声誉风险管理体系，同时要求金融机构制定广告代言负面舆情应对预案，及时处置相关风险。

通知中表述："金融机构不得与违法失德明星合作开展广告代言等宣传推广活动，发现已开展合作的明星存在违法失德行为的，应当及时终止合作。"

其中关于明星的定义，是指具有一定社会知名度和影响力的人士，包括但不限于演艺人员、网络红人、体育名人等。

周毅钦认为，通知明确了金融机构在遇到因为合作代言人而遭遇舆情风险时应该主动作为、终止合作。这与原来一贯"冷处理"的方式不同。同时，未来金融机构在这种代言活动中也将更加谨慎。

资料来源：冯樱子. 监管出手！金融机构广告代言不得与违法失德明星合作，不得将保险产品与银行存款作不当类比［N］. 华夏时报，2023-09-15.此处为节选.

本章小结

企业要想在激烈的市场竞争中生存下来并立于不败之地，最基本的前提就是树立良好的企业形象，升华企业品牌。在企业行为识别系统（BIS）中，企业公共关系和广告行为策划是塑造和提升企业形象最常用的手段。企业公共关系行为可以加强企业与公众的沟通，向公众传播企业的经营理念、经营主旨、产品特色等方面信息获得公众的认同和好感来塑造和宣传企业形象。公共关系策划是对企业开展各种公共关系活动的谋划和运筹，它主要围绕公关目标、公关原则、公关策略、公关时机、公关效果等问题展开。公关新闻宣传策划、企业展览活动的策划和企业赞助活动策划是三种常用的公关专题策划，善用它们可以对树立企业形象起到事半功倍的作用。企业市场危机处理策划包括企业危机的市场症状、处理办法，以及三种预防机制。

本章练习题

1. 根据书中所学的公关活动策划程序，选取一家企业帮助其策划一个完整的公共关系活动方案，并讨论该活动方案的优缺点。

2. 收集资料和素材，了解世界著名企业是如何通过公关来塑造和提升企业形象、扩展企业品牌的。

3. 你认为中国企业在利用公关工作塑造企业形象方面有哪些需要改进的地方？

4. 制定危机预防机制的步骤有哪些？

本章参考和阅读文献

［1］赵兴元，仲晓密. 广告原理与实务［M］. 7版. 大连：东北财经大学出版社，2023.

［2］叶敏，朱苗，叶万春，等. 企业形象策划——CIS导入［M］. 6版. 大连：东北财经大学出版社，2022.

［3］张德，吴剑平. 企业文化与CI策划［M］. 5版. 北京：清华大学出版社，2020.

［4］刘光明. 品牌文化［M］. 2版. 北京：经济管理出版社，2017.

［5］史历峰. CI策划与设计［M］. 2版. 郑州：郑州大学出版社，2016.

［6］栗香玉. 公共关系［M］. 6版. 大连：东北财经大学出版社，2015.

［7］杜海萍. 企业形象策划［M］. 大连：大连理工大学出版社，2014.

［8］李怀斌. 市场营销学［M］. 3版. 大连：东北财经大学出版社，2014.

第十章

企业形象策划的执行和效果

本章提要

企业形象策划是一个系统工程，是企业理念、企业行为和视觉标志三者的有机统一体。在系统地学习企业形象策划含义与特点、三大子系统的内容与设计等知识的基础上，本章着重探讨CIS在实际操作层面的执行流程和效果评估、CIS控制和管理的方法和技术。学完本章后，应掌握企业形象策划的调研、执行流程、执行效果的评估方法、企业形象策划执行的控制技术。

本章案例

X大酒店CIS形象工程执行计划纲要

一、成立X大酒店CIS工程执行委员会

X大酒店、X设计公司与X企业形象策划中心共同构建X大酒店CIS工程执行委员会，负责本次CI企业形象工程的组织、领导、监控、实施等工作。

二、初步确定X大酒店CIS工程项目提案，签订项目合同

经过会议论证、专家组意见，初步确定X大酒店CIS工程项目提案，签订项目合同。在调研结束后，根据实际情况可能需要进行局部调整。

三、组建专门的项目调研组、设计组和后勤联络组等

根据项目实际情况组建相应的项目调研组、设计组和后勤联络组，具体负责策划、调研、设计、制作、论证等工作，明确分工职责，制订工作计划，协同作业，并聘请有关专家组成项目测评机构和法律咨询机构。

四、企业形象策划和导入CIS设计的前期调研

1.编制CIS调研计划。

2.进行企业实态调研，包括外部环境和企业自身调研，重点是：

（1）国家的行业背景、行业政策、行业趋势；X大酒店的形象和精神；X大酒店的客户需求及其变化；X大酒店的企业形象现状、特点、障碍、弱项。

（2）国际、国内酒店业标志和理念等调查。

（3）X大酒店视觉应用元素调查。

（4）X大酒店行为规范调查。

（5）X大酒店理念研讨。

五、编制企业形象策划和CIS设计书（包括执行计划）

着重阐述企业形象策划和导入CIS设计目标、导入策略、导入定位、导入项目流程、执行计划、项目评估、项目验收等内容。

六、展开酒店CIS设计

（一）视觉识别VI部分

1.确定标准中英文名称（包括简称）；选定标志草案。

2.由多个专业设计师完成标志正式方案设计，并完成备用方案，由X大酒店、相关专家及设计公司进行研讨论证，确定标准标志；申请法律注册、商标保护性注册。

3.进行酒店视觉识别VI基本要素系统设计。

4.进行酒店视觉识别VI应用要素系统设计，对急需的项目提前优先设计。

5.设计完成后，进行研讨论证，再结合酒店、专家意见作进一步完善。

6.制定酒店VI手册。

（二）理念识别MI部分

1.总结酒店经营理念并明确化，确定酒店经营理念口号和精神标语。

2.明确企业价值观，明确酒店服务精神，细化酒店分层理念，确定酒店作业总体理念和酒店各部门理念（作业精神），研讨论证，再结合酒店、专家意见作进一步完善。

3.确定酒店对内的观念树立和理念培训的传达和推广。

4.进行酒店文化定位，建设酒店文化。

5.制定酒店MI手册。

（三）行为形象BI部分

1.明确酒店对内的行为识别系统，确定对内行为形象的范畴和传达渠道。

2.制定酒店员工礼仪仪态规范。

3.制定酒店各岗位礼貌用语规范。

4.制定酒店行为形象总则和酒店员工行为形象手册。

5.制定员工行为形象培训条例和手册，进行员工行为形象培训。

6.明确酒店对外的行为识别系统，确定对外行为形象的范畴和传达渠道。

7.策划酒店对外的公关活动、客户沟通、日常活动设计、节庆活动设计、对外宣传和广告策略。

8.制定酒店BI手册。

（四）统合制定酒店CIS手册

七、企业形象策划和导入CIS设计实施

1.树立酒店CI观念和形象意识，召开酒店高层会议和部门会议，传达企业形象策划和导入CIS设计动态，征询意见和建议。

2.进行酒店员工CIS培训，为酒店企业形象策划和导入CIS设计作准备。

3.根据CIS手册VI分册，制定酒店用品形象设计与制作计划，分期批量制作应用。

4.根据CIS手册，制订酒店环境形象设计装修计划，制作建筑外观和室内标志系统。

5.根据CIS手册，制订酒店环境形象装饰计划，营造酒店文化氛围。

6.根据CIS手册，确定酒店自身媒体计划，创立酒店刊物和其他自身广告媒介（如海报、展板、酒店POP等），制作酒店宣传视频。

7.根据CIS手册BI分册，制作酒店员工CI培训录像，下发各部门。

8.酒店开张志喜，进行CIS发布，召开记者招待会和举行庆典活动。

9.结合酒店开张志喜，进行酒店对外宣传和公关活动。

10.酒店CIS形象工程项目内容明细（建议案）。（限于篇幅，有关详细内容请见本书的教学课件）

第一节 企业形象策划形势调研

一、企业形象策划调研程序和调研计划

（一）企业形象策划调研程序

为了保证CIS形势调研的质量和效率，在长期的实践中，逐步形成了一套严格的工作程序，一般来说，它包括确定问题、制订调研计划、收集信息、分析信息以及报告结果等五个阶段。

1.确定问题

要企业形象策划和导入CIS设计，并进行调研，首先要大体明确企业目前在这一方面都存在哪些问题，即首先要明确企业形象策划和导入CIS设计的具体动机。CIS作为一个系统，包含内容非常丰富，因此，企业必须一一列出相关方面问题，以备进一步调查、研究、分析。例如，现在企业的理念有何问题？在理念传递、实施方面存在什么问题？企业的行为识别系统如何？在企业组织形式、组织机构、企业内部各种行为、企业各种市场行为等方面都存在哪些问题？企业的视觉形象如何？企业名称、品牌、标准字、标准色是否合理？广告展示的形象如何？

2.制订调研计划

在明确存在问题的基础上，企业要制订相应的调研计划，包括确定调研的目标、决定收集资料的来源、选择调研方法、制订抽样方案、决定具体行动方案、进行调研预算、制定监控措施等七个部分，在后面将对调研计划的内容进行详细阐述。

3.收集信息

制订了调研计划后，接下来需要进行的工作是收集信息。需要做的工作即依照调研计划选定的方法和时间安排，进行调研对象的选取、调研工具的准备并实地收集信息。

收集信息这个环节成本最高、耗时最久，并且由于信息的质量直接影响到对其进行分析所得的报告结果的可靠性，所以在此环节一定要采取各种监管措施，保证能收集到所要的全部信息，并保证信息的准确可用性。关于如何保证资料的准确性的问题，将在调研计划的监控措施中进行说明。

4.分析信息

分析信息是指对所收集信息进行分类、整理、比较，剔除与调研目的无关的因素以及可信度不高的信息，对余下的信息进行全面系统的统计和理论分析。

在进行该项工作时，首先，应审查信息的完整性，如所需信息并不完备，则需要尽快补齐；其次，应根据本次调研的目的以及对所收集信息的质量要求，对信息进行取舍，判断信息的真实性；再次，对有效信息进行编码、登录等，建立起数据文件库；最后，依据调研方案规定的要素，按统计清单处理数据，把复杂的原始数据变成易于理解的解释性资料，并应用科学的方法对其进行分析，得出调研结论以及可行性

建议。在分析的过程中，应严格以原始资料为基础，实事求是，不得随意扩大或缩小调查结果。

5.报告结果

报告结果是CIS形势调研的最后一个环节。撰写调研报告书，将通过调研所得的信息以及对其进行分析得出的结论以书面形式递交企业管理部门，它是调研完成的标志。调研报告是调研工作的最终成果，应该具有真实性、客观性和可操作性，能切实为管理层提供有用的信息和建议，为企业形象策划和导入CIS设计提供各种依据和参考。

（二）企业形象策划调研计划

制订调研计划是调研中关键的阶段，调研计划提供了调研工作的具体方案，指导着调研工作的顺利进行。其内容包括以下几方面：

1.确定调研目标

调研目标是在企业明确有关企业形象、CIS现存问题的基础上，有针对性地确定的。面对不同的问题，具有不同的调研目的。

例如，若企业人心涣散、行为不规范，则企业要分析造成这种现象的原因，并将其作为调研的目标；又如，若企业视觉形象混乱，也可以就此确定企业调研的目标。

2.确定资料来源

收集资料是分析问题的基础，问题不同，调研目标不同，资料来源可能也不同。资料来源有一手资料和二手资料两种。

（1）一手资料。它是指被调研者收集的、尚待汇总整理，需要由个体过渡到总体的统计资料，也称为原始资料或初级资料。

一手资料必须由企业进行首次亲自收集，作为本次调研专门收集的资料，它更详细、更富有针对性，但同时需要花费更多的时间和成本。一般通过实地调研、访问有关人员等方式获得一手资料，在收集一手资料时应考虑成本因素，重点收集与调研目标有关的重要信息，而对于一些可有可无的信息，则不必花大力气去收集。所收集的资料应由企业进行妥善保管，以便日后使用。

（2）二手资料。它是指已经经过整理加工，由个体过渡到了总体，能够在一定程度上说明总体现象的统计资料，也称为次级资料或现成资料。它与一手资料相比，具有成本低、获得速度快、能及时使用的优点，可以节省人力、物力和财力。

二手资料可以来自企业内部，也可从外部获得。对于CIS形势调研而言，内部来源有现有的企业理念、口号、制度、企业财务报表、工作计划、产品技术标准等，外部来源有公开出版物、有关主管部门文件、相关法规等。运用二手资料可以尽快了解到企业目前的公开出版物、有关主管部门文件、相关法规等。运用二手资料还可以尽快了解到企业目前的营运状况和在市场中的位置，如市场占有率的变动趋势、盈利能力等。但二手资料不可能完全满足CIS形势调研的需要，为了获得符合调研目标的资料，CIS调研人员在需要时还要收集更确切的一手资料。

3.选择调研方法

确定调研方法是指通过什么方式来收集资料，一般在CIS形势调研中经常会用到的有观察法、专题讨论法、问询法、实验法等，有些方法还可采取不同的方式，如问询法可采用电话问询、面谈、邮寄问询等。调研方法与调研目标、调研对象和样本组建的特点、调研人员的素质等有直接关系，同时每一种方法在回答率、真实性及调研费用上都有各自不同的特点。在确定调研方法时一定要根据实际情况，采取既适合于调研问题和目标，又具有经济可行性的方法。

（1）观察法。

观察法是调研人员通过观察被调研者的活动而取得一手资料的调研方法。在实际操作中，一般由调研人员采用耳听、眼看的方式或借助各种摄像、录音器材，在调研现场直接记录正在发生的行为或状况。观察法是一种有效的收集信息的方法，与其他方法相比，观察法可以避免让调研对象感觉到正在被调研，被调研者的活动不受外在因素的干扰，从而提高调研结果的可靠性。但现场观察只能看到表面的现象，而不能了解到其内在因素和缘由，并且在使用观察法时，需要反复观察才能得出切实可信的结果，同时也要求调研人员必须具有一定的业务能力，才能看出结果。

在CIS形势调研中，观察法常用于公众注意力调研，以了解和改进各种CIS视觉设计的对外传播；在分销商处观察顾客购买产品品种、数量，以掌握市场消费动向等。常用的观察调研方式有参与观察、非参与观察和磨损观察等。

①参与观察调研方式。参与观察是指调研人员直接参与到正在进行的活动中，直接与接受者发生关系，以收集接受者反应情况的一种方法。例如，要了解顾客对企业产品的态度，可让调研人员直接参与到销售活动中去，观察顾客的购买行为。

参与观察最大的优点就是可以深入细致地获得真实可信的信息，可以通过对接受者的一定刺激，来观察接受者态度和行为的变化，同时，还可以适当地询问，深入了解某些现象的原因，将观察法与问询法有机地结合起来。

参与观察调研方式要求调研人员具有所进行活动的相关知识、有良好的职业道德并受过充分的调查研究训练，这种收集信息的方法周期较长，费用开支也较高。参与观察一般适用于范围较小的专项调研。

②非参与观察调研方式。非参与观察是调研人员无须改变身份，以局外人的方式在调研现场收集资料的一种方式。非参与观察调研可用于一次性观察对象较多的调研。非参与观察要事先制订较周密的观察计划，严格规定观察的内容和记录的方式。如果没有明确的规定，非参与观察调研往往会发生观察资料不完整的情况。

非参与观察常常要求配备各种计数仪器，如录音摄像设备、计数仪器、计数表格等，以减轻观察者计数的负担，并提高信息的准确性和可信性。与参与观察调研相比，这种收集资料的方式对调研员的要求更集中于责任心方面，调研费用也较低。非参与观察适用于描述现状而不追究其原因的调研类型。由于非参与观察调研具有可以完全避免干扰观察对象、适用调研范围较广并具有弹性、对调研员的专业知识要求不高等优点，在实际中使用较为广泛。

③磨损观察调研方式。它主要应用在对企业营运状况如营销状况以及企业管理状况等问题的调研中，磨损观察调研是对并非发生在购买现场的市场信息的收集方式之一。与访谈调研方式配合使用时，可通过观察调研现场的用品及其磨损的程度，推测调研对象的消费习惯、消费水平等信息，以及某种类商品的消费使用、质量功能等情况。单独使用时，通过对大街上过路行人作实地观察调研，观察行人的衣着、用品、携带商品等情况，可以了解到商品款式、质量更新频率等信息。这种方法的最大优点是可以真实地收集到一些人们不愿说出或不易指明的信息，如消费习惯、消费水平等。

总之，观察法的优点在于它是一种非介入式的收集信息的方式，是直接获取第一手资料的方式，可以避免由于语言交流中的误解、暗示以及人际交往中感情等因素对于信息真实性的干扰，尤其是可以避免调研对象知道在被调研时可能产生的对真实性、可信性干扰的情况。观察法也有缺点，如不能深入探讨原因和动机，无法探讨调研对象的历史背景情况，对调研员的要求较高，调研费用也较高。在实际操作中，不管采用何种观察调研方式，都应制订详细的观察计划和观察清单，进行有目的、有计划的观察。

（2）专题讨论法。

专题讨论法是指邀请6～10人，在一个富有经验的主持人的引导下，花几个小时讨论某一个话题，如一项服务、一种设计要素等。主持人应保持客观中立的立场，并始终使话题围绕在本次讨论的专题上，激发参与者发挥创造性思维，自由发言，所以对主持人的素质要求较高。谈话应在轻松的环境下进行，从而得到较自然、真实的看法。

专题讨论法通常用于在进行大规模调研之前所进行的试探性调研中，它可以了解到企业员工与公众的态度、感受和满意的程度等。调研人员应避免将调研结果推广到所有的受众，毕竟这种方法的样本规模太小，很难具有完全的代表性。

（3）问询法。

问询法是指通过直接或间接询问的方式收集信息，它是一种常用的实地调研方法。问询的具体形式多种多样，根据调研人员与被调研者接触方式的不同，可以分为面谈法、电话问询、邮寄调研和留置问卷等方法。

①面谈法。它是指CIS调研人员同被调研者直接面谈，当面听取意见，收集大家反映的信息，询问有关问题的方法。通过面谈法，调研人员可以提出已经设计好的各种问题，收集比较全面的资料，同时还可通过被调研对象的回答表情或环境的状况，及时辨别回答的真伪，有时还可能发现意想不到的信息。面谈法需要调研人员有较高的素质、熟练掌握访谈技巧，并事前做好各种调查准备工作。面谈法可采取个别面谈的方式，也可采取小组面谈和集体座谈的方式。

个别面谈调研是指调研人员与被调研者面对面进行单独谈话的一种收集资料的方式。个别面谈方式有许多优点：调研员可以提出许多不宜在人多的场合讨论的问题，深入了解被调研者的状况、意愿或行为；记录的真实性可以当场得到检查，减少调研的误差，在取得被调研者的同意后，还可使用录音机等辅助手段帮助提高记录的可靠性；调研的灵活性较高，调研员可以根据情况灵活掌握提问题的次序，随时解释被调研员的疑问；拒答率较低。个别面谈方式也有缺点：由于需要一个个地进行面谈，调研周期较长，调研的时效性较差；调研费用较高，调研的质量容易受到气候、调研时间、被访者情绪等其他因素的干扰。个别面谈调研法一般只适用于调查范围小但调研项目比较复杂的调研项目。

小组面谈指将选定的被调研者分成若干个小组进行交谈，由调研人员分头收集信息，可以按调研对象的特点或调研的某个具体问题进行分组，每组3~5人。这样可以比个别面谈节省一些时间，同时也具有个别面谈的一些特点。

集体座谈指将选定的被调研者以开座谈会的方式收集意见，取得信息。集体座谈可互相启发、节省时间和费用，但参加人数较多，需要调研人员有较高的能力，充分了解每个参加者的意见。

②电话问询。电话问询是指调研人员借助电话，依据调研提纲或问卷，向被调研者进行询问以收集信息的一种方法。

通过电话问询，可以在较短的时间里获取所需信息，节省时间和费用，同时容易得到面谈法不易得到的调研对象的合作。但它也有一定的局限性，电话问询的时间不可能太长，调研项目要简单明确，所以调研的内容及深度不如个别面谈和问卷调研；调研过程中无法显示照片、图表等背景资料，无法对比较复杂的问题进行调研，电话调研的范围受到电话普及率的限制；由于调研人员不在现场，难以辨别回答的真伪，记录的准确性也受到一定影响。

采用电话问询时，由于时间的限制，多采用两项选择法对通话者进行询问，即要求被访者从两项要求中选择其一，这种方法可以得到明确的回答，便于汇总，但无法了解被访者的意见差别，在实际操作中还需要同时使用其他方法以弥补不足。

电话问询的主要特点是可以迅速获得有关信息，所以特别适用于调研项目单一、问题相对比较简单明确、需要及时得到调查结果的调研项目。

③邮寄调研。邮寄调研是指将设计印制好的调研问卷通过邮寄的方式送达被调研者，由被调研者根据要求填写后再寄回来的一种调研方法。

使用邮寄调研，调研样本的选择受到的限制较少，调研的范围很广泛，并可以节约调研费用。同时，由于只靠问卷与调研对象进行问询，可避免面谈中受调研人员倾向性意见的影响，也增强了调研的匿名性，可以得到一些不愿公开谈论而企业又很需要的比较真实的意见。

邮寄调研的缺点是回收率较低，对问卷设计有较高的要求，缺少调研人员与调研对象之间的交流，不能对回答的准确性和完整性进行有效控制，但是在调研过程中可以加大样本容量，从而抵消一部分由于低回收率造成的调查误差。

④留置问卷。留置问卷是指访问员将调研表当面交给被调研者，经说明和解释后留给调研对象自行填写，由调研人员按约定的时间收回的一种调研方法。留置问卷的优点是填写时间充裕，被调研者意见不受调研人员的影响，调研人员的经验差异对调

研质量的影响不大，可以对被调研者回答问题的完整性和可信性给予及时评价和检查，保证问卷有较高的回收率。与电话调研相比，留置问卷调研可以克服或降低调研时间的限制，因而适合较复杂问题的调研，其作为调研中收集资料的一种主要方式经常被使用。留置问卷调研的缺点是调研地域范围有限，调研费用较高，不利于对调研人员的监督管理，对调研人员的责任心有较高的要求。

上述四种收集信息的方法各有所长，在实际中进行具体应用时，应根据调研目的和要求，扬长避短，选用不同的方法组合，从而及时有效地取得所需信息。

（4）实验法。

实验调研方式是研究各因素之间因果关系的一种有效手段，它通过对实验对象和环境以及实验过程的有效控制，来分辨各因素之间的相互影响以及影响程度，从而为企业管理者决策提供参考意见。

实验法一般包括实验组和控制组或称对照组。在实际操作中，首先，应依据调研目的，确定实验环境和实验对象的分组，尤其要保证实验组和控制组之间的完全可比性。其次，应分别准确记录各组在实验期间的状况。最后，在对实验调研数据进行分析时应注意，要将实验组与控制组实验期间发生的变化加以判别比较。

通常情况下，增加控制组的数量，可以测定实验变量或因素与在实验期间个别有明显变化的非实验因素之间的相互影响程度；增加实验组的数量则可以更为精确地测定实验因素发挥作用的方式，或刺激强度不同而造成的不同效果。选用多少个组进行实验，通常要依据调研目标和预算约束而定。

实验法的优点是可以有控制地分析观察各变量之间的关系和影响，调研结果具有较高的可信度。它的缺点是只适于对当前情况的分析，不适于进行趋势分析和预测，费用较高。在CIS形势调研中，实验法通常用于进行改变产品包装等企业视觉设计要素以及行为识别要素的效果调研。

4.制订抽样方案

在进行CIS形势调研时，由于各种限制，不可能对所有符合条件的相关对象进行全部调研，如采用科学的抽样方案，就可以通过只对从总体中抽出的一部分个体作为样本进行调研，根据样本信息，推测总体的情况。在实际操作中更多的是采用抽样调研的方式，所以在调研计划中一定要对调研所采取的抽样方案进行明确规定。

抽样调研有许多优点，如工作量小、调研费用低、耗时较少等。但在实际操作中应特别注意要采用正确的抽选样本的方法，使样本能真正代表总体，并恰当地确定样本的数目，以便在符合调研要求的前提下降低费用。

抽选样本的方法有许多种，根据是否依照随机原则进行抽样分为随机抽样和非随机抽样，这两类抽样方法中又有许多不同的抽样方式，下面对常用的方法进行介绍。

（1）随机抽样。

随机抽样方式是按照随机原则组织抽样调查工作。其特点是以概率论与数理统计为基础，按照随机的原则选取调研样本，使调研总体中的每一个体都有相同被选中的机会，从而使样本更具有代表性。同时，应用随机抽样，可以依据样本值推算出总体值，并可计算出抽样误差的大小，在调查前就将误差控制在允许的范围内。随机抽样有三种具体方式，即简单随机抽样、分层抽样和分群随机抽样。

①简单随机抽样。简单随机抽样作为随机抽样的原型，是指在总体中不进行任何分组、排序等，采用纯粹偶然的方法从总体中抽取样本。例如，我们在平时常用的抽签法就是一种简单随机抽样方法：一个确定总体的所有分子代表物被装入一个容器中，打乱次序搅匀后从中抽取，每个分子都有相等的被抽中的机会。在这里，盛着所有分子代表物（姓名或代号的纸片）的容器就是抽样框。当总体较小时，用这种方法选取调研对象是很方便的。但是当总体较大时，这种方法很不方便，除了要花费很多时间给总体中每个分子作出代替性卡片外，还要找到足够大的容器，并保证搅拌均匀，使每个分子都保持一种相对独立的状态，这在实际使用时很不方便。特别是，我们往往可以拿到清楚完整地列有所有分子的清单，如某类单位一览表等，这时重新做卡片实属重复劳动，又容易出错，因而在调研中常用的简单随机抽样方法是利用随机号码表来进行抽样。

随机号码表是将0~9的10个自然数，按编码位数的要求，如两位或三位一组，利用特制的摇码器或电子计算机，自动地逐个摇出或用电子计算机生成一定数目的号码，将其编成表以备查用。表内任何号码的出现都有相同的概率，在抽取样本时利用此表可简化工作。

简单随机抽样的优点是方法简单，易于理解，直接从抽样框中抽取样本，抽取概率相同，计算抽样误差及总体指标比较方便。从操作程序看，简单随机抽样需在抽样前有一个代表总体的抽样框。当总体较小时，可利用抽签法；当总体较大且又能够方便得到一个有顺序号的清单时，可以利用随机号码表法。

尽管简单随机抽样方式易于理解，但由于实际调研时总体往往很大，逐一编号非常困难，并且在总体中个体之间差异较大时，抽取样本的代表性不如能够充分利用这些差异性的其他方法抽取样本的代表性好，所以在实际调研中很少单独使用。简单随机抽样方法在总体单位数量不大、市场调研对象难以划分组类或总体内个体的差异性较小且容易得到总体清单的情况下效果较好。

②分层抽样。分层抽样，就是先将总体按一定标准划分为若干层，然后在各层中随机抽取样本的一种方式，通过对总体进行分层，可保证样本的代表性。

分层抽样可以分为等比例抽样和非等比例抽样两种组织方式。等比例抽样要求各层次中抽取的样本单位数量的比例、在总体中抽取的样本单位的比例、该样本在总体中所占的比例保持一致，即在各层次中抽取样本数量的比例是相同的，在第一层中抽1/20，在其他各层中也同样抽1/20，这样加总的样本单位数量与总体数量的比例也是1/20。

等比例分层抽样易于理解和操作，可以保证样本结果与总体结构在选中的分类标准方面的一致性，因而提高了样本的代表性。其适用于各层之间虽有差距，但每层内部个体之间差异较小的情况。在实际操作中，如果各层次的数量差别很大时，等比例分层抽样就不适用。

非等比例抽样即不受各层次中抽选样本数量的比例相等的限制，根据实际情况和大数定理的要求，对有较大影响但数量较少的层次或类别分配给较大的抽样比例，而对数量较多的层次分配给较小的抽样比例的一种抽样组织方式。采用非等比例抽样方法，特别需要注意在进行统计分析时，一定要分配不同的权重给各个层次，以抵消抽样比例不同造成的误差。

总之，分层抽样比简单随机抽样更精确，能够通过对较少的样本单位的调研，得到较精确的推论结果。因为通过对总体的分层，划分出同质性较高的各个层次，减少了各层次内部的离散度。当调研人员选择的分层标志与其他特征标志有较强的相关性时，如在对公众进行调查时，调研人员采用年龄标志对总体进行分层，而年龄与其他变量如文化程度等高度相关时，采用分层抽样的优点就更加明显。

分层抽样与简单随机抽样方法一样，要求抽样之前必须具有完整的抽样框，这使分层抽样的应用范围受到了很大限制。尽管如此，在调查研究中，调研人员在可能的情况下，还是尽量采用分层抽样的方法，因为调研人员可以控制对抽样框的研究和整理，并且这种研究和整理可以减少抽样单位数量，提高调研的效率。

③分群随机抽样。分群随机抽样是将调研总体分为若干群体，然后以简单随机抽样方法选定若干群体作为调查样本，对群体内的个体进行普遍调研。分群随机抽样与分层抽样的区别是，分层抽样要求各层之间有差异性，各层内部具有同质性；分群随机抽样刚好相反，要求各群体之间保持同质性，每一群体内部个体间具有差异性。

分群随机抽样是在简单随机抽样基础上发展起来的。采用简单随机抽样，有时会因样本过于分散而导致调查费用过高。采用分群抽样时由于抽中的单位比较集中，调研起来方便、省时，节省人力、物力。但是在分群过程中，应注意分成的群体之间差异要小，以使被抽取的群体代表性强。如果分成的群体之间差异大，抽中的群体不能很好地体现总体属性，抽样误差就大。分层抽样适用于界限分明的总体抽样，分群抽样则在界限不清、总体中不同质单位多、不便于判定分层标准时采用，可以按照地域或外部特征将调研总体分成若干群体。分群随机抽样的一般步骤是先采用分群法，将总体分成若干群体，然后按简单随机抽样法选定群体作为样本，最后对选中的群体各子体进行普查。

在调研实践中，地区调研适合采用分群随机抽样法。从理论上说，采用分群抽样时，由于被调研单位相对集中而不能均匀分布在总体各个部分，准确性要受到一些影响。若调研总体是由一些情况大体相同的、比较复杂的群体组成，群内差异大，群间差异小，采用分群抽样法，可以达到提高样本代表性、节省费用的目的。

（2）非随机抽样。

非随机抽样是指抽样时不遵循总体中每个单位都有客观相等的被选中机会的原则，而是按照调研人员的主观判断或标准抽选样本的抽样方法。非随机抽样调研重视从样本值或特征推断总体特征，但这种推论缺乏精确的科学依据。在调研实践中，为了快速得到总体一般性质方面的信息，或对某一突发事件进行现场调研以及为进一步深入调查研究而进行前期试探性调研的情况下，适于采用非随机抽样方式选择调研对象。

下面介绍三种常用的非随机抽样方法：随意抽样法、估计抽样法和配额抽样法。

①随意抽样法。它是指为调研工作便利而随意选取样本的方法。例如，调研人员在街头向遇到的过路行人作访问调研，以了解公众对企业形象的某些看法；在大商场各层所进行的调研等，均属随意抽样调研。

随意抽样法最大的特点是可以调换调研对象，能够及时获得所需信息，省时、省力、节约调研支出，但抽样偏差无法控制，只能就调查样本本身得到推测性的判断。这种方式一般用于非正式的试探性调研。

②估计抽样法。它是依据调研人员对总体的认识等主观因素或调研目的等，从总体中选择调研对象的一种方式。其通常适用于总体中个体构成不同、样本数目不多的调研，如对企业管理状况进行调研，可以按经验选取企业分支机构中管理水平较高、一般和较差的不同部门作为样本，以调研结果为依据，综合评价企业管理工作中的经验和存在的问题。

按估计抽样法选取调研样本，符合调研人员的工作需要，样本调研结果的回收率高、简单易行，但通过主观判断抽取样本，样本的代表性完全依赖于调研人员的经验，容易出现误差。

③配额抽样法。它亦称定额抽样法，是指依据一定标志对总体分层后，从各层中主观地选取一定比例的调研对象的方法。配额是指对划分出的总体各类型都分配给定的数量而组成的调研样本。因而，配额抽样与估计抽样相比，加强了对样本结构与总体结构在量上的质量控制，保证了样本有较高的代表性。

配额抽样类似于随机抽样中的分层抽样，要求样本中包括总体中的各类，防止出现样本偏重于某一类型的取样偏差。但与分层抽样不同的是，配额抽样不需要样本结构与总体完全相等或具有已知的确切关系，具体的被调研单位的选择也是由调研人员在实施调研时才在给定的配额内主观地选取，其实质是一种分层的估计抽样。

尽管配额抽样不具备从样本推论总体的科学依据，但由于其注重样本结构与总体结构在量上的类似性，只要抽样设计完善，调研人员素质高，调研结果的可靠性和准确性在非随机抽样中是最好的，因而在调研中被广泛应用，特别适用于较小规模的调研。

5.行动方案

在确定了调研内容和目标，选取了调研方法和抽样方案后，便需要制订具体的行动方案，包括工作内容、工作进度的日程安排、工作进度的监督、对调研人员的考核等。

即使已经确定了调研的方法，在制订行动方案时还需要使其具体化，充分考虑到在实际操作中所需要的各种工具、工作量的大小等问题，只有将调研工作的具体细节体现在行动方案中，在进行调研时才会有据可依，从而使工作能顺利进行下去。

工作进度的日程安排，是指根据调研内容的多少和时间的要求，有计划地安排调查研究的进度，以便使调研工作有条不紊地进行。例如，应该何时做好准备工作，何时开始培训工作，何时开始并在多长时间内完成某一调研项目等。在进行CIS形势调研时，需要调研的项目一般都比较多，需要在制订行动方案时统筹安排，确定哪些调研需要首先进行，哪些可以同时推进等。

同时，在制订行动方案时应将对工作进度的监督和对调研人员的考核包括进来，只有建立有效的监督机制，将监督的任务具体到某个部门或个人，才能及时发现问题，克服薄弱环节，从而保证调研的质量，得到可靠的调研结果。

6.调研预算

企业在进行调研时，并非任意对所有调研项目进行大规模调研，调研费用应受调研预算的约束。企业应从本身实际状况和经济实力出发，选取较重要的调研项目进行重点调研，并给予较多的资金支持。

调研预算包括内容较多，如确定调研人员的酬劳、调研中使用器材设备的花费以及场所使用费等。在进行调研预算时，应严格按照工作的程序，计算出调研人员的工作量，参照平均薪酬水平确定酬劳，在这个过程中应对从事不同工作的调研人员进行区分，如访问员和统计分析人员的薪酬应不同。对于调研中所使用的设备等，应从实际出发，适于租用的就不用再购置。

在具体操作中，应进行细致的预算编制，将各种支出按日期和项目列在表中，从而形成一种有效的预算约束，对支出进行严格控制，避免浪费。在出现超支的情况时，及时分析原因，若是在编制时未考虑到的突发性事件引起的支出，应予以支付，若是不必要的支付，应及时改正。

7.监控措施

为了得到高质量的调研结果，必须针对调研中会出现的各类误差的不同来源，采取相应的控制措施，同时进行相应的监督。在CIS形势调研中常用的控制误差的措施有调研方案比较法、调研人员试访、问卷控制与调研控制相结合的方法等。

（1）调研方案比较法。它是针对在市场调研设计阶段容易出现定性类误差而采用的控制方法。通过对同一调研项目作出两种或更多的调研方案，可以使发生定性类误差的机会大为减少，从而为今后调研过程的展开奠定基础。

（2）调研人员试访。它是在调研人员培训时，进行实地试访，让他们到要去调研的部门或地方先试访一下，到分配给其任务的地域中去走一遍，从而增强调研人员的工作能力。通过试访，可以有效地减少遗漏项目或单位。

（3）问卷控制与调研控制相结合的方法。它是针对在调研实施中可能发生的调研人员弄虚作假的行为，在问卷中增加逻辑检查和调研人员必须到现场才能回答的问题的数量。

在采取了以上措施的同时，还应建立监督制度，设立专门的质量检查组织，规定抽查比例和工作程序等，对调研人员的工作质量和进度进行监督控制，保证调研工作的顺利实施。

二、企业形象策划调研队伍的设计与管理

（一）设计调研队伍

调研队伍的设计，主要包括设计调研队伍的目标、策略、结构、规模、报酬等五方面的内容。通过建立符合公司整体调研目标的调研队伍目标，制定相关的实施策略，并在调研结构、人员规模上合理安排，以恰当的报酬激励调研队伍，便能充分发挥其连接公司与各类公众的纽带功能，最大限度地获取有效的调研信息，从而使CIS调研任务顺利完成。

1.调研队伍目标

调研队伍的总体目标是以企业的调研目标为前提的，即通过全面调研，对企业运营状况包括财务状况、管理水平和行销状况作全面了解，对企业内部及外部的形象有系统的认识，并对同行业竞争企业的运营和竞争方面的优劣势进行识别。但调研队伍在每一项调研实施之前，必须确定具体的目标，规划调研的重点方向和标准，以避免空泛，通过对每一阶段目标的全面实施，以最终实现调研目标。具体而言，调研队伍目标涉及以下几方面：

（1）调研重点。调研重点的确定是调研实施的前提，也是调研队伍通过调研所要得到的结果。例如，获得关于企业理念的信息还是行为识别的信息，是否改变公司名称或标准字体、标准色，企业在同行业中的地位和形象等。只有确定了具体目标，调研队伍才有标准可循，而不至于将精力放在一些无关紧要的问题上。

（2）对象选择。调研队伍的又一目标即通过对内部和外部调研对象的筛选，以期在最短的时间内得到最优的结果。内部对象有企业领导人、股东、职工等，外部对象有供应商、销售商、金融机构、营销服务机构等，调研队伍需制定两类调研对象的比例，以及各自的重点调研对象及人数。

（3）资料收集。调研队伍必须明确对哪一部分对象的调研应获取哪一部分的信息，通过熟练的沟通以最大化利用调研对象的资源信息。如果了解到与本次调研无关，但对企业较为重要的信息，调研人员也应通过各种途径报告给企业领导者。

（4）信息服务。调研本身是一个双向沟通的过程，因此，调研人员在必要条件下应具备将企业理念、企业形象传输给各类公众的意识，以此为目标扩大企业美誉度和知名度。

调研队伍目标的设定和准确传达给调研人员是至关重要的，因为它不仅关系着调研任务是否能圆满完成，同时也决定着调研人员是否能成为企业形象的窗口，有效传递企业良好形象。明确的调研队伍目标是高效调研的开端。

2.调研队伍策略

调研队伍策略是指调研人员从被调研者处获取信息的方式，即调研人员在何时采用何种方法与被调研者进行交流、沟通。根据调研方式以及调研人员和被调研者的相互关系，调研队伍可以采用以下几种策略：

（1）观察法。这是指调研人员不与被调研者正面接触，只是作为一个旁观者，在

企业的办公室、车间、销售大厅、零售柜台等地方观察被调研者的行为，以作出其对企业形象的大致判断。

（2）一个调研人员对一个被调研者。这一般只用于访问企业内部决策者或者企业高层管理人员，以及企业大型经销商和大客户，信息往往具有代表性和权威性。

（3）一个调研人员对一群被调研者。这通常以座谈会的形式进行，以调研人员引导展开话题讨论；或调研人员提问，被调研者各自发表意见。在对企业内部职工、消费者、学生群体进行调研时都可以采用这种方式。

（4）一个调研小组面对一群被调研者。这种方式是将调研队伍分成几个小组，每个小组面对各自的被调研群体。被调研群体可以按类别划分，如分为企业高层管理人员群、企业内部职工群、经销零售商群、一般消费者群、学生群，也可以按地区划分，如分为北京地区、上海地区、广州地区等。每个小组负责各自那一群体和地区的所有调研任务。

（5）调研人员研讨会。它是指所有调研人员集中到一起，群策群力，探讨调研方法，总结调研成果，交流经验。这在调研工作开始与结束时是非常必要的。

在实际调研过程中，由于调研人员的缺乏，企业往往采用专职和兼职相结合的调研队伍策略，即调研队伍由专职的全日制调研人员和兼职调研人员构成，以灵活应对不同调研形式对于调研人员的要求。

3.调研队伍结构

调研队伍结构是对整个调研队伍的分工和安排。采用何种结构对调研队伍进行组织和管理，对于所获信息的覆盖面、可信度具有重要影响。

（1）地区型调研队伍结构。地区型结构是指按照企业产品所涉及的地区对调研队伍进行划分，以进行企业运营能力和企业形象两方面的调查。这种结构安排通常针对规模较大的企业（通常在各地分设销售网点），每一地区的调研人员（根据地区大小决定人数多少）负责对本地所有目标对象进行调研。这种结构有以下几个优点：

① 覆盖面广。企业可以依据不同地区消费者对企业的不同认知度进行总结分析，开发具有渗透性的企业理念，以此广泛传播。

② 避免重复。对不同地区分别调研，避免了对同一对象的重复访问，使信息可信度大大提高。

③ 节约费用。调研人员固定在某一地区，避免往返流动，使费用相应减少。但在使用这种调研结构时，应注意地区划分的差异性，可根据相关群体密度不同确定样本抽取比例。密度大的地区样本相应较大，才能使信息具有代表性。调研结束后，各地区应将资料汇总、统一，以便形成最终的调研报告。

（2）对象型调研队伍结构。对象型调研队伍结构是根据调研对象的不同划分调研队伍，将调研人员划分成不同的组，或规定不同的人员，让其分别调研一般消费者、经销商、供应商、企业内部人员、重要首脑人物等。这种调研队伍结构的优点在于：

① 信息准确。由于不同类型的对象均被调研，因此所获信息较为准确。

② 效率高。调研人员由于专门针对某一类被调研者进行调研，专业经验会越来

越丰富，从而能迅速完成调研任务，并尽可能挖掘有用信息。

③ 资料型调研队伍结构。资料型调研队伍结构是根据企业所需获得的资料不同划分销售队伍，可分派不同的人员分别收集企业内部资料、统计资料、咨询资料和实地调查资料。企业内部资料主要包括日常销售统计资料、各类财务资料、固定客户的信息反馈等。统计资料是指政府机构、专业信息机构的统计报告、调研报告等，以获取同行业和竞争对手的相关信息。咨询资料是对专业人士的意见和看法的信息总和，包括往来商户、企业内部负责人等。实地调查资料为广大消费者的信息总和。这种结构安排分工明确、任务清晰，便于人员之间的协调。

④ 复合型调研队伍结构。当企业产品覆盖面广，并在不同地区分设子公司、销售公司时，可将上述几种结构方式结合使用，以避免由于规模极大而仅收集到一些泛泛的信息。企业可按地区—对象或地区—资料划分，即先按地区分为小组，在同一地区内，又按对象和资料划分小组，或进行对象—地区划分等。

调研队伍策略与调研队伍结构在一定程度上相互影响，在设计时，应将两者结合起来考虑。

4.调研队伍规模

调研队伍规模的设计即确定调研队伍人数。调研队伍人数的多少取决于调研人员能力的高低和公司产品覆盖率的大小，适当的调研队伍规模可以在节约成本的同时实现获取信息的最大化。调研队伍主要有两大类：现成资料收集人员和实地访问人员。现成资料收集人数可根据企业内部资料和统计资料的多少来决定，一般为3~5人。实地访问人员的数量则应根据被调研者的人数、调查实施时间、调研人员的日调研人数予以确定。通过将总调研人数划分到各日，确定出每日调研队伍的总调研次数，然后根据调研人员的日均工作量，确定出调研队伍的人数规模。

调研队伍规模的设计除了上述两部分之外，还应考虑对临时调研人员的聘用，如招聘在校大学生，增加调研队伍的灵活性，以适应不同调研任务对调研规模的不同要求。

5.调研队伍的报酬

合理报酬的确定，是任何一个组织管理的内在要求。有效的报酬制度，能在对员工产生激励的同时实现企业的内部成本控制目标，使调研任务能有效完成。

（1）队伍报酬的组成。企业内部调研人员报酬的组成，通常包括固定数额、变动数额、费用津贴、福利补贴几个部分。

固定数额指在每个工资核算期间（通常是一个月）付给调研人员的固定报酬。固定数额是在开始聘用调研人员时，根据对调研人员的素质与能力的评价确定的。它一经确定，就不宜随意变动。这部分报酬可以满足调研人员队伍稳定性的要求，但它无法与调研人员工作的进度及工作质量的高低产生直接联系。

变动数额是指企业根据调研人员的业务量大小和业务进展的程度按一定的百分比付给调研人员的报酬。变动数额可以使用佣金、奖金和业务提成等形式，这也是对调研人员所做努力的激励和回报。它直接与调研人员的业绩挂钩，可以反映调研人员的工作业绩，但它会使调研人员产生不稳定的感觉。

费用津贴是企业付给调研人员为调研活动而发生的食宿费用、交通费用、娱乐费用等费用支出。

福利补贴通常是指付给调研人员的休假工资以及为调研人员代缴的养老金、医疗保险、失业保险等。

费用津贴和福利补贴可以为调研人员提供工作的满足感和安全感，使企业拥有一支相对稳定的调研队伍。

（2）企业对调研队伍的报酬政策。企业对于不同的调研任务、不同的调研人员采用不同的报酬政策，通过区分其报酬数额和报酬结构，以产生对调研人员的吸引力，实现组织的最优运作。企业的报酬政策主要受以下几方面因素的影响：

① 调研人员的市场价格。调研人员的市场价格即为市场中同等规模企业对于调研人员支付的平均价格，体现了竞争对手的调研队伍收入水平。这种市场价格往往由调研人员自身的能力和素质决定，因此往往是调研人员固定报酬的主要决定因素。以市场价格为参照，企业才能制定较为合理的报酬政策。

② 调研任务的难易程度。单独访问的难度高于现成资料的收集，而街面访问的难度又高于单独访问。因此，企业应根据难易程度不同的调研，制定不同的标准，以此作为变动数额制定的基础。

③ 企业自身控制的要求。企业规模的大小不同决定了其成本的规模不同，因此企业应依据自身的经济实力制定费用津贴和福利补贴的标准，对不同的人员实施不同的等级，以满足企业的成本费用控制目标。

除了上述因素外，企业还应制定一套有效的监督规则，以对调研人员的工作和业绩作出合理的评价。对于印刷资料收集人员，应以资料的准确度、全面度为基本标准，通过对比是否将事前目标全面完成，来衡量其工作质量。对于实地访问人员，可以用问卷的有效率作为评判标准。企业主管部门可通过回访等手段，实施对调查人员的监督。只有完善任务核算体系，企业才能进一步完善其报酬政策，以实现对调研人员的有效激励。

上述内容是针对专业调研人员的报酬种类和政策，若是兼职人员或临时人员，如在校大学生，其报酬构成只是变动数额和费用津贴两项。

（二）调研队伍的管理

1.招聘和挑选调研人员

调研工作完成的关键是选择有效率的调研人员。优秀的调研人员能够充分与被调研者沟通，以获得尽可能多的信息。因此，企业应首先明确优秀调研人员的标准，并按此标准进行招聘和挑选。首先，调研人员应具有冒险精神，勇于接受挑战。调研人员在实际工作中被拒绝的可能性极高，因此具有接受挑战的能力是首要条件。其次，调研人员应具有极强的自信心，这也是展现企业形象的根本要求。最后，关心顾客，能从消费者角度考虑问题，往往能形成良好的沟通。以上三条是优秀的调研人员所应具备的基本条件，但公司在选拔人员时，还可将事业心、敏感性、分析能力、工作作风等纳入考虑之列。

对于规模较大的企业，由于CIS的导入工作量大，任务长期而艰巨，因此往往招聘具有CIS专业知识的人员从事调研工作。而对于一般规模的企业，由于其调研队伍往往来源于企业内部的管理层、营销或公关部门，因此仅在内部挑选即可。无论是招聘还是挑选，企业应依照上述标准，按照以下方式进行：单独面谈、简短测试、综合测试。通过对个人素质和专业能力的考察，挑选出最佳人选。

2.调研人员培训

选拔出的调研人员只有在经过全方位的培训之后，才能熟练地运用各种调研技能，在短时间内实现与各类公众的良好沟通。对于人员的培训主要包括以下几个方面：

（1）企业自身情况及所属行业的培训。调研人员只有在对企业情况十分了解的情况下，才能在短时间内实现对企业运营状况、企业理念、企业标志等问题的市场调研。具体而言，这类培训包括以下三部分：

① 对企业基本状况的了解，包括企业的历史、目标、组织机构、主要负责人、财务状况、产品构成和有关简单技术等。

② 对企业主要竞争对手状况的了解，包括竞争对手的策略、企业理念、企业行为识别、标志识别等。

③ 对企业所处行业的了解，包括行业发展趋势、行业中企业数量及规模、竞争态势等。只有充分、全面地了解企业及行业状况，调研人员才能在调研过程中快速有效地挖掘有价值的信息，使其富于创造性。

（2）对于市场调研技能、技巧的培训。其包括：

① 印刷资料收集的技巧，包括选择收集对象、收集途径、收集方式等，目的在于在尽可能短的时间内收集到全面系统的信息。

② 调研程序培训，包括时间的分配、费用的安排、地点的先后排列等。

③ 调研方式技能，是指与被调研者的接触方式、提问技巧、追问方式、言行举止等，这是所有培训的核心和重点，通常成为树立企业形象的又一窗口。

（3）对临时招聘人员的培训，主要对招聘人员进行调研方式和技能的培训，通常比对公司内部人员培训更为细化和详尽，包括调研目的、调研背景说明、调研方式、样本比例的分配、调研纪律等。一般培训结束时，兼职人员可进行试访，对象是企业内部人员，以便于对调研程序、内容的进一步熟悉和调研举止的改进。

（4）培训的方式依据企业的经济实力不同而有所不同，往往包括人员的口头培训、角色演练、培训软件的使用等。企业往往综合运用多种方式，以达到最佳培训效果。

3.调研人员的指导

在CIS形势调研中，由于调研涉及面广、内容多，而且往往涉及一些CIS的专业知识，单个的调研人员不可能胜任所有的调研任务，因此应在每一项任务开始前予以指导，制定必要的标准，以便于调研人员贯彻实施。具体标准有以下几类：

（1）制定调研对象的访问标准，包括确定合适的日访问人数、不同对象访问时间长短等，以使调研人员在调研过程中把握访问度，有标准可循。

（2）有效支配时间，包括安排访问路线、分配访问时间、确定访问日程等，以在节约费用的同时争取最有效地进行调研工作。

（3）调研人员在出访前，还应给予其顾客流量、市场状况等方面的指导，并提供各种先进的信息传递工具，包括电脑、手机等，以提高调研信息的传递速度。

4.调研人员的监控

对调研人员的监控是指建立一套完善的监督机制，以保证在恰当激励的基础上，调研工作按计划高质量地完成。有效的监控体系有助于对调研人员业绩的评价，从而形成有效的绩效—回报—激励—努力—绩效的良性循环。具体措施可分为事中、事后、日常三部分。

（1）事中监控。这主要由项目负责人负责，由企业领导不定期抽查。负责人一般进行现场工作，对随时可能出现的问题进行解决处理，同时也对调研工作情况、工作质量进行现场监督。

（2）事后监控。通过对行动计划与结果报告的对比，以及通过报告中的一些关键指标，如每天有效访问次数、每次访问时间、每次访问费用等，考察调研人员对目标的实现程度，以奖励或惩罚措施对调研人员实施监督。同时，企业还可进行调研人员之间的对比、调研前后各期的对比，对调研人员进行全方位的评估，以此作为奖惩的依据。

（3）日常监控。调研人员要随时反馈信息，企业另派人对调研对象进行回访，与调研人员随时沟通，通过各种渠道获取有关调研人员工作质量的信息等。

对调研人员的有效监控，必须建立在一套完善的激励措施之上，只有二者相互协调配合，才能使调研人员接受并得以顺利实施。

三、企业形象策划调研分析与报告

（一）企业形象策划调研资料分析

1.整理

资料的整理是指将收集来的资料进行科学的加工、综合，使之系统化的过程，资料整理工作一般有审核、分类、编码、汇总、编制统计表五个程序。

（1）调研资料的审核。这是资料整理加工中的首要环节，主要审查通过问卷或采访收集到的资料是否准确、合乎客观实际，资料与资料之间是否相互矛盾，调查资料的收集是否完整、全面，问卷回收率与项目回答率是否合乎要求等，发现问题就及时纠正，以保证资料的高质量。

（2）资料的分类。这是指对资料按某一标志或几个标志进行分组，划分为若干部分，在选择划分标准时应根据分析研究目的，选择关键的标志和较好的方法来进行分类。如果调研是有计划、分类分组完成的，则对资料的分类就比较好进行了。在实际操作中，如有可能，应尽量使用表格，以便于分类及以后的编码和汇总工作的顺利完成。

（3）资料的编码。这是指对需要整理加工的资料，按分类的先后顺序对各类进行编码，而后在每一份调研采集表格的有关项目上标明所属分类的号码。这是为后面的汇总做准备，以便于进行核对和查找。

（4）资料的汇总。这是指对各项指标分别进行汇总。

（5）编制统计表。在分类与汇总整理的基础上，编制统计表，为进一步的研究分析工作提供系统化的基础。

2.统计分析

实际上，在资料的加工整理及列表中，已暗含着某种分析机制。所谓统计分析，是根据已整理好的调研资料进行有目的的系统分析。

就分析内容来看，在CIS形势调研中常常立项进行分析的有识别性问题、统一性问题、形象值侧重问题、认知度与美誉度问题及形象管理的有效性问题等。

（1）识别性问题。通过对调研资料的系统整理，判断该企业的各形象因素是否具有鲜明的个性，给人以美好的、深刻的印象。如果识别性不强，其原因是什么，总体形象是否有问题，设计因素是否落于俗套，诸形象项目有无不协调的现象等。

（2）统一性问题。以识别为目的的诸形象项目之间，必须具有个性的一致性，否则便失去了企业形象的表现效力。如果企业的总体形象与各基本设计因素的特性、风格不同，企业经营理念与品牌形象相矛盾，企业就难以树立统一化、整体化的形象。

（3）形象值侧重问题。不同行业的企业形象值有不同的侧重，如是侧重于外观形象还是侧重于技术形象，抑或是市场形象，企业形象系统的表现侧重点必须与企业的行业特征相一致，否则将不利于企业的发展。

（4）认知度与美誉度问题。企业形象认知度与美誉度的高低直接体现了企业形象的好坏。对认知度及美誉度的调研数据可以提供直观的结论，我们可以在调研总体与抽样单位的范围内确定认知度的百分比和美誉度的值。

（5）形象管理的有效性问题。通过对企业形象的应用设计因素的审查，以及对总体形象有关项目的调研结果的分析，会发现形象管理的现状与问题。

在对所收集的资料进行统计分析时，需运用许多统计的方法，现就经常使用的几种作简单介绍。

（1）绝对分析和相对分析。绝对分析主要用于绝对数之间的比较，如企业本月销售额和上月数额的比较。相对分析用于对相对数的比较分析，如企业在形象改变后认知度的变化等。

（2）序时分析。序时分析主要用于趋势变化的分析，即某项数值随时间变化而变化的规律和趋势的分析。

（3）因素分析。如果在调研中发现一个变量是由许多因素共同影响而决定的，就需要运用因素分析，确定其中哪些因素是主要的因素，如何对因变量产生影响，作用的程度如何等。

（二）企业形象策划调研报告写作

1.报告结构

调研报告书通常由标题、导言、正文、结尾四部分构成。

（1）标题。CIS专案调研报告书的标题，分单标题和双标题两种。单标题只有一行，比较严谨，如“×企业CIS形势调研报告书”“关于×企业营运状况的调研报告”“关于×企业形象识别状况的调研”等。双标题包括一个正标题和一个副标题，借设问、对偶、比喻、顶针等修辞手法增强标题的形象性，如“企业形象识别系统的问题何在——×企业CIS形势调研报告书”。无论采取什么样的标题形式，都必须简洁、明确、醒目地表达报告主题，切忌华而不实，弄巧成拙。

（2）导言。导言又称作引言或内容提要，它一般包括两部分内容：其一为简述本次调研活动的一般情况，包括调研的动机、调研内容范围、目标、时间、地点、调研单位、调研方法与步骤等；其二是概述本报告书的主要内容、核心观点，可按现状总结主要问题与提出总设想，表明调研人员的观点以及结论。

导言要求简明扼要、条理清晰，具有概括性。导言具有导读效果，为理解报告打下基础，并增强报告的真实感、强调核心内容，使读者在读正文前，先有一个总体上的印象。示例如下：

导　言

X公司始创立于×年，现计划进行企业形象策划和导入CIS设计。为了给企划创意提供坚实的基础，CIS专案组于×年×月×日至×年×月×日在×地区对该企业的外部环境、营运状况、形象识别系统进行了系统的调研，调研对象包括企业的内部员工、外界相关单位以及同行业竞争者，完成问卷×份，采访×人次。在调研资料基础上，专案组人员进行了为期×天的资料整理及分析工作。

X公司目前营运状况基本正常，形象建设已有若干准备。但问题是，收益性与成长性不平衡，市场占有率高于形象占有率，企业标志含混，视觉要素缺乏现代感与国际风格。企业形象策划和导入CIS设计的重点应为：加强该企业的基本设计因素的识别性与现代国际风格……

（3）正文。正文是调研报告书的主体部分，着重反映调查分析的成果，包括典型的事例、确凿的数据、合理的分析、明确的判断以及令人信服的结论等。正文一般可分为三个部分：第一部分是企业环境状况的综述；第二部分为企业营运状况调研结果的综述；第三部分是形象识别系统调研结果的综述。正文的写作要求各部分既要条理清晰，又要相互联系、相互照应。

① 企业环境状况的综述。这一部分主要通过了解企业所处外部环境状况，分析企业的机会点与问题点，总体形势如何，指明企业形象策划和导入CIS设计的必要性和应注意的问题等。

② 企业营运状况调研结果的综述。本部分主要采用企业内部已有的资料，分析企业面临的生产状况、营销状况、财务状况、人力状况和管理状况等，把握企业基本状况，判断企业形象策划和导入CIS设计的可行性，即企业是否已具有条件进行CIS

的导入。营运状况的分析以总结为主，以事实为基础，用数据说话，不应过于烦琐。

③ 企业形象识别系统调研结果的综述。企业形象识别系统调研内容的陈述要相对较为详尽一些，它与企业形象策划和导入CIS设计的关系更为密切、更为重要。这部分内容的陈述重点一般有以下几个方面：

第一，认知度。其包括报告企业认知度和品牌认知度。报告企业的认知度，其统计结果首先应包括本企业的形象认知度、相关竞争企业的形象认知度，比较说明绝对认知度与相对认知度，并根据调查对象的性别、年龄、职业、职务、区域等属性比较其认知度的差异。其次，有关认知途径的情况，诸如接受契机、传播媒体应该做综合分析与说明。再次，对于企业的行业形象特征、规模形象，也应作出综合分析与比较说明。最后，报告品牌认知度，主要介绍品牌形象比较调研的结果，说明品牌的识别程度，是否存在误认的情况或潜在可能，如存在，应说明可能引起误认的原因。

第二，企业基本形象与特殊形象。关于企业基本形象项目的调研情况，要提供详尽的分析说明，同时还要揭示其相互之间的结构关系，以识别性与统一性为尺度衡量其功能与效力，提出问题。特殊形象的调研结果必须说明该企业的个性及构成形象整体的具体因素。这就涉及企业形象认知度中的基本形象与特殊形象之间的关系分析。在调研报告中，可对具体形象因素的运用状况进行多变量的解析，揭示该企业形象的内在构成形式与形象好坏。

第三，设计因素。对于基本设计因素与应用设计因素，应作出详尽的分析说明，并收集在企划阶段可能参考到的视觉项目，逐一分析并提出可行性建议。

这部分的报告内容应该根据事实描述、统计分析、揭示问题与提出建议四个层次逐步展开。

（4）结尾。结尾是上述调研报告陈述内容的结论。通过对全文进行总结，深化主题，并提出问题、引发思考。调研的结束是企划的开始，创意的灵感往往就产生在调研过程中。所以，调研报告书的结语一般应根据调研结果对企业形象策划提出建议，如从营运到形象建设存在什么问题，有何建设性的CIS建议，企业现有的形象要素中有哪些可以利用、哪些势必进行改革等。

2.报告写作原则

企业CIS形势调研报告书是总结调研结果并提出合理性建议的书面材料，需要上交企业管理者，所以在写作时应注意要表述得体，切实通过分析得出合理结论。一般说来，报告书的写作应遵循以下原则：

（1）真实性原则。真实性原则即调研报告应以事实为基础，以数据为依托，调研报告要建立在真实可信的资料的基础上，进行客观分析，反映事物的真实情况，不得更改统计数字、随意夸大或隐瞒事实。

（2）明晰性原则。明晰性原则指调查报告的内容必须条理清楚、简单扼要、观点明确。它要求调研报告从内容到语言都具有高度的确定性，在用词时不应出现“大概”“可能”等字眼，内容表述所用文字应准确，技术名词应解释清楚，让读者明白其确切含义。

（3）可操作性原则。可操作性原则要求调研报告所提出的建议应具有合理性，在企业目前状况下可有条件地采用，所建议的措施切实可行，否则调研报告就失去了其本身的意义。

（4）重要性原则。重要性原则指调查报告在写作中必须突出重点，着重分析与企业形象设计有关的各因素，对存在的重要问题进行细致分析，并提出与之相关的措施。

第二节　企业形象策划的执行程序

一、CIS执行流程

（一）执行流程的步骤

CIS的执行流程，即执行程序，是指在企业确定采用CIS战略之后，为了较为规范地执行战略决策而进行计划工作的先后步骤。如何制定以及执行适合公司的CIS程序呢？一般来讲，每个公司的CIS执行流程，因为本企业的特性和将要解决的问题的特点而有所差异，但是原则上可以把CIS执行流程简单划分为三个步骤：调查→企划→实施。

1.做好准备工作

展开调查之前必须做好一系列准备工作，包括：①正式组建CIS战略的策划机构，如CIS委员会，针对企业实施CIS战略的意义、战略的最终目的，进行充分慎重的讨论。②明确CIS计划的性质，是改良性还是革新性的。改良性质的CIS计划，仅限于企业标志、造型等VI层面上的改良。而革新性质的CIS计划将就本企业的经营理念进行深入探讨，其结果是重塑企业形象。接下来是对企业所处的内部和外部环境进行调查分析。内部环境调查的重点是，CIS委员会与企业最高领导层、部门负责人、基层员工代表直接交流，掌握企业内部对CIS战略认知的第一手资料。外部环境调查的重点是，通过对企业所处的市场环境和市场中竞争对手企业形象的调查分析，确认企业在业界的地位。

2.作出企划方案

在上述调查分析所获资料的基础上，配合基本思想，结合企业现状，根据政策方向和表现重点提出构想，同时为了利于实施作业，要明确指出具体可行之道，从而作出最理想的企划方案。企划方案主要包括企业理念定位、行为识别系统设计、视觉识别系统设计等。

其中最核心部分，即理念定位的内容涉及企业哲学、经营理念、企业精神、价值观、经营方针、经营风格以及企业形象标语和口号。需要注意的是，理念定位应从中、长期阶段性发展的角度出发，在一定程度上体现出对本行业发展趋势的前瞻性，结合目前企业综合实力和市场定位，从而确定与企业发展相适应的企业理念。诚如IBM营销传播副总裁利萨·贝尔德（Lisa Baird）所言："我们战略的核心是建立一种对IBM的认知，公司不仅仅是全球最大的技术公司，而且也是全球最大的商业咨询公司，我们是一家不一样的公司。”随着2004年IBM品牌战略的改变，公司广告也使用了“随需应变”的标语，这是将IBM描述为问题解决者，而不是特定的电脑服务的提供商。

行为设计中的“行为”是指企业的有形活动，即通过企业的宣传教育、管理培训以及根据媒体特性进行设计最终达到规范化、统一化和标准化。视觉识别系统设计，是指通过直接的感觉形象传递出有关企业理念的信息。这两部分的具体内容我们在前面已作过详细陈述，可参照前面章节的设计部分。

3.付诸实践

前期的研究工作所获得的成果要付诸实践，即进入了实施阶段。实施阶段是根据企划内容，以新思想为基础而开发出新的识别系统，并且将此新系统向公司内外发表。实施是一个持续的过程，主要包括CIS手册的编制、CIS的发布和执行机构的推动工作等。其中CIS手册的编制和发布在下面将作具体阐述。

（二）计划阶段注意事项

企业形象策划和导入CIS设计有其预定的实施期限，且包括许多复杂的项目，必须循序渐进，才能得到合理的结论和优秀的视觉系统。此外，为了达到企业目的，在计划阶段应注意如下各项：

1.不可行事仓促

在公司确认CIS的导入方针后，实施成果阶段前的期间内，稳妥地安排好准备工作，机械地仓促排定计划，反而会产生反面效果。某些公司的总经理或高级主管，为了配合公司周年纪念日的庆典，强硬地在排定的期限内勉强订立流程计划，而事实上在期限内需要处理的事项非常多，诸如确定方针、公司名称、企业标志和基本设计系统，对外发表，适用设计的相关事宜等。如果仅仅为配合周年庆典来发表CIS，计划在仓促的时间内完成如此大的工作量，极易把原计划表变成一份难以执行的、不能实现的废纸。另外，设计开发作业的时间也不可太仓促。在CIS的设计开发作业中，最重要的是在基本设计开发期间由参加设计者充分地加以检查。在设计开发作业的最初阶段中，为了让大家能提出优秀的构想、做设计造型的探索等，就要安排充分的检查时间；之后，在进入实际作业时，也须有足够的时间，不可订立机械性的不合理计划，强迫工作人员仓促赶工，使得实施作业困难重重。

2.注意作业的逻辑性

一个深思熟虑的CIS方案，包括CIS的计划过程、背景和实施的成果等，都需要在对内和对外发表时，注意各个工作环节之间的配合衔接问题，作业流程既要紧凑、有效率，又要合乎逻辑性。其中，推进CIS时，针对公司现状的调查分析和在调查分析基础上作出判断的过程，绝不能盲目赶工，否则会丧失本公司对内部员工和外界人士的说服力，日后也难以解释清楚，导致CIS作业成效不明显。因此，一定要重视逻辑性而循序渐进地作业，使各项工作有条不紊地进行。

3.变更公司名称、品牌时，谨慎办理相关法律手续和行政手续

变更公司名称需要通过股东大会的决议，更新品牌也必须办理有关商标权的法律手续。这些问题有程序上的要求，但常常被忽略，有时会对企业形象和营销活动产生很大影响。例如商标权的确定，一旦办理过程中出现问题，将会耗费很长时间。因此，对于耗时的作业，事先必须考虑周详，才能制订出实用性强的CIS计划。

4.发现CIS计划不合理时，应及时调整或修改

CIS计划的流程安排必须考虑前后作业间的关联性，因为前面的作业结果必然会影响到下一步作业。根据调查结果，有时需要安排追加调查，有时会产生需要变更公司名称的情况；有些设计须先做各种测试，或重新进行设计开发作业。需要纠正“一步到位”的想法，因为绝不可能一开始就制定出完美的流程图。因此，如果发现计划中存在不合理之处，应重新编制流程图。相关的负责人员应考虑到实际状况，出现必须调整或修改的重要作业时，应及时地制订合理的新计划。

CIS没有固定的模式，重要的是适合企业，适时、适地，适合市场背景和社会背景等。日本型CIS偏重公司内部的建设，试图整合全体员工的工作意识，确立企业的经营理念。对于中国大部分企业来说，企业员工素质不一，不能全部照搬日本型CIS模式，日本型CIS比较适合我国国内的私营企业、三资企业。美国型CIS主要用于外部宣传，是侧重以行销为导向、以最终消费者为诉求对象，对公司形象加以包装的宣传策略。其整体作用可能不如日本型CIS，但它却更适合目前中国的大部分企业。

无论导入什么模式的CIS，只有把企业问题解决了才是最好的CIS。CIS策划人首先要正确定位自己的角色，将自身视为解决问题的人；要把CIS当作是一件武器，企业需要的是解决问题的办法。

二、CIS执行流程表

为了能够对CIS执行流程的具体作业内容有清晰的印象，下面介绍中国台湾地区刊行的《CIS推进手册》中罗列的流程表模式。

1.CIS计划的开始和确认

（1）有关导入CIS的企划被批准，CIS计划的实行正式地得到公司内部的承认。

（2）公司内部与CIS有关的主管和其他相关人员切实执行确认作业。

（3）与公司所委托的机构订立基本契约。

2.CIS委员会等的设置

（1）设置CIS委员会。

（2）选定委员会负责人和事务局负责人。

3.体制检查

（1）以CIS委员会为中心，检查有关CIS的期待成果和现状问题。

（2）如有必要，应通知相关单位来参与讨论。

4.说明表

（1）请公司内部的主要员工记下有关CIS的现状问题，以及对CIS的期待事项。

（2）收回说明表，经过分析后再加以整理。

5.体制整理，CIS导入方针的确认和决定

（1）以体制的检查结果和说明表等为基础，整理CIS体制。

（2）使CIS计划的推进方针明确化。

（3）如有必要，可设置执行委员会来协助。

6.实地考察事业部和流通部

（1）确实施行对外界人员的方针确认作业。

（2）为了让所委托的机构了解公司情况，可安排他们到本公司的事业部和流通部进行实地考察。

7.公司内部的信息传递活动

（1）唤起公司员工的CIS意识，进行内部启蒙教育，使之成为企划信息的传递媒介。

（2）发行“CIS消息”等刊物，进行公司内部的启蒙活动，并分别举办各层级员工的说明会。

8.调查体系的企划

（1）根据体制并以客观地调查企业形象的实态为目的，确定调查对象、调查方法、调查理论。

（2）确认调查方针。

9.调查设计、调查对象和方法的确定

（1）选定调查对象和方法，具体进行有关调查问题和问卷的设计。

（2）事先预估调查作业，选择适当的调查机构。

（3）确认调查作业的概略计划表。

10.选定调查机构

（1）与选定的调查机构订立契约。

（2）确认调查顺序、内容的明细计划表。

11.调查准备

（1）根据调查计划进行准备工作，如取样、印制问卷、分配调查工作等。

（2）调整并事先约定访问对象。

12.实际调查

（1）确实履行公司内、外部环境的调查作业。

（2）整理收回的调查问卷，安排统计分析作业。

13.调查结果的统计分析

（1）完成定量调查后，根据调查资料进行统计分析。

（2）收集定性调查结果资料，并加以整理。

14.项目的提供

（1）根据项目的需要，设计问卷调查表。

（2）将有关项目提供的方式和期待计划立案。

（3）整理项目收集的结果。

15.视觉审查

分析原有的识别系统和识别要素，进行设计的视觉审查。

16.访问负责人

（1）直接访问负责人，了解其意向。

（2）向企业负责人请教其企业理念，以便了解公司未来的活动方针，以及探索有关视觉问题等。

17.解析调查分析结果

（1）以调查结果为基础，解析这些资料所显示的意义。

（2）找出公司目前形象活动中的问题点，借以探求未来的正确方向。

18.制作总概念报告

（1）根据调查的综合整理结果，构筑CIS概念。

（2）关于企业思想、将来的企业形象和识别问题等，经过充分检讨并作出结论。

19.总概念的发表

（1）对公司高级主管阶层（或董事会）说明总概念。

（2）审议总概念提案内容，决定施行方针和内容。

20.企业理念体系的构筑

（1）根据总概念的执行方针和内容，探讨表现新企业理念体系的问题。

（2）由高阶层主管决定公司新理念的表现内容，加以检讨后并正式通过。

（3）完成CIS计划，接受新管理系统的业务。

21.企业识别系统的再构筑

（1）根据总概念和新企业理念来决定公司名称以及有关标志和个别标志的问题。

（2）企业识别系统的再构筑作业完成后，争取公司内外的认同。

22.变更公司名称、称呼

（1）决议变更公司名称后，先选出几种新名称，经过研讨再决定新公司名称。公司称呼的变更方式亦然。

（2）办理必要的法律手续。

23.制作CIS设计开发计划书

（1）根据总概念和变更公司名称的结论，整理出设计开发条件。

（2）如果须依赖外界设计，应先制作《设计开发要领》或《设计开发指引书》。

24.设计助理人员的挑选，订立契约

（1）挑选负责CIS设计开发的设计家或设计公司。

（2）必须按照《设计开发要领》的规定，与负责的设计家或设计公司订立契约。

25.选定设计家

选定设计家后，应提示结果的开发条件标准，并说明各种有关设计开发的问题。

26.介绍设计基本形态

（1）设计家完成以基本要素为中心的设计基本形态后，必须呈送给CIS委员会和董事会。

（2）审议设计方案。

27.设计测试

如有必要，可指定受测对象，进行新设计基本形态的反应测试、视认性测验。

28.法律上的检定

（1）检定商标、标志这类设计案。

（2）办理商标登记等必要的法律措施。

29.决定设计基本形态及精致化

（1）从几个基本形态设计案中，经由讨论而选定企业的设计基本形态。

（2）由几位设计家对选定的设计案，进行造型精致化作业。

30.制定企业标语

（1）制定企业标语，作为基本设计要素的一部分，也可在公司内部公开征求意见。

（2）企业标语确定后，应列入设计系统中。

31.基本设计要素及系统提案

（1）以设计基本形态为中心来开发基本设计要素，说明设计系统的提案。

（2）以基本设计要素的组合为中心，经由讨论决定设计上的规则。

32.基本设计手册

（1）编制基本设计手册。

（2）印制基本设计手册。

（3）复制用的清样制作完成。

33.对外发表计划

（1）计划设计开发后的对外发表。

（2）关于方针、时期、方法、费用等问题，做好发表的计划。

34.公司内部的信息传递计划

（1）计划设定有效的诉求方式，将CIS的成果有效地传递给全体员工。

（2）信息传递的方针、时机、方法、顺序、资料、费用等，都要有周详的计划。

35.应用适用计划

（1）开发的新设计，如何使之在具体项目里展开适用？此点必须详细计划。

（2）适用计划的方针、时机、方法、费用等，应安排妥当。

（3）整理新设计各项目的应用条件。

36.应用设计开发

（1）使基本设计具体地适应于应用项目。

（2）进行应用设计开发。

37.应用设计手册

（1）编制应用设计手册。

（2）印制应用设计手册。

38.新设计的适用开展

按照新设计的项目，配合应用适用计划进行实际制作。

39.企划制作公司内部的用具

（1）制作公司内部信息传递用的用具。

（2）制作公司内部信息传递用的概念手册。

40.对内发表

对内发表CIS成果，实施员工教育。

41.对外发表

（1）对外发表CIS成果，以及企业思想和企业识别的变化等。

（2）发行报道CIS信息的刊物。

（3）利用广告媒体来公开发表活动。

（4）通知各交易对象。

42.CIS相关计划的推行

对于CIS的相关计划，必须考虑其应用问题以及在公司内部有效的推行方法。

43.CIS管理系统的施行

（1）确定施行CI设计的管理维持作业系统。

（2）决定CI相关计划的结束和继续管理问题，建立新企业的开发管理系统。

三、CIS的发布

设计工作完成之后，进入CIS战略实施阶段，第一步工作是向社会公众发布CIS成果，即向企业内部员工传达设计成果、向企业外部公众传递企业形象信息。因此，企业CIS发布分为对内发布和对外发布两部分。

（一）CIS对内发布

1.对内发布的基本方针

对内发布CIS成果，首先要求企业全体员工从整体上认识并理解本企业CIS战略，也就是达到系统接受、全方位认同的程度，以保证企业沿着CIS的基本指导方向发展。为了保证发布效果和CIS目标的实现，必须遵循以下基本方针：①企业理念识别系统方面，要求将企业理念牢记在心，从意识深处去接纳，从行为表现上去遵从；②企业行为识别系统方面，要求企业员工积极参加企业的对内、对外各项活动，重点是企业行为识别系统的落实工作，并严格按照企业的统一标准规范其行为；③企业视觉识别系统方面，要求企业全体员工正确理解并认同企业的视觉识别系统，通过自己的言行，以人际传播的方式向社会公众传递其精神和内涵。

2.确认对内发布的基本内容

CIS对内发布的目的，是让企业全体员工全面了解企业的CIS战略规划和企业未来的发展方向，使CIS彻底贯彻落实。因此，为了深刻了解全盘计划，需要具体确认以下几个方面的内容：

（1）CIS的现状，指从理论上明确企业CIS战略的性质，在掌握国内外同行业CIS

运作情况的基础上，举例说明实施CIS的原因和对企业的意义。

（2）宣布本企业CIS计划，主要包括说明本企业运作CIS的基本程序、设计开发情况和实施管理方法，还有实际作业的过程，员工应了解并接受推行CIS的计划。

（3）强调CIS战略与企业员工的关系，全体员工的整体精神风貌和共同行为构成了企业形象，员工日常的一言一行直接关系到企业的CIS，因此要求在心理上做好实施该战略的充分准备。

（4）企业新理念识别系统，详细介绍企业的新理念系统的内容，将其基本内涵，包括企业精神、经营宗旨、企业价值观和企业使命等系统地传达到各级员工，由此指导员工落实计划的行为。

（5）企业新行为识别系统，详细介绍企业的新行为系统的内容，将企业的各项规章制度通过发布员工手册、岗位手册和营销手册等，对其内涵作出准确的解释，并使员工在各项活动中严格按照这些行为依据行事。

（6）新标志，详细介绍企业新标志的内涵和象征意义，要求员工在感情上认同，增强企业凝聚力。

（7）明确企业外观形象和识别形象。外观形象是指企业的环境建设、产品外形、包装和商标，企业全体员工的整体表现等。识别形象是指企业视觉识别系统的全部基本要素和应用要素，员工在这两方面要有自我理解性的形象说明，以增加推行CIS的力度。

（8）统一的对外的介绍方法。公众询问企业的CIS计划时，必须采用统一的介绍方法。

3.对内发布的媒体选择

企业内部发布CIS成果可以利用以下几种媒体：

（1）各种手册。CIS手册的内容主要包括企业推行CIS的背景、计划、程序、目标和期望效果等。理念手册的主要内容是详细阐述企业新理念系统的内涵和现实意义，员工应以此作为自身行为的指南。行为手册涵盖了对员工行为约束和行为要求的各项规章制度，可细分为员工手册、岗位手册和营销手册等。

（2）内部刊物。如果企业已经具备了一定规模，可充分利用内部已有的报纸和杂志等媒介，有计划地配合CIS实施刊登出相关信息，在企业内部创造CIS气氛，以达到“润物细无声”的效果。

（3）视听设施，例如幻灯片、闭路电视、网络传输系统等现代化的教具，均可用来对员工进行企业理念识别系统和视觉识别系统的宣传教育。而且由于其生动、直接的方式，更容易在感官上形成刺激效果，从而使员工有效率地接收信息。

（4）其他媒体，比如海报、专栏、宣传栏、路牌、标语等随处可见的设施，以及厂服和厂徽等。

（二）CIS对外发布

1.对外发布的基本方针

对外发布是把CIS成果通过大众传媒向社会公开发表的活动。关于对外发布的基本方针，应当从三个方面把握：

（1）具体理解企业CIS系统的内容以及企业员工在其指导下的行为表现。例如，美的的理念口号是“生活原来可以更美的”。这种理念的内涵就是提供使消费者生活更加美好的产品和服务，在对外发布企业CIS时，一定要争取社会公众对企业理念指导下企业行为的理解和支持。

（2）确定企业CIS行为识别系统的统一性和一致性形态。企业的各项活动是社会公众对企业的统一行为进行认同和接纳，并促使社会公众在对企业行为系统的识别中，自觉成为企业对外发布CIS信息的二度传播者。

（3）辨明企业的视觉识别系统并接受企业品牌、产品和服务，在市场上形成一种凭品牌或凭企业购买的趋势。这也是企业实施CIS计划目标的最终体现之一。

2.确认对外发布的基本内容

作为一项专业性的公共关系活动，企业CIS对外发布必须谨慎、严肃。在内部决策层明确对外发布的基本方针之后，逐条确认对外发布的基本内容：

（1）企业CIS战略对企业和社会的意义。其中着重强调对消费者、供应商、中间商和行业发展等方面的意义。

（2）诉求对象和发布活动要达成的效果。具体规划各个诉求对象。仔细考虑以何种形式传达并如何达到认同效果。

（3）企业新理念识别系统。企业要把其理念系统中对社会的贡献传达给公众，包括企业对社会的价值、对消费者的价值和社会使命等，都是企业对外发布CIS时的核心内容。

（4）企业员工的行为表现。在新理念系统的指导下，全体员工体现出全新的、积极的精神风貌，表现出统一性、风格性和一致性的外在行为，包括统一的服装、语言和纪律等。

（5）企业新视觉识别系统。企业新名称、新标志和新品牌及其象征意义，尽量以最大的视觉冲击力赢得社会公众对信息发布的注意和接受。

（6）对外发布的变革项目。根据发布时间和意义，确定将在某期限内必然变革的项目及变革的最大幅度。

（7）宣传材料。对外发布CIS时必须充分准备好相关的宣传材料，包括执行CIS战略的新闻报道、说明传单、新设计的印刷样本、新设计应用于商品和宣传品上的图片以及企业内部的说明会议和业务说明材料等。

3.对外发布的媒体选择

CIS对外发布主要通过广告、新闻、公关活动和营销活动四种媒体和形式来实现。

（1）企业可以利用的广告形式包括广播广告、电视广告、报刊广告、户外广告、邮件广告和广告宣传手册。在实际操作时，可根据每种形式的特性和企业信息发布的实际需要来选定。例如，广播广告可以用来传播企业经营理念和价值观等。户外广告中的有特色的广告牌可直接用于企业品牌、商标和标准字等视觉识别系统的宣传。

（2）新闻传播是一种免费宣传形式，并且能给公众留下可信度较高的印象，缺点是企业对新闻的控制力度明显小于其他形式。需要注意的是，应考虑该时期企业所处的外部环境和新闻焦点，使报道具有公正性、价值性和典型意义，与当前的形势发展需要吻合。

（3）公共关系活动一般包括公司庆典、展示订货会、各类招待会、引资招商会以及各类社会公益活动，如赞助体育赛事、设立奖学金和支援社会建设等。

（4）营销活动能够使企业对外发布CIS时，公众真切、直接地体验到企业的魅力、文化氛围和行为规范。营销活动主要包括营销人员传播和促销工作传播。

四、企划方案

企业参考事前调查的结果，来重新评估企业理念，构筑新的企业经营战略，也就是形成CIS计划，并作为未来管理作业方向，这一连串的构思统称为“总概念”。CIS范围的扩大、成就、效果好坏，取决于CIS总概念的整理、企划方法。

总概念报告，就是有关CIS的初级企划书，主要是根据公司的客观事实，构筑出适合于公司的企业理念，也可说是对公司最高主管的建议书，因此必须具有解决问题、改善体质、引导方向的功能。

总概念必须能针对调查结果，表达出正确的判断，进而提供有关CIS的活动指导和改良建议，深入浅出地指出未来企业应该具有的形象，并明示往后一连串的CIS作业和管理办法。

总概念的内容大致如下：

（1）调查结果的要点：扼要地整理出事前调查的结果，对其中的重点加以解说。

（2）企业的CIS概念：包括公司未来的理念、形象、活动领域、方针、重要概念等。总之，必须把公司未来的概念作完整而扼要的叙述。

（3）具体可行的策略：为了具体地表达上述概念，应列出实际可行的做法。

（4）CIS的设计开发要领：具体而详细地记载CIS设计开发计划，使它能立刻展开作业。

（5）和CIS有关的补充计划：为了顺利达成CIS的目标，除了必须设计开发计划外，还得配合公司对内、对外的信息传递计划以及各种相关计划。

总概念的整理作业，可交由公司内部部门来进行，或是聘请外面的专家，但无论执行者是谁，真正的重点在于内容。

（一）企划案的重心

总概念报告完成后，接下来，就必须根据这份报告画出CIS的蓝图——也就是企划案。

CIS企划案由三个部分所构成：

（1）企业实态的检讨和分析，也就是事前调查阶段。

（2）根据调查结果，展开企划和规划的作业，CIS的设计开发也属于这部分。

（3）实施管理作业。

企业经营者在推行CIS时，应按照上述三个部分循序渐进、确实执行，才能真正发挥CIS的效果。

在提出CIS企划案的构想之前，我们会先自问一个问题：引进CIS的真正目的是什么？是不是认为公司本身存在着某些问题，必须加以改善？换个角度讲，我们可以说已经看出CIS能解决公司所面临或即将面临的问题。

因此，企划案的内容应该清楚地标示出“问题”和“解决办法”两大重点，并且对具体的实施步骤、方法和预期成果加以说明，如果能列出公司目前的问题，并加以详细的说明，相信就更能打动经营负责人的心。因此，一个完整的“引进CIS企划案”必须包括下列项目：（1）标题。（2）提案的目的。（3）引进CIS的理由和背景。（4）引进计划。（5）CIS的计划方针。（6）具体的施行细则。（7）CIS计划的推动、组织、协办者。（8）实施CIS计划所需的费用与时间。

在这八个项目中有两大重点：提案的目的和引进CIS的理由与背景。尤其是引进CIS的理由，一定要说明清楚，因为它可能决定了公司对CIS系统的运作方向。

这里要特别提醒：不能只是针对公司目前的缺点，还要根据时代趋势、企业界和同业间的现况，提出周密的看法，并以远大的眼光来检视问题。CIS的计划方针也是企划案的重心之一。这部分必须根据前项所列的问题、背景，提出推行CIS的基本方针。当然，CIS的计划方针必然会涉及施行方法、活动时间、经费、推行单位、营运技术等问题，各方面的配合是否得当，便决定了CIS的成效如何。

（二）执行工作大纲

良好的企业形象不是一朝一夕就能塑造出来的，而是需要经长时间累积培育而成。企业在引进CIS作业的提案前，须先行针对下列的调查重点做深入的了解：

（1）企业要将自己塑造成什么样的形象？

（2）企业发展的方向重点在哪里？

（3）与同业间各企业相比较，本身是属于哪一层次的定位？

（4）企业体本身知名度如何？在哪一地域的显示性最强？

（5）企业体本身形象上有哪些缺失？原因何在？

（6）企业体对外的形象，最能被社会大众接受的是什么？

这些事前的调查作业完成之后，CIS规划的方向就会浮现出来。根据这些调查结果，拟出具体化的概念，并提出提案内容；在提案内容确定之后，即可进行CIS引进作业的执行方案。

以下是执行内容的大纲：

1. 主题明确化

每一个企划案都必须有主题，当然也可以只用“关于本公司CIS引进大纲”为主题，但以拟定出具有代表性的主题较为妥当。例如，“为实现公司业务积极活性化与市场扩大占有率的提升”；或是“迎接创立周年庆纪念”。另外，在拟定方针时需有充分周密的思虑与研讨，千万不要因为追求时髦而导致判断错误，影响公司整体的发展。

2.拟定具体实施活动办法

经研讨分析后得出结论，认为有必要进行企业形象策划和导入CIS设计时，则需将主题、着眼点、背景等一一予以评估，因为在导入作业实施的每一阶段，每项工作都环环相扣，因此在全盘作业大纲分类后，须依需要拟定各种不同活动方式来配合推动作业。

3.编列导入时间预定表

企业形象策划和导入CIS设计作业不是短期的作业，同时在进行中也必须有许多事项的配合，因此要将作业阶段进行的项目与日程时间，进行充分的掌握调配，才能促使作业的顺利推进。

4.明确作业组织功能

用什么方式来推动与推选出合适人员来执行导入作业，是不可忽视的事。组织机能必须明确化，例如，在内部设置CIS委员会来负责，对工作任务做有效的分配等。另外，对于企业形象策划和导入CIS设计作业的规划，不妨聘请外界专家协助参与，因为企业形象的塑造是希望能获得社会大众的认同与喜爱，如果全部由内部人员推动，恐怕会受限于企业本身的主观偏好，而造成闭门造车的现象。

5.编列经费

通常在企划阶段，比较不容易掌握实施作业经费金额，但如果提案对成本没有一些具体的评估，实施的可行性就微乎其微了，因此需要先行制定出概算的作业项目与经费。一般而言，所需经费包括调查企划费、视觉设计费、各种类项目实施作业费、内外沟通作业费、评估与管理费等，可由上述各项作业内容预估出大概的金额。但通常在进行CIS作业时，项目经费的增加或减少是避免不了的事，所以在预估经费时要保留一些弹性。

CIS的投资费用大致可分为四个方面：

（1）企业实态调查及企划费用。

（2）设计开发费用。

（3）实施管理费用。

（4）其他费用，如推行计划时的花费、公司内部信息传递的经费等。

请注意我们使用的字眼：引进CIS所花费的金钱，并不是“开支”而是“投资”，并且是一种“开发性的投资”，企业经营者必须将CIS计划的费用视为企业的一项重要资产。

CIS是创造企业形象，使企业再生的活动。所谓CIS，是指控制、调整企业形象的经营技术；但是换一个角度来说，光是改变企业形象而未设定发展方向，也绝非可行之道。

根据CIS企划，找出引导企业迈向成功的形象要素，然后加以培养、发挥，最后展开控制企业形象的作业，才是完整和有效的。

五、设计开发

由于CIS是以塑造企业形象为主，掌握视觉设计系统的一种技法，因此以往所作的调查、企划最后若不能以视觉开发计划的方式来表现，将会失去意义。

在企业的最高负责人批准CIS企划案后，即可展开CIS的作业。此时公司内部最关注的当然是企业形象策划和导入CIS设计后，“企业问题”能否解决以及用什么方法来推行CIS等。因此，企业可能会设置“CIS推行委员会”，并由专人负责此事。

进入CIS的设计开发阶段后，前面各项作业所设定的识别概念、经营理念，都将在这个阶段中转换成系统化的视觉传达形式，以具体表现企业精神。

（一）基本与应用设计

在CIS开发计划上，首先必须从企业的第一识别要素，也就是基本要素——开发着手。基本要素的定义和考虑的重点如下：

1.企业标志

对生产、销售商品的企业而言，企业标志是指商品上的商标图样，包括抽象性的企业标志、具体性的标志、字体标志等。

2.企业名称标准字

它通常是指公司的正式名称，以中文及英文两种文字定名，以全名表示，或是省略“股份有限公司”“有限公司”亦可。依企业的使用场合，来决定略称和通称的命名方式。

3.品牌标准字

品牌标准字原则上是以中文及英文两种来设定。其足以代表公司产品的品牌。

4.企业的标准色

企业的标准色，即用来象征公司的指定色彩，通常以1～3种色彩为主，也有采用多种颜色的色彩体系。可以考虑让这种借以传达公司气氛的色彩常常出现，或利用辅助色彩制造更佳的色彩。

5.企业标语

企业标语，即对外宣传公司的特长、业务、思想等要点的短句（如青岛啤酒的“为生活创造快乐”、海信集团的“有爱，科技也动情”等)，与公司名称标准字、企业品牌标准字等组合使用的情形也很多。

6.专用字体

专用字体，包括公司主要使用的文字（中文、英文)、数字等专用字体。选择主要广告和SP促销等对外印刷资料所使用的字体，并规定为宣传用的文体，如商品群、品牌、公司名称、对内对外宣传的文字、广告的文字等。

至于CIS的应用设计，则包括公司章类（如名片、旗帜、徽章等)、文具类（如文件、信封、信纸、便条纸等)、车辆运输工具等，制服、企业广告、宣传、招聘广告等也属于应用设计。

（二）设计与开发

CIS的设计与开发，包括下列三点：

（1）设计开发的委托方式：总括委托方式、指名委托方式、指名设计竞赛方式、公开设计方式。

（2）设计开发的作业分配方式：基本设计要素及基本设计系统，应用设计要素及应用设计系统。

（3）CIS设计开发的程序：制作设计开发委托书；说明设计开发要领，依调查结果订立新方针；探讨企业标志要素概念与草图；企业标志设计案的展现；选择设计案及测试设计案；企业标志设计要素的精致化；展现基本要素和系统提案；编制基本设计要素和系统提案手册；企业标准应用项目的设计开发；一般应用项目的设计开发；进行测试与打样；开始新设计的应用；编制设计应用手册。

（三）问题及注意事项

重新塑造理想的企业形象，使公司的内部与外部环境能契合地运作，是CIS的目标。可是，一般对CIS的内涵认识不够的人，往往容易产生以下误解：

（1）认为CIS只是标志和色彩的设计问题。例如有人说，本公司在十年前早已完成CIS。这句话的真正意思是说公司的企业标志和标准字已经换新，但并不代表CIS计划已经彻底实施了。

（2）对于CIS赋予过高的期望与意义，超出了CIS本身所能涵盖的理念。例如有人说，本公司所施行的CIS主要是取其精神理念，与设计完全无关。

（3）仅将CIS视为视觉系统的活动，甚至将CIS视为万灵丹，反而忽略了企业本身的体质改善与基础的扎根工作。

（4）由于认识不够深入，大部分企业都要求设计者在最短的时间内完成作品，希望达到一蹴而就的效果。

（5）对于“雷同”的认定，并无一定的客观标准，这在CIS开发的过程中，容易带来困扰。

（6）可能因为经费的不足或执行的偏差，致使厂商在CIS的导入过程中，往往未能彻底实行，不能达到预定的目标。

（7）目前一些失败的个案实例，也使企业界对CIS的效果产生怀疑。

针对上述的误解或偏见，可从以下几个方向进行改善：

（1）企业界与相关业者，应设法加强CIS教育。由于目前相关书籍和资讯仍不足，对于CIS设计开发流程，如调查、企业诊断、目标制定、方向设定、视觉开发、导入以及员工共识教育的必要性等，都亟待加强。

（2）对于设计单位选择和能力评估，可参考下列方式：①根据过去的实绩来作判断。②从提出的企划案内容与结构来作判断。③从设计单位背景与口碑来作判断。④从设计单位的组织健全与否来作判断。

（3）视觉设计的时间限制，往往是开发者的一大困扰。以企业标志的开发为例，需经由繁复多样的构想与筛选的程序，一旦选定后，还必须有时间加以精致化的作业。也就是说，若没有充分的时间，就不能产生优秀的作品。

（4）成立一个CIS开发设计者组织，成员可包括设计公司、广告商、企管顾问公司、市场调查公司等。

（5）CIS开发设计者有义务让厂商了解，若CIS的导入与执行有偏差，将会对实施的成效产生重大的影响。

（6）在未来的开发设计作业，如在市场调查、资料分析、方向研拟、视觉开发设计等过程中，都应利用电脑辅助设计系统。

其他应改变的观念，如在设计上，应考虑企业经营情况、市场掌握程度以及企业文化、企业理念等种种无形因素，不应只是修饰外表或强调视觉印象的美观与否等有形符号的呈现。

另外，一般的企业经营者，总认为引进CIS计划的最大障碍是经费问题，其实真正的理由可能在于企业经营者对CIS的成本有不同的看法，他们将CIS的投资看作一项费用，而不是把它视为一项无形资产。

有些企业在商标、知名度、企业形象方面的反应不佳，但在企业内部检讨时，完全不把CIS放在眼里，最主要的原因就在于经营者只注重企业力中的两个要素：商品力与销售力，而忽略了第三要素——形象力。类似这种情况，CIS的投资已是刻不容缓的课题了。可是，在很多问题上，企业往往对引进任何措施都采取拒绝的态度。于是，在恶性循环下，企业的活动力愈来愈低，经营力下降，亏损愈来愈严重。事实上，这种公司最需要CIS，因为当公司决定推行CIS时，单是从调查或规划这些初期的运作中，就可以发现公司内部的重大缺点，应加以改进。

第三节　企业形象策划执行效果的评估

一、企业运行CIS经济效益的计算

企业作为一种营利性组织，企业的任何一项投资都必须考虑成本和收益之间的关系，使收益大于支出，最终达到营利的目的。企业在CIS运行过程中的总成本和实施CIS后所达到的总收益该如何计算？我们将分别予以介绍。

由于总收益分为经济收益和无形资产增值两个部分，我们首先就实施CIS的年度经济收益的计算展开论述。

1.实施CIS后的年度经济收益

企业在实施CIS之后，由两个因素的变动而产生经济收益。

（1）价格变动。企业在实施CIS战略之后，树立了良好的形象，生产和经营具有优秀品质的产品或提供优质的服务，培育出名牌，使其品牌价值高于同类产品或服务的价值，使其价格高于同行业中的平均价格。企业达到这种效果，需要将原有产品或服务在质量、包装、传递等方面进行改进，使其具有高档品牌的表现；不断更新换代，价格也随之提高，经过一个阶段之后企业的形象就会得到大的提升。现在我们把因价格变动产生的经济收益记作P_1，其计算方法是：

P_1=（企业实施CIS后的价格-同行业的平均价格）×企业实施CIS后的销售量 （12-1）

（2）销售量变动。实施CIS过程中，企业会展开媒体传播活动、广告活动和促销活动等，市场份额将随之扩大，最终销售额上升。我们把这部分收益记作P_2，计算方法是：

P_2=（企业实施CIS后的销售量-企业实施CIS前的销售量）×同行业的平均价格 （12-2）

最后将以上两部分相加，即得到企业实施CIS战略后的年度经济收益：

$$P_e=P_1+P_2 \quad (12\text{-}3)$$

2.实施CIS后企业形象资产的增值

作为一种无形资产，企业形象是企业价值的精神体现。通过计算企业形象资产的增值来确定实施CIS后企业总收益的增加。这里，采用超额资本利润率指标评估企业形象资产。企业获取超额资本利润率的途径主要有三个：①培育高素质的员工，采用现代化的设备和科学管理方法，以提高企业的劳动生产率，使其高于社会平均水平；②企业提供优良的产品和服务，加上系统的营销手段和有效的广告、公关、媒体传播手段的配合；③企业拥有较高的品牌知名度、信誉度和美誉度以及社会影响力，使得社会公众愿意接受企业高价值的产品和服务。

设定企业超额资本收益为P_c，其计算方法是：

$$P_c=\left(\begin{matrix}\text{企业实施CIS后的}\\\text{实际资本利润率}\end{matrix}-\begin{matrix}\text{同行业平均}\\\text{资本利润率}\end{matrix}\right)\times\text{企业实施CIS后经营年度的产品销售额} \quad (12\text{-}4)$$

为了得出企业实施CIS一年之后的总收益，现在把P_e和P_c相加：

$$P=P_e+P_c \quad (12\text{-}5)$$

3.实施CIS后的经济效益

（1）CIS运行成本。计算企业实施CIS后的经济效益，除了得到总收益的相关数据，还需要计算出年度支出的CIS运行成本，具体内容包括：实态调研费、咨询策划费和创意设计费；教育培训费和实施工时费；实物投入费用和损耗，如制作统一的行为识别物、视觉识别物和各种手册的费用等；实施CIS过程中广告、公关、媒体和促销等方面的支出。所有这些项目汇总可得到CIS的运行成本（记作C）。

（2）经济效益计算。对企业实施CIS后的运行成本和总收益进行分析，即可得出企业实施CIS后的经济效益，记作E：

$$E=P-C \quad (12\text{-}6)$$

如果能够满足$E=P-C\geqslant 0$，则说明企业执行CIS的成效显著，即保证投入和产出达到了有效状态，企业实施CIS战略才有意义。其中P和C的数值根据公式（12-1）和公式（12-5）确定。

但是，在CIS战略实施的第一年或短时期内，企业的经济效益E值可能会出现非正值，即等于零或小于零的情况。因为企业执行CIS是一个渐进的过程，企业会在以后的很长一段时期内受益，而要在一年内全部收回成本，比较困难。企业应该充分认识到，E值小于零的情况不会一直持续下去，只要采取正确的决策，进行有效的管理，情况会逐渐改观。

二、企业内部评估

企业CIS执行效果的内部评估一般有两种形式，一种是问卷形式评估，另一种是会议形式评估。

（一）问卷形式评估

1.问卷调查的对象

调查对象最好是在调研阶段接受过调查的人员，因为他们的回答更具有比较意义，也可以从各部门选出员工代表。

2.问卷调查的内容

企业全体员工在CIS执行过程中参与的程度和介入的深度存在差别，对CIS内涵的理解和把握可能不全面，缺乏系统性，所以问卷调查设计的问题应该简单、明确、针对性强。调查的内容大致分为两个方面：一是总体评价方面的问题；二是各子系统具体作业方面的问题。在采取问卷形式的评估时，首先确定调查的主题，然后就这一主题提出相关问题，问题的答案栏的内容一般包括“是”“否”“不确定”“批注”。调查结束后，收回问卷，对答案进行统计、汇总、分析和总结等。

（1）关于总体评价的问题有：

① 公司是否真正需要CIS战略？

② 公司在企业形象策划和导入CIS设计以后，各方面的工作是否有所改进？

③ 公司外部相关人士是否对CIS推进很热心，并给予支持？

④ 贯彻的整体效果是否明显？

⑤ 你认为企业新理念是否能够体现企业的风格？

⑥ 全体员工对新的企业理念是否感觉有不妥之处？如果有，是什么？

⑦ 你对CIS执行管理制度是否认同，能否接纳？

⑧ 企业内部员工关心的问题有没有改善？

⑨ 公司的公益活动是否真的有意义？

⑩ 是否喜欢公司的新标志？佩戴时是否感到自豪？

……

关于三个子系统推进效果的评估，所涉及的问题应该更加具体。以下以理念识别系统评估、行为识别系统评估和企业新标志评估为例来说明。

（2）企业理念识别系统的评估：

① 企业新的理念识别系统是否具有完整性和时代风格？

② 企业新的理念是否能够体现企业文化？

③ 企业新的理念是否让人感受到鼓舞？

④ 企业新的理念口号是否震撼，是否能够调动大家的积极性？

⑤ 企业所表述的历史使命是否准确、是否合乎社会发展的必然趋势？

⑥ 企业的经营方针是否体现社会价值？

⑦ 你是否将企业的理念牢记在心？

……

（3）企业行为识别系统（对内活动）的评估：

① 公司在研究开发方面的投入是否充分？

② CIS推进作业是否有标准、是否到位？有哪些不足？

③ 员工的福利制度是否完善？

④ 企业的礼仪规范是否合理？是否具备可操作性？

⑤ 企业针对公害或突发事件能否有正确、快速的应对措施？

……

（4）企业新标志评估：

① 新标志是否与企业形象一致？

② 新标志是否体现产品或服务的特性？

③ 新标志是否引人注目？

④ 你是否喜欢新标志？周围人的反应如何？

⑤ 新标志是否容易识别？

⑥ 新标志的表现形式是否有现代感？

⑦ 你认为标准色的选择是否符合一般的审美标准？

（二）会议形式评估

会议形式的评估属于定期、统一性质的，如座谈会和意见总结会议等，具有仪式性的效果，从声势上和心理上对推进CIS发挥积极作用。下面就座谈会的调查方法进行概述：

1.评估时间

座谈会的时间最好定在企业某次活动之后或节假日之前的最后一个工作日等，在企业导入CIS一段时间之后定期开展评估，如六个月、两个季度或者一年等。因为这样会较少影响到正常工作的进行，参与评估的员工的心态相对轻松和积极，能够畅所欲言。

2.评估内容

座谈会的调查对象是企业内部管理层、决策层。针对诸如企业理念识别系统的内涵丰富程度、独特与否展开讨论，对企业行为识别系统的科学性、可操作性进行分析，以及判断企业视觉识别系统的各要素的表现形式。通过这种评估，调查小组可以同时收集到肯定和否定的意见；与会者会较为细致、深刻地表述自己的意见，同时又可能提出建设性的建议和方案。因此，座谈会是从深层次上评估企业CIS执行效果的一种方法。在评估内容方面，需要注意的事项有：

（1）调查主题要明确，突出重点；

（2）力求各方代表均能参加并发表意见；

（3）座谈会风格要自然、轻松，使与会者有充分的时间和机会各抒己见；

（4）全方位展示CIS各子系统的内容，使与会者充分理解其内涵；

（5）妥善完成并整理会议记录，从数量和质量上保证收集到进一步的意见，以便对CIS进行及时调整和修改。

三、企业外部评估

企业CIS执行效果外部评估是选择与企业有关、对企业CIS战略有所了解或者比较熟悉的相关者，就企业CIS内涵、表现形式和执行状况等方面的问题进行调查，从而了解外部社会公众对企业CIS战略的看法，对企业形象的认知、识别和赞美程度，以掌握外部推广的效果。

（一）评估对象

由于企业外部环境中与企业有直接关系的公众非常广泛，所以我们首先确定评估活动涉及的对象，从CIS运作角度可以把所有相关者作出如下分类：

1.重要相关者

重要相关者包括消费者、经销商、代理商和投资者等。他们受到企业实施CIS战略的直接影响，时刻关注企业的CIS信息，并会对企业产生态度和行为上的变化。如果企业实施CIS之后效果良好，并因此建立起了良好的企业形象或产生了显著的品牌效果，则这部分相关者会自愿接纳企业，为企业的发展作出贡献。因此，这些相关者是企业进行评估的必选调查对象。

2.次要相关者

次要相关者主要包括供应商、竞争者、金融机构、同行业人士和新闻媒体等。这些相关者受企业实施CIS战略的影响不是特别直接，他们通过公共关系活动中企业传递出的信息与企业建立间接的联系，如供应商提供生产材料或者消费品，金融机构给予融资方面的支持，同行业者对企业进行公正、客观的评价，新闻媒体对企业信息进行及时的报道等。企业可根据实际情况、相关者与企业联系的密切程度来有选择地确定次要相关者作为被调查对象。

3.边缘相关者

边缘相关者包括政府机构、潜在待业人员和国内外相关公众等。他们对企业CIS信息不是特别关心，甚至不接受其信息，所以企业在评估时没有必要在这些相关者身上投入精力和时间。

总之，企业最好选择在调研阶段参加过问卷调查的人员，因为企业CIS委员会已咨询过这些相关者，他们对企业的CIS现状有所了解，能够提出更有价值的意见和建议。

（二）评估内容

企业对CIS执行效果进行外部评估时，类似于内部评估的形式，可以采取问卷调查、座谈会和访问调查等方法。在评估内容方面，首先确定调查主题，然后详细制定出相关的问题。具体的内容包括企业总体形象状况、品牌认知度、企业理念识别系统评估、视觉识别系统评估、企业公关活动效果评估等。此评估可以采用调研阶段的问题，根据肯定回答者占调查对象总数的比例，对比调研阶段的成果，并了解执行CIS

之后企业形象的优化程度和有待改进的问题。具体的问卷问题可参照企业内部评估的形式，这里不再重复。

思政课堂

国产大飞机C919

【思政元素】中国制造。

2023年5月28日10时32分，中国东方航空使用中国商用飞机有限责任公司（简称中国商飞）全球首架交付的C919大型客机执行MU9191航班，从上海虹桥机场起飞，飞往北京首都机场，开启这一机型全球首次商业载客飞行。

国产大飞机发展大事记如下：

2006年2月9日，国务院发布《国家中长期科学和技术发展规划纲要（2006—2020年）》。大型飞机重大专项被确定为16个重大科技专项之一。

2007年2月26日，国务院召开第170次常务会议，原则通过了《大型飞机方案论证报告》，原则批准大型飞机研制重大科技专项正式立项。

2008年5月11日，中国商飞公司成立。

2009年1月6日，中国商飞公司正式发布首个单通道常规布局150座级大型客机机型代号“COMAC919”，简称“C919”。

2010年12月24日，中国民用航空局正式受理C919大型客机型号合格证申请。

2011年12月9日，C919大型客机项目通过国家级初步设计评审，转入详细设计阶段。

2015年11月2日，C919大型客机首架机在浦东基地正式总装下线，标志着C919大型客机项目工程发展阶段研制取得了阶段性成果。

2017年5月5日，C919大型客机在上海圆满首飞。

2020年11月27日，中国民用航空局上海航空器适航审定中心签发C919项目首个型号检查核准书（TIA），C919飞机进入局方审定试飞阶段。

2022年9月29日，C919大型客机获中国民用航空局颁发的型号合格证。

2022年11月29日，中国民用航空局向中国商飞公司颁发C919大型客机生产许可证。

2022年12月9日，全球首架C919大型客机交付中国东方航空。

2022年12月26日，中国东航全球首架C919开始进行总计100小时的验证飞行。

2023年5月28日，C919大型客机迎来商业首航。

“C919”这一简称有着丰富的寓意。全国政协委员、中国商用飞机有限责任公司副总经理、大型客机总设计师吴光辉在2009年1月机型代号发布时透露：“C”是China的首字母，也是中国商飞公司英文缩写COMAC的首字母，同时还有一个寓意，就是我们立志要跻身国际大型客机市场，要与Airbus（空中客车）和Boeing（波音）一道在国际大型客机制造业中形成ABC并立的格局。

吴光辉说，第一个“9”的寓意是天长地久，“19”代表的是我国首型大型客机最大载客量为190座。他说，“C919”之后未来的型号也可能命名为“C929”，其中“29”代表这一机型的最大载客量为290座。

C919首飞成功，中国数代人横跨半个世纪的梦想终于成真！从此，被欧美牢牢占据的干线客机的市场里，除了“A”（空客）、“B”（波音），还有了“C”（中国商飞）的身影。

资料来源：薛晶.图说丨天空从此有了“C”：百图回顾C919的高光时刻［EB/OL］.［2023-05-28］.https：//www.thepaper.cn/newsDetail_forward_23235285.

本章小结

企业从理论上认同了CIS战略之后，必定要将其形成文字，以作为研究成果，并最终指导企业各项工作。这就要求各项流程表和手册的编制必须建立在对企业所处的内部和外部环境进行彻底调查分析的基础上，稳妥地安排好准备工作，切忌机械地仓促排定计划，避免产生反面效果。本章所介绍的台湾地区刊行的《CIS推进手册》中罗列的流程表模式，可以作为参考，但是在具体应用中，企业可根据自身的实际情况进行调整和修改，不必全盘照搬。企业开展CIS对内发布和对外发布时，一定按照各自应遵循的基本方针，有条不紊地逐步推进。

CIS形势调研是一项庞杂的工程，需要企业内部人员与专业公司人员共同来完成，只有进行充分的调查研究，才能得到翔实的资料和可信度较高的结论。确保调研质量的前提是要遵循科学的调研程序，并制订周密的调研计划，唯有如此，才能在最后得出系统、精确的调研报告。

对企业CIS执行效果评估时，企业要正视在CIS战略实施的第一年或短时期内，企业的经济效益E值可能出现等于零或小于零的现象。因为企业执行CIS是一个渐进的过程，只要企业在以后的长时期内受益，不必强求一定要在一年内全部收回成本，更不必因此动摇实施CIS战略的决心。

本章练习题

1.进行社会调查，举出反例来说明在CIS执行阶段，有步骤地、渐进地实施计划的重要性。

2.参加社会实践，以小组为单位，共同为某企业编制出与其当前企业形象状态相适应的CIS手册。

3.通过年鉴和相关的统计数据资源，收集到2006年某企业年度收益和成本数据，根据本章公式（12-1）和（12-5）的计算方法，练习对CIS执行效果的评估。

本章参考和阅读文献

［1］曾凡海.企业形象管理［M］.北京：清华大学出版社，2023.

［2］屈燕妮，周鸿.企业文化案例［M］.北京：经济管理出版社，2022.

［3］刘泽梅.创造现代企业形象的新战略［M］.北京：新华出版社，2018.

［4］史历峰.CI策划与设计［M］.2版.郑州：郑州大学出版社，2016.

［5］王维平，何欣.现代企业形象识别系统［M］.北京：中国社会科学出版社，2010.

［6］蒋旭峰，杜骏飞.广告策划与创意［M］.北京：中国人民大学出版社，2006.

［7］陈光潮，姚晓生.企业危机管理模式探讨［J］.暨南学报，2004（1）.

［8］王远军，卢建军.战略视角下突发性危机管理架构［J］.发展研究，2005（3）.

［9］王远军.基于战略视角的突发性危机管理——我国企业组织危机管理架构［J］.技术经济，2005（10）.